同济大学经济与管理学院资助出版

经济新常态下的
企业变革与可持续发展

张 静　戴乐乐　丁超宇　刘昀霖　戎轶杰　郑 冕　著

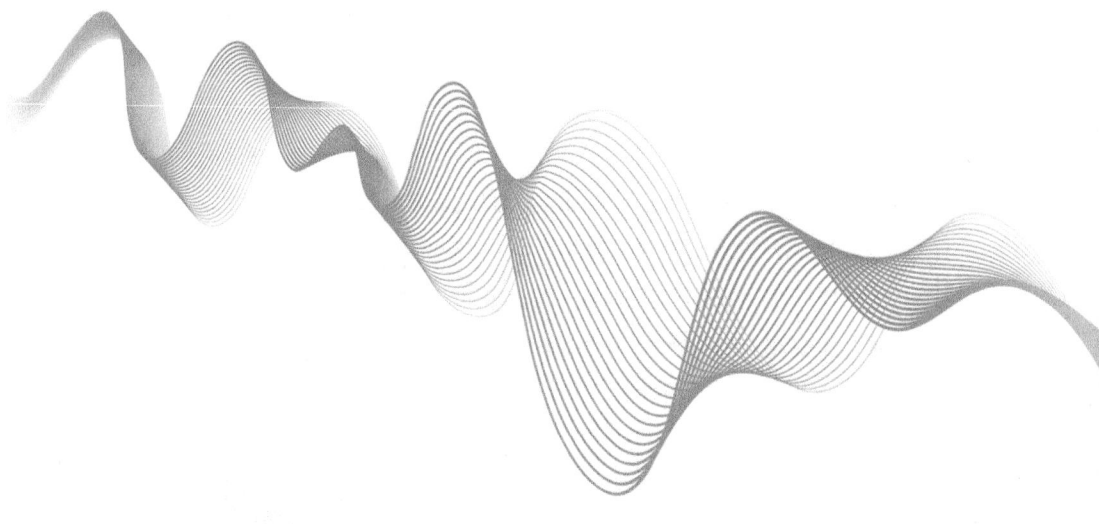

同济大学 出版社
Tongji University Press
·上海·

图书在版编目(CIP)数据

经济新常态下的企业变革与可持续发展 / 张静等著. —上海：同济大学出版社，2023.8
ISBN 978-7-5765-0576-4

Ⅰ. ①经… Ⅱ. ①张… Ⅲ. ①企业改革－研究－中国 Ⅳ. ①F279.21

中国版本图书馆 CIP 数据核字(2022)第 249130 号

经济新常态下的企业变革与可持续发展
JINGJI XIN CHANGTAI XIA DE QIYE BIANGE YU KE CHIXU FAZHAN

张　静　戴乐乐　丁超宇　刘昀霖　戎轶杰　郑冕　著
责任编辑　丁国生　　**责任校对**　徐春莲　　**封面设计**　陈益平

出版发行	同济大学出版社　www.tongjipress.com.cn
	(地址：上海市四平路 1239 号　邮编：200092　电话：021-65985622)
经　销	全国各地新华书店
排　版	南京文脉图文设计制作有限公司
印　刷	江苏凤凰数码印务有限公司
开　本	710 mm×1000 mm　1/16
印　张	25
字　数	500 000
版　次	2023 年 8 月第 1 版
印　次	2023 年 8 月第 1 次印刷
书　号	ISBN 978-7-5765-0576-4
定　价	138.00 元

本书若有印装质量问题，请向本社发行部调换　　版权所有　侵权必究

前言 FOREWORD

随着中国经济进入新常态,经济结构优化升级,经济发展从要素驱动、投资驱动转向创新驱动,为企业带来了新的发展机遇,但同时也对现有商业模式和传统企业提出了新的挑战。企业如何在经济新常态下抓住发展机遇,保持以及提升核心竞争力,从而实现企业的可持续发展,已成为当下理论界与实业界共同关注的焦点。

本书以"经济新常态下的企业变革与可持续发展"为主题,共收录了六篇文章,内容涉及经济新常态下的多个发展领域,以及组织管理、工程管理、市场营销等多个交叉学科的理论,综合了理论分析、实证研究、案例研究和调研访谈等多种研究方法,为后续相关企业的发展与变革提供了借鉴和参考,有助于推动企业的可持续发展。

第一篇作者为同济大学经济与管理学院组织管理专业的张静。文章围绕企业的管理效率问题,探讨高绩效企业文化下的绩效管理变革,选取Y公司为研究对象,基于Y企业过往绩效管理体系,分析在当前的市场和人才背景下,传统绩效管理方式存在的问题和不足是忽略了绩效的沟通过程,思考绩效管理的真正目的是帮助员工提高绩效,进而提升组织绩效。最后依据绩效管理在高绩效企业文化下的变革必要性与可行性,论述了Y公司新绩效管理方法的理念、目标、体系、变革流程、绩效考核结果应用等,为后续持续性改进和其他企业的应用提供了参考。

第二篇作者为同济大学经济与管理学院组织管理专业的戴乐乐。文章围绕员工的离职率和敬业度问题，探寻通过敬业度的提升来控制离职率的实践，以 J 公司为实例，在对 J 公司发展战略及人力资源现状进行分析后，发现 J 公司人力资源存在生产一线部门离职率高达 53%（2016 年）的问题，继而结合敬业度与离职率有显著负相关关系的研究理论，运用问题解决流程和焦点访谈法进行调研，分析发现生产一线团队敬业度的影响因素涵盖了离职的影响因素。J 公司结合敬业度的影响因素和离职的影响因素，提出提升敬业度的行动方案。文章就 J 公司 2016 年至 2019 年历年敬业度、离职率、公司绩效的数据进行提升方案的成效分析，研究发现公司整体敬业度得分、生产一线员工敬业度得分、公司业绩均有所提升，同时生产一线员工的离职率呈现持续下降的趋势，可见基于离职率控制的敬业度提升取得了实际效果。文章的研究结论为相关企业员工管理提供了可借鉴的思路和方法，有助于促进企业的可持续发展。

第三篇作者为同济大学经济与管理学院组织管理专业的丁超宇。文章围绕公司培训效果问题，深入研究企业如何做好培训效果评估，依照 CIPP 模型背景评估、输入评估、过程评估、结果评估各个维度设计并实施调查问卷，同时结合多种研究方法对 Y 公司员工展开研究。研究结果显示，Y 公司培训存在员工培训需求未被充分满足、培训前期宣导和动员的不足、现有讲师专业水平和授课技巧不佳、培训各环节衔接及流畅程度不佳、培训评估工作不够精细等诸多问题。文章依据 CIPP 模型和 Y 公司实际状况，有针对性地提出成立企业大学、优化课程体系、进行系统的培训需求调研、加强培训宣传组织等提升建议，以期有的放矢地帮助 Y 公司解决现有培训问题。文章的研究为不断努力提升整体培训效果的企业和同行提供了有益的借鉴和参考，同时可以拓宽 CIPP 模型的应用范围。

第四篇作者为同济大学经济与管理学院市场营销专业的刘昀霖。文章围绕网红电商直播话题，探究消费者观看意愿和购买意愿的影响因素，通过中介回归分析和结构方程模型，分别研究社交焦虑与观看意愿以及直播互动性与消费者购买意愿的关系。研究结果表明，社交焦虑对直播观看意愿既有直接影响，也有通过孤独感中介作用的间接影响；直播中的信息式互动和娱乐式互动将分别影响用户感知有用性、愉悦度和唤醒度，进而正向影响用户的购买意愿。最后根据研究结果,针对不同群体提出关于网红电商的直播营销的管理建议。

第五篇作者为同济大学经济与管理学院组织管理专业的戎轶杰。文章围绕孵化器孵化服务的实效性问题,探讨孵化器服务体系的评价与优化。文章通过介绍Z孵化器对Y公司为期两年的孵化过程,展现孵化器对在孵企业在服务资源聚集、产业技术支持、科创环境营造、创新协同发展这四个服务维度的具体孵化内容,进而构建指标,结合问卷调查对Z孵化器服务体系进行后续评估,并在结果分析的基础上提出具有针对性的改进措施。文章通过合理评价Z孵化器现有服务体系,并指出其未来的改进方向,为孵化行业不断创新优化、构筑适合自身发展和资源融合的在孵企业服务体系,提出切实有效的参考建议。

第六篇作者为同济大学经济与管理学院管理科学与工程专业的郑冕。文章围绕政企关系与我国建筑企业绩效的关系进行研究,关注建筑企业的政企关系对企业财务绩效和项目绩效的影响。并基于社会资本理论、寻租理论、委托—代理理论和社会责任理论,提出政企关系对建筑企业绩效影响的理论模型,并实证检验政企关系对企业绩效的影响效果、制度环境和所有权性质的调节效果。研究结果表明,我国建筑企业的政企关系与财务绩效呈负相关关系,与项目绩效呈正相关关系;此外,制度环境能够显著正向调节建筑企业的政企关系对财务绩效的负面影响,而制度环境对政企关系和项目绩效间的关系没有显著的调节作用;再者,所有权性质能够显著调节建筑企业的政企关系对企业财务绩效和项目绩效的影响,在国有企业中,政企关系与财务绩效负相关,与项目绩效正相关,在非国有企业中则相反。研究结论为建筑企业选择发展路径、提高绩效提供指导,同时为政府进一步深化建筑业改革,推动建立公平、有序的建筑市场,激发各种所有权性质的建筑企业的活力,提升建筑业整体绩效和发展质量提供参考和依据。

本书各篇内容关注于经济新常态下的多个发展领域,一方面从公司管理变革的角度出发,为处于经济新常态下的传统企业提高人力资源建设水平和管理效率提供了可借鉴的思路和方法;另一方面从多个新经济领域,如孵化器孵化服务、网红电商直播的视角出发,分析了新经济领域的企业如何完善自身服务体系以进一步提高自身的竞争力并实现企业的可持续发展,以期为经济新常态下的各类企业变革提供可借鉴的思路和方法,从而促进企业的可持续发展。

目录 CONTENTS

前言

第一篇　高绩效企业文化下的绩效管理变革
　　　　——成长型绩效对话　张　静 / 1

摘要 / 2

一、绪论 / 3

　　（一）研究背景 / 3

　　（二）研究思路和方法 / 4

　　　　1. 研究思路 / 4

　　　　2. 研究方法 / 5

　　（三）研究内容和目的 / 6

二、绩效管理理论分析 / 6

　　（一）绩效管理理论 / 6

　　　　1. 绩效管理概念及发展 / 6

　　　　2. 绩效管理目的 / 7

　　　　3. 绩效管理和绩效考核的区别与联系 / 7

　　（二）绩效考核方法与体系 / 8

　　　　1. 关键绩效指标（KPI） / 9

　　　　2. 目标和关键成果（OKR） / 10

　　（三）绩效管理与成长型思维 / 11

　　（四）绩效管理与企业文化 / 12

三、Y公司过往的绩效管理状况 / 14

（一）Y 公司概况 / 14
  1. Y 公司基本情况 / 14
  2. Y 公司人力资源现状 / 15
（二）Y 公司过往绩效管理体系 / 17
  1. Y 公司过往绩效管理的定义和目标 / 17
  2. Y 公司过往绩效管理的架构和体系 / 18
（三）Y 公司过往绩效管理的应用效果和问题 / 23
  1. Y 公司过往绩效管理应用整体效果 / 23
  2. Y 公司过往绩效管理的具体问题 / 24

四、Y 公司绩效管理变革及分析 / 27
（一）Y 公司过往绩效管理变革的必要性 / 27
（二）绩效管理变革的方向 / 28
  1. 公司关键绩效指标简化 / 28
  2. 从雇员与考评到合作伙伴与授权 / 29
  3. 从关注当前绩效向关注过程及未来绩效转变 / 30
  4. 去绩效官僚主义塑高绩效企业文化 / 31
  5. 多元化激励取代平均薪酬 / 32

五、Y 公司新绩效管理方法设计及实施 / 33
（一）新绩效管理方法的关键主题 / 34
  1. 员工与经理的责任转换并建立信任 / 34
  2. 月度绩效对话关注员工的持续成长 / 34
  3. 绩效透镜识别员工绩效 / 35
（二）新绩效管理方法实施阶段 / 36
  1. 新绩效管理之持续型对话 / 36
  2. 新绩效管理之成长型对话 / 41
  3. 新绩效管理之发展型对话 / 42
  4. 新绩效管理方法的实施效果跟踪 / 47
（三）绩效考核结果应用 / 51
  1. 绩效考核与人才发展 / 51
  2. 绩效考核与绩效薪酬 / 54

六、总结和展望 / 57
    （一）研究总结 / 57
    （二）研究展望 / 58

参考文献 / 59

第二篇　基于离职率控制的J公司员工敬业度提升研究　戴乐乐 / 61

摘要 / 62

一、绪论 / 63
    （一）研究背景 / 63
    （二）研究意义 / 64
    （三）研究方法 / 65
    （四）研究内容与论文结构 / 66
        1. 研究内容 / 66
        2. 论文结构 / 66

二、理论基础及文献综述 / 67
    （一）敬业度及相关理论 / 68
        1. 敬业度概念 / 68
        2. 敬业度相关理论 / 70
        3. 敬业度影响因素 / 73
        4. 敬业度测评 / 75
    （二）离职率及相关理论 / 77
        1. 离职率及相关概念 / 77
        2. 离职意愿及相关概念 / 78
        3. 离职率与敬业度的关系 / 79
    （三）木桶理论 / 80
        1. 木桶理论的定义 / 80
        2. 木桶理论运用的注意点 / 81
    （四）本章小结 / 81

三、J公司人力资源现状及问题分析 / 81
    （一）J公司概况 / 82

    1. J公司历史及产品简介 / 82
    2. J公司发展现状及战略规划 / 82
  (二)J公司人力资源现状 / 85
    1. J公司组织机构及人员概况 / 85
    2. J公司离职率现状 / 88
    3. 生产一线离职率对公司业绩的影响 / 89
  (三)J公司人力资源问题分析 / 90
    1. 离职数据调研 / 90
    2. 运用问题解决流程进行离职率分析 / 93
    3. 离职主要影响因素 / 94
  (四)本章小结 / 95
四、J公司员工敬业度调查 / 95
  (一)KENEXA敬业度调查工具的优势 / 96
    1. 定制化的敬业度调查维度 / 96
    2. 强大的常模数据库 / 96
    3. 完善的项目流程 / 96
  (二)敬业度调查流程 / 97
    1. 敬业度调查准备阶段 / 97
    2. 敬业度调查实施阶段 / 98
    3. 敬业度调查结果沟通阶段 / 99
    4. 敬业度调查结果反馈阶段 / 100
    5. 敬业度提升方案的制定 / 101
    6. 敬业度提升方案的实施 / 101
  (三)敬业度调查报告内容 / 102
    1. 调查结果相关名词定义 / 102
    2. 四大关键指数 / 102
    3. 提高最多/下降最多的前五项问题 / 104
    4. 项目汇总明细 / 104
  (四)J公司2016—2018年员工敬业度调查结果 / 105
    1. 2016—2018年四大关键指数得分及敬业度趋势 / 105

  2. 2016—2018 年各部门敬业度与离职率数据对比 / 105
 （五）本章小结 / 106
五、J 公司员工敬业度的短板及提升方案 / 106
 （一）敬业度短板暨焦点团队的确立 / 107
 （二）生产一线员工敬业度反馈结果 / 107
  1. 生产一线敬业度报告数据 / 107
  2. 生产一线员工访谈结果 / 108
 （三）生产一线员工敬业度影响因素 / 109
  1. 薪酬 / 109
  2. 直接主管管理效力 / 110
  3. 成长与发展 / 110
  4. 沟通 / 111
  5. 工作认知 / 111
  6. 参与感与归属感 / 111
  7. 安全 / 111
  8. 敬业度影响因素与离职影响因素比较 / 111
 （四）生产一线员工敬业度提升方案 / 112
  1. 优化生产一线薪酬结构 / 112
  2. 提升生产领班领导力 / 113
  3. 构建基于员工需求的培训计划与职业发展通道 / 114
  4. 强化沟通与反馈流程 / 115
  5. 提升一线员工工作认知 / 117
  6. 增强员工参与度与归属感 / 118
  7. 改善工作环境 / 118
 （五）本章小结 / 118
六、J 公司员工敬业度提升方案成效分析 / 119
 （一）J 公司 2016—2019 年相关数据及分析 / 119
  1. 员工敬业度调查表现 / 119
  2. 离职率表现 / 119
  3. 团队绩效表现 / 120

4. 其他相关指标 / 122

(二) 本章小结 / 122

七、结论与展望 / 123

(一) 研究结论 / 123

1. 结论 / 123

2. 局限性 / 124

(二) 研究展望 / 124

参考文献 / 125

第三篇 基于 CIPP 模型的 Y 公司培训效果评估及提升方案研究 丁超宇 / 127

摘要 / 128

一、绪论 / 129

(一) 研究背景 / 129

1. 社会背景 / 129

2. 行业背景 / 129

3. 企业背景 / 129

(二) 研究目的和意义 / 130

1. 研究目的 / 130

2. 研究意义 / 130

(三) 研究内容及方法 / 130

1. 研究思路及内容 / 130

2. 研究框架 / 133

3. 研究方法 / 133

二、文献综述 / 134

(一) 培训的概念和作用 / 134

1. 培训的概念 / 134

2. 培训的作用 / 135

(二) 培训效果评估的概念和作用 / 136

1. 培训效果评估的概念 / 136

2. 培训效果评估的作用 / 136

(三) 培训效果评估模型 / 137

 1. 四层次评估模型 / 137

 2. 五级投资回报率模型 / 138

 3. 五级评估模型 / 139

 4. CIRO 效果评估模型 / 139

 5. CIPP 效果评估模型 / 140

 6. 各模型对比与选择 / 141

三、Y 公司人力资源及培训现状 / 142

(一) Y 公司人力资源现状 / 142

 1. Y 公司概况 / 142

 2. Y 公司组织架构及人员现状 / 144

(二) Y 公司培训现状 / 145

 1. Y 公司培训体系现状 / 145

 2. Y 公司培训现状综合分析 / 147

四、基于 CIPP 模型的 Y 公司培训效果调查分析 / 148

(一) 调查目的和方式 / 148

(二) 问卷调查的设计和实施 / 149

 1. 问卷调查的设计原则 / 149

 2. 问卷调查的指标体系 / 149

 3. 问卷调查的三级指标及问题设计 / 150

 4. 调查问卷的确定和实施 / 152

(三) Y 公司培训背景评估 / 155

 1. 培训重视程度 / 155

 2. 培训需求满足程度 / 156

 3. 培训宣传和组织 / 157

(四) Y 公司培训输入评估 / 158

 1. 讲师类型偏好 / 158

 2. 培训讲师技巧水平 / 159

 3. 课程内容满意度 / 160

4. 培训环境和配套硬件设施 / 161

(五) Y公司培训过程评估 / 162
 1. 培训过程的连贯性与互动性 / 162
 2. 培训方式满意程度和喜好倾向 / 163
 3. 培训时间安排 / 164

(六) Y公司培训结果评估 / 164
 1. 培训效果评估执行状况 / 164
 2. 培训效果满意程度综合分析 / 165
 3. 员工希望公司培训提升方向 / 167

(七) 本章小结 / 168

五、Y公司培训效果提升方案设计 / 169
 (一) 背景评估维度的培训效果提升方案 / 169
  1. 进行系统的培训需求调研 / 169
  2. 加强培训宣传组织,提高参训率 / 170
 (二) 输入评估维度的培训效果提升方案 / 171
  1. 成立企业大学,优化课程体系 / 171
  2. 提高培训讲师水平 / 172
  3. 改良培训环境和硬件 / 175
 (三) 过程评估维度的培训效果提升方案 / 175
  1. 增强培训连贯性与互动性 / 175
  2. 增加培训形式 / 178
 (四) 结果评估维度的培训效果提升方案 / 180
  1. 对现场反应、学习过程进行评估 / 180
  2. 对行为改变、绩效变化进行评估 / 180
  3. 基于培训评估结果的反馈调整 / 181

六、总结 / 182
 (一) 结论 / 182
 (二) 局限性 / 182

参考文献 / 183

附录1 Y公司现有新人训课程安排表 / 185

附录2　Y公司现有管理训之继任者计划课程安排表 / 186
附录3　Y公司现有管理训之明日之星计划课程安排表 / 187
附录4　Y公司现有"飞鹰计划"干部育成班课程安排表 / 188
附录5　Y公司培训效果评估调查问卷 / 189

第四篇　消费者网红电商直播的观看意愿和购买意愿的影响因素研究　刘昀霖 / 195

摘要 / 196

一、绪论 / 197

　　(一)研究背景 / 197

　　(二)研究意义 / 198

　　(三)研究目的 / 198

　　(四)研究方法 / 199

　　　　1. 文献研究法 / 199

　　　　2. 问卷调查法 / 199

　　(五)研究结构 / 199

二、研究现状与文献综述 / 201

　　(一)相关概念梳理 / 201

　　　　1. 网络直播 / 201

　　　　2. 电商直播的营销模式 / 201

　　　　3. 网红直播带货 / 201

　　　　4. 网红主播特质 / 202

　　(二)电商直播观看意愿 / 203

　　　　1. 研究现状 / 203

　　　　2. 影响因素 / 204

　　　　3. 社交焦虑 / 205

　　　　4. 孤独感 / 206

　　(三)电商直播购买意愿 / 207

　　　　1. S-O-R模型 / 207

　　　　2. 研究现状 / 209

3. 电商直播的互动性 / 210

三、研究设计 / 213

(一) 研究一:网红电商直播的观看意愿模型 / 213

1. 模型构建 / 213

2. 模型假设 / 213

3. 量表设计 / 216

(二) 研究二:网红电商直播的购买意愿模型 / 217

1. 模型构建 / 217

2. 模型假设 / 220

3. 量表设计 / 223

四、结果与分析 / 225

(一) 预调研 / 225

(二) 研究一结果与分析 / 230

1. 描述性统计 / 230

2. 信度与效度检验 / 232

3. 相关性分析 / 235

4. 中介检验 / 235

5. 研究结果 / 237

(三) 研究二结果与分析 / 237

1. 描述性统计 / 237

2. 信度与效度检验 / 238

3. 相关性分析 / 240

4. SEM模型 / 241

5. 研究结果 / 243

五、结论与展望 / 244

(一) 研究结论 / 244

1. 研究一结论 / 244

2. 研究二结论 / 245

(二) 研究启示 / 248

1. 理论贡献 / 248

2. 实践启示 / 248

(三) 研究局限与展望 / 249

参考文献 / 250

附录　网红电商直播调查问卷 / 256

第五篇　Z 孵化器服务体系评价与优化研究　戎轶杰 / 261

摘要 / 262

一、引言 / 263

(一) 研究背景与研究意义 / 263

1. 研究背景 / 263

2. 研究意义 / 264

(二) 国内外研究现状 / 265

1. 国外研究现状 / 265

2. 国内研究状况 / 266

(三) 研究思路及方法 / 267

1. 研究思路 / 267

2. 研究方法 / 268

二、理论概述 / 270

(一) 孵化器含义与类型 / 270

(二) 相关服务体系理论 / 272

1. 创业生态系统理论 / 272

2. 孵化器苗床理论 / 272

3. 孵化区域创新理论 / 273

(三) 服务体系网络 / 273

三、Z 孵化器的服务体系现状与孵化服务案例分析 / 275

(一) Z 孵化器概述及服务体系现状 / 275

1. 孵化器概述 / 275

2. Z 孵化器服务体系 / 276

(二) 在孵企业整体状况 / 279

(三) Z 孵化器对 Y 创业项目服务案例分析 / 281

1. Y 创业项目简介 / 281
  2. Z 孵化器对 Y 创业项目的孵化服务 / 284
  3. 阶段性成果 / 291

四、Z 孵化器服务体系评估 / 294
  (一)服务体系评估指标 / 294
  (二)孵化服务评估 / 297
    1. 问卷调查 / 297
    2. 评估分析 / 299
  (三)服务体系存在的问题 / 305

五、Z 孵化器服务体系优化方案 / 307
  (一)增强多方合作,拓展产业渠道 / 307
  (二)加强队伍建设,推进职业道路 / 308
  (三)构建知识网络,创新协同发展 / 310

六、结论与展望 / 312
  (一)研究结论 / 312
  (二)展望 / 313

参考文献 / 313

附录 Z 孵化器服务体系满意度调查问卷 / 316

第六篇 政企关系与我国建筑企业绩效的关系研究 郑冕 / 319

摘要 / 320

一、绪论 / 321
  (一)研究背景 / 321
  (二)研究目的与意义 / 322
    1. 研究目的 / 322
    2. 研究意义 / 323
  (三)研究内容与方法 / 323
    1. 研究主要内容 / 323
    2. 研究方法 / 324
    3. 研究技术路线 / 325

二、国内外研究综述 / 325
　　（一）政企关系相关研究 / 326
　　　　1. 政企关系的内涵 / 326
　　　　2. 政企关系与企业绩效的关系 / 327
　　　　3. 建筑企业的政企关系 / 328
　　（二）制度环境相关研究 / 329
　　（三）所有权性质相关研究 / 330
　　（四）建筑企业绩效相关研究 / 332
　　（五）本章小结 / 334
三、政企关系与建筑企业绩效的关系：理论与假设 / 334
　　（一）理论基础 / 335
　　　　1. 社会资本理论 / 335
　　　　2. 寻租理论 / 335
　　　　3. 委托-代理理论 / 337
　　　　4. 社会责任理论 / 337
　　（二）政企关系对建筑企业绩效的影响 / 338
　　　　1. 政企关系与财务绩效 / 338
　　　　2. 政企关系与项目绩效 / 339
　　（三）制度环境的调节效应 / 340
　　（四）所有权性质的调节效应 / 341
　　（五）本章小结 / 343
四、实证分析 / 343
　　（一）关键变量选择与计量模型设计 / 344
　　　　1. 关键变量选择 / 344
　　　　2. 计量模型设计 / 347
　　（二）数据来源与描述性统计分析 / 349
　　　　1. 样本选取和数据来源 / 349
　　　　2. 描述性统计分析 / 349
　　（三）假设检验与结果分析 / 352
　　　　1. 相关性检验 / 352

2. 主效应分析 / 354

3. 制度环境的调节效应分析 / 356

4. 所有权性质的调节效应分析 / 359

5. 稳健性检验 / 365

(四) 本章小结 / 365

五、管理建议与政策启示 / 366

(一) 国有建筑企业管理建议 / 366

1. 深化产权制度改革 / 366

2. 完善内部控制体系 / 367

(二) 非国有建筑企业管理建议 / 368

1. 理性利用政企关系 / 368

2. 加大科技创新投入 / 368

(三) 行业管理政策启示 / 369

1. 构建良好的制度环境 / 369

2. 加快建设服务型政府 / 370

(四) 本章小结 / 371

六、结论与展望 / 372

(一) 研究结论 / 372

(二) 研究展望 / 373

参考文献 / 374

第一篇

高绩效企业文化下的绩效管理变革
——成长型绩效对话

张 静

摘 要

本篇选取了 Y 公司为研究对象。Y 公司从三年前开始着手变革绩效管理，致力于利用成长型绩效对话建立高绩效企业文化，提升公司的整体竞争力。简化整体绩效指标，从过往关注机械化的流程，向更有实际意义的成长型月度绩效对话转变，改变原有的员工与经理人角色，在对话过程中持续关注员工个人绩效的提高和员工成长，优化绩效激励，最终支持公司整体的业务增长。

本篇首先理解并认识绩效管理理论及方法，了解绩效管理的发展与演变，绩效管理发展不同阶段的考核方法与分析；然后基于 Y 企业过往绩效管理体系，分析在当前的市场和人才背景下，传统绩效管理方式存在的问题和不足是忽略了绩效的沟通过程，思考绩效管理的真正目的是帮助员工提高绩效，进而提升组织绩效；最后依据绩效管理在高绩效企业文化下的变革必要性与可行性，论述了 Y 公司新绩效管理方法的理念、目标、体系、变革流程、绩效考核结果应用等。新绩效管理方法的实施包括三个阶段：持续型对话、成长型对话、发展型对话。持续型对话阶段关注持续型绩效对话开展，引入教练式绩效辅导、围巾模型（SCARF）的五类社交需求和积极倾听、有效提问的技巧，以创建上下级之间相互信任的绩效对话空间。成长型对话阶段引入成长型思维和绩效透镜，在月度绩效对话中运用成长型思维对话激发员工自我学习与问题解决能力，用薪酬透镜的三个维度，关注员工是如何增值的，而非考察当前的结果，持续关注员工的学习与成长。发展型对话更加关注于员工个体的发展，辅导员工明确自己的职业预期，即未来想成为什么样的人，巩固自驱的绩效管理。提供职业锚测评问卷、盖洛普的优势识别器等发现自己的职业兴趣和长板，应用"70-20-10"学习法则，让员工自我驱动地进行绩效自我管理。最终自我驱动个人成长，再沉淀为组织的发展。

Y 公司在绩效管理变革期间，员工人数三年里精简了 25%，净销售额和净收益每年以双位数增长，员工的主动离职率也降低了。新绩效管理方法的变革支持了 Y 公司绩效管理变革，在过程中通过关注员工成长并帮助提高员工个人绩效，最终支持公司整体的业务增长，得到公司整个管理层的认可。

本篇基于 Y 公司绩效管理变革的三年，分析过往传统的绩效管理体系的不足，并鉴于新的绩效管理方法的实施，重点研究在转变的绩效对话中员工自驱的学习和问题解决能力。并根据新绩效管理方法实施后存在的问题作分析,以期为后续持续性改进和其他企业的应用提供参考。

关键词:绩效变革;高绩效企业文化;成长型思维;月度绩效对话;绩效透镜

一、绪论

(一)研究背景

随着技术变革,共享经济、物联网、工业4.0,以及大数据、人工智能等新技术,正在以前所未有的速度冲击着现有商业模式与传统企业,未来传统企业到底何去何从?企业之间的竞争体现在创新能力、适应能力、人才的保留和吸引等方面,越来越变幻莫测的商业环境对企业竞争力的要求,从核心上来说也是对企业整体管理效率的要求,如何提升企业的管理效率成为一个关键突破点。如果企业需要提升管理效率,提高企业的竞争力,人无疑是一个最大的载体,人才的吸引与保留以及人员的绩效管理,都是相辅相成的,构成了现代企业竞争中不可或缺的一部分。绩效管理是人力资源管理的重点,好的绩效管理可以激发员工的潜能,提升组织整体的应变能力、创新能力、问题解决能力,是企业在激烈竞争中取得成功的关键。

同时,随着企业管理效率的提高,传统的"金字塔科层式"架构正面临着管理成本高、组织效率低、缺乏创新力、难以适应快速的市场变化等困境,越来越多的组织已经扁平化或者已经拥抱互联网式组织[1]。在职级减少的背景下,如何在有限的职业发展道路上,更好地认可、激励员工;面对快速变化的环境,如何培养、辅导员工快速响应变化;如何持续地提高员工的敬业度和促进员工自我激励,也一并困扰着企业管理者。

传统的绩效管理,是当初基于传统的商业模式建立的,强调效率驱动组织发展与人才管理,依赖于组织架构内的层级。传统的绩效管理是否实际扼杀了现在的企业绩效,受表扬的员工是否真正感觉到被肯定,如何可以激发员工自发地增进绩效,当我们倡导提升效率、打破官僚主义和层级制度束缚时,原有绩效管理方式是否成为阻力,绩效管理是否只沦为行政手段[2],在企业管理实践中,如何从根本上改变绩效管理的基调,而不是只是做表面文章,如何将企业文化注入绩效管理过程中,是确定绩效管理未来方向时需要考虑的。

基于此,本篇选取了Y公司为研究对象。Y公司是美国一家百年上市公司,属于传统的制造型企业,公司管理也一百年地持续着传统的方式。但随着商业环境的变化,市场竞争力渐弱,公司从三年前开始着手变革绩效管理,以提升公司的整体竞争力。在这近三年的时间里不断实践调整,新绩效管理方法废除了原有的绩效评分和年度绩效评估,转变为月度绩效对话,过程中关注员工的发展和主动性。因此,本文将针对Y公司过往的绩效管理和近三年的绩效变革进行阐述分析,结合国内外的绩效管理研究,针对Y公司绩效变革的实施进行梳理和总结,并提供一些针对性的建议,希望可以为公司的变革作一次整体的回顾和展望,为未来的调整和优化提供一些参考,帮助公司可以更好地提升竞争力。

(二)研究思路和方法

1. 研究思路

在100年的发展中,在面对外部客户时,Y公司的企业价值观一直以诚信为核心,以客户为中心,客户的声音与诉求,一直是公司研发、生产、维修产品过程中高度关注的。在面对内部公司雇员时,关注每一名员工的健康与安全,并以大家庭来定位企业与员工的关系,包容每一名员工,即使员工存在绩效问题,也坚决不采取解聘方式。这样包容的管理文化,渗透在企业的日常事务中,且经过百年的沉淀,公司在绩效管理中面临很大挑战。

在商业环境挑战无处不在的今天,Y公司势必需要提高企业效益以提升企业市场竞争力,第一步自然就需要提升人员的绩效,激发员工的潜能,以最终提升组织整体的应变能力、创新能力,从而提升企业市场竞争力。公司如何以企业文化为基垫,影响并转变绩效管理方式以提升公司整体效率,是企业需要解决的一个战略问题。在此要求下,Y公司改变了传统的绩效管理方法,致力于推动高绩效企业文化下的绩效管理变革,在对Y公司原有的绩效管理流程(PMP)进行评估并获得反馈后,发现如下问题:

(1)公司内部,不管做得好或差,绩效评估方式都一样(一年两次),只是对话内容会有差异,评估后,员工和经理在短时间内就能遗忘大部分内容。

(2)与绩效相挂钩的薪酬激励,除奖金等收入有些出入外,并无太大差别。在绩效考评中,存在吃大锅饭的问题,高绩效与低绩效员工在考评中并未分别获得预想的激励和鞭策。

(3)大多数员工不喜欢PMP,许多主管也不喜欢,员工和主管都觉得一年两次绩效评估对工作没有实质性的帮助。PMP要求太多的文字工作,却没有关注行动计划、价值创造及过程改进。

（4）PMP过于形式化，无法满足打造高绩效企业文化的要求。绩效管理流于形式，成为企业官僚主义的一个因素。

高绩效企业文化的建立势在必行，了解到PMP取消在公司内部存在一定程度的困惑和不确定性，但绩效管理系统的变革是整个公司的重大变化，将致力于提升公司整体业绩及促进员工个人的成长与发展。

非常重要的一点：Y公司不是完全放弃绩效管理和绩效跟踪这个"理念"，而是从过去关注机械化的流程，向有实际意义的行为改变，向主管与员工之间的互动转变，来提升绩效并创造持续的成长机会，以此推动Y公司业绩以及打造高绩效的企业文化。[3] 新的绩效管理系统将关注于加强经理人的胜任能力和与员工的关系，通过努力创建高绩效的文化和企业，为客户、股东和员工创造价值。

本篇将进一步理解并认识绩效管理理论及方法，了解绩效管理的发展与演变、绩效管理过程主要包含哪些内容、绩效管理发展不同阶段的考核方法与分析思路，结合Y企业过往绩效管理与绩效变革后的管理方式，进行阐述分析。从Y公司过往绩效管理来分析传统绩效管理方式存在的问题。立足于最原始的绩效管理目标，思考绩效管理的根本作用，进而具体分析Y公司绩效管理变革的目标、体系构建、变革流程、绩效考核及考核应用等的设计，从而阐述绩效变革的实施、效果评估、改进和总结。

2. 研究方法

本篇研究针对Y公司的绩效管理变革，采用了文献资料法、个案研究法、调研分析法。

文献资料法：通过结合古往今来绩效管理理念的理论发展，以及近几年国内外跨国企业的绩效管理实践活动和理论研究，帮助梳理绩效管理理论的演变和洞悉商业环境变化及与绩效管理理论的关联性。

个案研究法：在Y公司的绩效管理变革过程中，通过跟踪、反馈并改进的过程，在两年内逐步完成绩效管理的整体转变。

调研分析法：在实施过程中，通过分批回访公司所有层级员工，一年内覆盖到每一名参加绩效评估的员工，获得反馈并记录，为下一步绩效管理实施做调研与准备，以第一时间调整变革方向，了解员工与经理人的实际体验，发现问题并设计更加有利于实现企业目标的绩效管理方法。

（三）研究内容和目的

第一部分为绪论，阐述了 Y 公司实行绩效管理变革的研究背景、研究思路和方法。

第二部分为绩效管理理论分析，从绩效管理的产生到现今的演变，阐述各时期代表性的绩效管理理论，以及引出绩效管理与成长型思维和企业文化的关系，为本文提供理论指导。

第三部分为根据 Y 公司过往绩效管理状况，分析过往绩效管理的体系和应用实践，并梳理具体问题。

第四部分是基于第二部分的理论基础，以及第三部分的具体问题，阐述绩效管理变革的必要性，从问题入手找出变革的具体方向。

第五部分是 Y 公司新绩效管理的理念和主题，在三个实施阶段开展主题的落实、效果评估和结果应用。最终以持续的成长型对话重塑企业的高绩效文化。

第六部分是全文总结和研究展望，分析不足与后续改进方向。

二、绩效管理理论分析

（一）绩效管理理论

1. 绩效管理概念及发展

在 20 世纪 70 年代后期，企业管理研究者在探索如何提升企业竞争力的实践中发现，仅仅通过调整组织结构和人员匹配，并不能真正地改善企业的绩效，绩效的关键指向了企业中最重要的资源——人。如何高效地开发人力资源、优化团队合作、提升组织绩效能力，以最终实现组织整体战略目标，成为企业管理实践中的新课题。绩效管理理论及方法也应运而生。

绩效管理理论在发展过程中，形成了三种观点。第一种认为绩效管理是管理组织绩效的系统，关注企业的战略制定和实施以及过程控制，最后对结果进行评估，整个观点忽略了员工个体多变、复杂的特性。第二种认为绩效管理是管理员工绩效的系统，员工的工作成绩和发展潜力直接形成组织绩效[4]。管理者与被管理者在反复交互沟通过程中，逐渐达成共识、相互促进，并最终提升组织绩效。第三种是组织绩效与员工绩效的结合，从组织战略的角度考虑，从转变绩效管理的方式开始，强化对部门、个体的目标管理控制，促进绩效提升[3]。这也是现代绩效管理理论发展的基石。

绩效管理渗透在企业管理的各个组织及层级：从企业战略、人力资源、运营管理到财务控制等[4]。绩效管理是个全面的概念，从人力资源角度来说，绩效管理是指从实现组织战略和预期目标出发，通过持续的沟通过程来监督和激励个体以及整个组织的能力，以完成组织预期的目标。从绩效管理概念诞生至今，发生了一系列变革和创新，但绩效管理的关键特征仍是不变的，它们是：持续沟通、企业战略目标、双向互动与成长。

2. 绩效管理目的

绩效管理的目的是通过提升员工绩效提升公司绩效，在绩效管理过程中激发员工的工作热情，并提高员工的工作能力和工作积极性，最终提高企业绩效以提升企业市场竞争力。

（1）提升并管理员工绩效

在以家庭为单位的小型组织内不需要绩效管理也可以安排好工作，但当组织逐渐变大、任务多样化后，就需要绩效管理来统筹个体的工作表现，这也是绩效管理诞生的环境要求。绩效管理过程可以帮助管理者和员工建立沟通、反馈、评估机制，并使他们达成共识[5]，指引员工按照组织的发展目标努力，不至于走偏走反。同时可以辅导员工提升能力、激发员工工作热情。

（2）提高公司整体绩效，以增强市场竞争力

个体的绩效提高后，部门团队的绩效也随之水涨船高，公司整体的绩效都是通过个体绩效的累积形成的。绩效管理更像是把几根筷子绑成一捆的那根绳子，让企业在员工的绩效上不仅是满分的相加，甚至可以获得相乘的效果。这也是随着组织规模的扩大，工作任务被分化以提升效率，后通过整合展现出最终企业整体绩效。绩效管理在提升公司整体绩效后，可进一步增强其市场竞争力。

3. 绩效管理和绩效考核的区别与联系

绩效考核是绩效管理流程中的一个很重要的环节，绩效管理不能等同于绩效考核，绩效考核也不代表绩效管理。绩效管理是一个整体过程，绩效管理包括绩效计划、绩效追踪、绩效考核、绩效反馈和考核结果这五部分，它们相互联系、相互依存，可以看出绩效考核是绩效管理的一部分。绩效管理包括事前计划、事中控制和事后考核，绩效管理是为了达到组织目标，通过持续的交互沟通，由员工和经理共同提高个人、团队、组织绩效的过程。绩效考核是事后考核，通过评价、激励员工提升个人能力及潜力[6]。

绩效管理重视流程化、战略化、系统化,绩效考核也发展出关键绩效指标、平衡计分卡、360度评估、目标与关键结果等方法,不断随着商业环境变化及人员管理理念的更新推陈出新。

绩效管理与绩效考核是紧密相连,不可分割的。绩效管理过程中,如果绩效考核不透明、不公正、不准确,那对绩效管理来说就是南辕北辙,不仅达不到应该有的效果,更可能会产生反效用[7]。而单单割裂看或执行,也达不到激发和激励员工持续成长,提高组织绩效的效果,考核只是作为一个工具来评估和衡量产出的数据或文字而已。就像体检时的验血查指标,如果只知道指标结果,不知道其超出或低于正常范围值的数字背后所代表的问题,那么还是个无效的体检。绩效管理可以从一个更宏观、全面的角度帮助绩效考核产生应有的效用,绩效考核也构成了绩效管理中重要的一部分。

(二)绩效考核方法与体系

绩效管理离不开绩效考核,它是一种周期性检查、评估员工工作表现的管理系统,经理人可以对员工的工作进行系统的评价。有效的绩效考核,不仅能帮助每名员工确定对组织的贡献程度,更可为人才管理提供宝贵的参考资料与数据。同时,绩效考核也是组织内的反馈路径,建立组织内上下层级间的反馈通道,帮助提高员工的工作绩效,更可激励员工士气,也可作为制定公平合理绩效薪酬的依据。

但是在这几年关于绩效管理变革的争论中,绩效考核首当其冲。HRoot的会员组织内调研发现:75%以上的业务经理、员工和人力资源工作者认为绩效评估的结果是无效或不准确的。更偏激的是,绩效评估会挫伤员工士气和工作积极性。而对于所有中大型企业来说,从目标设定、年度评估、全员评价和校准到复杂的沟通,每年公司上下为绩效管理付出的成本数以百万计。是否绩效考核真的已经无用武之地?关于绩效考核的辩论,有一点是相同的,都认为绩效管理期间的沟通和对话是至关重要的,我们需要的是转变绩效管理和考核方式,而非简单地去绩效考核而已[2]。绩效考核更重要的是,关于过往任务、经验、教训的组织内的公开、透明对话,管理者和员工都共同期望营造充分交流和精诚协作的氛围。

从绩效考核的演变和各大企业组织的实际经历中,表2-1简述了两大绩效考核方法:关键绩效指标(KPI)与目标和关键成果(OKR),以及关于两大主流考核方法的对比及分析。

表 2-1　KPI 与 OKR 的对比介绍

名称(缩写)	KPI	OKR
全称	关键绩效指标	目标和关键成果
定义	衡量工作人员绩效表现的量化指标	定义和跟踪目标及其完成情况
本职	要我做的事	我要做的事
考核	结果影响加薪升职	过程影响未来发展与薪酬
关注	指标与惩罚	目标和关键结果

1. 关键绩效指标(KPI)

关键绩效指标将企业的战略目标分解为可操作的工作目标,是企业绩效管理的基础。KPI 可以帮助各部门明确主要目标,以此为基础,确定人员的业绩衡量指标。KPI 是用于衡量员工工作绩效的量化指标,是绩效计划的重要组成部分[8]。

KPI 法符合"二八原理",即存在着"80/20"的规律,即 20% 的高绩效员工创造企业 80% 的价值。同时每一名员工也存在"二八原理",即 20% 的关键行为完成 80% 的工作任务。所以在 KPI 中需要抓住 20% 的关键行为,以保证组织整体目标的完成。

关键绩效指标重视流程和系统化,其运行有效是建立在一个前提下的,即假设员工都会积极主动努力完成事先确定的工作目标。同时,关键绩效指标是组织内部对公司战略目标自上而下进行层层分解产生的,同时根据员工过往的绩效表现进行调整。公司战略目标是概括性、指导性的,而关键绩效指标是针对职位设置的,内容更加丰富,着眼于考核当前的工作绩效,一般以年度为单位[9]。

制定关键绩效指标时有一个重要的原则——SMART 原则。S 代表具体(Specific),指绩效考核不能笼统、宽泛,工作指标需具体化;M 代表可测量(Measurable),绩效指标需要可量化,验证数据或者信息是可以获取的;A 代表可实现(Attainable),指绩效指标是可以实现的,不应该脱离实际,避免过高或过低;R 代表有关联性(Relevant),指绩效指标与公司目标相结合;T 代表有时限(Time-bound),目标需要在特定期限内完成,保证效率[9]。

关键绩效指标也有其优缺点,这也是现在关于去 KPI 的话题点。

(1) 优点

目标明确,KPI 使员工行为与企业目标相一致,保证公司战略目标的实现;

KPI 以市场评估与反馈来检测目标的完成情况,将客户价值理念引入企业战略关注点;员工个人利益与组织整体利益达成和谐统一,在目标分解上是共赢的。

(2) 不足

KPI 使用的是定量化的指标,无法对所有岗位都适用,因为岗位之间职责的不同,基于岗位的关键绩效指标无法通用;KPI 的考核过程,容易让考核者陷入机械的流程中,而忽略了考核的真正目的,以及缺少面对不同被考核者时所必要的灵活机动性。

2. 目标和关键成果(OKR)

目标和关键成果最初源于互联网公司英特尔,后被谷歌采用并产生了切实收益效果,OKR 在 2013 年逐步风靡全球,现已被全球数以千计的企业所采用,硅谷的一些知名企业,如领英、推特对 OKR 更是大力推崇,尤其是那些管理宽松,需要培养创新的开放性组织。

OKR 到底是什么?

目标(Objectives),是驱动组织朝期望方向前进的定性追求的一种简洁描述。简而言之就是:"我们要做什么?"一个好的目标可以在时间限制内鼓舞、激发团队达成目标。

关键成果(Key Results),成果是需要能够定量描述的,简而言之就是:"我们如何知道自己是否完成了目标的要求。"在谷歌、团队、管理者、普通员工均被设立目标和关键成果指标,每个季度每名员工接受四到六项考核,季度末对目标和关键结果考核实施打分并公开。[9]

OKR 有哪些关键点?

(1) 管理切要点,且简化和公开[10]

按照组织战略目标,分别设置团队及个人目标,目标设定不超过五个,达成目标的关键行动和方法不超过四个。目标及关键行动都简单明了,前者定性简洁描述,后者定量考核,每个人的 OKR 及进度都对全员公开。

(2) 持续的反馈和要求

OKR 是绩效评价的一种替代形式,让年度绩效评估转变为实时跟踪和辅导。转变一次性的官僚式的表扬或批评,持续地塑造员工的行为。通过持续的对话,加快员工能力的提升,最大限度地减少因为绩效表现不良而产生的负面效果。

当目标和关键成果设定好后,并非束之高阁,在一年中,以季度为周期性与自己的主管沟通、讨论寻求反馈,确认结果的达成情况。

(3) 关键成果(KR)设定需平衡挑战性和可实现性

KR 的设定需要关键且不宜过多,更重要的是平衡好挑战性与可实现性。KR 需要有足够的挑战性,以便激发更多的积极性,又不至于让 KR 高不可攀,从而降低团队士气。

(4) 团队成员紧密合作

OKR 的设计需要最大化地协作和促进整体组织的绩效,OKR 对于每个层级与员工都是公开共享的,以便组织自下而上地达成组织目标。

(5) 促进员工成长,非个体评估

目标和关键成果的重点是驱动绩效,而非评估绩效,部门主管在跟踪辅导中更加关注员工的发展和学习,激发的是"我要做什么",而非"要我做什么"。同时,目标和关键成果与绩效评估是分开的,员工并不会因为关键成果的评分而沮丧或受挫,这个不同于传统的绩效评估。

(6) 非工作报酬的激励

未来,随着共享经济的人才共享,如何管理及激发高绩效员工才是需要去关注的。就像迈克尔·法拉第曾经说过:"工作最好的报酬就是工作本身。"当管理者通过目标和关键结果,关注员工及工作过程本身后,就是对员工工作最好的支持,可让员工在工作过程中获得成长和满足。

(三)绩效管理与成长型思维

绩效管理的目的是为了提升员工绩效,以最终提升公司绩效。那在绩效管理中如何提高员工绩效就是绩效管理过程需要关注的重点,如何激发并保持员工的工作热情,又能提高员工的工作能力和工作积极性,是最终绩效管理发挥作用的关键点。

成长型思维是帮助绩效管理从外部驱动转向为内部驱动的一个思维模式。什么是成长型思维模式?斯坦福大学心理学教授卡罗尔·德韦克关于思维模式的研究,是近几十年里最有影响的心理学研究之一。这个研究表明,成功并不是个体能力和天赋决定的,更受到追求目标过程中展现的思维模式的影响。研究发现,人们有两种思维模式——固定型和成长型,体现了当应对成功与失败、成绩与挑战时的两种基本心态。认为才智和努力哪个重要,能力能否通过努力改变,满足于既有成果还是积极探索新知识、新领域[11]。成长型思维模式认为这是可以改变的,认可"能力增长观";另一类是固定式,认为是不可改变的,秉持"能力实体论",这是心智模式研究的两种论断。

面对外界相同情况时,成长型思维与固定式思维的思考逻辑及反应是截然不同的。成长型思维的人认为，成功65%来自努力，35%来自天赋能力，而固定式思维的人认为，成功35%来自努力，65%归因于天赋能力[11]。固定式思维的人认为每个个体的智力从出生开始就是恒定的，在学习与工作过程中，所有的行为是为了想让自己看起来聪明。成长型思维的人认为智力是可以不断发展的，希望通过后天的努力，可以让自己更加聪明。

面对挑战时，两种思维模式的人选择会有不同，固定式思维的人会认为对自己的聪明产生威胁和挑战，不愿意接受失败的可能性，为了保持自己被认为是聪明的，往往拒绝挑战。而成长型思维的人认为这正好是可以让自己学习并获得智力能力提升的机会，会更加主动去迎接挑战。两者的具体差异可以参阅表2-2成长型思维与固定式思维的对比[11]。

表2-2　成长型思维与固定式思维的对比

环境＼思维	固定式思维（Fixed Mindset） ① 智力是恒定的 ② 想让自己看起来聪明	成长型思维（Growth Mindset） ① 智力是不断发展的 ② 希望不断学习
挑战	回避挑战	迎接挑战
挫折	轻言放弃	越挫越勇
努力	能力决定一切，努力无用处	努力和态度决定一切
批评	忽略负面意见	接受批评并从中学习
别人的成功	别人的成功威胁到自己	别人的成功是榜样，汲取经验

面对市场的变化、风险的预估、技术的革新，成长型思维的企业会做好一切准备工作。在成长型思维的企业中，致力于让每个人都承担与成长，人才可以在内部发光发热。在成长型思维企业中，可以帮助变革获得成功，团队更加紧密、高效地合作。

（四）绩效管理与企业文化

企业文化是企业中各部门、企业高层管理者所共同认同的企业价值观和经营实践，是一系列能影响组织内成员态度和行为的共同价值和规范[12]。企业文化不仅影响企业今天是什么样的，更决定了企业下个十年甚至百年的发展。所以为什么企业发展至一定阶段后，需要建立企业文化和价值观，很多著名企业将企业文化视为企业的灵魂。企业文化的建设也是在组织内提升绩效管理过程中一直被提及的。企业文化对绩效管理过程有着深远的影响,包括如下六点。

(1) 企业文化起着导向作用

企业文化引导着员工,什么行为是公司鼓励的,什么行为是公司杜绝的,这无疑给绩效管理的方向奠定了基础。

(2) 凝聚公司文化基调,鼓励团体意识和精神

企业文化在公司内部可以帮助形成向上的企业文化氛围,并且鼓励团体意识,作为公司一个主体去描述愿景、使命、价值观,在绩效管理过程中,对鼓励员工协作、激发员工工作积极性具有现实意义。

(3) 塑造企业内外部的环境

对外,企业文化是公司企业品牌的无形广告,行业与市场对公司的了解,更多的是对企业文化的理解和总结,例如华为的狼文化、阿里的创新文化等。对内,企业文化可以帮助凝聚不同个性、文化背景下的员工,建立起组织的文化并让员工认同,从而更好地凝聚并激励员工,进而影响个体、团队的绩效。

(4) 企业文化在绩效管理中,也是一种约束、规范机制

企业在招聘选拔合适的人选时以及后期员工入职公司后,无时无刻不在宣传自己的文化,首先让员工认可公司的文化,再引导员工按照公司文化导向做事做人。企业文化是通过每个员工的言行实践和传递的,当然也会直接影响员工绩效目标的达成过程。

(5) 企业文化影响未来的绩效

企业的存在和社会是紧密联系的。企业生产的是产品或服务,最终将由消费者买单,这是企业文化的辐射。优秀的文化,不仅培养优秀的员工,还会制造高质量的产品和卓越的服务,企业文化的长远影响,会影响企业未来的绩效[13]。这也是为什么当企业做到一定规模和稳定水平过后,会更加关注企业社会责任。

(6) 绩效管理与企业文化的建设是相辅相成的

企业文化是一个长远的发展方向和目标,绩效管理是短期内达成企业目标的管理方式。绩效管理的变革基于高绩效企业文化建设,将有助于绩效管理的变革和落实。一个高绩效的企业文化,有三个特点:较好的统一整合能力,企业愿景更清晰、战略更明确、员工行为更统一;较好的执行能力,各部门针对主要方向达成一致,冲突和内耗降到最低;较好的自我更新能力,可以提醒组织自身拥抱变化、持续改进。高绩效的企业文化,为绩效管理的变革创造一个认同、拥抱变化的环境,不仅可以提升企业整体的绩效,还可以创造一个让员工愉快工作的

工作场所,更好地激励员工。

三、Y 公司过往的绩效管理状况

(一) Y 公司概况

1. Y 公司基本情况

(1) 公司概况

Y 公司创立于 1914 年,是一家专注于工业行业安全防护领域的美国百年家族企业。公司两位创始人在目睹了美国几起惨烈的煤矿安全事故后,作为现场工程师深深感知到矿工安全保护的重要性,萌生了建立公司的想法。从第一款产品——爱迪生发明的无烟矿灯,开始生产安全防护产品以保护特殊工作场所员工的安全,本着公司成立时的初衷与社会责任感,企业的管理文化一直秉持着以人为本的思想。迄今为止,业务覆盖全球 130 多个国家,全球约有 5 000 名员工,公司现有产品研发、生产、销售和售后等一系列业务模块。

Y 公司自 1989 年进入中国,从 1989 年到 2006 年一直以传统的经营模式在运作,每年营收也都有一个稳步的增长。后于 2009 年从无锡搬至苏州,员工规模也从本来的 100 人发展至近 500 人,目前维持在 400 人左右。在这 10 年期间,因为公司业务规模的扩张和战略目标的扩大,提高了在中国的投资,也增加了人员的配置。10 年间,业务增长的后劲也在逐年递减,公司整体也面临着绩效提升的内部需求。也因为对组织绩效管理的加强,从 2016 年开始对组织进行精简,员工人数从 437 人减少至现在的 380 人左右。

(2) 公司的风格和文化

在 100 多年的发展中,公司面对客户、内部雇员和社会时,秉持着一贯的企业价值观、使命和愿景。

① 当面对外部客户时,企业的价值观一直是以诚信为基本准则,以客户为中心,目标是为客户提供非凡的客户体验。从研发优质产品开始,一直延续到提供超越客户期望的支持服务。客户服务承诺很简单:每次一个人,让世界更安全。

② 当面对内部公司雇员时,公司关注每一名员工的健康与安全,一贯以一个大家庭来定位企业与员工的关系。即使员工存在绩效问题,如果不出现诚信问题,就坚决不采取解聘方式。这种包容的管理文化,渗透在企业的日常事务中,经过百年的沉淀,公司在绩效管理中也因此面临很大阻力和挑战。

③ 面对社会责任时，公司不忘 100 年前成立时的初心，公司业务的发展是为了保护那些危险工作环境作业人员的安全并保护他们的家庭。从 2008 年汶川地震开始，Y 公司义不容辞地在每次灾难发生时都进行了捐赠，为灾难现场一线的救援工作提供物资支持。安全，不仅仅是对客户和员工的承诺。

2. Y 公司人力资源现状

Y 公司的企业文化秉持着以人为本的理念，包括服务于客户、与员工共享、贡献社会责任等。虽然公司已经发展了 100 多年，但公司整体规模并不大，业务扩张也非常小心谨慎，在 2010 年后才开始出现一些较大规模的并购，以弥补产品线在专业领域的短板。自 2010 年后，各项财务报表数据考核完全按照上市公司的衡量标准来严格执行，这也使得后期 Y 公司着手重塑原有的企业文化，提倡努力创造高绩效的企业文化，从 2016 年起进行了绩效管理的全面改革。

(1) 公司员工结构

① 员工职能分布

2016 年，Y 公司在中国共有员工 437 人，其中生产人员 160 人，销售及售后人员 113 人，供应链及制造技术人员 58 人，产品研发人员 40 人，其他办公室人员 57 人，管理层 9 人。Y 公司的产线人员占比为 36.6%，与苏州其他制造企业相比，人员比例相对低很多。也正是因为 Y 公司并不是一家纯粹的制造工厂，作为中国的总公司，Y 公司在中国同时销售兄弟公司生产的产品，这部分贸易类的产品占公司整体销售额的 35%。在员工人数分布中，除制造运营部门以外，销售、售后、其他办公室支持人员比例也就随之增加了。此次参与绩效管理变革的员工主要包括除 160 名生产人员以外的其他员工，本文研究对象也就是这 277 名间接员工。

② 员工服务年限

Y 公司于 1989 年进入中国市场，成为第一家安全领域的外资公司，在 2016 年，277 人中，服务年数超过 15 年的员工有 22 名，最多的是服务 5 至 15 年的员工，共计 172 人。2009 年公司从无锡搬迁至苏州，因为工作城市的变化，部分老员工自然流失。公司的人才招聘从 2009 年起随着业务扩张与公司搬迁至苏州开始扩大，在 5 年间由原来的 100 人左右增长至 2014 年的顶峰 500 人不到，所以在研究开展的 2016 年，大部分的员工是在 2008 年过后进入公司的。服务时间为 10 至 15 年的员工占 30%，服务 5 至 10 年的员工占 32%，这两部分员工占 277 名间接员工的 60% 以上。

结合职能部门与员工服务年限，Y 公司的员工结构具体请见表 3-1。

表 3-1 员工分布与绩效反馈结果

服务年限分类	产品研发	供应链及制造技术	其他办公室人员	销售及支持	管理层	服务年限比例	绩效平均评分
·≤1年	2	4	7	15		10%	76
1年<·≤5年	8	9	13	25		20%	65
5年<·≤10年	16	31	15	27	1	32%	46
10年<·≤15年	12	12	18	35	5	30%	40
15年<·≤20年	1		2	8	2	5%	65
·>20年	1	2	2	3	1	3%	60
汇总	40	58	57	113	9	100%	58.7

(2) 绩效管理反馈

根据 Y 公司的员工组成特点，绩效管理变革的参与对象也是除生产以外的这 277 名间接员工。在绩效变革初期，员工满意度调查问卷中关于绩效管理的问题为这次变革作了摸底，有关绩效管理问卷内容见表 3-2。

表 3-2 员工满意度调查之绩效管理部分问卷

绩效方向	具体问题	同意为 100 分 倾向同意为 75 分 不确定为 50 分 倾向反对为 25 分 反对为 0 分
有效性：绩效管理流程	a. 绩效管理帮助您清晰了解目标与方向	
	b. 绩效管理帮助您达成个人目标	
绩效导向：您如何评价公司的以下方面	a. 提供与个人绩效挂钩的年度薪资增长	
	b. 提供与公司绩效挂钩的奖金	
	c. 根据我的贡献，与同样工作的其他人相比，我感觉我的报酬是公平的	
督导：我的直接主管	a. 让大家对达成绩效目标担负起责任	
	b. 经常就我的表现给予反馈	

续　表

绩效方向	具体问题	同意为 100 分　倾向同意为 75 分 不确定为 50 分　倾向 反对为 25 分　反对为 0 分
督导： 我的直接主管	c. 让我参与解决与我工作相关的问题	
	d. 了解可激励我的因素	

员工满意度问卷实际发放 277 份,回收 249 份,其中有效问卷 211 份。首先基于员工结构进行分析,结合各职能部门不同服务年限员工分布情况,满意度调查有效问卷中关于绩效的评分结果,发现新员工满意度分数相对较高,随着服务年数的增加,员工对绩效管理的反馈普遍呈下降趋势,尤其是占到 62% 以上的 5 至 15 年员工,均低于 50 分。具体评分详见表 3-1。

反馈分值最低的员工正好也是占比最多的服务年数为 5 到 15 年的员工,针对这部分员工作了抽样访谈,反馈主要集中在如下两点:相对满足于现在的工作职责范围,对公司整体的福利与工作环境比较满意;随着在公司服务年数的增长,觉得绩效管理过程过于官僚和书面,有职业追求的员工普遍觉得目前的绩效反馈过程相对无效。

(二) Y 公司过往绩效管理体系

为什么 Y 公司需要绩效管理?实施绩效管理流程的主要目的是使个人绩效最大化,从而转化为强大的组织绩效。如何在绩效管理中激励到员工个体,员工更关注什么,什么对他们来说是最好的激励方式,是基于上一节人力资源现状中的员工对于绩效管理的反馈要进一步研究的。

1. Y 公司过往绩效管理的定义和目标

Y 公司在 2016 年之前,进行着传统的绩效管理,Y 公司绩效管理的定义和目标如下。

(1) Y 公司的绩效管理定义

绩效管理是用来管理员工工作业绩甚至是整个公司绩效的一种商业工具。它是一个周期循环流程,由四点关键要素组成:①目标设定;②持续辅导、反馈以及未来绩效管理;③职员发展计划;④业绩总结。若想成功实现绩效,主管及其职员都需认真执行绩效管理流程。

(2) Y 公司过往绩效管理的目标

①在整个公司范围内形成正式的、统一的管理流程,以此管理员工业绩。同时,各个国家和地区的公司也将统一使用这套工具,精简工作流程,优化全球员工的整体绩效。②确保个人绩效目标与公司目标的一致性,员工在正确的目标指导下完成工作。同时也确保员工对于设立明年的工作计划有明确认识。③重视员工发展。Y 公司需要重视人力资本的开发,确保员工在他们的职业生涯发展中成为优秀的合作伙伴。④鉴别员工是否能达到绩效期望值。这将有利于员工不断追求发展,改进工作计划,最终优化公司的绩效。

2. Y 公司过往绩效管理的架构和体系

(1) 绩效目标设定。包括组织自上而下分解的五个主要绩效目标以及员工发展的两个个人目标,由员工本人和部门经理共同完成绩效目标设定表。每个绩效目标包括目标、主要任务、衡量标准和完成时间,在制定过程中遵循 SMART 原则。

(2) 绩效管理实施。绩效目标设定表设立并沟通确认后,在系统的绩效管理流程(PMP)内填写完整确定的五个工作目标与两个个人目标,经理人在系统内确认并生成,开始一年的绩效管理流程,一年中开展两次绩效面谈与评估。在七月份,公司全体开始进行半年度绩效评估,来年一月份进行年终评估并打分。包括主管与员工回顾当年的部门绩效、部门目标、运营计划;员工自我评估,填写 PMP 系统中的员工自评;主管与员工面谈目标达成具体情况,并填写主管评语,主管为员工评分,讨论并确定下半年或来年的目标,在年中评估中如有需要,可对绩效目标作调整。

(3) 绩效评估。在绩效评估开始前,作为员工,先回顾过去,回顾以下内容:上一次进行的评估对哪些事项达成了一致?全年的业绩,哪些方面自己做得不错?哪些方面还有欠缺?为什么?了解岗位职责,是否发生了重大变化?有哪些因素导致工作更加困难?了解现在,自己有哪些强项弱项?工作中最喜欢、最不喜欢哪些方面?对经理又有哪些意见?对自己有哪些期望和规划?作为经理人,要给予员工清晰的反馈,帮助其解决困难,让员工认识到自己对个人的发展负责,使用"70-20-10"原则辅导员工进行绩效改善,并区分化高绩效员工与低绩效员工。

在绩效评估中根据员工的绩效表现将员工工作表现评定分为五个级别,关注绩效的目标达成性、及时性、后续支持、接受辅导、与公司或工作相关的具体能力、变革、团队合作及发展,以明确员工绩效表现对公司目标与价值的贡献。绩效表现分为卓越超群(EX)、超越期望(EE)、达到期望(ME)、低于期望(BE)、未达到期望(DM),具体定义与衡量标准见表3-3。主管在年终绩效评估中根据员工全年的工作表现给予评定,使全体参加考核员工的绩效结果总体上成正态分布。员工在PMP系统内确认无误后签字,最后人力资源部确认完成年终绩效评估。

表3-3 Y公司绩效评估体系

		未达到期望(DM)	低于期望(BE)	达到期望(ME)	超越期望(EE)	卓越超群(EX)
定义		没有成功地完成目标计划和发展计划。工作表现和行为未达到工作岗位要求	没有持续一贯地或成功地完成目标计划和发展计划。有一些工作表现和行为没有持续一贯地达到工作岗位要求。需要进一步改进和发展	成功地完成了目标计划和发展计划。工作表现和行为持续一贯地达到既定标准,有时甚至超越既定标准;贡献和影响与其级别、经验和工作年资相吻合	持续一贯地和成功地完成了目标计划和发展计划,并在大多数情况下超越既定标准;争取和完成了额外的工作任务。工作表现和行为通常超越期望和工作岗位要求;主动学习知识和技能,借以提升工作表现;该员工的技能在许多方面高于同类员工	成功地完成了目标计划、发展计划及其他计划,并在所有情况下都达到精益求精的质量水平,超越既定标准。工作表现和行为持续一贯地远远超越所有职务要求;取得了卓越超群的绩效
衡量维度	目标达成性	没有达到运营计划的任何目标或只达到少数目标	没有遵循工作进度表,没有实施计划,未能获得支持,等等,因而没有达到商定的目标。绩效不如预期	遵循了工作进度表,实施了计划,获得了支持,等等,因而达到了商定的目标取得了预期绩效	遵循或超越了工作进度表和各阶段具体目标,成功地实施了计划,获得了必需的支持,等等,因而达到或超越了商定的目标。绩效通常超越预期	超越了工作进度表和各阶段具体目标,加速实施计划,加速获得支持,等等,因而几乎总是在一切可能的情况下超越商定的目标

续　表

		未达到期望（DM）	低于期望（BE）	达到期望（ME）	超越期望（EE）	卓越超群（EX）
衡量维度	及时性	经常落后于工作进度表和/或需要经常提醒其注意工作质量	有时落后于工作进度表。需要提醒，否则工作会出差错	一般情况下能够主动积极地按时完成工作任务，并保证质量	总是能够按时完成日常目标、任务和项目，并保证质量；能经常主动地承担更多的工作	除在完成日常目标、任务和项目方面起到楷模作用之外，还能主动地承担额外的重要项目或任务
	后续支持	很少或没有任何后续支持	缺乏后续支持，因而没有达到工作表现要求	一般总是按要求提供后续支持。切实努力去达到工作表现要求	能够提供后续支持，借以满足内部或外部客户的需求，因而能够提升日常工作和项目的价值	主动承担责任，确保自己和其他人能提供后续支持，使客户满意。个人能力强，因而经常有其他人和团队寻求其帮助
	接受辅导	即使有辅导，并且对其工作表现提出警告，仍然反复出现差错	反复出现差错。需要额外辅导，以便改进	工作效果好，认真听取意见和建议，并且以适当的方式落实	无论是否有辅导，工作通常达到很高的标准，并且积极主动采取措施,持续改进工作表现	工作达到最高标准，被视为卓越超群的楷模。持续一贯地努力学习新技能，以便对公司作出更有价值的贡献
	与公司或工作相关的具体能力	缺乏多种工作能力	缺乏成功履行工作任务所需的能力	显示拥有能帮助其成功达到工作要求的各种能力	拥有能帮助其超越工作要求的所有必要的能力	显示熟练掌握各种能力，在其所在的部门或领域被视为楷模和/或杰出领导人

续 表

衡量维度		未达到期望（DM）	低于期望（BE）	达到期望（ME）	超越期望（EE）	卓越超群（EX）
衡量维度	变革	未显示试图适应情况变化。也许会主动地阻碍变革计划的实施	未能很好地适应情况变化，显示对变革有抵制，或者勉为其难地去适应情况变化	很快地适应情况变化	在情况变化中看到别人也许未察觉的机会和益处，然后针对情况变化采取行动	主动积极地推动和实施变革。利用企业改革的机会推动个人发展
衡量维度	团队合作	妨碍别人的工作，导致返工，或者不支持团队工作	也许会妨碍别人的工作，导致额外工作量，或者不支持团队工作	对团队工作做出有益的贡献	被视为部门或团队内一个有价值和必需的资源	是公认的杰出楷模，能带动团队取得成功
衡量维度	发展	没有积极追寻个人发展的机会	有积极企求个人发展的想法，但实施不多，收效甚微	积极发展成功地达到工作要求所需的个人技能	积极追寻超越目前工作要求的机会，从而持续一贯地努力取得个人发展和成长	是公认的个人发展楷模，积极追寻通过多个途径成长和发展的机会，以便满足预期的未来需求

（4）绩效考核结果运用

① 部门考核。每个大职能部门会根据部门关键绩效指标的完成比率来核定部门可变薪酬的系数，以财年进行考核。驱动公司业绩的关键绩效指标包含营运毛利率、净收益、营运资本占销售收入比例、客户满意度指数和新产品开发指标，见表3-4，最后用各关键绩效指标的实际完成情况与计划完成指标比对来核算可变薪酬部门系数，不同职能部门选取的衡量指标是有区分的。

表3-4 Y公司关键绩效指标说明

衡量指标	定义	绩效关联性
营运毛利率	该比率衡量了除去正常的运营成本，比如产品成本，市场和销售费用，研发费用以及行政费用之后的盈利情况	大家可以通过高利润产品销售和尽可能减少费用来提高营运毛利率

续 表

衡量指标	定义	绩效关联性
净收益	净收益或者说是利润,其计算须扣除所有费用,包括收入所得税。净收益通常被认为是底线	大家可以通过高利润产品销售和尽可能减少费用来提高净收益
营运资本占销售收入比例	营运资本指可提供给组织日常运作的资本,指库存的合理平衡、应收账款少于应付账款。运营资本占销售收入比例显示每一块销售收入所需要的运营费用。该指标要求员工有责任推动现金流的改进: 1. 在快速发展时,该指标可以减少在运营资本上的过度投资。 2. 在发展缓慢或销售下降时,该指标可以促进流程改进,确保营运资本提供充足的现金流	可以积极地影响营运资本,更好地管理以下内容: 1. 库存 2. 现金 3. 应收账款 4. 应付账款
客户满意度指数	指量化考核我们的最终用户及渠道合作伙伴的评价。客户满意度的三个核心驱动因素:质量、交期和支持。客户满意度指数的计算和衡量基于公司年度客户满意度调研的结果	我们所有人用不同的方式为客户满意作贡献。无论是服务内部或外部客户,都从提供一致可靠的客户体验开始。我们必须利用每次机会努力提供积极的客户体验。同时寻找并克服阻止我们满足客户需求和期望的障碍
新产品开发指标	这项指标帮助公司及时开发创造令人振奋的新产品来提升客户满意度。新产品开发指标由三项主要的衡量指标计算而成: 1. 新产品销售与新产品的预期销售比较;新产品的开票额和计划开票额比较。 2. 产品有效性即衡量该产品在过去5年中的收益情况。 3. 产品发布及时性,即衡量核心产品如何按时发布	设计和开发满足或超越客户期望的具有创新性且高性能的产品,并能按时交货,由此达到新产品开发指标

② 员工考核。根据员工的绩效表现,将员工工作表现评定分为五个级别,包含卓越超群(EX)、超越期望(EE)、达到期望(ME)、低于期望(BE)、未达到期望(DM),不同评估结果将直接影响员工的年度绩效奖金、升职调薪、转岗等。考核的对象包括除生产作业员、销售人员以外的员工,同时考核结果的运用主要是对绩效奖金的分配产生影响。在年度绩效奖金中,五个评估等级代表个人年

度绩效奖金系数分别为 1.2、1.1、1、0.9、0.8。年度绩效奖金计算公式如下：

$$年度绩效奖金 = 年度基本工资 \times 15\% \times 公司及部门关键绩效指标完成系数 \times 个人奖金系数$$

考核结果对升职调薪等的影响则主要为：考核为 DM 的调薪比例为零；3 年内有一次低于 ME 考核结果的不能参加职位晋升。考核结果的效用范围不广，作业员与销售人员的考核比较单一，作业员主要考核每天制造产品的产量完成情况，销售人员考核销售指标的达成率，这些并不在此绩效考核流程内。

(三) Y 公司过往绩效管理的应用效果和问题

1. Y 公司过往绩效管理应用整体效果

在过往的 10 多年，Y 公司实施绩效管理流程(PMP)的根本目的是要实现个人绩效最大化，从而转化为强大的组织绩效。

(1) 过往绩效管理过程努力寻求目标与行为之间的平衡。因为 Y 公司认为这两者对实现优秀的个人与公司绩效十分重要。目标，即做什么，指帮助公司实现整体经营目标所需要完成的工作职责和任务。目标必须与部门的或组织的目标紧密联系，并且随着商业环境要求进行调整。行为，即怎么做，是实现目标的方法。如果实现两者平衡的前提是以"牺牲他人"为代价来实现目标，这是不可接受的，因为不符合公司的企业文化和价值观。同样，虽有良好的行为但不能达到目标也是不能被接受的。Y 公司希望通过全体员工的成功来实现公司的整体经营目标，这要求在目标与实现方式之间寻求一个平衡点。目标与行为方式都纳入公司年度工作计划以及年度绩效评估。五个绩效评估等级通过关注绩效的目标达成性、及时性、后续支持、接受辅导、与公司或工作相关的具体能力、变革、团队合作及发展，明确员工绩效表现对公司目标与价值的贡献。

(2) 在绩效管理过程中，绩效的设定、实施、评估、考核都有全面的架构和体系，在上一节也作了详细的介绍。但是在过程中存在缺少有效反馈、过度关注结果、员工授权较少等问题，这个过程是否真的有助于个人绩效最大化，这是值得商榷和怀疑的。在目标制定、行动计划实施、绩效管控等过程中，员工更像是舞台剧上的木偶，剧本和身体动作都是被严格设计好并时刻管控的，其表演效果也就比较平稳且不会有太多惊喜。

(3) 在过往绩效管理过程中，目标是明确的，目标和行为也通过不同维度绩效评估的五个等级来进行衡量，却忽略了衡量的过程沟通、反馈和持续改善。这也是为什么 Y 公司在过去几年中收到的关于绩效管理流程(PMP)的反馈一直不是很积极,这个流程没有得到最初创建时的预期效果,且与Y公司需要推动的高绩效企业文化不相符。

2. Y公司过往绩效管理的具体问题

Y公司制定了完整的绩效管理流程,并严格执行绩效管理考核,但实施过程中,绩效管理的结果并不令人满意,没有如期促进公司高绩效的文化。通过对Y公司过往绩效管理的研究和分析,发现存在指标不合理、沟通有效性差、缺乏整体协同性和绩效应用的弱关联性等问题,具体表现如下。

(1)关键绩效指标设置不合理

过去Y公司在全球使用了五个关键指标,如表3-4所列,驱动公司业绩的关键绩效指标包含营运毛利率、净收益、营运资本占销售收入比例、客户满意度指数和新产品开发指标,对某个员工而言,可能有三个到四个指标是适用的,但具体职能、地区、国家甚至个别产品组需再次细分。不考虑细分情况,仅这五个指标就导致了超过30种不同指标组合的可能性,造成了不同职能部门之间考核标准的差异,同时各职能部门会根据部门的关键绩效指标完成率来核定部门的绩效奖金系数。导致大家关注的重点会因为职能部门的区别而产生偏差,造成目标和行为并不总是完全一致的情况。

在员工职能分布中,包含两大团队:产品研发团队,供应链及制造技术团队。两团队的整体业绩指标是有部分不一样的。产品研发团队,其衡量指标包含净利润、客户满意度指数和新产品开发指标,供应链和制造技术团队的衡量指标包含营运毛利率、净收益、运营资本占销售收入比例和客户满意度指数。公司的整体业绩需要不同团队协作完成,不同团队关注的指标不同,造成各团队关注目标的偏差,进而影响团队的行为。在实际情况中,研制开发新产品,未来可以提升新品的定价权和市场占有率,而开发失败或不严谨也会造成成本的增加和内部损耗。在新产品开发后段,需要转移至制造及供应链团队试生产和导入。研发考核新产品开发指标,为了准时完成产品的开发,受设计和新供应商的选择要求的影响,对产品质量偏向于宽松,容易让步接受。但制造及供应链团队因为考虑前期设计风险会造成未来运营成本的增加,譬如产品不合格率、返修率等,对试生产和导入中的要求偏向于严格,这也造成了团队合作时的不配合和互相指责。

(2)员工在绩效管理中被管理而非被激励

在原来的绩效管理流程中,原始的绩效管理激励作用被实际管理弱化了。主管与员工进行一年两次的正式绩效面谈,评估员工的工作表现,安排下一年的工作任务与指标分派,沟通过程中员工更是一个被管理的角色。

虽然 Y 公司的绩效管理包含了目标设定、持续辅导反馈、职员发展计划、业绩总结四个关键要素,但在这个过程中,一年两次的面谈还无法达到绩效持续性改善的沟通需求。同时,Y 公司原有的绩效评估等级,一年一次的实际运用中就是按照绩效结果来定义员工的,处于被评估的位置上时,员工始终是被雇用的员工,是帮助上级履行目标的个体。我们从关于经理和员工沟通的反馈中了解到,一年来两次的面谈中大部分受访者并不知道为什么需要那么做,即使部分中层管理人员也这么认为。

员工在考评中缺少足够的权限,在服从中也丧失了主观能动性。同时,过往 PMP 自上而下的考评过程,员工更多的是被评估和贴标签。从表 3-5 可见一斑。

(3) 绩效沟通少反馈,不充分

绩效考核即使有客观的考核指标,也往往包含了很多主观判断。即使考核的是同样的工作表现,考核者与被考核者都需要一个沟通反馈过程,才可以形成统一的认识,一年两次的绩效沟通并不充分。

绩效反馈是绩效管理过程中帮助员工了解自身绩效水平的一种重要管理过程,通过对员工绩效进行双向沟通来给予提高和帮助,往往需要持续的绩效反馈的过程才能实现。在 Y 公司过往的绩效管理中,一年两次的正式绩效面谈,与双向持续沟通相差太远。在过往的员工满意度调查中,关于绩效部分的问卷如表 3-2 所示,表 3-5 根据表 3-2 的问题罗列公司的平均打分情况,其中关于"绩效流程是否帮助您达成个人目标"以及"我的主管经常就我的表现给予反馈",分值都普遍偏低。即使初期订好计划或年中评估时调整绩效目标,在双方确立绩效改善和提升的方向后,后续情况的进展、情境的变化,可能都会影响原先设定的目标和改善方向,一年两次的沟通机会,对绩效改进计划实施的有效性保障是有限的。

表 3-5　Y 公司 2016 年绩效管理调查评分表

具体问题	分数:同意为 100 分　倾向同意为 75 分 不确定为 50 分　倾向反对为 25 分 反对为 0 分
1. 绩效管理帮助您清晰了解目标与方向	65 分
2. 绩效流程是否帮助您达成个人目标	37 分
3. 提供与个人绩效挂钩的年度薪资增长	51 分

续　表

具体问题	分数:同意为 100 分　倾向同意为 75 分 不确定为 50 分　倾向反对为 25 分 反对为 0 分
4. 提供与公司绩效挂钩的奖金	63 分
5. 根据我的贡献,与同样工作的其他人相比,我感觉我的报酬是公平的	45 分
6. 让大家对达成绩效目标担负起责任	36 分
7. 我的主管经常就我的表现给予反馈	35 分
8. 让我参与解决与我工作相关的问题	56 分
9. 了解可激励我的因素	24 分

（4）绩效管理重流程和书面工作

过往的绩效管理真正被使用,就是年中和年终两次绩效面谈的时间,尤其是纸质及电子材料的填写、存档和批准。在应用过程中往往重视书面工作,而忽略了绩效沟通的目的。

绩效管理形式需要员工与主管先在纸质文档内完成五个绩效目标以及两个个人发展目标,沟通一致后,将所有信息及附件再录入 PMP 在线绩效管理系统中。年中或年终绩效评估,员工都需要两次文书工作,主管也需要将评语和建议录入系统中,并最终电子签字确认,HR 再负责收集全部员工的完成情况。在整个过程中,不管是被评估者、评估者还是 HR,都需要大量的书面和流程工作,而并没有足够地关注行动计划、价值创造和改进。这在表 3-5 中可以看出,关于问题"我的主管经常就我的表现给予反馈"平均为 35 分。整个绩效管理过程重流程与书面工作,忽略了过程中重要的绩效对话本身。

（5）不坦诚的绩效评估本身会降低绩效

不管是员工还是经理,不坦诚的沟通及一年一次的绩效强制分布,带来的结果可能只是一份分割奖金的比例表而已,对绩效本身的提升是非常值得怀疑的。绩效沟通不够坦诚,沟通达不到效果,亦可降低绩效。

作为被评估者,在参与绩效评估过程中,是期待被赞许的。往往员工绩效沟通目标是基于员工过往的工作成绩,员工一般不会愿意坦诚地承认缺点或过失,因为绩效评估结果会直接影响自己的收入和未来的发展。而在实际绩效评估过程中,根据访谈中经理人的反馈,绩效评估是用来分配资源的,但资源有限,奖金池是固定的,涨薪幅度也是有限额的。在这种情况下,经理人在绩效评估中往往涉及哪些没做好、为什么没做好。员工收到一份一年一度的评估结果时,会触发大脑一打就跑的模式,也就是当感受到威胁时,会本能地进行防御。

(6) 绩效评分不能实现公平和标准化

经理根据表 3-3 "Y 公司绩效评估体系",在年终绩效评估中对员工全年的工作表现给予一次性评定,并使全体员工的绩效结果按照五类成正态分布。

根据表 3-5,第 5 项的评分为 45 分,也相对较低。与经理人访谈后发现,他们在对员工进行分类贴标签时,除绩效特别好和特别坏以外,区分绩效差异是很难的。同时,工作职责越多样化,对其评估绩效就越困难。在实际评估过程中,评估者的个人喜好、偏见、成见会影响评估结果。譬如实际发生在 2016 年的售后部门的情况,部门更换经理后,对同一个员工的反馈有了截然不同的结果,即使该员工前后并没有什么改变。在一年一次最后的评分中,经理也很难记清部门所有下属全年发生了什么,由于近因效应,评估中反映的更多是最近两个月发生的事情。将员工按照绩效进行分类评分,有些过于机械化了。

(7) 绩效管理与绩效薪酬的弱关联性不能促进绩效提高

绩效管理与绩效激励挂钩,绩效激励包含现金与非现金激励,绩效薪酬又是现金激励的重要部分,能否真正激发员工工作热情,这是现在绩效管理与绩效薪酬是否能建立起强链接的部分[14]。绩效评估结果影响员工绩效奖金、升职和调薪,但它与整体薪酬水平的弱关联性并不能充分支持绩效提高。

在表 3-5 中发现关于绩效调薪和绩效奖金的评分整体不高,但相较于其他的评分项偏高。这与 Y 公司持续 10 年的双位数快速增长和市场薪酬定价策略有关,实际公司支付的整体薪酬标准为市场标准的 60 至 70 分位。但在此基础上,员工对内部公平性的评价又是偏低的,这与绩效薪酬和绩效管理的弱关联性有关。

四、Y 公司绩效管理变革及分析

(一) Y 公司过往绩效管理变革的必要性

Y 公司的绩效管理体系每年都按照原先定义的绩效管理流程(PMP)在运行着,但公司整体绩效并未有一个显著的提升,更不用说是推动高绩效企业文化的建设了。同时在绩效流程方面,大家更像是被捆绑在这个流程上,而忘了绩效管理本来的目的是什么。在公司开始倡导高绩效文化时,需要重新思考和定义:

在绩效管理中我们还能做什么？绩效管理面临一个难题,不做绩效管理,责任会松懈,绩效也会下降;不断复杂化构建绩效流程,流程也会出问题,绩效也会下降。绩效管理的变革,并不是简单地重新设计一套流程或者完全否定绩效管理的效用,而是根据公司、工作内容和员工个人进行修改,修改绩效管理过程中的责任解决方案,不是一个僵化或标准的流程[15]。

首先需要做的就是走出企业绩效管理原有的舒适区,摆脱经理人与员工习惯性地进行年度绩效面谈和评分的传统,并避免将绩效与奖金和调薪挂钩。而是将绩效管理的重点放在让员工与经理建立信任关系上,展开积极的绩效对话,建立持续的成长型绩效对话空间,关注并支持员工的个人成长,以最终贡献于组织的绩效。在绩效管理过程中,创造能够让公司赢得竞争的文化、组织和流程。如果公司需要转变为高绩效的企业文化,绩效管理的变革是势在必行的,它可以渗透于公司各个层级、各项工作目标以及员工的自我意识中。

（二）绩效管理变革的方向

1. 公司关键绩效指标简化

为了避免因指标组合过于多样化,造成不同职能部门之间考核标准的差异,导致职能部门对整体业务的关注点有差异,进而影响公司整体的绩效表现,关键绩效指标由原来的五项缩减为三项。该指标同时适用于全球不同行业及区域层面,不再具体细分,以推动盈利增长,打破团队合作壁垒,促进协作。新的绩效考核关键指标见表4-1。

表4-1　Y公司关键绩效指标

指标	指标关注点	定义及其重要性
净销售额	业务增长	为一年内销售总额减去支付给客户的任何补贴、折扣或退货成本,或其他类似的会计调整。根据Y公司的战略思维,净销售额提供了企业财务增长的最佳衡量标准
调整后的息税折旧摊销前利润率	盈利能力	以净销售额的百分比表示,代表息税折旧摊销前的收益。用来证明业务长期"健康"的最佳指标
营运资本占销售收入比例	现金流	定义为应收账款和存货余额的总和,减去应付账款,以净销售额的百分比表示。显示公司管理其短期资产和负债以产生收入增长的效率,是衡量现金流的指标。现金流是价值周期中的一个关键领域,使公司能够持续投资于支持公司成为市场领导者的产品和人才

公司绩效奖金薪酬计划的这些变化打破了不同职能部门之间因考核标准差异而造成的内部障碍,加强了Y公司对"打破官僚主义"的关注,帮助塑造高绩效企业文化,并为所有员工提供了一个相同的平台,帮助以后整体的业务成功。

2. 从雇员与考评到合作伙伴与授权

绩效管理变革的目标是建立成长型绩效文化,在成长型绩效对话中,最重要的是绩效责任主体——员工,也就是绩效沟通对象,由雇员转变为合作伙伴,建立绩效沟通的信任基础,在信任的基础上再给予肯定和授权。

(1) 从雇员向合作伙伴转变

一个具有市场竞争力的组织,需要拥有敏捷、主动、专注的员工,需要团结、合作、共进的团队。让员工知道他应该知道的,没有透明就没有信任。如果一个被评估者都无从了解自己被评估的全部,只是知道最后给予他评估的一个等级,他还如何去信任和进步?在快速变化的商业环境中,员工需要知道发生了什么、组织需要什么,而非只知道从上往下逐层分解的绩效指标。把主动权交还给员工,让员工自己发挥,在组织需要什么的前提下,自己需要如何做才可以符合组织的期望。

在绩效管理变革中的员工,需要组织与之分享信息建立信任,在此基础上发挥个体的能动性,自下而上地设立任务目标。员工不再是简单的雇员,更多是被定义为合作伙伴,绩效管理过程转变为员工的自我成长和激励。

一个优秀的员工,并不希望让主管告诉他需要如何做工作,而是希望主管告诉他组织方向和动力机制是什么,这才是成年人的思维。这就意味着,作为领导和组织,需要提供的是框架和这种文化氛围,让员工可以发挥最大的潜力,这是成长型绩效对话需要重塑的组织文化。

(2) 从绩效考评向授权转变

面对绩效批评时本能地进行防御,会触发大脑一打就跑的模式,被评估者不是带着倾听和接受点评的心态来参加绩效评估的,他们更期待被赞许[2]。那这样的转变是否意味着要抛弃自上而下的考评?就像访谈时员工反馈的,当他们收到一份评估结果时,希望看到更多的表扬与肯定,当面对批评时会感受到威胁。从考评向授权转变可以帮助员工自己主动来谈,当他们主动寻求反馈想要知道未来如何可以做得更好时,那后面的绩效面谈就有效且有意义得多了,互动也就更健康。

如何才能将员工从被动变为主动,成长型绩效对话中,从考评到授权转换了员工和经理的角色,员工更加主动寻求帮助和寻找解决方案,经理人提供支持与资源,帮助经理与员工之间建立信任关系。并非简单地摒弃过往 PMP 自上而下的考评,而是将考评过程变成更加具有意义的授权过程,给予员工谅解、辅导和资源。

就如丹尼尔·平克的《驱动力》中所言:"人类有一种天生想要自主、自立、彼此互相联系在一起的内在驱动力。当这种驱动力得到解放时,人们就会实现更多的成就,生活更丰富。"这就意味着,在成长型绩效文化氛围下,员工更愿意询问经理的意见。

3. 从关注当前绩效向关注过程及未来绩效转变

绩效沟通内容从关注过往绩效向未来绩效转变,从关注绩效流程向沟通过程转变,沟通过程中更加强调过程而非结果,以成长型绩效对话去激发员工自发解决问题的能力,关注员工未来的成长。

(1) 强调绩效沟通过程,弱化绩效结果考核

在过往的绩效管理中,Y 公司的核心一直都是绩效考评,绩效管理过程是弱化甚至缺失的。这意味着,在绩效管理过程中,Y 公司关注的是过去的绩效已产生的结果,也会花更多的时间去关注过去那些负面的、没有做好的方面,而没有用足够的时间去关注过程和未来[2]。

在绩效结果考核中,去评论过去做错的地方,会发现没有一个人喜欢别人的批评。如果和他讨论过去做得好的方面,可以带来很小的满足感,但并不能真正促进他的进步。这也是原有的绩效管理过程中人们一直诟病,但又希望它发挥作用的部分。

在成长型绩效对话过程中将关注点放在绩效达成过程和未来上,不强调员工过去做了或者没做什么,而是花时间去重点关注绩效达成过程中的员工个人能力的成长。经理人根据员工的优势、能力和技能,与他们谈论如何发挥个人所长,并帮助员工探索自己的兴趣、想要获得的工作经验以及未来的角色和职位,询问需要什么帮助。

(2) 强调未来绩效达成,弱化书面沟通记录

过往的绩效管理重流程、书面工作,在整个过程中,不管是被评估者、评估者还是 HR,都需要进行大量的书面和流程工作,却没有足够地关注行动计划、价值创造和改进。在新的绩效管理方法中并不要求经理必须作书面记录,各部门可以按照自己的情况自行决定。绩效对话的重点还是关注在面谈过程中,经理是否给予了反馈、辅导,帮助并鼓励员工自己寻求解决办法并克服挑战,员工是否为未来绩效达成做了努力和取得进步。

在成长型绩效对话过程中以绩效透镜来评估员工的价值和影响,包括准备度、关系、成果三个维度。准备度:即承担当前与未来工作的职责和能力,员工是否准备好承担更多的职责或者新的工作职责以及是否具有相关能力。关系:即展现公司价值的有效互动。根据与同事之间的工作互动或协作情况判断,团队成员是否希望该员工留在团队一起共事。成果:即年度目标和关键指标。员工有没有低绩效风险,有没有按时按量完成,等等。

绩效透镜的三个维度,并非引导经理与员工来评分和进行书面记录,而是引导经理和员工用一致性的思维去进行绩效面谈,在持续的对话过程中促进经理和员工关注、讨论关键价值,激励需要关注的员工,帮助员工建立绩效自我管理的主动性,员工绩效提升后也可反作用于公司业绩的提升。

这个过程需要更加关注未来绩效达成的过程,支持员工未来的可能性,弱化当前绩效达成过程中记录的考评,绩效对话过程中持续性的反馈和跟踪,与组织的人才发展、职业发展路径的建立和公开是息息相关的。

4. 去绩效官僚主义塑高绩效企业文化

绩效管理流于形式的书面流程、绩效沟通中的不坦诚,以及绩效评分的强制分布都变成企业低绩效文化中官僚主义的一部分。企业文化是企业各层级所共同认同的价值观和经营实践,是一系列能影响组织内成员态度和行为的共同价值和规范。它不仅影响企业今天是什么样的,更是决定企业未来的发展。

要提高绩效,创造高绩效的企业文化,就要使绩效管理的官僚主义向有实际意义的行为转变,关注主管与员工之间的互动,来提升绩效并创造内部持续的成长机会,以改进团队合作、协作与创新,并更好地使用公司资源,最终提高公司整体竞争力。

(1)绩效管理流程去官僚主义,可以帮助团队更加关注绩效改善过程。官僚主义往往滋生在习惯中,却违背了初衷,改变意味着不再将精力限制在固有的流程和评分上,纠结于评语是否妥当,评估结果是否内部公平又符合预算及分配要求等。更加务实的绩效管理,是渗透在各层级、各团队的日常工作中的。

(2)高绩效的企业文化,在日常工作中会更加关注绩效的提升和对此的肯定,员工更希望组织流程是高效的,团队合作、部门协作是流畅的。高绩效的文化促使大家在绩效管理过程中,关注什么是公司需要关注的,减少低效率过程的出现,促进绩效管理真正达成绩效管理的目的,也为绩效管理的实施创造一片适合的土壤,让其生根发芽。推动高绩效的措施在不同范围内实践,最终影响所有员工的意识和行为,再反向重塑企业的价值观。企业文化是一个长远的发展方向和目标,绩效管理是短期内达成企业目标的管理方式[12]。绩效管理的变革基于高绩效企业文化建设,也有助于绩效管理的变革及落实。

5. 多元化激励取代平均薪酬

在过往的绩效管理中,绩效管理直接导向绩效薪酬与职业发展。一直提倡为绩效付酬,但实际操作过程中为绩效支付的薪酬并不能发挥激励的作用[16]。这些激励措施,根据绩效水平的微小差异被稀释成了小幅的调薪,这也是让经理人都头疼的问题。就员工的薪资而言,当雇佣新员工时,是按照市场上类似经验、技能的职位来支付的;而对老员工,当他们获得专业培训,获得工作经验变得更有市场价值后,公司往往是根据他们的绩效评估来调薪的,同时又要受限于外部的经济状况和公司效益。这就造成了目前组织内的绩效薪酬激励还不如直接跳槽来得更有吸引力。

(1) 现金激励。未来是否可以考虑将员工的薪酬与市场挂钩,根据能力和经验配薪,例如,当员工有杰出的贡献时,应考虑设立特殊的奖金,而非增加基本工资,奖励贡献,为能力付酬。当然,为能力付酬、奖励贡献都是需要成本的,在对员工的定义中也需要区分关键岗位与高绩效员工,有区分地重点给予激励和保留,以控制总体的薪酬成本。

(2) 非现金激励。研究不断向我们展示,人们更多的是受内在回报的激励,钱不是最好的动力,它是保健因素[2]。这意味着,人们在做自认为有个人回报的事情时,会更努力,也会做得更好。在企业中,这也可以被理解为喜欢工作本身,感觉自己是团队的重要组成部分,或者是受公司使命的激励,这些是员工的内在回报激励。

在激励因素研究中,钱是一个保健因素,按能力支付可以保证其内部公平性与外部竞争性,但往往不是让员工加倍努力工作的最好办法。通常享受工作本身、感受自己是团队重要的组成部分,比担心自己被评估低一个等级或者加薪少于预期来的激励时间更持久和有效。运用成长型绩效对话的持续过程,可以给予员工除现金以外的其他激励,经理也可以在过程中讨论其未来的培训和学习机会、令人向往的新项目和新的工作机会等。

总之,运用现金与非现金激励来奖励贡献、为能力付酬,需要结合绩效管理的过程与公司人才盘点的动态结果,保留和激励关键员工,真正地为能力付酬。

五、Y 公司新绩效管理方法设计及实施

Y 公司在需要建立高绩效文化的前提下,在评估原有绩效管理流程(PMP)的反馈后,公司并没有获得这个流程在最初创建时的预期效果,也没有如期望地促进公司高绩效的文化。从 2016 年起,Y 公司决定不再实行绩效评分和绩效管理流程(PMP)在线流程,对绩效管理进行改革,推行了新的绩效管理方法(MOVE),关注三个点:鼓励信任和授权;通过赋予过程的灵活性,追求个人卓越的;提升强化辅导以促进成长型对话。新绩效管理方法(MOVE)并不是对原有绩效管理流程(PMP)的全盘否定和重建,而是更加关注于加强经理人的胜任能力和与员工的关系,通过努力创建高绩效的文化和企业,为客户、股东和员工创造价值。

新绩效管理方法(MOVE)包含四个关键词:Meaningful, Ongoing, Vital, Exchange,分别是:有意义的、持续进行的、关键的、相互交流。新绩效管理方法改变了原有的年度、半年度考评,将绩效管理的考评导向、书面流程、沟通不畅等转变为关注在持续每月的绩效沟通中。鼓励员工对自己的绩效和成长负责,同时也使管理者通过成长型对话来支持员工。

(1) 有意义的。新绩效管理方法是关于有意义的月度对话,这些对话关注的是员工,以及运用员工的能力与职业抱负推动公司发展。多年来的无数次面谈并不有效,但月度对话这种新方法可以使经理人和员工达成共识,获得共同想要的结果。这就是有意义的对话。新绩效管理方法更加关注真正有效和有意义的、持续的成长型绩效对话。

(2) 持续进行的。新绩效管理方法通过经理人和员工定期的、持续的互动,给予员工实时反馈,并加速目标的实现。速度和敏锐,Y 公司这一核心使命和价值观是持续改善的关键,内容包括详细、及时、可付诸行动的反馈,以及对员工需求的响应。通过绩效对话,员工和经理人加强关系,达成共识,增强员工对未来的信心。

(3) 关键的。全球战略是创造 Y 公司最大价值的蓝图。而经理人和员工之间的绩效对话讨论目标的持续进展,根据随时可能变化的内外部情况及时调整目标,这种关键的对话对员工能否帮助实现公司最大目标是至关重要的。关键的事情是必要的或绝对必须的,就好比锻炼对健康非常重要。经常性的绩效对话关注的是员工、个人绩效、需求、学习与成长。员工应该充分利用月度对话获

得个人价值最大化。

（4）相互交流。有目的且相关的交流有助于加深彼此间的关系。在客户体验中，最大的感受是通过与客户的交谈加强客户与我们的关系，同样，双向的对话能够建立经理人和员工之间的信任。

（一）新绩效管理方法的关键主题

1. 员工与经理的责任转换并建立信任

为了改善原绩效管理沟通中不坦诚等问题，新绩效管理方法引导转变员工与经理人的传统绩效角色，首先通过建立信任，在此基础上开展持续沟通，最终提高绩效沟通效能。

（1）员工的作用和责任。员工需要主导绩效中的关键活动，专注于对个人成就和发展至关重要的话题。首先，员工在绩效面谈中需要对经理展示信任，有了信任可以更有效地沟通。其次，员工需要明确谈话的目标，为绩效对话做好准备，谈什么可以帮助自己更好地完成任务并且增加价值。最后以成长型思维行事，以"能做"的态度对待挑战，努力让自己成长。

（2）经理的行为和责任。首先要与员工之间建立信任，经理应把每次交流看作是建立更亲切、更开放、更坦诚关系的机会，员工才能坦诚相见。其次，经理需要主动聆听，通过倾听去理解，而非仅仅回应或者去批评。最后巧妙地提问，应当问重要的问题，以促进员工的成长型思维，不要轻易地给建议和答案。经理通过授权，鼓励员工寻求解决办法并自行面对挑战。经理的职责是设定明确的期望，提供经常性的反馈，并指导员工以支持个人和团队的成功。

2. 月度绩效对话关注员工的持续成长

原来的绩效管理中，每年两次的绩效面谈，沟通不充分、书面流程烦琐、完全结果导向，过程中往往忽视了绩效的对象和沟通过程本身的重要性。变革后取消了原来的半年度与年度考评对话，在新绩效管理方法下，开展月度绩效对话，过程中对工作进行调整和反思，也是运用成长型思维关注员工持续学习和发展的机会。

（1）月度绩效对话是经理与员工一对一的持续面谈，每月至少需要一次一个小时左右的交流，可面对面或者电话、视频，员工在谈话前需要事先做好准备。增加沟通频次和准备工作，为绩效沟通的不充分提供改善条件。

（2）月度绩效对话的对话议程相当灵活，没有标准模式，重要的是应安排足够的时间讨论所有议程项目；同时，时间应该用于讨论本月最重要的话题，关注沟通过程。改变过往只关注绩效结果的问题，打破绩效评分的限定，进行多元化、差异化的绩效沟通。

（3）由员工提前准备并制定议程事项，内容灵活但有针对性，并且注意如下要点：个人和业务计划目标共同提高；探索挑战、障碍和可能的解决方案；反思每天的学习；讨论个人发展。过程中关注员工的学习与成长。

新绩效管理方法从过度关注正式的流程和绩效评分变为更有意义的、常规的、持续的绩效面谈，在Y公司内部鼓励并认可成长型思维，提升经理辅导能力与员工主动寻求被辅导能力，设立更清晰的目标及期望，促进员工个体具有预见性的思考和视角，以及选择性地进行绩效管理的文件工作，同时，人力资源部季度性跟踪实施及反馈，为调整做沟通准备。

3. 绩效透镜识别员工绩效

绩效透镜改变了原有绩效结果导向的绩效薪酬和绩效管理的简单联系，突破了绩效标准的束缚。关于绩效评估，Y公司使用绩效透镜来评估员工，并且确定月度绩效对话的重点，确定奖励时，以绩效透镜的三个维度来评估员工的价值和影响：准备度、关系、成果。除结果之外，也关注员工的准备度和关系，这也是员工未来成长的软基础，同时为绩效薪酬激励以外的员工认可做准备。

（1）准备度，即承担当前与未来工作的职责和能力。就未来来说，员工对公司战略的执行，是否展现了十分重要的差别化知识、技能或能力。对当前职位来说，看员工的技能和知识水平是促进还是妨碍当前职位的成功。整体来说是看员工对自我学习和成长的重视程度，看员工是否具有准备好承担更多的职责或者新的工作职责的能力。

（2）关系，即展现公司价值的有效互动。根据与同事之间的工作互动或协作，看该员工是否被团队成员希望留在团队一起共事，员工的工作表现是如何促进或者妨碍部门的成功的。

（3）成果，即年度目标和关键指标。员工有没有低绩效风险，有没有按时按量完成，是否有个人情况会影响未来工作，等等。完成目标的质量和实效性如何，是否按质按量完成。在该年度是否因胜任或不胜任而增加或减少了目标和工作职责。

运用绩效透镜的三个维度，可以引导经理和员工用一致的思维去进行绩效面谈，可以促进经理和员工关注、讨论关键价值以促进公司业绩和结果。绩效透镜也帮助公司识别真正高绩效的员工。公司的资源是有限的，通过绩效透镜识别关键绩效员工，以便给予他们相应的薪酬、学习和项目等机会，激励需要关注的员工,并鼓励他们用成长型的思维去自我成长。

(二)新绩效管理方法实施阶段

从新绩效管理方法(MOVE)的实施计划和时间进度来说,对话分为三个阶段:持续型、成长型和发展型。变革第一阶段转变绩效管理沟通过程,在持续型对话中引入教练式辅导、SCARF 模型来建立信任。八个月后进入成长型对话阶段,通过建立信任,在月度绩效对话中运用成长型思维对话激发员工自我学习与问题解决能力,让其成为自我绩效与个人成长的责任主体。六个月后进入最后的发展型阶段,指明员工需要把握自己的职业预期,也就是自己想成为什么样的人,绩效面谈由被动转变为主动,让员工掌握自己的绩效方向船舵。通过一年多的时间,转变传统绩效角色定位,通过简化指标,关注沟通的持续性和成长性,强化绩效激励,完成绩效管理的变革。

1. 新绩效管理之持续型对话

新绩效管理方法(MOVE)与原绩效管理流程(PMP)的一个本质的区别是侧重于持续型的绩效对话,而非绩效考评,增加了绩效互动的频率,关注未来的绩效,而非现在的结果。进行持续型绩效对话之前建立员工与经理的信任,再通过信任的绩效对话空间改善绩效沟通效果。

通过绩效变革第一阶段——持续型对话,达成改善绩效沟通持续性的基本要求和如下目标:①提升每天的互动。通过真正有意义的对话,可以更好地促进和激励团队成员。有意义的对话基于信任,帮助员工真正关注未来绩效的对话和沟通。②通过引导更深刻的思考帮助员工成长。在沟通中,尽量少给建议,多通过提问引导对方思考,让员工自己找到答案。③经理人建立教练的信心。经理人需要提高教练的技巧,在绩效管理过程中,更多的像是作为教练的角色,而非部门领导的角色。④提升自我学习的意识。经理人若想成为一个高效的辅导者,那他就需要对自我辅导持成长型心态,也要有持续不断的自我辅导能力。

(1)教练式绩效辅导,转变员工与经理的责任,帮助建立信任。在新绩效管理方法中融入了教练辅导,在这里,我们更加关注的是绩效的教练式辅导。研究证明,经理人普遍认为在工作中给予负面反馈是最困难和压力最大的互动之一,而教练式辅导有效地解决了这个问题。在辅导过程中,经理人需要关注员工的目标是什么,被辅导的员工应当主导绩效对话过程,经理人通过教练式的提问反馈来引导对话,避免直接给出建议、答案或者批评。作为教练的经理,需要提出有力的、启发性的问题,在过程中倾听并理解,不要急于回复,引导员工去寻找答案。作为学习者的员工,按照组织、部门的关键绩效指标,需要自己定位自己的目标,主动寻求辅导。对别人的建议和想法,不管当下是否有用,多斟酌思考。自己采取行动并对自己负责,而非依赖于辅导者的追踪。

(2) 围巾模型(SCARF)。David Rock 最早提出的 SCARF,由 5 个单词的首字母组成:地位(Status)、确定性(Certainty)、自主性(Autonomy)、关联性(Relatedness)以及公平(Fairness),它们共同构成了行为的非金钱动力,即内在、本能的动机,人并非全是为了自利而工作。

① SCARF 模型应用在绩效面谈过程中,帮助改善过往绩效较单一的薪酬激励,从非现金动力来引导绩效中的持续成长。这个模型可以应用在人们合作的任何情境中,且被证实是可行的,当然也适用于经理人与员工的绩效面谈中。表 5-1 为 SCARF 模型在 Y 公司绩效面谈中的应用。

表 5-1 围巾模型(SCARF)

围巾模型(SCARF)	威胁	激励
地位(Status) 感知对他们的重要性	• 公开挑战的别人 • 保留积极的反馈 • 指出对方的想法是错误的	• 私下进行复杂的对话 • 即时表扬,尤其是在公开场合 • 协作解决
确定性(Certainty) 能够预测结果	• 不清楚期望 • 信息保密 • 最后一刻改变计划	• 时刻表达期望 • 经常公开沟通 • 达成一致后有效执行
自主性(Autonomy) 对事情的控制力	• 管理每一步细节 • 为团队做决定 • 忽视别人的想法	• 为如何进行提供选择性 • 团队一起做决定 • 接受别人的想法
关联性(Relatedness) 是朋友而非敌人的一种安全感	• 让彼此互相竞争 • 允许独立工作 • 只关注业务及工作本身	• 鼓励并专注于共同的目标 • 鼓励共同的协作 • 促进积极的互动关系
公平(Fairness) 人与人之间是否公平的感知	• 厚此薄彼 • 选择性向少数人征求意见 • 窃取别人功劳	• 尊重专业知识和经验 • 广泛收集意见 • 认可别人的贡献

② SCARF 模型在绩效面谈中的应用可帮助建立信任。在绩效对话过程中,原有的绩效管理评估更多是讨论做得不好或需要改善的地方,这时大脑对"地位"产生负面的反馈,引发大脑的逃避模式,不愿意主动接收这些反馈。那么,就要在绩效对话中尽量减少对话中的威胁部分,并建立信任。可以基于大脑在社交需求中五个关键需求的反应,根据不同个体对社交需求的优先情况来开

展不同的绩效对话。将 SCARF 模型应用在持续型的绩效面谈中,帮助建立上下级之间的信任,以此来更好地保障绩效面谈的效果。

(3) 积极倾听和有效提问。第二个关键要素可以帮助进行一个更有意义的对话,达到绩效沟通的效果,就是积极倾听并学会提问。与我们使用的其他工具不同,确实没有正式的评估和问卷来确定基于 SCARF 模型的谈话是起到激励作用还是威胁作用。更复杂的是,在不同的情况下,产生的威胁作用也会有所不同。经理与员工必须在互动及对话过程中,观察员工的行为,这样他们才能更好地理解员工是如何反应的。此外,经理需要像教练一样能够积极参与绩效对话,要能够"听到"员工在说什么和感受什么。

① 积极倾听。沟通是生活中最重要的技能,大多数人可能首先寻求被理解,并非为了尝试理解别人,而回复,是因为要让别人明白自己的意思。这样做的时候,我们可能会完全忽略对方,假装自己在听,选择性地只听对话的部分内容,完全没有了解到整体的意思。比如,当我们对话时还没说完话,就听到下面的对话:"哦,我知道你的感受。我也有同感。同样的事情也发生在我身上。""让我告诉你我在类似的情况下做了什么。"为什么会这样呢? 因为大多数人倾听的目的是为了回应,而不是为了理解。我们更多地倾听自己的声音,在脑海中练习接下来要说什么,而不是别人在说什么。在绩效对话过程中,我们需要建立信任。在基于脑神经研究的基础上,我们设计了 Y 公司的绩效面谈对话方式,具体可参考表 5-2。

表 5-2 如何有效倾听

有效倾听	如何提升听的能力
专注于对话	排除干扰,关闭电子邮件,放下手机
站在对方立场思考	努力想想员工为什么来沟通
倾听并理解	关注对方在说什么,而不是你将如何回答
保持好奇心	保持开放的思维并渴望持续成长
注意非语言信息	"听"那些没有说的
用自己的语言总结	重述你听到的话,以确保双方的理解一致

② 有效提问。如何将绩效面谈塑造成有意义的对话,经理人会提问也是个关键。在教练辅导的研究中,当教练提问时,并不是所有的问题都能立即得到解决,然而,这种方法可以帮助发问者得出自己的结论,从而获得一种顿悟或使其

豁然开朗,这是在绩效对话过程中可以帮助员工获得成长的最好方式之一。在准备和进行绩效面谈时需要重点覆盖如下范围:目标和方向;障碍和挑战;学习和成长。经理在绩效面谈过程中,基于这三个方向可以提出问题,具体可参考表 5-3。

表 5-3 有效提问指南

1. 今天要谈论的目标	2. 方向和目标的执行情况
• 自上次谈话后,我们还有什么需要跟进 • 是否有突破性的进展	• 从 1 到 10,你完成了多少 • 目前为止,你觉得自己的进步如何 • 对下一步计划清楚吗
3. 存在的障碍和挑战	4. 你最近学到了什么,是否有成长的机会
• 什么资源(人、时间、金钱等)能帮助你克服这些障碍 • 是否考虑做些不同的事或尝试不同的方式 • 在接下来的几周需要我怎么支持你	• 你正在学习什么技能或能力 • 你尝试过哪些有效的策略 • 其他额外的资源可以帮助到你(学习法则 70/20/10)

这个指南可以作为检查列表和参考,每一次对话都应该根据个体及情况的不同而有针对性地运用。经理人应该根据情况的侧重和具体问题来提问,就像每个个体对社交需求(SCARF 模型)中的敏感点是不一样的,在新绩效管理方法中,绩效面谈不会设定一套标准问题和模型。

新绩效管理方法的第一个实施阶段——持续型对话,Y 公司在实施过程中,融入了教练式辅导技巧、围巾模型(SCARF),以及倾听与提问技巧,在月度绩效面谈中建立上下级之间的信任关系以进行有意义的沟通辅导。既然员工是绩效管理变革后对话的主导者,那员工在绩效面谈前需要准备什么,以便达成更有意义的对话? 表 5-4 是员工绩效面谈前的要点参考。

表 5-4 员工绩效对话要点

当你与你的主管进行绩效对话时,请在每一步骤中关注以下要点
目标跟踪——阐述事实情况,分享目标进展
• 分享在上个月工作中取得的进步,分析行动计划中没有完成的原因,可以改进的方面。 • 回顾目标进展时举例陈述事实情况,主动要求经理人给予反馈,比如,做得好的一件事或需要改进的一件事。 • 陈述事情力求简洁明了。比如,运用 5W+1H 模式:时间、地点、人物、事情、原因、如何。 • 倾听经理人提供的反馈,如有不清楚,提出问题,要求进一步解释。 • 运用"绩效面谈记录表"记录目标进展情况

续 表

挑战——主动尝试不同的方法，提出解决方案
• 分享上个月遇到的问题和困难，以及你是通过什么方法克服困难和解决问题的。 • 分享下个月你准备尝试的不同方法，通过开放式的问题要求经理人提供建议，比如：你觉得我的这个方法怎么样；你还有什么补充吗。 • 倾听经理人提供的建议，如有不清楚，提出问题要求进一步解释。 • 告诉经理人你需要获得的帮助，比如：需要给予的时间、人员、文件资料等方面的支持
学习与发展——关注自己在每个月学到的方法、知识、技能
• 每个月学到的一个方法，一个知识点或一个小技巧，如果累积到一年都将帮助你获得进步，促进公司的业绩发展。 • 分享你在上个月工作中运用了什么方法/知识/技能。 • 分享为完成行动计划，下个月你准备学习什么新的方法/知识/技能。 • 主动询问经理人你在哪方面需要进一步加强，比如欠缺的知识点，工作的方法，某一个行为表现
行动计划——代表双方的承诺，是绩效对话中非常重要的部分
• 详细说明下一个行动计划，包括你准备做哪些事情、开始的时间、完成的时间等。 • 你的行动计划，这需要和经理人达成共识。 • 达成共识的行动计划通过"绩效面谈记录表"进行书面记录，便于下个月进行绩效对话时回顾进展。 • 告诉经理人你需要获得的帮助，比如：需要给予的时间、人员、文件资料等方面的支持

绩效管理变革初期，为了帮助经理人更加从容地转变绩效管理对话，设计了表 5-5 经理人绩效对话表。

表 5-5 经理人绩效对话表

经理人绩效对话表	
对话对象：	日期：
目标跟踪——月度、季度、年度的目标进展	记录
• 上次对话之后你的绩效目标进展如何 • 自从上个月对话之后你采取了哪些行动 • 上个月对话以来，你感到最骄傲的是什么，能否与我分享具体的例子 • 上个月中你的工作你最喜欢/不喜欢的是什么 • 整体而言，你觉得你取得了哪些进步	
挑战——目标实现过程中遇到的障碍	记录
• 你遇到的最大挑战是什么 • 你是如何战胜这些挑战的	

	续　表
• 现在回头来看，你可以采取什么不一样的方法战胜这些挑战 • 你的项目/工作是否有不清楚或疑惑的地方 • 我能给你什么帮助以克服这些障碍	
学习与发展——个人和专业发展	记录
• 分享一个你上个月学到的知识/技能 • 你是如何将学到的东西运用在工作中的 • 下个月你想学什么知识/技能 • 我们能如何更好地利用你的才能 • 你还需要其他什么资源支持你的学习	
行动计划——下个月的计划	记录
• 你下个月的行动计划是什么 • 我们需要做什么使目标进展更好/更快 • 你将改变/停止哪些行为方式 • 我们应该做些什么不同的 • 下个月你希望我给你提供什么支持	

Y公司通过绩效管理的持续型对话阶段，首先是转变原有的绩效管理流程，将绩效管理的重点回归至绩效对话过程中，教练辅导和SCARF模型等支撑绩效沟通，以创建信任的绩效对话空间。同时用给经理人和员工准备的指导性问题来转变并适应新的绩效管理方法，最终形成不同部门针对不同员工差异化的绩效对话方式，使之成为公司绩效管理中的一部分。

2. 新绩效管理之成长型对话

在建立信任并形成持续型绩效沟通后，如何将雇员真正变成合作伙伴、从关注过去转变为关注未来绩效是可依靠的，那就要建立员工的自我成长和自我激励，通过赋予员工自我绩效与个人成长的责任主体，在对话过程中运用成长型思维（Growth Mindset），激发员工自我学习与问题解决能力，建设高绩效的企业文化，巩固成长型组织的形成。

在绩效管理的第二个阶段，Y公司将成长型思维注入绩效对话中。Y公司继第一阶段八个月的持续型对话后，各部门开始适应并接受这个全新的绩效管理方式，并习惯每月一次的绩效面谈工作。一个成长型思维的经理，需要鼓励员工适当地冒险，支持跨部门合作，将个人发展放在首位，同时也奖励那些能在实际工作中获得经验教训、学习并成长的员工，而非仅仅关注工作中不出错的员工。

(1) 成长型思维

成长型思维并非只关注表扬和奖励。成长型思维并不适用于组织中的员工，因为结果很重要，没有成效的努力从来都不是一件好事[17]。而人在面对困难和挑战时，由于受到心理舒适区的影响，会倾向于沟通"简单"的话题，因此，进行成长型对话的关键是要平衡"简单"和"困难"讨论点，将对话集中在能同时关注到这两种论点的过程上。充分利用教练提问的技巧，认识到成长型思考的重要性，在绩效对话中去发掘和肯定。

经理和员工需要共同突破心理舒适区，用成长型思维来提问和反馈。迎接挑战，在挫折中学习，在成功中成长。成长型对话是有意义的对话，而有意义的对话往往不是那些"简单"的讨论目标、计划、进度更新以及每天遇到的问题等，而是那些有挑战的"困难"，比如解决复杂的问题、发掘新的想法、寻求反馈、识别并讨论经验教训和讨论长期解决问题的计划等。在绩效对话过程中，需要讨论困难和成长是比较难并有挑战性的。人们往往习惯性地将自己局限在已经熟悉的领域和自己擅长的事情上，这就是人们的心理舒适区，作为经理和员工都需要认识和突破自己的心理舒适区，才能发现更多的答案和可能性，从而可以更好地帮助成长型绩效对话的开展，并助力于建立高绩效的企业文化。

(2) 绩效透镜

通过绩效透镜的三个维度，即准备度、关系、成果来评估、引导和肯定员工，关注现在的结果，更关注员工未来的持续成长和绩效。

绩效透镜避免近因效应，关注于长远的影响——员工真正为公司带来了什么价值。

绩效透镜帮助经理关注员工是如何实现增值的，不仅仅是考察他们当前的结果，还考量他们的准备度，即他们已经拥有的技能和自己持续学习与成长的动力，以及在组织内部的人际关系，他们是如何支持团队和其他成员的。这也是成长型绩效对话的重点，准备度、关系、成果这三个维度始终在月度绩效对话中用来关注并衡量员工的学习与成长过程。

在成长型绩效对话中，弱化结果导向的绩效薪酬关联性。将个体的成长以及对工作的积极性、成就感作为绩效激励的一部分去肯定员工。通过绩效透镜这个工具，员工可以更加清晰地认识到，什么样的绩效表现是公司所期望并鼓励的。

3. 新绩效管理之发展型对话

在建立了基于信任的持续对话和自我激励的绩效对话后，那就进入了下一个阶段——发展型对话。经理人需要关注四个方向：职业预期——辅导员工清晰他们的职业预期，即未来想成为谁；自我意识——员工意识到自己现在在哪里，处于什么水平；关注点——确定需要选择的目标和方向；行动——如何采取行动达成目标。

在绩效面谈中，相比于月度面谈的时间和形式，应该谈论什么话题才更加有意义。当绩效面谈发展至最后，经理人也需要根据不同下属的预期，制定未来几个月的面谈计划，以更好地保证发展型对话的开展。表 5-6 可供参考。

表 5-6 发展型对话导图

职业预期（你想成为谁）	自我意识（你在哪里）
• 基于你希望的成长方向 • 个人价值观：你认为哪些经历是重要的里程碑、转折或改变，你能从这些信息里获得什么，这些信息能否启示你明确自己的价值方向，就工作而言，什么对你来说是重要的 • 工作强度：就目前的职位，在有严格截止时间的情况下，有多大程度需要你高效率工作或同时多任务并行，在快速、高效的工作节奏下，你能否获得成长 • 职责：在目前的职位上，你是否有足够的机会承担更多的职责并影响他人，在你的职业生涯中，权力对你有多重要 • 工作与生活平衡：目前的工作岗位，除了日常工作时间，需要占用你多少个人时间，在接下来的 3～5 年里，你想从事一个占用个人时间多还是少的工作 • 兴趣：目前的工作职责是否有足够的多样性，能否获得工作满足感，什么样的职责更符合你的个人兴趣 • 自主性：就目前的工作岗位，你是否独立自主地计划组织自己的工作内容，工作自主性对你来说是否重要 • 成长总结：基于以上谈论的点，你对自己的职业预期是如何看的——你想要成长吗 • 还是承担目前的工作职责 • 转岗至另一个部门，承担相似的工作职责 • 负责项目、流程、人员管理 • 去另一家公司或进入其他人生阶段	• 实现你的职业预期需要什么技能、经验、知识和个人特质 • 在哪里可以获得与职业预期相关的技能、经验、知识和个人特质，在你心目中，谁是理想中的榜样，可以找谁获得反馈 • 关于技能、经验、知识和个人特征 -自我评估目前的强项 -自我评估目前的差距和障碍 • 如何可以提升目前的自己 -接受反馈 -发挥优势 -职业阶梯 -导师 -360 度评估、盖洛普优势识别器、DiSC 行为风格测试

续　表

关注点（选择目标及方向）	行动（如何达到目标）
• 你最感兴趣的领域？你独特的技能和经验 - 你认为让你区别于其他人，并且帮助你获得成功的强项是什么 • 你认为阻碍你成功的最大因素是什么，哪些弱项会显著阻碍你的成长 - 如何在短期内可以缩小差距，长期来说如何规划 • 在未来的 6~9 个月，在哪里可以获得快速成长和收益 - 你认为有哪些是努力一小步，却可以获得快速成功的？ - 思考一下：不做什么，开始做什么，继续做什么	学习的 70/20/10 法则 • 从 70 开始——工作经验 - 目前的工作职责中有哪些机会 - 在目前的工作范围内是否有其他可以拓展的机会 - 哪里是实践新方法、新技术的"安全区" • 20 部分支持——其他人的辅导和指导 - 谁可以支持你：教练辅导、导师指导、建议等 - 向谁寻求反馈、指导、建议 - 谁是你可以寻求支持的专家 • 10 部分补充——正规的学习 - 你需要什么基础资源：课程、书籍、视频、证书等

　　部门经理与主管基于以上四个发展型对话的关注点，再结合成长型对话中的成长型思维，持续进行月度绩效对话，以支持员工的绩效达成以及职业预期的战略性发展，持续关注员工的成长。

　　（1）职业预期。职业预期会影响自我成长的动力，职业发展与未来的多元化付酬下的职业晋升也是息息相关的。每个人在成长过程中时常会被问及：长大后你想成为什么样的人？对于这个问题的定位和想法，会直接影响到我们的所有决定和行动。所以同样的问题，关于员工的职业预期，也会直接影响员工目前工作的状态以及对未来职业的计划与准备。这里的职业预期并非简单地理解为未来几年的职业路径，而是更有广度和深度的、具有长远意义的目标——你想成为什么样的人。如果没有一个清晰的职业预期，就不会去考虑自己如何发展的问题。这也是 Y 公司在推进绩效管理第三阶段——发展型对话前需要首先思考的，帮助员工做的第一件事就是明确"想成为什么样的人"——这样经理人就可以在员工的学习和成长中给予他们有意义的支持。同时，这也是继任者计划的一部分，根据现在团队的人才以及他们的预期，为未来的管理以及技术需求提前做人才部署和准备，理解每一个员工的职业预期是这个过程中非常重要的一步。

　　职业锚（Career Anchors）可以帮助人们发现自己在职业中最为关心的真正所在。即使从事相同的职业，人们的内在动机、需求和价值观也往往各不相同，正是这些差异定义了各人究竟是谁。如果一个人内心的感受与从事的工作或岗位要求相匹配,那么这个人在工作和职业中的幸福感往往最强。职业锚是能力、动机和价值观的综合体,当你发现有些东西无论如何你都不会放弃时,这就是你的职业锚,它代表着你的真实自我。职业锚可以帮助员工更快地找到"真正的自我",同时也帮助经理与员工一起寻找他的职业类型,针对不同类型,侧重的面谈方向也是不一样的。具体职业锚的分类和在月度绩效对话中应对不同职业锚的人如下:

- 技术/职能型(TF):扩大其职责范围、寻求新的技术挑战,争取获得专业学习的途径:业内会议、专业书籍,与时俱进更新技术。
- 综合管理型(GM):根据功绩、可衡量的绩效和结果赋予更大的责任范围。提升综合管理能力,考虑问题更偏向全盘,注重情商。
- 自主独立型(AU):可操作范围能尽量给予自主空间。
- 安全/稳定型(SE):获得稳定绩效的认可,增强业务能力以稳固其工作。
- 创业/创新型(EC):在惯用的工作方法中,给予尝试新的方法和途径的可能。
- 服务/奉献型(SV):给予认可、理解和支持。在内部寻求更有影响力的工作。
- 挑战型(CH):给予获得更多挑战性的工作。
- 生活型(LS):保持其工作与生活的平衡。

作为员工,除了参考自己的职业锚测评结果,主要可以根据表5-6发展型对话导图中关于个人价值观、工作强度、职责、工作与生活平衡、兴趣以及自主性几个关键点,来思考并更有效地定位自己的职业预期。

(2) 自我意识。所谓自我意识,主要是指相比较于我们的职业预期,需要清楚认识到现在的自己处在哪个水平线上。真正了解自己的强项和局限性,无论是在工作上还是在生活上,这都是至关重要的。在持续的绩效对话中,经理人的反馈和评估是一个很好的渠道。但自我认知不仅仅是寻求反馈和理解自己的知识技能,更需要考虑的是我们自身与他人合作的能力,自我认知和激励的能力,甚至于我们的软技能和情商,这也是Y公司评估员工个人绩效的绩效透镜的评估维度所覆盖的。

通过表5-6四个方向性的提问,经理人可以帮助员工在通往自己职业预期的道路上更好地认识自己。Y公司建议经理和主管在进行发展型绩效对话时,运用发展型对话导图的四个维度来帮助员工认识自我,包括技能、经验、知识和个人特质。如果员工需要全面发展而达到职业预期,仅靠知识和技能是不够的,当能意识到自己的不足和局限性时，就能够更有力地推动自己的全面发展。

组织中并不是所有的员工都会关注职业发展这个话题，也不是所有人都有这个意识或能力进行自我评估。Y公司通过绩效管理中发展型对话的开展，鼓励管理者定期与员工讨论职业发展路径，留住高绩效员工，以提升公司的绩效和为未来继任者计划做准备。

(3) 关注点。当有人发现落后于自己的职业目标时，往往是因为设立了太多目标，或者是设立了一些自己认为必须做的目标。在这里，需要给自己一些时间来认真思考：当不管是给自己设立个人目标还是工作目标时，是否觉得是兴奋的并且带着热情想去完成的？在清楚认识到自己的职业预期并有清晰的自我意识并开始采取行动时，需要订立几个关键目标，聚焦于两到三件对自己的职业预期真正有意义的事。

在第二部分的自我意识中，Y公司建议经理需要与员工就技能、知识、经验和个性特征展开讨论，这会覆盖很多范围，同时，经理人在绩效面谈中作为一个教练辅导的角色，不仅需要帮助员工全面地清晰化自我意识，还需要帮助他们聚焦于关键点。传统的短板理论认为，通过弥补自己的弱势、短板，可以获得个体最大的成长，盖洛普的《优势识别器》中的优势理论对短板理论发起了挑战。基于盖洛普的40年研究，认为最好的起点是自己的强项，即把重点关注于自己的强项领域。通过努力发挥自己的强项，可以让自己更加出彩，但这个研究并不是表明大家应该忽略自己的弱点，关键是要在拓展自己的天赋和强项与缩小阻碍自己的短板之间获得一个平衡。同时，盖洛普研究表明：关注自身的优势可以使敬业度提升6倍，产出提升40%。容易理解的是，我们做自己擅长的事情会觉得更有趣、更积极、更被激励，从而也会大大提升工作效率。

经理和主管在绩效对话中，运用成长型对话导图，帮助员工找到他们自己的强项与主要的关注点，先从短期的可以快速获得成长的小改变开始。而作为员工个体，在绩效对话之前，也思考自己的强项与关注点，在绩效沟通中，与自己的经理沟通并获得反馈。

(4) 行动。在戴尔的"70-20-10"学习法则中，70%的员工将通过工作经验来不断学习和提高；20%的员工将通过辅导和指导来提升素养；10%的员工则将通过正规的学习培训课程来提高自身。首先，员工需要思考一下自己的强项，不管是项目领导能力还是沟通能力，如何获得这些技能，往往是通过平时的工作实践出来的，这个过程离不开一些正式的学习积累和其他人的辅导沟通，当然这个过程中三者的比例也不是固定不变的，取决于学习者自身和目标。在绩效面谈中,需要注意的一点是,关注员工发展要思考除了正式的培训以外其他的部分,就是说,要更多地思考 70% 的那部分,具体行动和实践,以及利用好绩效面谈的机会,给予 20% 那部分的反馈和指导。

明确员工的抱负,或对未来成功的愿景;提高员工意识,不仅要发展技能和知识,还要发展他们的经验和价值观;平衡他们的关注点,创造更有意义的发展目标;根据绩效需求调整他们的行动,并扩大他们的学习半径。这四个主题,勾勒了 Y 公司新绩效管理进入最后阶段——发展型对话的方向。指导部门经理与员工进行绩效面谈,最终让员工自我驱动地进行成长型绩效自我管理。

4. 新绩效管理方法的实施效果跟踪

2016 年,Y 公司新的绩效管理方法实施开始,每个带下属的经理和主管每月与员工进行一对一的绩效面谈,在 2016 年及 2017 年对全体员工分步开展了新绩效管理方法三个阶段的培训,帮助每个层级的员工清晰了解新的绩效管理文化,以及在不同阶段经理与员工需要转变的绩效管理思路,从而培养成长型的绩效管理理念,助推高绩效的企业文化建设。

在实施绩效月度面谈的最初三个月,经理人与员工分别对照着这两份文件进行绩效面谈,养成员工个人要对绩效负责的思维,经理则应该支持员工,设定明确的期望,同时鼓励员工寻求解决办法并自行克服挑战,提供经常性的反馈。当然,绩效对话的提问不会局限在这两张表内,沟通过程是因人而异的,Y 公司并不鼓励各层级循规蹈矩地照搬问题,流水线式回答,而是从我们前面三个实施阶段中的围巾模型(SCARF)、成长型思维、员工的职业预期与职业锚等理论支持中,针对员工个体的差异性来进行区别化的面谈沟通,旨在帮助员工自己寻找到问题,在过程中关注员工能力的提升。

过往的绩效管理重流程、书面工作,在整个过程中,不管是被评估者、评估者还是 HR,完成了大量书面和流程工作,而并没有足够地关注行动计划和改进。在新的绩效管理方法中,虽然在经理人绩效对话表中有一栏是为面谈记录做准备的,但并不要求经理必须作书面记录,各部门可以按照自己的情况自行决定。绩效对话的重点还是关注在面谈过程中,是否给予了反馈、辅导。

同时,为了更好地跟踪各部门的执行情况,Y 公司每个季度由各区域的 HRBP 在各部门中抽样访谈员工,从 2016 年第四季度持续至 2018 年第二季度,逐次收集所有员工的反馈与建议。共计回访了所有参与绩效面谈的各层级员工与经理,共回访 7 次,有效回访 209 人次,由 3 位 HRBP 每次各抽样 10 人左右进行访谈,面谈内容见表 5-7。

表 5-7　绩效面谈回访问卷

员工姓名	主管姓名	上月是否进行了绩效面谈	面谈用了多少时间	面谈前是否做了准备	面谈准备了多久	面谈前准备了什么内容	与过去的面谈有什么不同	对自己有帮助吗	是否了解新绩效管理方法,大致内容是什么
员工 A									
员工 B									

根据面谈回访的问卷结果,每月会进行绩效面谈的人数比例为75%,面谈时间从半个小时至1个小时不等。面谈前员工普遍会做准备工作,但在2018年,在面谈前会准备的比例减至65%,有准备工作的,准备时间普遍在15至25分钟左右。与过往的绩效面谈相比,认为有很大变化的占67%,认为最大的不同点主要涵盖两方面:增加了自己与上级的沟通,更方便员工了解经理的期望;帮助自己梳理一个月的工作,思考自己的成长和个人目标。同时也有约9%的人认为月度绩效对话的方式很浪费时间,对自己工作完全没有帮助。其余24%左右的员工没有指明有显著帮助,反馈有些时候对自己是有点帮助的。具体见表5-8。

表 5-8　绩效面谈回访汇总表

参与访谈的员工人数及比例	上月是否进行了绩效面谈	面谈用了多少时间	面谈前是否做了准备	面谈准备了多久	与过去的面谈有什么不同	对自己有帮助吗
209人,占非产线员工的75%	96%进行了绩效面谈	半个至1个小时不等	78%会做准备	15至25分钟	1. 加强了自己与上级的沟通,更方便员工了解经理的期望; 2. 帮助自己梳理一个月的工作,思考自己的成长和个人目标	67%认为明显有帮助

以下抽样样本为2016年8月变革初期时对两大职能部门的回访调查表单。根据访谈中员工的反馈,普遍反应绩效管理改革后,大家每月都需要投入更多的时间在绩效面谈中,会耽误自己的工作时间,经理人与员工一开始都有抵触情绪,尤其是下属人员较多的部门经理。但当过了3个月后,普遍也适应了因为绩效改革后工作时间的变化,67%的人都认可绩效面谈方式对自己工作与成长的帮助。从成长型对话实施阶段开始,员工也更愿意主动进行绩效面谈。

抽样调查时间：2016-08			抽样调查职能部门：OPEX								
序号	部门	姓名	最新绩效面谈	绩效面谈表格	面谈时间	面谈前准备	准备内容	对MOVE的了解	第二季度调研	比较反馈	帮助
1	物料	沈*峰	7月	绩效面谈记录表	30MIN	是	回顾一个月的工作，选择几个主要问题	通过邮件	是	现在比以前做的更顺一些，较喜欢现在这个方式	有些
2	物料	殷*珍	7月	绩效面谈记录表	30MIN	是	回顾过去，总结困难，寻求支持	没有太大了解	是	这个方式更有效	及时反馈自己的想法
3	ME	符*平	7月	绩效对话表	30MIN	是	项目进展，困难	培训+邮件	是	建议不要将面谈拘泥于形式，最后流于形式	互动有提升
4	QA	郭*华	8月	绩效面谈记录表	40MIN	是	回顾工作	培训	是	过程繁琐、耗费时间，经理人耗费时间更多	无
5	Sourcing	巴*	7月	绩效面谈记录表	30MIN	是	每月工作内容，困难与意见不同讨论点	培训	是	绩效对话表问题太宽泛，不如面谈记录表	有些
6	Sourcing	N*cole	7月	Global表	1H	是	项目进展，后期计划	培训	是	平时都在沟通，月度绩效面谈效果不大	很微小
7	OPEX	R*ta	7月	Global表	30MIN	是	工作计划，突发状况，寻求支持	培训	是	帮助自己与老板之间加强沟通	有
8	物料	刘*	7月（在8月完成）	绩效面谈记录表	40MIN	是	回顾工作	培训	是	过于频繁，建议2月一次	记录整年工作
9	物料	刘*莹	7月	绩效面谈记录表	30MIN	是	不用准备，每月都一样	培训，只知皮毛	是	流于形式	无
10	ME	李*	8月	绩效对话表	30MIN	是	根据表格内容	邮件	是	问题太繁琐、太多，无重点；建议每月的记录在一份文件里，以便浏览回顾	无明显帮助

抽样调查时间：2016-08			抽样调查职能部门：Non-OPEX										
序号	工号	部门	姓名	最新绩效面谈	是否使用新的绩效对话表	面谈用了多长时间	面谈前是否做了准备	面谈准备做了多久	准备内容	对MOVE的了解	第二季度调研	比较反馈	帮助
1	1616	North-PPE	李*东	7月	绩效面谈记录表	20分钟	是	1H	工作及个人发展	大概了解	是	因为有框架更有针对性	有帮助
2	1615	FP	董*	7月	绩效面谈记录表	40-50分钟	是	0.6H	工作内容	否	没收到		有，计划更清晰
3	1506	Northeast-PPE	何*东	7月	绩效面谈记录表	30分钟	是	0.2H	工作内容	大概了解	是		有帮助
4	0702	East-PPE	刘*	7月	绩效面谈记录表	30分钟	是	0.3H	工作及个人发展	是	没收到		有帮助
5	1578	East-PPE	余*元	7月	绩效面谈记录表	30分钟	是	0.4H	工作及个人发展	否	没收到		有帮助
6	0505	South-PPE	曾*达	7月	绩效面谈记录表	2H	是	0.5H	工作及个人发展	是	没收到	面的交流、互动多一些	帮助很大
7	1105	Finance	顾*滨	7月	绩效面谈记录表	1H	是	0.5H	工作内容	大概了解	没收到	更直观，跟踪工作内容	有帮助
8	0481	Fire	李*明	7月	绩效面谈记录表	1H	是	0.5H	工作内容	大概了解	是		有帮助
9	1279	Industry	孙*亮	7月	绩效面谈记录表	40分钟	是	0.5H	工作内容	否	没收到	目标更清晰	有帮助
10	0355	Services	陈*志	7月	绩效面谈记录表	40-50分钟	是	0.5H	工作内容	大概了解	不记得	更有意义	有帮助
11	1534	Southeast-PPE	赵*明	7月	绩效面谈记录表	20分钟	是	没有	工作内容	不是了解	不记得		一般
12	0610	Services	史*明	7月	绩效面谈记录表	20分钟	是	0.6H	工作内容	否	不看英文邮件		有帮助

图 5-1　绩效面谈回访记录表

Y 公司从 2015 年逐步开始裁员，从 2016 年开始绩效管理变革，员工人数也从 2014 年的近 500 人逐渐减至 2017 年底的 360 人左右，在这变革的三年中，Y 公司的净销售额、运营毛利率和净利润率也发生了逆转，在 2016 年以前的三年，销售收入基本持平。2016 年为管理变革的第一年，净销售额为 2015 年的 97.94%，毛利率增长为 2015 年的 117.5%，环比净收益增长至 102.37%，2017 年净销售额比 2016 年增长 20.35%，毛利率增长 20%，净收益增长至 116.48%，2018 年净销售额比 2017 年增长 38.4%，毛利率增长 16%，净收益增长至 110.48%。具体见表 5-9。

表 5-9　Y 公司财务指标与人员情况表

年份	净销售收入（百万美元）	运营毛利率（环比上年增加）	净收益（同上年环比）	员工人数
2014 年	60.2	18%	—	498 人
2015 年	60.4	20%	101.5%	470 人

续 表

年份	净销售收入（百万美元）	运营毛利率（环比上年增加）	净收益（同上年环比）	员工人数
2016 年	59.16	24%	102.37%	437 人
2017 年	71.19	25%	116.48%	360 人
2018 年	98.53	21%	110.48%	380 人

与此同时,同行业竞争者在这三年中销售收入仍然持平甚至减少,面对外部并不景气的市场,Y 公司对员工进行精简并提高个体和团队绩效,扭转了销售收入与净收益的不利趋势,这与公司整体绩效的提升是离不开关系的。新绩效管理方法的变革,整体营造并支持高绩效文化的建设,通过关注并帮助提高员工个人绩效和个人成长,最后支持公司整体的业务增长。

在每年一度的员工敬业度调研中,也设置了绩效管理满意度指标的评价,在全球关于绩效管理过程中,帮助获得不同职级员工对新绩效管理方法的反馈,以便更好地提高后期的绩效管理改善点。在 Y 公司,三年中员工敬业度调研关于绩效的问题及反馈评价详见表 5-10。表中,数值区间 0~1 表示反对,1~2 表示有些反对,2~3 表示中立,3~4 表示比较赞同,4~5 表示非常赞同。

表 5-10 Y 公司绩效实施评价表

年份	绩效面谈是否有助于你了解工作和公司信息	你觉得你在过往的一年是否有成长	你觉得绩效是否更加公开透明	主管是否给予了反馈和辅导
2016 年	4.4	3.7	3.9	4.7
2017 年	4.3	4.1	4.5	4.4
2018 年	4.4	4.2	4.4	4.3

在 2016 年绩效变革的初期,通过改变绩效管理方法专注于绩效沟通过程,员工普遍获得了更多上下级传递的信息,讨论工作与成长也获得了提升,尤其是一年运行过后 2017 年关于个人成长的自我评价。同时,员工所认可的来自主管的辅导和反馈却有递减,这和员工的心理预期上升以及主管的辅导能力有限都有关联,这也是后期需要去改善的。

（三）绩效考核结果应用

1. 绩效考核与人才发展

人才发展与新绩效管理方法（MOVE）的理念是一体的，新绩效管理方法为员工绩效的持续成长、评估和反馈提供了一个对话空间。人才发展中人才盘点和继任者计划，可以立足于满足未来业务战略目标要求，通过绩效评估中关于员工的优势、主动性和战略性思考等的评估，帮助整个组织更加透明、持续地了解并部署当前组织内的人才[18]。

在人才盘点中达到如下目标：①经理人需要关注建立组织人才的关键职责，包括招聘、员工发展、敬业度和培训等。②将人才盘点定位为一个基于员工绩效、职业预期和潜能的有意义的沟通。③年度进行一次人才盘点（7至9月），但也需要根据实际需要增加评估盘点的频次，通过成长型绩效对话的辅助，为人才盘点提供持续的洞察力和一致性。④结合员工的准备度，更好地关注人才未来的绩效和改变，而非静态的评估。⑤将学习和发展放在首位。

人才盘点是一个战略性工作，在这个期间，各级经理人可以就绩效管理中对下属的评估公开讨论、提出问题，并就公司目前的团队构成提出反馈意见，以及提出对未来团队的预期和需求。人才盘点是基于绩效管理过程中对公司未来发展的一个人才战略性思考[19]。人才评估的信息是保密的，但经理人需要就当前绩效和未来的发展机会，在月度绩效面谈中与员工本人去分享反馈。如下人才盘点框架和路径，可以帮助在人才盘点中覆盖所有关键要素：

1) 上年的行动计划，快速总结上次人才盘点后的变化。

(1) 发生了什么

(2) 你看到了什么成长

(3) 是否有惊喜

(4) 在期望的方向上是否有变化

2) 运用九宫格进行团队分类（表5-11）。

(1) 员工姓名、职位

(2) 优势和劣势

(3) 运用薪酬透镜考量其绩效

(4) 领导力潜质

(5) 经验、职业预期等

3) 组织未来需要什么，讨论未来三年组织的关键需要。

(1) 团队里哪些职位是关键的

(2) 这些职位是否有未来的继任者,是通过内部还是需要外部招聘

(3) 需要或者减少什么技能,未来是否会受技术革新影响

(4) 组织架构是否要变化

(5) 如果其他职能部门转岗,存在的差异是什么

4) 讨论每个员工的发展空间。

(1) 在内部可发展的员工中,需要对他们采取什么计划和行动

(2) 是否之前有讨论过,且马上可以升职或者扩大职责范围的,如何可以加速他们的成长

(3) 是否有哪些职位可以备选为关键职位的替代

5) 行动计划,每个职能经理需要制订跟踪计划。

(1) 什么时候向员工本人反馈

(2) 在未来的 3 个月、6 个月、12 个月,经理人需要支持什么

(3) 还有哪些信息是需要寻求其他职能部门反馈的

作为经理人,需要时刻意识到,持续的成长型绩效对话是至关重要的沟通过程,与员工谈论他们的职业预期与发展目标,在这过程中,为组织的人才发展提供持续、一致的反馈。

在人才盘点期间,九宫格(表 5-11)可以帮助每个经理人根据员工的绩效表现和发展潜力更清晰地进行分类,可视化地展示团队人才的分布,为下一步的讨论做准备。

表 5-11 继任者计划——九宫格

		绩效(结果、关系、准备度)		
		绩效表现低于同级同事。不能持续地满足期望或者无法满足期望	可以持续地满足期望。表现处于中间水平	表现持续超出预期。相当大的程度绩效优于同级。是团队内部能力和结果的标杆
作为领导者的成长和发展的能力 领导能力(未来 3—5 年)	对扩大职责范围有显著的潜力	1	2	3
	在当前职责范围外可以适度地调整	4	5	6
	有些地方还需要被开发	7	8	9

基于月度绩效对话的情况,根据员工领导能力的潜质和目前绩效的维度的评估,将员工分类至九宫格内,对落入 4 和 7 的员工,需要制订计划以改善其绩效,落入 2、3、6 的员工,可以考虑未来给予其发展,其也是有潜质的高绩效员工,落入 1、5、8、9 的为普通员工。九个象限的员工需要制定不同的发展目标,具体如下:

象限 1:发展的重点应放在确定绩效问题的根源上,仔细比较其工作要求与个人技能、能力和兴趣之间的关系,对其提供长期的培训和教练辅导来帮助提高绩效。

象限 2:为其提供挑战性的工作,以最大化地提高绩效为目的。将发展重点关注在具体能力或技能的差异上,可以提供多样性或跨职能部门的工作,也可以辅导他人。

象限 3:关注给予他们足够的挑战,同时留意是否有离职的风险。工作岗位是高曝光度、关键的和强责任感的。提供一些工作任务可以帮助扭转业务或参与全球协作。战略性的发展机会,譬如全球人才管理项目、区域领导力项目或者其他外部项目。可以作为资深的辅导者,给他人提供辅导咨询。确保有短期和长期的发展机会、必要的授权,避免对其微观管理。

象限 4:通过明确工作是否合适来提升绩效,仔细比较其工作要求与个人技能、能力和兴趣之间的关系,关注提升绩效的关键胜任力和素质。定期对绩效提升监督和评估。

象限 5:此类为关键绩效贡献者,在目前的职责范围内,可能并不期望必须获得提升。重点关注先进的技术和领导力,扩大当前的职责和范围。日常测试时注意其领导力潜能,了解员工是否有升职的意愿。

象限 6:测试员工是否有能力可以扩大职责,基于未来目标发展相关的胜任力。鼓励他们辅导别人和承担变革的工作机会。

象限 7:采取正式的绩效改进面谈,以明确绩效期望以及如何改变,密切跟踪绩效的提升,如果在限定的实效期内未有改变,则减少其工作内容。

象限 8:提升具体某些领域的绩效,周期性地重新评估绩效和潜力。对未来的机会提供清晰的反馈,在当前职位上持续提升技术和领导能力。

象限 9:通常有高度的专业技能,且在市场上是很难寻找的。关注他们的知识和技能可以帮助到公司内部的其他人,增加他们在组织内的价值。一般为内部专家,提供其在专业领域内培养他人的机会。定期对其表扬和肯定。

最后,基于绩效评估的结果与员工在九宫格内定位,制定关键员工与关键岗位的发展建议,形成公司的继任者计划和一般员工及低绩效员工的发展计划。

2. 绩效考核与绩效薪酬

新绩效管理方法(MOVE)注重绩效面谈过程,过程中关注持续性和成长性,重点在员工个体的成长,而非员工一年 KPI 的完成情况。对于绩效考核,Y 公司使用绩效透镜来确定员工的绩效是否应该获得肯定和奖励,以绩效透镜的三个维度来评估员工的价值和影响:准备度、关系和成果。Y 公司的绩效薪酬包含现金与非现金激励,现金激励又包括绩效奖金和绩效调薪,遵循为绩效付薪。

(1) 非现金薪酬。在成长型绩效对话中,鼓励并促进员工的成长,在成长中,员工更加喜欢工作本身,感觉自己是团队的重要组成部分,这些是员工的内在回报激励。根据薪酬透镜考量其准备度和团队内的关系,结合其绩效结果,按照表 5-11 继任者计划来评定人才发展计划,这是绩效薪酬中非现金的部分,更多关系到员工未来的现金薪酬。

(2) 绩效奖金。每年的一月份,各部门的直线经理基于每月对的绩效面谈评估结果,会在系统内评估下属过往一年的个人绩效,确定个人绩效系数以计算员工的年度绩效奖金。公司的绩效奖金计算公式保持不变:年度绩效奖金=年度基本工资×15%×公司及部门关键绩效指标完成系数×个人奖金系数。在新绩效管理方法中,发生两大变化,第一是将公司及部门关键绩效指标作了简化,第二是评估个人未来绩效的侧重点发生了变化,重点倾斜公司绩效表现最好的员工。

① 绩效关键指标的简化。绩效关键指标由原来的五项缩减为三项,同时适用于全球、不同行业及区域层面,不再具体细分,以推动盈利增长,打破团队合作壁垒,促进更好地协作。新的绩效考核关键指标见表 4-1,简化调整的指标改善了团队目标偏差产生的部门合作不畅,将营运资本占销售收入的比例加入研发团队的共同绩效指标,帮助研发也关注投入生产的产品,是否能真正带来利润。为所有员工提供了一个相同的平台,帮助以后整体业务的成功。

② 个人绩效系数的评定。计算绩效奖金时使用个人绩效乘数,绩效乘数仍包括 0.8、0.9、1.0、1.1 和 1.2 五个档次,但经理人需要使用绩效透镜框架的三个维度,即结果、准备度和关系来评估,结合每月动态的绩效面谈情况,在确认员工在继任者计划——九宫格内的分布后,绩效系数倾斜落在九宫格 2、3、6 的部门表现最好的员工,改变以往吃大锅饭的评定。

所有符合绩效奖金评定的员工,个人绩效乘数的规则是相同的。部门经理基于预算情况,遵循 Y 公司高绩效企业文化下的为绩效付薪原则,将奖金分配至不同绩效的员工。表 5-12 给出个人绩效系数做差异化评定的指南。

表 5-12　个人绩效系数评定指南

低绩效(0%~10%)	标准绩效(80%左右)	高绩效(0%~10%)
低于预期的价值和影响	在合理范围内贡献了价值和影响	高于预期的价值和影响
没有达成预期的目标	完成了预期的目标	超出了预期的目标和期望
没有做好升职的准备,也没有达到目前职位的要求	符合当前职位的要求,有时也显示了未来获得提升的追求	超出了当前职位的预期,在上年获得升职或者来年可以被升职
与他人沟通困难	可以和同事有效沟通	在整个组织中可以有效沟通
个人绩效系数为 0.8 或 0.9	个人绩效系数为 1 或 1.1	个人绩效系数为 1.1 或 1.2

(3) 绩效调薪。根据绩效透镜的三个维度来评估员工未来一年的贡献,以评定其调薪的比例。每年一度的绩效调薪目的是为了认可并奖励那些为公司作出贡献和绩效产出的员工,将未来薪酬与绩效相挂钩。绩效调薪的预算是基于国家经济水平、当地市场薪酬数据和公司运营状况来制订的,经理人需要使用薪酬透镜的准则,根据绩效面谈情况,评估员工未来的工作表现,在有限的预算范围内,奖励那些来年对公司、部门真正有影响力和价值的员工。

经理人在评定绩效调薪时,需要对不同绩效表现者进行区分,可参考个人调薪评定指南表 5-13,并遵循如下原则:

① 最低绩效的员工将获得最低的加薪或者没有加薪,或者一次性的收入补充,以此确保最高绩效的员工可以获得最大比例的预算,这点是至关重要的。

② 在评估过程中,经理人不得带有歧视性和在薪酬透镜范围外个人主观偏好。

③ 会出现某些部门超出他们的预算范围,该职能部门范围内的另一个部门也有可能减少其预算,两者抵消这个预算差异。在这种情况下,鼓励经理人与他们的直接主管、职能领导、管理层或人力资源业务伙伴沟通。

表 5-13　个人调薪评定指南

低绩效(0%~10%)	标准绩效(80%左右)	高绩效(0%~10%)
低于预期的价值和影响	在合理范围内贡献了价值和影响	高出预期的价值和影响
没有达成预期的目标	完成了预期的目标	超出了预期的目标和期望

续　表

低绩效（0%～10%）	标准绩效（80%左右）	高绩效（0%～10%）
没有做好升职的准备，也没有达到目前职位的要求	符合当前职位的要求，有时也显示了未来获得提升的追求	超出了当前职位的预期，在上年获得升职或者来年可以被升职
与他人沟通困难	可以和同事有效沟通	在整个组织中可以有效沟通
法定的最低调薪或无调薪	基于工作表现，区别化调薪，在个人预算的50%至150%之间	建议以预算比例两倍或以上标准来调薪

绩效管理及考核的最终目标是奖励高绩效的员工，并鼓励员工的持续成长，在绩效奖金与绩效调薪上更加倾斜高绩效员工，真正以现有及未来绩效为导向，创造高绩效的企业文化。下图是 Y 公司公布的基于 2018 年绩效的 2019 年绩效奖金个人系数与绩效调薪，结合 Y 公司的人才盘点的分布，可以看出 Y 公司为能力付酬、奖励高绩效员工的趋势。

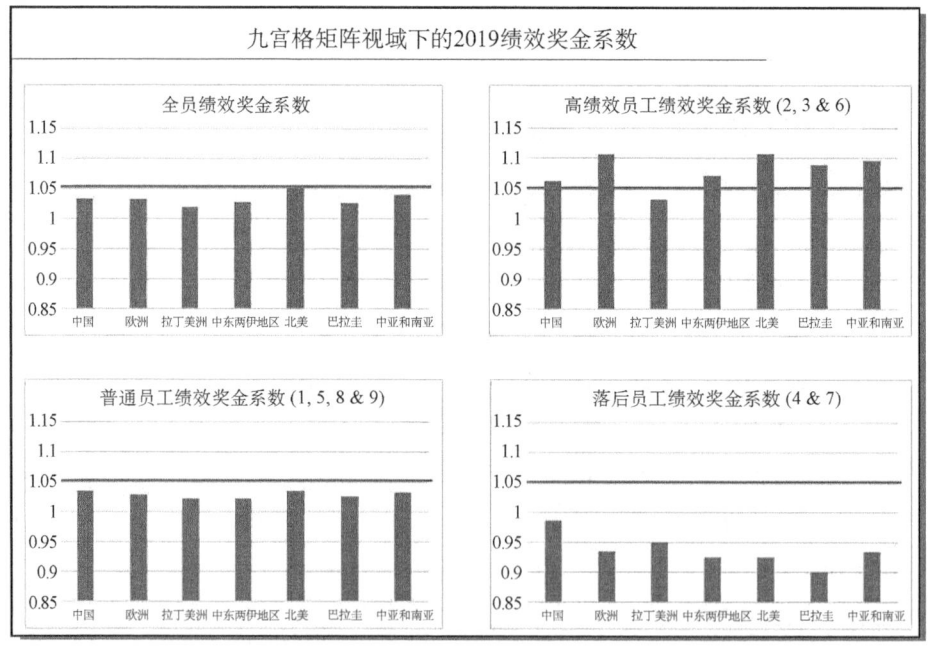

图 5-2　Y 公司全球 2019 年绩效奖金个人系数与人才盘点

对比 Y 公司的绩效奖金的分布与绩效调薪的分布，绩效奖金的分配更加肯定高绩效的员工，也就是在表 5-11 九宫格 2、3、6 象限的员工。与其他区域相

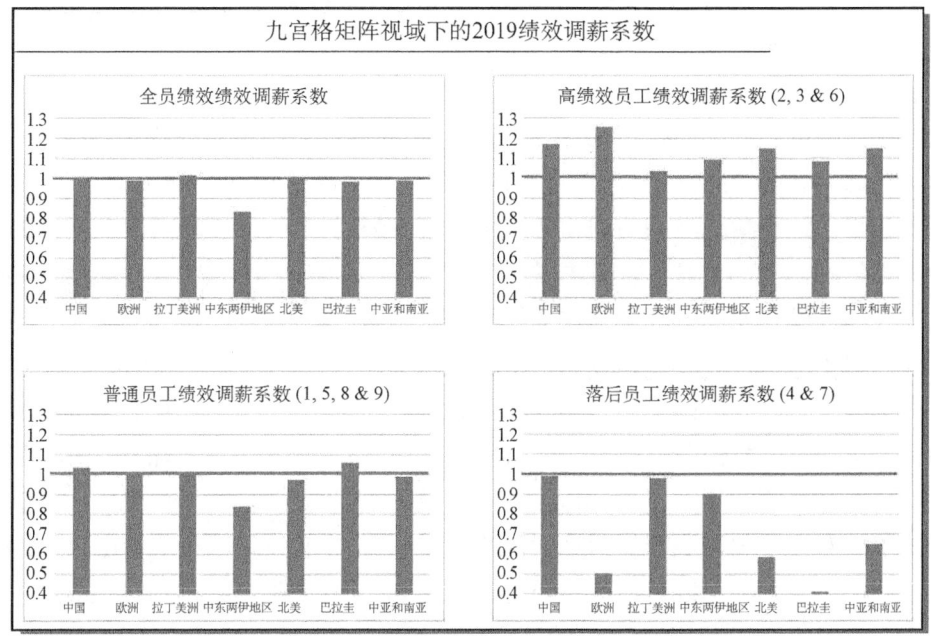

图 5-3　Y 公司全球 2019 年绩效调薪系数与人才盘点

比，Y 公司中国区域，在绩效调薪上，普通绩效与低绩效并无太大差异，这也是未来绩效薪酬需要关注和改善的。

六、总结和展望

（一）研究总结

随着外部市场和技术环境正在以前所未有的速度对现有商业模式与传统企业进行着冲击，企业之间的竞争力从核心上来说也是对企业整体管理效率的竞争要求。而企业如果提升管理效率，人无疑是一个最大的载体，人才的吸引与保留以及组织的绩效管理，是企业增加市场竞争力不可或缺的一部分。本篇研究了 Y 公司基于传统商业和人才管理模式下建立的绩效管理体系，发现绩效管理流于形式，一年两次绩效评估没有实质性的帮助。绩效指标不合理、绩效沟通有效性差，绩效管理甚至流于企业官僚主义下的行政手段。绩效好的和差的员工并无本质上特别大的区别，绩效考评中存在吃大锅饭的问题。

基于此，Y 公司改变了传统的绩效管理方法，致力于推动成长型绩效对话建立高绩效企业文化。公司整体绩效考核指标的简化和全球一致性，减少职能、跨区域因考核的差异造成的关注点偏差。在绩效管理过程中的角色出现了变化，员工从雇员到合作伙伴，从被考评到授权，经理从上司到教练，关注经理人的沟通和辅导能力。改变绩效反馈不充分、沟通少的问题，由原来的一年两次绩效面谈调整为持续的每月绩效面谈，在成长型绩效对话过程中建立信任，改变过往简单关注结果和固定式反馈，关注员工的成长和未来解决问题的能力提升。绩效激励过程中结合薪酬激励与非薪酬激励。薪酬激励，针对高绩效员工奖励贡献，为能力付酬；非薪酬激励，在成长中让员工真正因为工作过程而获得激励和满足。在绩效管理变革过程中关注成长型绩效沟通，多维度评估高绩效员工，去除绩效官僚主义，重塑高绩效企业文化。

新绩效管理方法的实施包括三个阶段：持续型对话、成长型对话、发展型对话。持续型对话阶段关注持续型绩效对话开展，引入教练式绩效辅导、围巾模型（SCARF）的五类社交需求和积极倾听、有效提问的技巧，以创建上下级之间信任的绩效对话空间。成长型对话阶段引入成长型思维和绩效透镜，在月度绩效对话中运用成长型思维对话激发员工自我学习与问题解决能力，用薪酬透镜的三个维度，关注员工是如何增值的，而非考察当前的结果，持续关注员工的学习与成长。发展型对话更加关注于员工个体的发展，辅导员工清晰化自己的职业预期，即未来想成为谁，巩固自驱的绩效管理。提供职业锚测评问卷、盖洛普的优势识别器等发现自己的职业兴趣和长处，应用"70-20-10"学习法则，最终让员工自我驱动地进行绩效自我管理。最终自我驱动个人成长，再沉淀为组织的发展。

Y公司在绩效管理变革期间，员工人数三年里减少了25%，净销售额和净收益每年以双位数增长，员工的主动离职率也降低了。新绩效管理方法的变革支持了Y公司绩效管理变革，在过程中通过关注并帮助提高员工个人绩效和成长，最终支持公司整体的业务增长，也得到公司整个管理层的认可。但受多方面的限制，论文深度还不够，应当在后面的工作中继续深化研究并实践。

（二）研究展望

在绩效管理变革中，由于多方面的原因限制，仍有一些问题是没有解决的，需要进一步研究。

首先，新绩效管理方法的对象更多的是办公室的员工，而对于销售岗位的员工而言，适用性较弱，因为比较难于管控和跟踪。销售人员大部分的时间是在外约见客户，部门经理主要关注指标有没有达成，业绩指标直接影响他们的销售薪酬框架。在销售薪酬的设计中，可以考虑添加客户管理效度与团队合作力度等进行考评，将新绩效管理方法的关系维度在销售团队中对内和对外都得到关注。

其次，关于奖励贡献和为能力付薪，由于受到全球预算的限制，每次的绩效调薪和年度奖金都非常有限，组织精简后，高绩效和关键岗位的员工也较多，即使高绩效的员工，相互之间绩效调薪与市场薪资数据也是存在差异的。薪酬是保健因素，未来除了每年固定的调薪，完善公司的架构，年中可以根据内部评估和市场数据对特殊调薪的规定作灵活调整，降低因保险因素不到位而流失高绩效员工的风险。

再次，关于绩效管理与人才发展，Y公司虽然有人才盘点和继任者计划，并公布了人才发展的评估和考量维度，但Y公司全球仅有5 000多人，中国区仅有300多人，且公司同时开始组织扁平化，各部门员工也在三年内精简了很多，往上发展空间狭小，所以虽然有人才盘点和继任者计划也流于纸面上。在绩效管理变革后，员工的主动性与工作能力的提升是很明显的，但也存在能力强的员工流失的情况。人才发展的平台除了平级之间的岗位轮换，其余并没有多少操作空间。

最后，绩效面谈过程，对经理人的沟通能力要求比较高，尤其是教练辅导能力，又需要了解很多行为学和心理学的应用，各部门经理人的辅导能力参差不齐，也导致了各部门员工反馈不一。未来可以考虑增加中层经理人的软技能提升，尤其是沟通辅导能力。

本篇未对绩效管理的持续型改进和后续的支持作深入的研究，绩效考核结果的应用上也相对单一，未来在工作中应当重视加强，针对以上不足进行更深的研究和思考。

参考文献

[1] 唐秋勇. HR的未来简史[M]. 北京：电子工业出版社，2017.
[2] M. 塔玛拉·钱德勒. 绩效革命[M]. 孙冰，陈秋萍，译. 北京：电子工业出版社，2017.
[3] 王萍，张丽琍. 考核与绩效管理[M]. 长沙：湖南师范大学出版社，2007.
[4] 刘静. 绩效管理的变革与创新研究[J]. 企业改革与管理，2018，(129)：68-75.
[5] 尚琪. 机械制造企业战略绩效管理体系研究——以Z公司为例[D]. 南京：南京大学，2018.
[6] 田五星，王海凤. 大数据时代的公共部门绩效管理模式创新——基于KPI与OKR比较的启示与借鉴[J]. 经济体制改革，2017，(3)：17-23.

[7] 宋毅.企业绩效管理体系问题及对策分析[J].人力资源管理,2018,(3):320-321.
[8] 罗锐.企业优化绩效管理体系方法及原则浅析[J].现代商业,2017,(35):84-85.
[9] 许云超.OKR绩效管理的应用与实施[J].现代营销(信息版),2019.
[10] 汪亚莉.OKR绩效管理体系研究——以谷歌为例[J].纳税,2018(1):237.
[11] 卡罗尔·德韦克.终身成长:重新定义成功的思维模式[M].楚祎楠,译.南昌:江西人民出版社,2017.
[12] 贾密.企业文化建设与绩效管理之间的关系[J].中外企业家,2017,(17):151.
[13] 卡罗琳·杜瓦,斯科特·凯勒.打造高绩效文化三部曲[J].IT时代周刊,2014(2):75.
[14] 冯毓婷.薪酬与绩效管理在当前企业管理中的实际应用[J].商场现代化,2018,(13):76-77.
[15] 梁茜茜.对大数据时代企业人力资源绩效管理创新研究[J].经营管理者,2017,(26).
[16] 李新卯.员工工作绩效管理受企业薪酬管理公平性的影响分析[J].中国商论,2017,(12):81-82.
[17] 汤姆·拉思.盖洛普优势识别器2.0[M].常霄,译.北京:中国青年出版社,2012.
[18] 徐然.人力资源对提升企业核心竞争力的作用和探析[J].环渤海经济瞭望,2017(12):30-31.
[19] 王成信.用绩效管理留住你的核心员工[J].销售与市场(评论版),2011(8):58-60.

第二篇

基于离职率控制的 J 公司员工敬业度提升研究

戴乐乐

摘 要

随着中国经济进入新常态，宏观经济及地区政策环境的变化给长三角地区的制造型企业带来了巨大的用工挑战。在用工需求缺口日益增大的同时，生产一线员工的流动率也居高不下，如何保留核心员工、控制员工离职率成为企业人力资源工作的重点及难点。与此同时，更多企业意识到，员工敬业度作为一项软性指标，可以有效地反映员工对公司的认可度、在工作中持续投入的意愿等。了解员工的敬业状态，可以帮助企业更好地作出预防措施，了解员工离职意愿，降低员工主动离职率。因此，众多企业开始实施敬业度管理及敬业度提升方案，以期通过提升敬业度来控制员工的离职率。

本篇以J公司为例，结合了敬业度及离职率相关的理论文献，开展了基于离职率控制的员工敬业度提升的相关研究。首先，对J公司发展战略及人力资源现状进行分析，发现J公司生产一线部门离职率高达53%（2016年），给企业运营带来了高风险。继而运用问题解决流程对离职原因进行分析，发现离职的影响因素主要存在于薪酬、上级主管、个人发展三个方面。其次，结合敬业度与离职率有显著负相关关系的研究理论，J公司自2016年开始实施员工敬业度提升活动，探寻通过敬业度的提升来控制离职率的实践。经过敬业度调查流程六个步骤的严格推进，分析了公司及各个部门的敬业度数据比较，从而确认生产一线团队是J公司敬业度的短板。因此，运用焦点访谈法进行调研，分析发现生产一线团队敬业度的影响因素是薪酬、上级主管、个人成长与职业发展、沟通、参与感与归属感、工作认知和工作环境七个方面，涵盖了离职的三方面影响因素。再次，结合敬业度的影响因素和离职的影响因素，J公司提出了提升敬业度的行动方案，主要围绕优化一线薪酬、提升领班领导力、构建基于员工需求的培训计划与职业发展通道、强化沟通与反馈、提升一线员工工作认知、增强参与感与归属感、改善工作环境等。最后，就J公司2016年至2019年历年敬业度、离职率、公司绩效的数据进行了提升方案的成效分析。研究发现，公司整体敬业度得分、生产一线员工敬业度得分、公司业绩均有所提升，同时，生产一线员工的离职率呈持续下降的趋势，可见基于离职率控制的敬业度提升取得了实际效果。

通过对J公司基于离职率控制的员工敬业度提升研究可见，企业发展战略确定以后，人力资源管理尤其是员工敬业度的管理是否能跟上节奏十分重要，员工敬业度提升是控制企业离职率保留优秀员工的重要措施。同时，员工敬业度的提升是一个持续动态过程，员工敬业度流程的有效执行需要管理层的担当和自上而下的有效推动。展望未来的后续研究，需要长期追踪案例企业的动态变化，并扩大调查研究对象和范围，以更加有效地将离职率控制在理想值，并期望为相关企业员工管理提供可借鉴的思路和方法，从而促进企业的可持续发展。

关键词：敬业度；离职率；生产一线员工；影响因素；提升方案

一、绪论

（一）研究背景

在市场环境日益变化的今天，人力资源管理已经成为企业发展战略的重心与难点所在。国内企业人才流动的实际情况却让人堪忧。根据苏州工业园区人力资源公司的市场调研，2018年苏州工业园区的整体离职率高达40%，其中制造型企业的一线员工更呈现出离职率偏高的特点[1]。盖洛普在2016年的研究中发现，当前中国职场中出生于1980至1996年的一代人仅有29%处于敬业状态，而大部分则处于不敬业状态（71%）。盖洛普的研究数据同时显示，有47%处于怠业状态的上述员工表示他们会在未来一年内更换工作。这意味着，"千禧一代"对自己的工作缺乏充足的热情和投入，与自己所服务的公司之间缺乏情感上的纽带和行为上的一致[2]。员工离职率高，给企业带来了很大的财务损失，基于光辉合益在2018年对员工离职成本的研究，员工离职成本平均为其薪资的50%至150%。考虑到离职包含的隐性成本给企业带来的压力，更加不容忽视。同时，光辉合益经过调查研究认为，如果一个公司的离职率水平低于行业平均水平，通常来讲该公司在行业内具有较大的竞争优势[3]。

与此同时，近年来国内外众多学者专家进行了大量的实证研究，发现员工敬业度高不仅降低离职率、安全事故发生率、质量缺陷率，还带来运营生产率的提高、客户忠诚度的提升和业务销售额的增长，最终也让企业在激烈市场竞争中有优秀利润表现，实现可持续良性发展。员工敬业度作为一项软性指标，可以有效地反映员工对公司的认可度、在工作中持续投入的意愿等，因此受到企业越来越多的重视。了解员工的敬业状态,可以帮助企业更好地作出预防措施,降低员工主动离职率。因此,众多企业开始意识到关注员工敬业度给企业带来的益处,进而开始实施敬业度调查和提升员工敬业度的方案。不仅企业重视,根据北森人才管理研究院2017—2018年中国企业敬业度报告结果显示,高达91.5%的员工认为敬业度调查很重要,对调查期待颇高。他们期望组织倾听自己心声之后能有所改变,能提升自己在企业内的工作体验,也能帮助组织变得更好[4]。

由此可见,在当今形势下,降低员工离职率以及提升员工敬业度都是企业需要大力关注和深入研究的。

(二)研究意义

J公司是全球最大的商用重型卡车发动机缓速器制造者,在中国的主要客户包括东风、潍柴、玉柴等知名重卡制造商及发动机生产商,其产品在重型卡车长途行车安全及节能减排方面具有很大的技术优势。为进一步推进环境保护,国家于2020年正式开始实施"国六"排放法规,严格控制汽车污染物的排放限制,而J公司的产品正是法规中要求配套的重卡制动装置之一。加之中国重卡市场潜力巨大,是同期北美市场的3倍以上。因此J公司产品在中国的整体前景是非常令人看好的。相信随着"国六"技术新时代的到来,J公司将会作为战略伙伴与国内客户强强联手,提供重要的技术支持,共同响应国家"打赢蓝天保卫战"的号召,并迎来更广阔的发展合作空间。

同行业竞争对手的不断渗透也在威胁着J公司在中国进一步扩大市场占有的份额。并且,苏州工业园区各行业人才竞争激烈,人才供给紧张,公司员工特别是一线员工的保留受到很大挑战,人员流失给企业的各方面经营绩效与持续发展带来了很大的显性、隐性成本损失及风险。

正因为J公司认识到员工敬业度与离职率及其他业绩指标显著相关,自2016年至今,J公司与咨询公司KENEXA合作,每年都在全球范围内进行员工敬业度调查,通过调查了解员工敬业度的现状,揭示敬业度的影响因素,并结合员工离职影响因素,提出员工敬业度提升的方案。J公司希望提升员工敬业度、控制离职率,从而创造更好的公司业绩。

基于上述背景,本篇分析了J公司在离职率方面存在的实际问题,并且结合J公司的员工敬业度情况,在调查反馈分析的基础上制定提升方案,以期降低员工离职率,提升企业绩效:

1. 通过对员工敬业度及离职率的相关理论、文献、方法的研究，帮助企业管理者更深入地了解敬业度、离职率及两者的相互关系，从而在企业制定及实施敬业度提升方案时更有目标，更能够自上而下地推动。

2. 基于敬业度影响因素，对 J 公司员工展开敬业度调查，分析出 J 公司员工敬业度短板的影响因素，供企业参考。

3. 基于分析结果，有针对性地提出定制化的员工敬业度提升方案。

4. 本篇通过 2016 至 2019 年为期四年的敬业度调查，结合笔者 MBA 期间学习的理论和知识，对 J 公司基于离职率控制的员工敬业度提升进行研究分析。一方面，希望可以学以致用，深化对相关知识的理解与运用，解决公司存在的实际问题；另一方面，也希望对相关企业在基于离职率控制的敬业度的提升方面提供一些思路和方法，从而促进企业的可持续发展。

（三）研究方法

1. 文献研究法：主要是通过从图书馆的中外文数据库，国内外知名学府的硕士及博士论文，相关咨询机构最新研究报告等搜集离职率及员工敬业度等方面的图书文献、研究成果和研究报告，并对相关的理论、文献和数据进行整理和归纳，从而提出所要研究的概念及观点，按一定逻辑关系，形成理论框架。

2. 问卷调查法：主要是通过一系列有明确内容与系统设计的问题的调查问卷，被调查者根据实际情况进行填写，从而了解情况或收集研究数据的方法。本文使用咨询公司 KENEXA 的员工敬业度调查工具，收集了大量丰富真实的数据，用于提升员工敬业度、控制离职率。

3. 访谈法：J 公司使用焦点访谈法与不同调查对象进行全方位的沟通，以获取调查相关的信息，准确把握问卷得分的事实原因，同时了解员工敬业度影响因素，为敬业度提升方案及离职率控制对策研究提供事实依据。

4. 个案分析法：本篇以 J 公司为研究对象，全面系统地分析了 J 公司离职率及员工敬业度的背景及现状。通过对 J 公司历年离职率情况及员工敬业度调查结果的分析，研究 J 公司离职率及敬业度的影响因素，并探讨基于离职率控制的敬业度提升方法，通过历年敬业度得分、员工离职率趋势及公司绩效的表现，对员工敬业度提升方案的成效进行分析总结。

(四)研究内容与论文结构

1. 研究内容

本篇的研究思路是以员工敬业度及离职率的相关理论与文献,以离职率分析及员工敬业度调查为基础,定性和定量分析相结合,应用到J公司员工敬业度提升方案中,并得到敬业度、离职率与团队绩效实际结果的成效。

第一部分为绪论。重点介绍本文的研究背景、研究意义、研究方法,以及研究内容和论文结构。

第二部分为理论基础及文献综述。重点介绍目前国内外相关研究的理论与文献,包括敬业度及相关理论研究、离职率及相关理论研究、离职率与敬业度关系的研究、木桶理论等,进行系统的理论梳理。

第三部分为J公司人力资源现状及问题分析。首先介绍J公司发展现状及战略规划,其次介绍J公司的组织机构、人员状况,从而引出J公司人力资源在离职率方面存在的问题,即生产一线离职率高,通过J公司问题解决流程,对生产一线离职原因进行初步分析,总结出三个离职影响因素,结合敬业度与离职率负相关的理论,提出基于离职率控制的员工敬业度提升的必要性与紧迫性。

第四部分为J公司2016—2018年员工敬业度调查的情况。首先介绍了KENEXA作为员工敬业度调查工具的优势,以及员工敬业度调查流程从启动到提升方案制定的六个阶段,接着介绍了敬业度调查报告的主要内容,并对2016—2018年历年来的调查结果进行了分析。

第五部分为J公司员工敬业度的短板及提升方案。基于焦点访谈法的反馈结果确定了J公司员工敬业度提升的短板为生产一线团队,明确了生产一线敬业度的七个影响因素,并制定了相应的敬业度提升方案。

第六部分为J公司员工敬业度提升方案成效分析。通过自2016—2019年历年不断推进并实施敬业度提升方案,汇总J公司在敬业度指标、离职率指标、团队绩效指标等方面的结果,对敬业度提升方案的成效进行总结。

第七部分为结论与展望。概括汇总文章的研究结论和局限,并展望企业将来进一步提升员工敬业度的方向。

2. 论文结构

本篇七个部分之间的结构关系如图1-1所示。

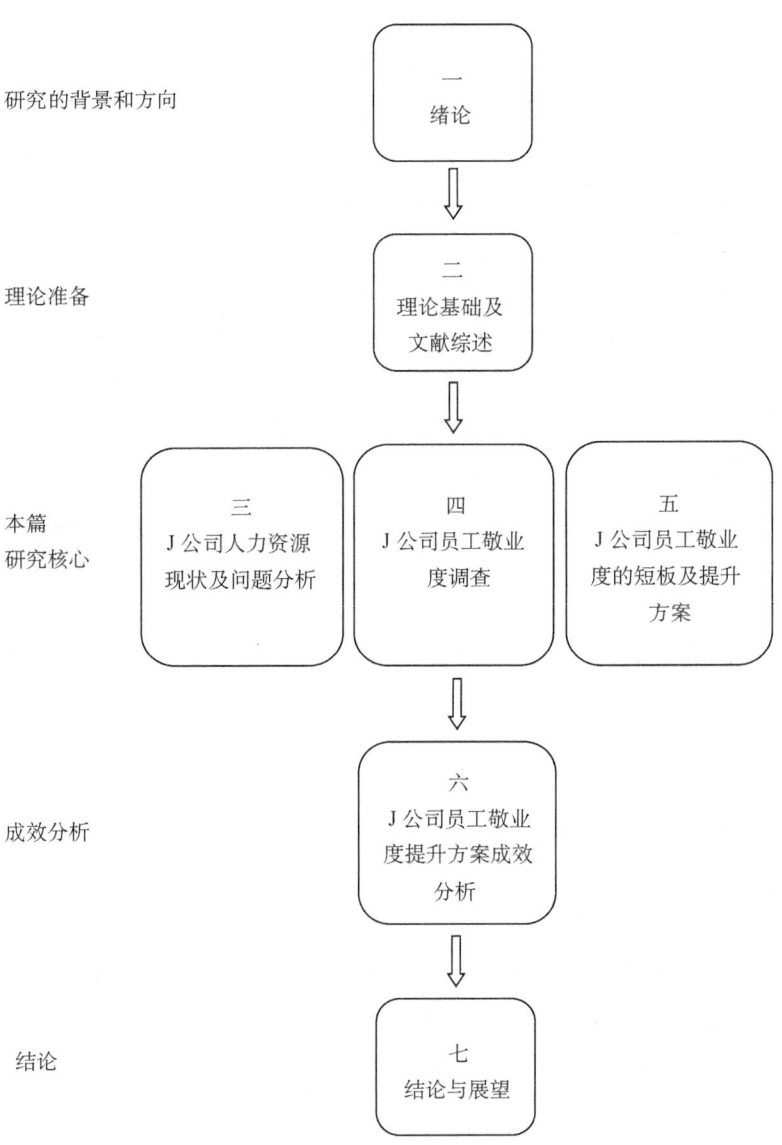

图 1-1 本篇结构

二、理论基础及文献综述

近 30 年来,众多国内外学者及机构对敬业度、离职率及两者的关系进行了大量的理论研究和实践。本章将对以上相关理论及文献进行归纳和总结,为本篇的研究内容和研究方法提供依据。

(一) 敬业度及相关理论

1. 敬业度概念

从理论的角度,敬业度研究领域的开拓者,管理学家 Kahn 基于"角色中的自我"理论提出了敬业度的概念,认为敬业度是组织员工在工作的情境下,将自我与工作的角色相互融合的心理状态,敬业度的高低取决于自我与角色之间融合的程度高低。一方面,员工能从认知、情感和行为上表现出主动积极地工作;另一方面,员工也能努力地以完成工作要求作为最佳角色的具体体现。同时,敬业与不敬业并不是一个相对静态的过程,员工自我与其工作角色在相对动态及转化的过程中,员工敬业度高,员工会将更多的精力投入工作角色中,并在积极主动的行为中展现自我;反之,员工敬业度低,员工可能会将自身抽离出工作角色之外,同时行为上也会避免产生工作角色所要求的绩效表现,甚至有可能产生离职意愿[5]。

国内外专家学者对敬业度的概念进行过不同的深入解读。学者 Schaufeli 认为员工敬业度与工作相关,且具有精力充沛、乐于奉献和专心致志的特征和持久性的特点,并不是只针对于某个特定的情境或事件,而是一种积极且富有成就感的情绪与认知的状态。精力充沛体现在员工乐意为工作付出,并且能够坚持不懈地解决困难;乐于奉献体现在员工具有强烈的自豪感及工作热情,愿意积极投入工作并接受挑战;专心致志体现在员工能够聚精会神地工作,并且以此为乐,感觉工作时间过得很快[6]。

而首次将工作及组织因素引入敬业度的学者 Saks 则整合了社会交换理论和工作倦怠的相关研究来解释敬业度在不同工作环境下的不同作用。他在 2006 年提出,敬业度的概念是指员工在认知、体力及情感上对其工作及组织的一种投入程度[7]。

国内学者曾晖也对敬业度的定义提出了自己的观点,他认为敬业度是员工体现出来的对待工作的持久的积极情绪和充满动机的工作状态,员工愿意全身心地投入自己的工作中,能从工作过程中收获自豪、愉快及鼓舞的自我体验[8]。

从实践的角度,各大管理咨询公司的研究也丰富了敬业度的内涵。他们的研究领域主要集中在敬业度的影响因素、测评、提升方案,以及敬业度对员工及组织绩效的影响等多方面。

盖洛普是最早进行敬业度调查研究实践的咨询公司,经过 40 年在敬业度方面的研究,建立了描述员工绩效与企业经营绩效及增长关系的"盖洛普路径"模型,如图 2-1 所示。盖洛普认为,在组织为员工创造良好的工作环境,并且能够充分发挥员工优势的基础之上,员工敬业度能够为员工带来归属感以及责任感,员工可以根据敬业程度划分为三种类型,即敬业、从业及怠工。

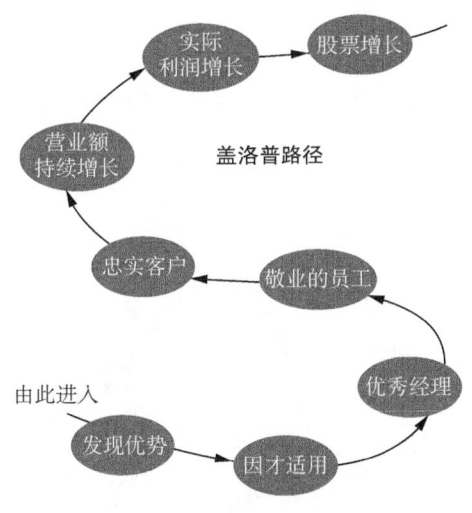

图 2-1　盖洛普路径模型

翰威特认为,员工敬业度是指员工乐意留在公司,努力工作为公司付出贡献的程度。并且,翰威特将敬业度划分为三大层次,第一层是乐于宣传:员工经常会向他人赞美其服务的公司,不论是对目前的同事、未来潜在有可能加入的员工,或是公司现在的客户与潜在的客户;第二层是乐意留下:员工乐意留在组织里继续服务;第三层是全力付出,即员工敬业的最高境界:员工认为自己的目标与企业的愿景目标是一致的和相互促进的,员工能够专心致志地投入工作中,并且愿意通过自己的努力使企业进一步发展。

Jack Wiley 认为敬业度是关于员工自发努力的程度,与员工个人绩效及企业绩效之间存在着紧密的联系。它是指员工被激励为组织成功作出贡献,以及自愿为那些对组织目标实现具有重要作用的任务而付出额外努力的程度。这个概念是建立在员工的组织承诺、工作满意度和组织公民行为等概念的基础之上的,员工敬业度本身隐含着组织与员工之间的契约关系。敬业度是对行为产生积极影响的多种认知的组合,包括满意度、承诺、忠诚度、自豪感、责任感以及成为倡导者的意愿[9]。

综上所述,国内外对何为敬业度尚无定论。然而,以上所有的论点都表明敬业度问题对员工和企业都产生了积极的影响。本篇对敬业度的定义理解是员工对自己的工作抱着崇敬热爱的态度,具有责任感,能做到对工作和企业全心全意地投入,包含了员工的态度和行为两个层次。

2. 敬业度相关理论

(1) 需求层次理论

马斯洛1943年在他的《人类动机论》一书中提出了需求层次理论。其根据出现的先后及强弱顺序,把需要分为五个层次,如图2-2所示。

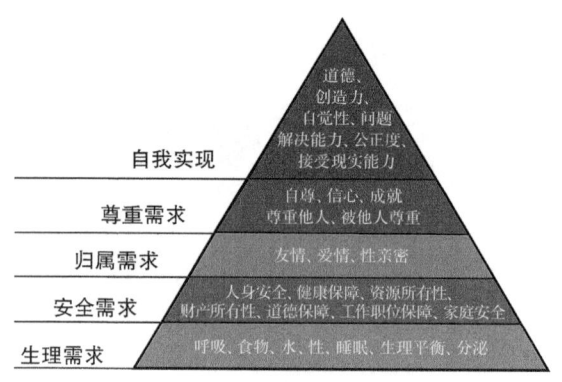

图 2-2 马斯洛需求层次理论

第一层次:生理需求。员工在生理层次追求的主要是生活必需品、满足温饱等基础性生理需求。对于企业来说,最主要的体现就是员工对基本工资的保障要求。

第二层次:安全需求。安全包括人身安全和资源安全。因此对于企业来说,最主要的体现就是,一方面保障员工在具体的工作场所的人身安全,以及提供健康等方面的支持与保障等;另一方面就是指员工对于目前工作的职位的保障需求,以及对企业未来发展的安全需求。因为未来本身就具有很多不确定因素,如果企业能让员工对未来的工作感到安心,那对于调动员工的积极性将大有帮助。

第三层次:归属需求,又称为社会需求。人类是一种社会性动物,总是存在于一定的社会环境中,会与社会其他成员发生相互联系。因此对于企业来说,员工总希望在工作中被接受或有一种团队归属感,不想有孤立的感觉。

第四层次:自尊的需要。它包括自尊和他人的尊重。自尊是被别人尊重的前提。因此,如果一个人希望得到他人的尊重,那就必须以自己的能力与表现,建立自己在上级和同事面前的良好形象。

第五层次:自我实现的需要。这是一种高层次的需要和实现个人理想的愿望。在当今多元化的社会文化中,特别是新生代的自我实现的需要特别突出,已经成为留住员工的一个核心因素。

企业在应用马斯洛理论时需特别注意,只有当较低层次的需要被基本满足以后,接下来才会出现较高层次的需要;反之,如果较低层次的需求没有被满足,那对较高层次需求进行激励,效果是有限的[10]。

根据需求层次可以知道,员工不仅有基本的生存和安全需求,还有更高级的需求,包括归属感、自豪感和价值观。企业可以通过制度、工资、福利来满足员工的基本需求,达到基本的满意。如果企业通过更加人性化的文化管理等方式来满足员工的高层次需求,员工就可以将自己的满意转化为敬业,为企业创造更大的价值。

(2) 双因素理论

学者赫茨伯格1959年提出了双因素理论,认为企业中的人力资源管理因素可以分为两种:保健因素及激励因素。

保健因素是指如果不能满足就会造成员工不满意的因素,如薪酬福利、工作环境、规章制度、劳动安全、领导关系、人际关系等都属于保健因素。员工的保健因素如果得不到满足,容易产生不满情绪,从而引发抱怨、消极怠工、团队士气低下等各种表现。但如果员工的保健因素达到一定程度以后,即使在这些方面作出更多的努力,员工也不会表现出更满意或者因为这些受到更多的激励。因而,"不满意"的对立面是"没有不满意"[11]。

激励因素是指能让员工感受到满意的与工作相关的因素,如赞赏、认可、责任感、个人成长、职业发展、工作意义等都属于激励因素。通常来说,对激励因素的投入能够有效地激发员工的工作积极性与热情,从而改善个人绩效,提升团队士气,进一步提高团队绩效。但如果公司不在激励因素上多加投入,员工也不一定会表现出不满意的状态。因此,"满意"的对立面是"没有满意"。

将赫茨伯格双因素理论运用到企业管理上,首先应考虑质的划分,将目前的各个因素进行分析和分类,明确分为保健因素与激励因素两部分;其次,再考虑量的划分,即保证保健因素的基本满足程度,以避免"不满意",另外一方面,在允许的范围内,尽量加大激励因素,以激发员工的积极主动性[12]。

(3) 公平理论

学者Adams和Walster 1965年发展了公平理论。其含义是,交换双方多数时候是在追求一种投入与产出比的相对平等,而不是利益上的绝对平等。换言之,如果一个人认为自己获得的与自己投入的比值,与另外一个相似地位的人获得的投入产生比值基本近似,那这个人心理上就会比较平衡,他就会觉得实现了公平分配,其社会交换的过程也会持续;而一旦发现自己的投入产出之与相似地位的人员相比较要低,他就会觉得不平衡,认为没有实现公平分配,心理上就会产生抱怨、不平、愤怒等消极情绪,并且会体现在自身的行动上,如减少相关的工作投入,或者中断目前的社会交换过程。

并且,公平理论的相关研究还发现,人们不仅关注分配的公平性,即分配结果是否公平,还关心程序公平性,即分配过程的公平性。组织通过决策程序的公平以及提高决策过程中员工的参与度来表现对于程序公平的重视。因此,为了提升员工的积极性和敬业度,企业应当充分考虑公平理论对员工的影响,特别是薪酬体系的平等和员工职业发展机会的公开公平,这对员工来说是非常重要的[13]。

(4) 心理契约理论

美国管理心理学家沙因基于社会交换理论提出了心理契约理论。心理契约包括以下七个员工期望的方面:有竞争力的薪酬、能够得到认可、工作环境良好、员工有安全感及归属感、员工在公司有个人培训发展及晋升的机会、工作内容与职业发展一致。在达成心理契约的前提下,企业清楚地了解不同员工的不同需求及其发展目标,并且愿意投入来满足员工的期望。而员工也努力工作,希望企业进一步发展,对企业抱有信心,相信在企业能够实现员工的需求与发展期望[14]。

心理契约类型不同,对员工敬业度的影响程度也不同。首先,不同员工对于组织的看法和信任程度是不一样的,因而不同员工对于工作和组织表现出来的状态也不一样,从而会影响到敬业度;其次,员工敬业度的提高也会带来员工个人绩效的提高以及团队绩效的提高,在高绩效团队中,员工更容易认同组织和工作的价值,同时也能增加对组织的忠诚度。

(5) 组织支持理论

1986 年,美国心理学家艾森伯格基于社会交换理论提出了组织支持理论,认为当员工通过认真积极的工作表现,感受到他们所从事的工作的意义,并且由此获得了更多的收入,更好地得到来自公司的支持与资源,此时员工心理及生理上需求都被满足,员工则会认为组织重视员工、关怀员工。员工感觉到来自组织的支持,会认为只要付出努力实现组织目标,组织就会给予更多的奖励与激励(努力结果预期);此外,员工的被赞美及被认可的需求满足以后,员工会从内心认可自己的角色,从而与组织建立起积极的情感纽带。在此基础上,员工就会努力工作,以更好的表现帮助组织实现目标[15]。

组织支持理论不同于以往单方面地研究员工对组织的承诺,更强调了组织对员工承诺的重要性,对企业提升敬业度、保留员工、增强员工参与度与归属感等方面均有实际指导意义。

3. 敬业度影响因素

由以上敬业度相关概念及理论的研究可知,员工敬业度取决于个体与工作及组织的相互交换的互动过程。而这一过程受到以下三方面因素的影响。

(1) 个体特征。敬业度是员工个体面对工作及组织时的具体表现,因而不同的个体特征对员工敬业度影响很大。如员工的年龄、教育背景、入职年限、工作类型等人口统计学变量均与敬业度相关联。另外,员工的工作态度及工作动机也会影响到敬业度[16]。

(2) 工作特征。工作特征包括 5 个主要内容,分别是工作的重要性、完整性、丰富性、自主性及反馈性。工作特征会对员工对于工作场所及其从事的工作本身的认知产生影响。当员工觉得他所从事的工作很重要、有意义,并且能够参与工作决定中,拥有一定工作自主性的时候,员工对工作的认同就更高,从而能更积极主动地投入工作中,并从工作中获得成就感与愉悦感[17]。

(3) 组织环境。根据组织支持理论,员工的心理和行为受到组织环境的影响,因为员工的某些需要只能通过组织才能实现,组织环境对员工的敬业度影响也很大。当组织能制定出符合员工心理及行为,以及能满足需要的制度及流程,且被员工感知的时候,员工就会体现出高敬业度以回报组织[18]。国内外众多研究成果均表明,组织的品牌、愿景、前景、规模、规章制度、企业文化、与能力及绩效相匹配的有竞争力的薪酬、有意义并且可执行的职业发展计划、安全的工作环境、领导的支持与认可、沟通机制等,都对员工敬业度提升具有非常重要的作用。

随着敬业度研究在国内的发展,国内学者也在对国外相关文献整理的基础上,引入了国外相对成熟的敬业度量表,针对国内的相关群体进行调查,通过分析数据、修正量表,结合理论,提出针对国内情境下特定的某一群体的敬业度的结构。如表 2-1 所示。

表 2-1 国内敬业度维度研究相关整理

查淞城 (2007)	阿里、华为、暨南大学等 250 名员工	三个维度: 工作投入、组织认同、工作价值感[19]

曾辉、赵黎明（2009）	天津、海南的6家企业264名员工	六个维度：活力、价值内化、主动参与、任务聚焦、效能感、积极坚持[20]
赵欣艳、孙洁（2010）	电信行业527名员工	三个维度：工作特质、组织认同、组织忠诚[21]

不同的咨询公司对敬业度影响因素的研究结果也各有不同。盖洛普经过研究认为，敬业度影响因素主要有五个方面，包括：①工作环境及流程：薪酬福利、安全健康卫生、公司的具体流程等；②直接主管：员工的直接主管的管理行为，如培育员工、维持纪律、沟通、促进信任、赞美、认可等；③团队及同事：员工与其他团队成员的合作、沟通及相互信任；④公司整体及高层管理：包括员工对公司愿景或战略的理解，对领导层能力的信任程度等；⑤个人承诺及服务动机：员工对在公司服务感到自豪，愿意长期为公司服务，对公司和顾客有承诺[22]。

翰威特咨询公司（Hewitt）认为，员工敬业度包括人员、全面薪酬、政策和操作、工作、机遇、生活质量共六个层面，如图2-3所示。

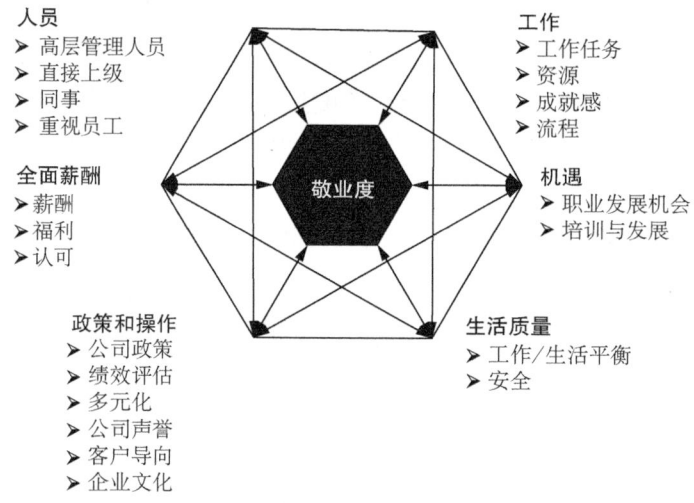

图2-3 翰威特员工敬业度六要素

全球领先的人力资源整体解决方案供应商Kenexa在1987年开始着力于企业员工敬业度调查的研究，从企业成功的两大因素：高绩效组织行为及高绩效员工的角度出发，提出了KENEXA的高绩效敬业度模型（HPEM），整合众多研究成果及企业实例，系统、全面地归纳了影响员工敬业度的八大关键要素，包括：

①客户导向：以满足顾客需求、增加顾客价值为企业经营出发点；②注重质量：包括产品及服务，对内及对外的质量管控；③培训：企业注重对员工的培训投入；④参与度：企业注意聆听员工的声音，并积极采纳员工的想法；⑤自信与信任：员工自信能积极完成工作，同事之间可以相互信任；⑥尊重与认可：员工在公司与员工之间能感受到相互尊重与对本人及他人的认可与接受；⑦成长与发展：员工在公司有发展机会，有相应的职业发展规划；⑧工作与生活的平衡：员工能在公司工作与个人生活两者中得到平衡。如图 2-4 所示。

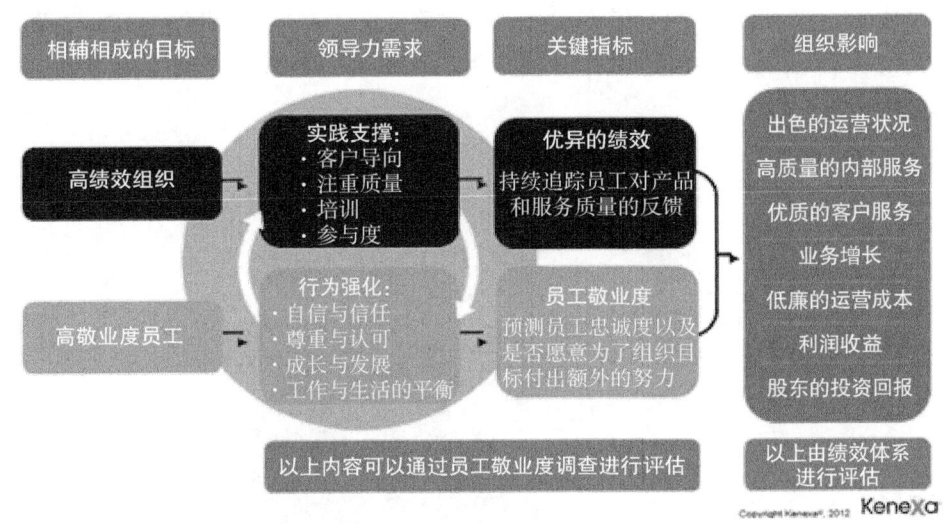

图 2-4　KENEXA 高绩效敬业度模型

由以上对员工敬业度影响因素相关研究的论述可以看出，虽然国内外学者及咨询界对员工敬业度影响因素的研究各有侧重，但总体而言，他们均发现，员工敬业度均会受到个人、工作、组织三方面的影响。

4. 敬业度测评

近年来，众多学者和咨询公司都就如何更好地测量及评估员工敬业度作了很多的研究与实践。Schaufeli 2002 年开发了 UWES 敬业度量表（Utrecht Work Engageent Scale），包括活力（6 项）、奉献（5 项）和专注（6 项）三个维度，并且发现倦怠与敬业之间是两个相对独立的概念。经过四年的调查和研究，在 2006 年 Schaufeli 将项目从 17 项减少到 9 项（每个维度 3 项），并通过实证证明了该量表的三个维度都有良好的内部一致性。虽然在学术界对其在多元文化情境下的使用效果存疑,同时也有认为该量表研究的是心理状况而非敬业度本身,但其仍然是目前被广泛使用的员工敬业度测量工具。

盖洛普衡量员工敬业度是使用 Q^{12} 量表,如图 2-5 所示。盖洛普量表模型的中心内容是优势理论,认为围绕个人或企业的独特优势之处来进行定位是最富有成效的。盖洛普的另一中心内容认为基层经理是企业文化建设的关键之处,只有基层管理实施到位,才能够有效地贯彻高层的决策及意志。因此 Q^{12} 量表是以部门或一线班组为单位,优点在于能够评估基层的工作状况,所反映的问题从而也是在基层所能控制的范围之内,因而相对容易改进及执行。其局限性主要体现在,企业整体的发展方向和发展战略还是由高层领导来决定的,过度地强调基层领导的作用,也许会存在团队因为不明确企业发展方向而多走弯路的可能性。

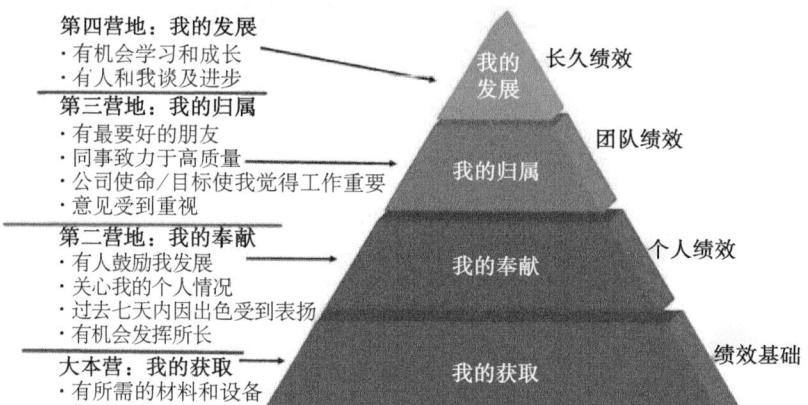

图 2-5　盖洛普 Q^{12} 量表模型

翰威特在 3S 模型(乐于宣传、乐于留任、乐于努力)基础之上,从企业经营目标与策略及个人生活目标与策略两个角度出发,对企业人才要求、人才竞争策略如何与个人需求和承诺相结合进行了研究,提出敬业度调查的六个问题,如表 2-2 所示。翰威特认为,企业应当通过现代人力资源管理来激励及提升员工;而从员工层面来说,关键在于员工是否能够在工作中实现自我价值,一旦员工感觉在公司中无法实现自我价值,敬业度即会降低。

表 2-2　翰威特敬业度量表

序号	层次	量表问题
1	乐于宣传	（1）如果有机会，我将会向公司以外的人员介绍这里工作的好处 （2）我愿意介绍正在求职的朋友加入公司
2	乐于留任	（3）我不会轻易离开这家公司 （4）我很少考虑"跳槽"
3	乐于努力	（5）公司激励我每天尽力工作 （6）公司激励我付出额外的努力，以帮助公司取得成功

KENEXA 与其他提供员工敬业度调查的咨询公司最主要区别之一，就是在于其拥有 11 个核心维度和 11 个补充维度，如图 2-6 所示，它可以根据客户实际要求对维度及相关的问题进行定制，以期得到更符合企业及员工实际情况的数据。

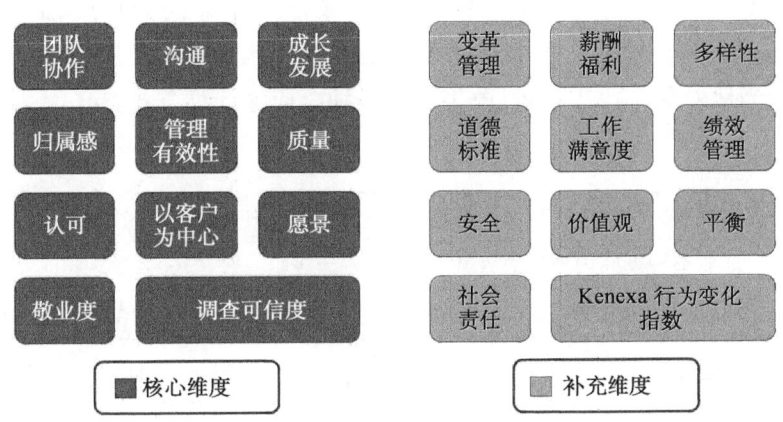

图 2-6　KENEXA 敬业度核心及补充维度

纵观学术界或实践界对敬业度的测评，通常的做法是将敬业度定义为若干个维度，随后对各个不同维度设定不同的问题来进行测评，最后汇总得出敬业度的得分。企业可以根据各自的实际需求，来选择最适合的测评工具。

（二）离职率及相关理论

1. 离职率及相关概念

（1）离职的定义：离职是指员工与其组织结束雇佣关系的行为，包括广义离职及狭义离职两种定义。从广义角度来说，如 Price 认为离职是个体作为组织成员状态的改变,即不仅是指员工离开组织,也包括员工在组织内发生如晋升、转岗等情况[23];而从狭义的角度来说,如 Alan Saks 认为,离职是指员工为组织工作以获取物质报酬,但主动或被动地与组织终止其组织成员关系的这一过程[24]。本篇中主要讨论的 J 公司的员工离职指的是狭义上的离职。

(2) 离职类型:员工离职因离职类型不同,可以分为主动离职和被动离职两种。主动离职是指员工出于其个人意愿而主动地向组织提出离职;被动离职则是指员工不是因为个人的意愿提出离职,而是因为绩效表现、纪律、组织架构变化、组织裁员等由组织作出决定,员工被动接受的离职。不管是主动还是被动离职,对企业来说都存在人员的变化与流动,因此 J 公司在统计离职的时候,是将主动与被动离职都考虑在内的。

(3) 离职率计算方式:因为企业的规模及员工基数都存在差异性,所以如果要衡量企业离职管理的情况,单看离职人数是不具有可比性的,因此包括 J 公司在内的大多数企业主要会采用离职率来进行衡量。离职率计算方式主要有以下三种,如表 2-3 所示。J 公司之前采用的是第三种计算方式,但自 2015 年起,为更好地与当地外部企业作比较,改用了第一种离职率计算方式。

表 2-3　离职率计算方式

方式一	离职率＝期间内离职总人数/[(期初人数＋期末人数)/2]×100%
方式二	离职率＝期间内离职总人数/期间内累计在职人数×100%
方式三	离职率＝包括当期在内前三期离职总人数×4/三期内平均在职人数×100%

2. 离职意愿及相关概念

(1) 离职意愿的定义:离职,是指离开当前的工作岗位和组织,而离职意愿则更多地表现为尚且没有具体离职行为发生,但是员工产生了想离开当前组织的想法。Mobley 等认为,离职意愿是指员工在当前组织有一定的工作经历之后,表现出了想主动离开组织的内心意愿,例如人还在岗,但已经在做一些离职的准备工作,包括在网上更新简历、投递应聘书、参加其他组织的面试活动等。离职意愿是产生离职具体行为的前因变量,因此组织要预测或影响员工的离职行为,应该首先对员工的离职意愿进行了解及分析[25]。

(2) 离职意愿量表:针对员工离职意愿的预测,众多学者也开发了相应的量表,总的来说,问题都相对简单,主要是考察员工在离职的计划、可能性、寻找其他工作等方面的想法。如 Cumman 等开发的量表一共只有三道问题:①明年我很可能积极地去找一份工作;②我经常想着离职;③如果有合适的工作,我将会接受[26]。该量表采用李克特的 5 点计分方式,操作和一致性都较强。

(3) 离职意愿影响因素,主要包括以下四类:

个人因素,体现为因为员工家庭或者个人发生变化,与其所在的组织几乎没有关系,如配偶的工作地点发生变化、家庭成员需要抚养、回老家寻找就近的工作机会、身体不适应当前的工作等。这些因素主要与个人相关,组织在这方面能做的比较少。

竞争因素,体现为员工对外部竞争者提供的薪资、福利、职业发展、个人成长等机会的兴趣。因为对绝大多数人来说,工作仍然是一种谋生的手段,员工仍然需要通过工作从组织获取生活的来源及成长的机会。

组织因素,体现为因为组织管理不到位等原因,导致员工对组织不满而离职的相关因素。如沟通的效果、工作的参与度、员工获得的认可、上下级关系等。

功能因素,体现为对于某些不胜任岗位要求、业绩表现持续不达标、工作态度差的员工,组织其实很欢迎他们主动离职,因为这样的主动离职是给了组织以提升组织人才质量,以招聘和保留真正有价值的员工的机会。当然,前提是组织还是需要做好招聘选拔的工作,从源头上尽量减少不合格人员进入组织的可能性[25]。

3. 离职率与敬业度的关系

众多国内外学者的研究与实践均证明了员工敬业度与员工离职率有着显著的负相关性,且敬业度能较好地预测员工的离职意愿。Saks 在其对员工敬业度的定义当中,将员工敬业度划分为工作敬业和组织敬业两个维度,通过大量的实证研究,他发现员工敬业度与员工离职意愿之间呈显著负相关的关系[24]。工作敬业反映在员工能全身心地投入自己的工作,同时高度承诺并愿意付出自己的努力,以获得令人满意的工作绩效;而组织敬业则表现为员工以组织为荣,对组织高度认可,愿意留下并成为组织的一员。由此可见,敬业度高的员工,其工作绩效与努力通常也是得到认可的,并且由于员工对组织发自内心地热爱和认可,会表现出较低的离开组织即离职的意愿。

曾辉认为敬业度高的员工更不可能离开组织,其在工作中的满意度更高。敬业度高的员工更容易达成工作目标,完成绩效[27]。林銮珠通过研究调查发现,组织及工作敬业度对离职意愿均有显著负向影响,且敬业度可以在一定程度上预测员工的离职意愿[28]。万敏则提出,以工作和组织敬业作为自变量,可以显著预测员工的离职意愿及工作绩效。敬业度可以对员工的任务绩效产生正面影响,对员工的离职意愿产生负面影响[29]。

　　Hausknecht 和 Holwerda 认为以下四点原因,导致敬业员工会比不敬业员工拥有更佳绩效:①敬业员工心态积极,并且情绪表现快乐,有热情;②敬业员工因为配合工作,表现积极,因而能够争取更多工作方面的资源,从而进一步推动产生更好的工作绩效;③不敬业员工对工作环境充满不满及负面情绪,这不利于保持一个好的身心状态,因此敬业员工比不敬业员工身体更健康;④敬业的员工具有感染力和榜样作用,他们的敬业表现会影响到其他同事,从而产生积极正面的示范作用,使得整个团队的绩效得以提升[30]。

　　KENEXA 在进行员工敬业度调查的时候也发现,员工敬业度与离职率存在显著负相关性,意思是说,组织中员工敬业度水平越高,员工的主动离职率就越低。同时,敬业度低的员工,更有可能主动离职。

　　从组织绩效来说,大多数研究都认为员工主动离职会对组织的正常功能造成损害,所以会对组织的绩效有负面影响。如 Hausknecht 认为,从成本、人力资本、社会资本角度来看,离职与组织绩效是负相关的关系[30]。从成本角度,组织对员工离职进行管理的直接与间接、隐性与显性成本均比较高,这已经被无数实例所证实;从人力资本角度,则认为随着员工的离职,交接工作必然受到影响,从而组织的知识和技能都会有时间上和程度上的损失;从社会资本角度,则认为离职后员工原有的社会关系与网络不可能在短时间内被替代,从而会对组织绩效产生影响。此外,众多研究也证明,离职率的增加会负向影响组织销售业绩、生产率,也会导致顾客服务质量与满意度的降低[31]。

　　从另一方面来说,员工的被动离职通常体现了组织的意愿。组织一旦以更合适的员工替代了绩效差或工作态度有问题的员工,组织的绩效是有可能后续得到显著提高的。但是,不能排除被动离职对组织绩效还是有不利影响的,因为被动离职同样会导致人员流失且会产生后续的成本、人力资本、社会资本等一系列问题,短期内绩效必然同样会受到负面影响[30]。

(三) 木桶理论

1. 木桶理论的定义

　　木桶理论是指,一个木桶最大的盛水量,取决于桶壁上最短的那块木板的长度。因为只要木桶里有一块木板比其他木板短,木桶里的水就不可能是满的,所以木桶理论又被称为短板理论[32]。如果把木桶的盛水量比作组织或者团队的绩效表现,桶壁上的各块木板比作组织或团队里的各个部门或个人,则可以想见：组织或团队所能达到的最大绩效，不是由组织或团队当中实力最强的部门或个人来决定的，而是由当中的短板，即实力最弱的那个部门或个人来决定的[33]。因此，为了让绩效最大化，众多组织把木桶理论运用到实际工作中，寻找影响组织绩效达成目标或者加速发展的制约所在，使得木桶的短板加高，并致力于解决相关的团队、人员、资源等方面的问题，从而提升整体的绩效。

2. 木桶理论运用的注意点

当然，企业也不能一味盲目地补短板。正如菲佛和萨兰基克在《组织的外部控制》一书中"资源依附理论"所指出的，组织需要通过获取环境中的资源来维持生存，没有组织是自给自足的，都要与环境进行交换[34]。可见，组织中的各个部门之间都是互相影响的，某个部门功能的发挥或者改变一定会与其他部门发生相互影响和作用。换言之，任何部门都是无法在组织中独立存在的。因此，当组织运用木桶理论来对组织中的某个短板部门进行改革，提升其能力的同时，也需要其他部门对其改革作出相应的支持，并且要兼顾改革给其他部门带来的影响，以确保组织的整体绩效得以提升。

（四）本章小结

本章首先研究了敬业度相关理论，包括敬业度概念及相关理论、影响因素、测评等，并且研究了离职与离职意愿的定义、离职意愿的测评及影响因素，接着研究了敬业度与离职率的负相关的关系，即员工敬业度高，员工离职意愿就降低；反之，员工敬业度低，离职意愿就将显著提升，其带来的高离职率也将对组织绩效产生负面影响。因此，员工敬业度调查的实施及员工敬业度提升，作为企业控制离职率工具的重要性就不言而喻了。随后我们将在此框架下，结合木桶理论，以J公司为研究对象，研究其员工敬业度调查的实施、敬业度的现状、短板及提升方案，以及敬业度提升成效的过程。

三、J公司人力资源现状及问题分析

本章对J公司近年来经营战略发展概况及人力资源的现状进行相关分析，提出人力资源在离职率方面存在的问题与挑战，指出J公司实施员工敬业度提升的必要性。

（一）J公司概况

1. J公司历史及产品简介

J公司是一家外资企业，其中国公司于2008年初在苏州工业园区成立，隶属于世界500强美国F集团。F集团在美国纽约证券交易所上市的企业，旗下涵盖汽车部件、自动化部件、精密测量、医疗工具等多个产品和业务平台，在全球40多个国家和地区拥有1万余名员工。J公司美国总部位于美国康涅狄格州Bloomfield市，在中国、英国、日本、韩国、印度等地分别设有分支机构。自1961年第一台发动机缓速器问世以来，J公司一直致力于重型卡车缓速器的研发与制造，同时为全球重卡客户提供完整的一体化发动机缓速解决方案。凭借领先的技术优势与过硬的产品性能，J公司的产品广泛应用于重型高速运输车辆及柴油发动机市场，在北美市场占有率达到85%以上，全球累计销售发动机缓速器超过800万套，在行业内处于全球领先地位。

J公司的主要产品发动机缓速器是辅助制动中的一种，从原理上来说，它是通过控制发动机排气门的运动规律来释放发动机气缸内的压缩空气，将发动机变成空气压缩机，通过压缩来吸收并释放发动机及整车能量来实现制动；从效果上来说，它能实现平路减速、下坡控制车速。因为卡车的载重量越高，制动时需要克服的惯性越大，而传统的制动系统在车辆长距离下坡时，刹车片的温度会随着司机的不断制动而迅速升高，制动效能会明显衰减，甚至有制动完全失效的风险。而发动机缓速器在下坡时可以代替传统制动完成80%以上的制动任务，使车辆在相对匀速的状态下行驶。一方面可以使刹车片随时保持冷却状态，确保车辆行驶安全；另一方面可以减少刹车片、轮胎的磨损，减少车辆养护成本，提高运营经济效益。

2. J公司发展现状及战略规划

J公司进入中国市场的11年，是机遇与挑战并存的11年，见证了中国商用车市场发展的整个过程。随着国内商用车行业的迅速发展，重型卡车对发动机缓速器的需求不断增加。一是，国家对重型卡车的安全配置提出了更严格的要求。二是，现代蓬勃发展的高速物流运输，要求物流车辆具有更快的车速和更高的安全性。三是，从终端用户来说，使用者对卡车驾驶的安全性、经济性、维护便利性等方面也有了更高的需求。2018年J公司财报显示，中国市场已经成为J公司除美国以外最大的业务高速发展地区。如图3-1所示。

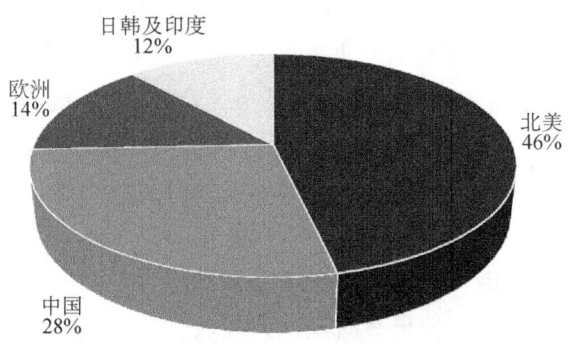

图 3-1　J 公司 2018 年全球销售业绩分布

本节将使用 SWOT 分析工具,对 J 公司中国区的发展现状及 J 公司未来 3 年的发展战略规划进行介绍。如表 3-1 所示。

表 3-1　J 公司战略 SWOT 分析

	优势	劣势
内部因素	• 品牌知名度高 • 质量可靠 • 研发能力强 • 产品创新能力	• 交付灵活性较差 • 开发周期长,响应速度慢 • 产品价格较高
	机会	威胁
外部因素	• 国家法规推动 • 政策性产业升级	• 竞争对手的低价策略及服务灵活性 • 客户自主开发的风险 • 电动车的潜在替代风险

(1) 优势

品牌知名度高:J 公司产品简称"Jake Brake",在北美地区已经成为发动机缓速器的代名词,是欧美客户首选品牌。J 公司进入中国后,凭着其过往优秀的市场表现,其产品受到了国内商用车及发动机制造商的青睐与认可。

质量可靠:多年大量来自客户实验室、路试及售后市场的数据表明,J 公司的产品在性能、质量及可靠性方面均远超竞争对手,特别是可靠性方面,与行驶安全息息相关,充分体现了世界顶级品牌零部件供应商的市场价值。

研发能力强:有着深厚技术积淀的 J 公司在北美拥有顶级的开发团队和测试设备,针对中国客户的项目,本着"in China, for China"(在中国,为中国)的原则,由中国本地工程团队提供迅速及时的开发及设计支持。

产品创新能力:核心技术是企业竞争力所在,创新也是企业可持续发展的必然选择。抓住中国市场越来越多采用"国六"标准发动机的契机,J公司适时向中国市场导入了新一代制动产品HPD,可在中低转速段实现较传统压缩释放式翻倍的制动功率,开启了世界制动技术领域新的篇章。

(2) 劣势

交付灵活性较差:因为国内客户订单预测的特殊性,往往留给供应商的订单确认时间很短,预测与实际信息有时候出入也较大;而J公司由于集团政策的原因,比较难以实现像竞争对手那样就近为每个客户都设立VMI库存,且公司人员及物料控制均较紧,因而一旦遇到客户订单大幅变动上升的情况,就会遇到交付的瓶颈。

开发周期长,响应速度慢:由于发动机缓速器本身的设计必须与客户的发动机设计同期进行,产品开发周期通常可长达四到五年。因此尽量缩短开发时间,提高对客户的响应速度就非常关键。然而由于公司在中国执行与总部相同严格的产品开发流程,而中国客户的要求通常时效性又非常强,因此经常会出现客户抱怨公司反应速度慢的情况。

产品价格较高:在中国,商用车每年都有很高的降本指标,这是非常普遍的现象,而J公司产品虽然性价比与市场同类产品相比具有很好的竞争力,但从单纯的产品价格来说,是处于高位的。客户降本对公司的成本管理与销售策略提出了越来越高的要求。

(3) 机会

国家法规推动:2012年9月1日,国家颁布了新版《机动车运行安全技术条例》(GB 7258),规定"车长大于9米的客车、总质量大于等于12 000千克的货车和专项作业车、所有危险品运输车,应装配缓速器或其他辅助制动装置"。这一法规的实施直接推动了重卡辅助制动装置配置率由不足5%提高到当前的80%以上,同时也提升了J公司在市场的认知,销售业绩也连年翻番。

政策性产业升级:当前,中国经济发展进入新常态,环境保护成为经济发展的重要前提。"国六"排放标准实施时间日益紧迫,重卡企业也提前做好了产品规划,在发动机整体升级的同时提出了新的发动机制动技术需求。目前,J公司已与潍柴、重汽、一汽解放、玉柴等主流商用车企业启动了"国六"平台发动机项目的全面合作,创造了巨大的市场机会。

(4) 威胁

竞争对手的低价策略及服务灵活性：某民营企业 Y 公司目前是 J 公司在中国市场的最主要竞争对手，因为客户普遍采用"双供应商政策"，竞争对手凭借其低成本的研发投入、相对低廉的价格以及灵活的服务逐渐赢得了市场份额，对 J 公司的进一步发展造成了巨大的威胁。

客户自主开发的风险：J 公司的部分客户也是企业，本身具有非常强大研发实力并乐于进行大量研发投入，对于发动机缓速器也是非常感兴趣。虽然由于技术的原因，目前与 J 公司合作还处于学习的阶段，但如果客户一旦决定自主开发或与第三方合作开发，J 公司将会处于被动。

电动车的潜在替代风险：虽然与乘用车相比，目前商用车的新能源开发技术存在一定难度，但混合动力已经提上了客户的开发日程，而 J 公司在混合动力领域还没有完成开发的产品。

基于上述的 SWOT 分析，以及结合总部的未来三年发展战略，J 公司提出了其中国区未来三年的战略重点，具体如下：

① 运营层面：改进交付，进一步提升质量，降低成本，以提升产品综合性价比。

② 研发层面：加大"国六"制动器的开发力度，加快本地测试台架的建设，提升本地研发团队的设计能力及快速回复客户试验要求。

③ 销售层面：加大新产品 HPD 在客户端的推广工作。

上述三点中，提升运营效率尤为重要，产品如期交付、质量稳定等均与客户满意度直接相关；同时，降低成本也是应对竞争对手低价策略的重要手段。这些对运营层面的高要求，相应地也对人力资源管理层面提出了进一步的要求与挑战。

(二) J 公司人力资源现状

1. J 公司组织机构及人员概况

(1) 人员概况

截至 2018 年底，J 公司中国区公司的总人数为 281 人。

如表 3-2 所示，按性别来看，男员工占了 81%，这与机械加工型制造行业员工性别构成特点保持一致，以男性员工为主。

表 3-2　J 公司人员概况

性别	男性(81%);女性(19%)
年龄	20～30 岁(41%);31～40 岁(54%);41 岁及以上(5%)
教育背景	硕博(7%);本科(22%);大专(16%);高中专(55%)
服务年限	·<1 年(20%);1 年≤·<3 年(40%);3 年≤·<5 年(8%);·>5 年(32%)
员工类别	一线员工(71%);办公室员工(29%)
部门	总经办(1%);人力资源部(3%);财务部(3%);业务发展部(4%);供应链部(10%);工程技术部(6%);生产部(55%);质量部(12%);运营及其他(6%)

从年龄来看,有 41%的员工年龄在 30 岁以下,这是因为一线员工主要以 90 后为主。

从教育背景来看,有 55%的员工持高中专学历,这也与制造型企业特点一致。

从服务年限来看,有 20%的员工是 1 年以下的新员工,而 1 到 3 年的较新的员工也占有 40%的比重,这是因为生产一线员工的流动率较高,另外也是因为近三年来随着公司业务上涨,一线员工数量增加迅速。

从员工类别来看,其中 71%的员工为一线员工,29%的员工为办公室员工。其中一线员工的定义是指在生产线直接从事产品制造的人员及需要配合生产线进行翻班工作的相关间接支持人员,以生产一线员工为主,还包括质量及物流方面的人员。除一线员工外,其他人员统称为办公室员工,即不直接从事产品制造或者配合生产线进行翻班工作的人员,以常日班工作为主。

从部门来看,生产部的员工人数占了 55%的比重。

(2)J 公司组织机构

J 公司的组织机构拥有运营、工程技术与业务发展三大中心职能及其他职能。生产制造工艺主要以数控精密机加工为主;工程技术部主要是与客户发动机进行配套同步开发,提供新项目应用支持及相关新产品改型和设计;业务发展部则着重于国内市场新业务拓展和大客户管理。J 公司组织机构如图 3-2 所示。

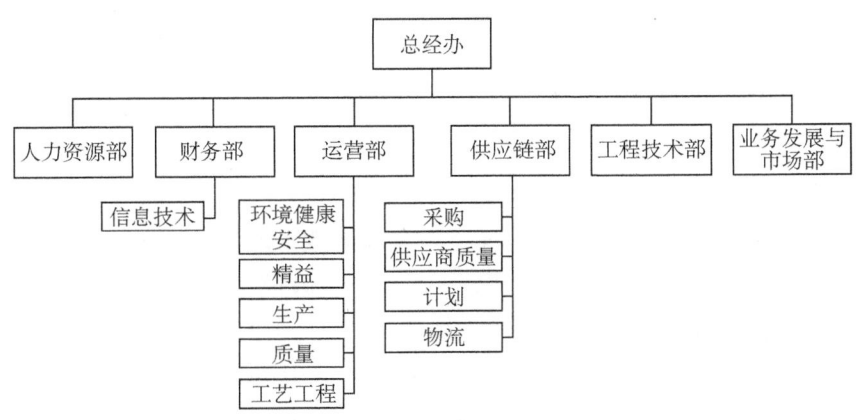

图 3-2　J 公司组织机构图

(3) 生产部组织机构

作为典型的汽车行业机加工企业,生产部一线员工占公司总人数的 51%,占所有一线员工总人数的 74%。生产部由机加工、装配工、技术员、领班、生产主管、生产经理等各级人员组成。生产一线员工按班组分为 A、B、C、D 四个班组。每个班组由一名领班、两名技术员、若干机加工及装配工操作员组成。具体组织机构如图 3-3 所示。

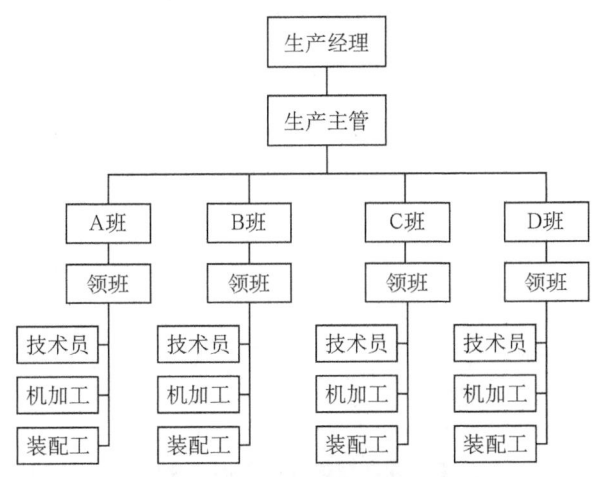

图 3-3　生产部组织机构图

相比市场上的同一工种,J 公司的机加工及装配工任职要求更高。以机加工为例,要求能看懂机加工图纸,会简单机加工编程,会自己更换加工中心刀头,光这些就需要至少三到五年的机加工工作经验;同时由于 J 公司生产流程的标准工作设计及精益化程度相当高,相比市场上一个机加工只需照看一到两台机床,J公司的机加工人员一般需要同时照看六到七台机床,并且需要承担产品在线自检的工作,工作节奏与工作压力也相对较大,对工人的综合能力也有更高的要求。

2. J公司离职率现状

随着中国经济进入新常态,宏观经济及地区政策环境的变化给长三角地区的制造型企业带来了巨大的用工挑战。以苏州工业园区2019年二季度一线员工市场缺口数据为例,供需比例达到了0.56∶1[35],制造型企业对工人的用工需求可见一斑。2018年怡安翰威特《长三角二类城市蓝领工人管理实践分析报告》指出,保留核心工人、控制工人离职率成为企业排名第一及第二的首要工作难点,分别达到了62.9%及52%[35]。

J公司作为以精密机加工为主的制造型企业,在控制离职率方面也遇到了很大的挑战,2015至2018年公司整体离职率(包括主动离职与被动离职)分别为40%、35%、29%及28%。虽然在公司积极控制离职率的基础上,离职率趋势是逐年下降,且远低于所在地区苏州工业园区的整体离职率[35],但与J公司所在的汽车行业同行相比,离职率还是略高的,如图3-4所示。

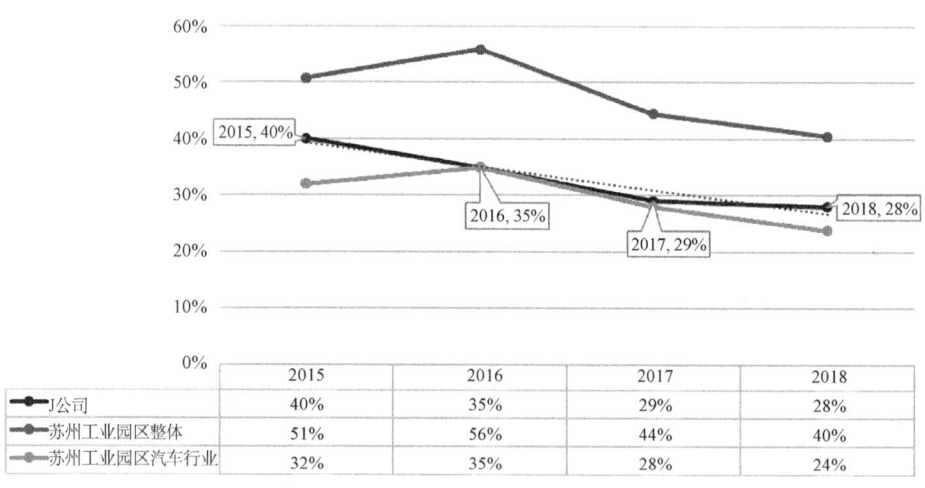

图3-4　J公司与苏州工业园区整体及汽车行业离职率比较(2015—2018)

并且,从历年离职人数按部门分布占比可以看出,虽然离职率在逐年下降,但离职现象越来越集中于生产部一线员工,居高不下,并呈上升态势,如表3-3所示。

表 3-3 2015—2018 年离职人员按部门百分比分布

年份	生产	质量	工艺工程	运营其他	人力资源	财务	供应链	工程技术	业务发展与市场部
2015	59%	29%	6%	0%	0%	0%	0%	0%	6%
2016	74%	4%	7%	0%	0%	0%	4%	7%	4%
2017	78%	12%	0%	0%	0%	2%	0%	5%	2%
2018	87%	6%	1%	0%	0%	1%	4%	1%	0%

3. 生产一线离职率对公司业绩的影响

虽然离职总人数绝对值与一些更大规模的公司来比,看起来不是很高,除生产以外其他部门的离职率也确实较低,但基于 J 公司对运营方面的战略发展要求、公司规模较小然而相对较高的用工要求,生产一线员工的频繁流动,给 J 公司的日常运营着实带来了很大的压力。具体从内部看,表现在:

(1) 生产一线员工短缺导致交付不及时。J 公司以机械数控加工为主,对员工的编程及操作技能均有一定程度的要求,苏州地区工人的供应本身就非常紧张,因而一线员工离职以后,短时间内通常很难招聘到以补上缺口,即使通过外包也只能补充到一些基本的装配工,对技术型的机加工很难迅速补齐。因此一旦客户订单发生变化,一线员工离职就会给本来就紧张的生产计划造成更大的压力,生产线开不足,产量不够,从而无法及时交付客户订单,经常需要协商交付期,更会产生导致停产的巨大风险。

(2) 新员工不熟练容易导致质量不稳定。J 公司的生产员工需要承担在线 100% 的自检工作,而这对员工的技能与熟练程度均提出一定要求。老员工相对比较熟练,而新员工因为不熟悉产品与流程,即使有到岗的培训,但因领班的日常工作忙于安排生产或者面试招人,缺乏监督,因而在线自检的工序易发生漏检或者错检,不良产品返工及至报废等状况时有发生,甚至不良产品流到客户端引发质量事故,纵然及时补救,仍存在客户高额索赔的潜在风险。以客户 Z 公司为例,某一产一线的新员工因漏检一个项目,造成批次中有不良产品,但过程检与出货检均因为是抽检而未能检出,流到客户端以后被发现和投诉,虽然批次 2 000 件中最终只发现了两件不良,但客户要求全部退回公司重新拆解重新装配加工,造成了约 50 万元人民币的损失。

(3) 生产一线员工变动频繁,给运营的成本控制和持续降本增效也带来了难度。不考虑招聘员工所花费的显性及隐性成本,仅以刀具成本为例,根据统计,入职三个月内的机加新员工,因为调试不当、经验不足而导致撞刀断刀的事故,是老员工的三倍。而一把小小的机加工刀具,通常成本在人民币 5 000 元以上。可见,生产一线员工流动的代价是巨大的。

(4) 人员频繁离职造成生产一线员工人心浮动,本来工作觉得还不错的员工,看到其他人的流动,心里也会产生想法,导致离职意愿的上升,工作积极性普遍降低。生产部也发生过若干起一线员工与领班因工作原因导致关系紧张乃至争吵、投诉至人力资源部的事件。

从外部看,表现在:

(1) 有损客户关系。因为交付、质量等方面的问题,导致客户对J公司产品与服务不满,也有损于J公司在客户端的品牌形象。

(2) 竞争对手压力。竞争对手在步步紧跟,基于双供应商政策,客户会在两家供应商中不断进行比较和评分。如果J公司无法在这个季度完成增加的订单满足客户生产需要,那很有可能下季度的订单就会向方式更灵活的竞争对手倾斜,相当于把市场份额拱手让给了竞争对手。

因此,虽然J公司一直致力于控制离职率,并且从历年数据来看情况正在改善向好,但要想在激烈的市场竞争中立于不败之地,在离职率控制方面还是要常抓不懈。

(三) J公司人力资源问题分析

因为离职主要发生在生产一线,一线员工的离职,给J公司的运营确实带来了很大的影响,因此J公司每年都会对离职率进行分析,以确定主要的离职原因。本节以2018年1月对2017年全年生产一线员工所做的离职分析为例,介绍问题解决的流程。

1. 离职数据调研

(1) 离职员工电话调研:虽然J公司在每名员工离职的时候,都会由HR与员工进行一对一的离职访谈,以期了解员工离职的原因,从而为企业与团队管理提供意见与建议。然而从实际来说,一般人都会抱着"好合好散""走都走了"的想法,并不愿意马上告诉单位其离职的真正去向及原因。基于此,为了获得离职员工真实的想法,J公司会在员工离职一定周期以后,以电话调研的方式,了解其离职原因、现况并作记录。在离开公司一段时间以后,离职员工的想法已经更趋于理性化,可以更客观地谈论其当初离职的原因,特别是不满的方面,从而让公司可以了解到更多实情。从另一方面来说,公司主动联系离职员工,特别是当初在公司内表现受到认可但主动离职者,通过询问他们的近况,也可以做做工作,让旧人积极回流。

J公司对电话离职调研进行了精心的设计与过程安排。公司认识到,太官腔的口吻不能获得他们的亲近感,也容易让他们比较紧张,而口语化的表达更贴近他们的日常沟通方式,可以帮助对方在电话中放松心情,打开思路,获得对方心理上的认同及更准确的理解及回复。HR组织生产经理、主管、领班及一线工人代表,对电话访谈的问题及答案引导都进行了标准化。并且在职一线员工反馈,换成他们接听电话,如果是不那么熟悉的同事打给他们的,他们觉得心理上舒适度会更高些,因此公司安排了生产文员与HR负责培训而非支持运营部的同事一起搭档,进行电话调研。

精心设计的问卷及安排的电话人员收到了良好的效果,除电话号码更换无法联系到的6人以外,接通电话的离职人员,仅有2人拒绝回答,其他44人均回答了相关的问题,从而收集到了真实的生产一线员工离职原因,为后续工作提供了有价值的参考。电话调研问卷如表3-4所示。

表3-4 2018年1月"离职人员电话调研问卷"

问题	内容	要求及目的
开场白	你好,我是J公司的人事某某,你离开J公司也有_____时间了,想想你走了也觉得蛮可惜的,你在公司各方面表现都挺好,今天这个电话就是想和你简单聊聊,也看看能不能进一步改善我们的工作,差不多三五分钟的样子,不知道你方便吗	知道离职者的离开时间、对离职者表达惋惜之情,以表达尊重与重视,拉近和离职员工的心理距离;表明打电话的原因是需要对方提供帮助
问题1	首先想问问当时是因为什么走的呀?我知道离职面谈的时候大家都不怎么想说,完全理解。现在你已经离开一段时间了,方便说说看吗	通过详细的答案引导,帮助离职员工梳理思路,并有意愿表达出来当初离职的真实原因
问题2	还记得你当初入职J公司的情形吗?试着回想看看,你觉得公司哪些方面跟你入职之前的设想是一样的?哪些跟你进来前的设想又是不一样的呢	着重了解员工入职后与入职前感受的落差,有助于发现在招聘及新入职时期的改善点,特别是对近6个月内离职的员工而言
问题3	你最近怎么样啊?工作和生活各方面还顺利吗	着重于了解离职员工目前的工作生活状态的满意程度,是否达到了其当初离职时候对未来的设想

续 表

问题	内容	要求及目的
问题4	如果有机会,你还愿意回到J公司吗?(视前面聊下来的情况再决定要不要问)	结合问题3,表示该员工当初的绩效表现是公司认可的,进一步探查是否有回流的可能,主动发出邀约
结束语	跟你聊了这么多,感觉收获了很多,给我们日后改进工作提供了很多帮助,太感谢你啦!我也不能耽误你太多时间了,谢谢你愿意跟我说这么多,以后保持联系	表达感谢与收获,再次认可,以及保持进一步联系的可能性

电话调研问卷问题1答案引导示例如表3-5所示。

表3-5 2018年1月"离职人员电话调研问卷"答案引导示例

问题1:首先想问问当时您是因为什么走的呀?我知道离职面谈的时候大家都不怎么想说,完全理解。现在您已经离开一段时间了,方便说说看吗	
薪酬福利	到手工资太少(比如说你觉得到手多少才是好的?);福利不好(比如你觉得哪些不好?);加薪不满意(为什么不满意,怎么样你才觉得是还可以的呢?)
劳动强度工作要求	具体是指哪条线强度大要求高?具体指哪方面吃不消呢?如果工资多一点,到手的钱再多一点的话能接受吗
上级领导	你现在想起来主要是不满意他的什么具体情况
人际关系	当时发生了什么事?你现在愿意说说吗
工作环境	具体是指哪方面呢
个人发展	装配没法去做机加工(你觉得为什么内部没有机会呢?);职业转换(后来去做什么工作了呢?);晋升机会(具体是什么样的职位呢?)
家庭及个人原因	身体吃不消(如果再加点钱,有没有机会留下你呢?);家庭要求;回乡发展(回家工作和在苏州这边工作,有什么不一样的地方呢?)

(2) 在职员工小调研:在了解离职员工观点的同时,J公司也把眼光关注于内部,收集了在职生产一线员工有关控制离职率,换言之也是保留员工的想法。参与调研的在职一线员工共110名,占全体在职一线员工的75%。因入职一年内的新员工人数较多,选取参与调研人员的标准是按服务年限区间按比例随机抽取的。结果如图3-5所示,在职的员工认为,如果公司在薪酬福利、个人发展机会及上级领导管理方面做得更好,则更有助于降低员工的主动离职意愿。这为进一步分析离职原因提供了数据参考。

问题为:您觉得公司在以下哪些方面做得更好的话,可以降低员工主动离职的意愿?(多数人选前三项)

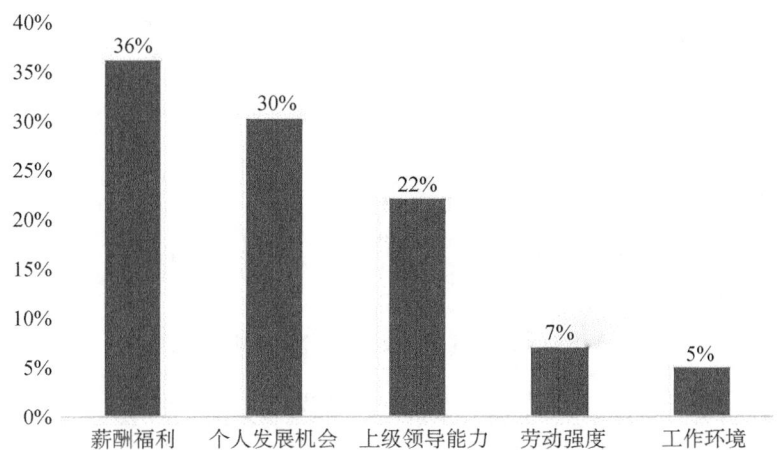

图 3-5　2018 年 1 月《关于降低一线员工离职率的问卷调查》柏拉图

2. 运用问题解决流程进行离职率分析

J 公司所在的 F 集团自 20 世纪 80 年代成立伊始,就致力于包括精益改善工具等在内的运营体系(FBS)的不断开发与应用,目前在全球业内知名度仅次于丰田汽车精益系统。其推行的问题解决流程在企业相关识别问题、分析问题、解决问题的实践中发挥了积极的作用。J 公司也将这一工具应用在离职率分析上,成立了生产一线员工离职率分析小组,包括了来自生产、质量、人力资源、计划等相关部门的人员。

(1) 小组经过脑力风暴讨论,选择了四个维度作为建立 1 级柏拉图的备选方向,根据服务年限、班组、员工来源、年龄段四个维度制作出了柏拉图,因为班组、人员来源、年龄段的柏拉图结果相对不典型,最终选择了服务年限作为 1 级柏拉图。如图 3-6 所示,在入职 6 个月内离职的人数占到了 51.6%,加上 1 到 2 年(16.1%)、6 到 12 个月(12.9%)的数据,合计已超过 80%,因此这前三项可以作为 2 级柏拉图的来源继续分解,进一步分析。

(2) 按 80/20 的原则,将排名前三的三项(6 个月以内,1 到 2 年,6 个月到 12 个月),结合从前期电话调研阶段获得的数据,继续进行各自分解,得到了 3 张 2 级柏拉图,如图 3-7 所示,除家庭及个人原因以外,排名前三的离职原因主要为薪酬、上级主管、个人发展,只是排序略有不同:6 个月内离职的员工最关注薪酬;6 到 12 个月的员工最关注与上级主管的关系;12 到 24 个月的员工最关

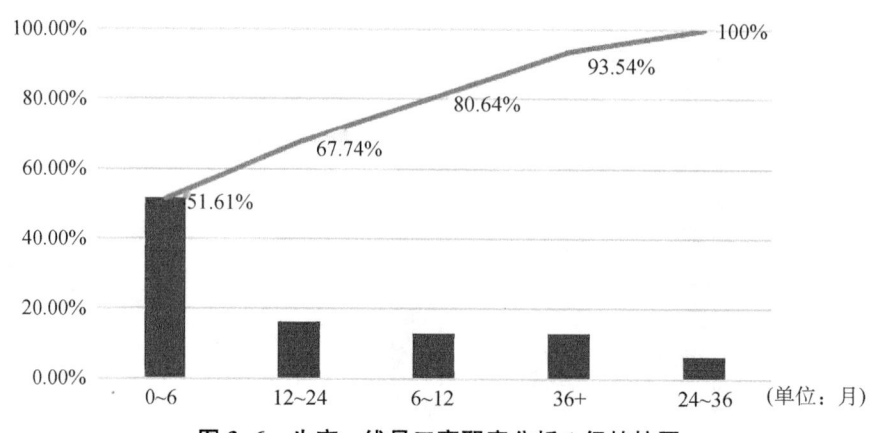

图 3-6　生产一线员工离职率分析 1 级柏拉图

注个人发展。这与前期在职员工调研的结果相同,显示了数据的一致性。

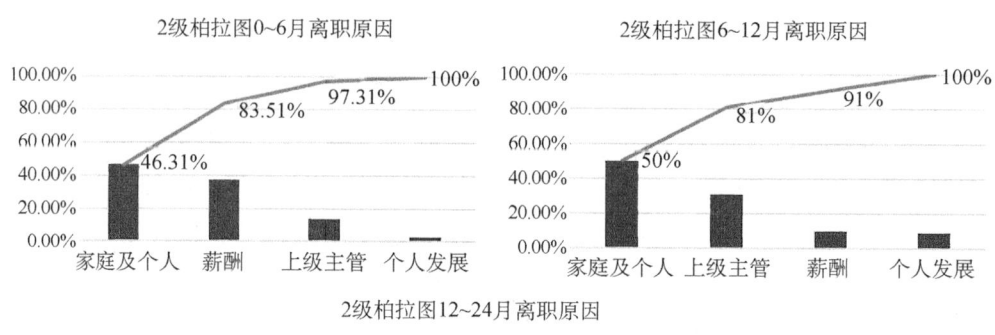

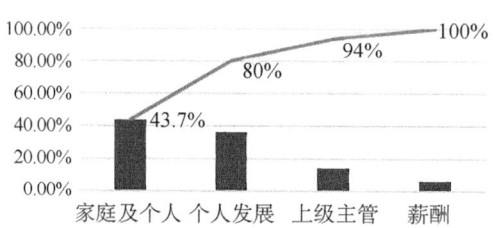

图 3-7　生产一线员工离职率分析 2 级柏拉图

3. 离职主要影响因素

结合前期离职员工调研时对具体问题的回答,可以得出两方面的认识。一方面,家庭及个人原因存在诸多变量,且对企业来说是不可控的或者是无法匹敌的。典型的回答如:"在 J 公司虽然收入不错,工作也开心,但这里距离家里有 900 公里;而现在我离家里只需要电瓶车 15 分钟的车程,虽然收入少了一半,但我天天可以回家见到家里人,这是不一样的。"另一方面,因为家庭及个人原因而回家的员工中,96%回答如果有机会回来苏州的话,愿意首先考虑 J 公司,可见他们确实不是因为 J 公司相关的原因而离开的。因此 J 公司决定,只研究与公司相关且可控的影响因素,即薪酬、上级主管、个人发展这三项。

将 J 公司调研发现的离职影响因素与同时期 2017 年翰威特长三角二类城市蓝领工人管理实践调研结果[35]进行比较后显示(表 3-6),薪酬与个人发展排名类似,但与市场调研数据不同,上级主管在 J 公司成为排名靠前的一个离职影响因素,因而 J 公司在后续的敬业度调查中对此因素也进行了深度挖掘。

表 3-6　2017 年翰威特长三角二类城市蓝领工人管理实践调研报告离职原因排序

主动离职原因(1 为最重要,以此类推)	
1. 职业发展	8. 直线上级
2. 薪酬缺少市场竞争力	9. 加班制度(如排班等)
3. 回家乡发展	10. 绩效管理
4. 工作环境	11. 福利缺少市场竞争力
5. 个人原因(如结婚生育等)	12. 薪酬给付不公平
6. 工作强度	13. 其他
7. 工作内容	

(四) 本章小结

本章对 J 公司的战略发展规划及工作重点进行了梳理,分析了 J 公司人力资源方面的现状及存在的问题,明确了生产一线员工离职率高给企业运营带来的一系列问题。然后运用 F 集团问题解决流程工具,对生产一线员工离职率进行了详细的数据收集与分析,得出了在薪酬、上级主管及个人发展三个维度方面的离职影响因素。基于敬业度与离职率的相关理论及实际研究,敬业度与离职率存在明显的负相关性,能明显预测员工的离职意愿,且敬业度提升能覆盖更多的人群,因此 J 公司考虑从敬业度入手,进行敬业度调查,通过敬业度提升来达到控制离职率、提升竞争力的目的。

四、J 公司员工敬业度调查

J 公司所在的 F 集团,从 2016 年开始即委托第三方咨询公司 KENEXA 进行全球性的员工敬业度调研,每年全球有1万余名员工参与调研。作为在华子公司的J公司,也积极地参与每一次调研,获取了大量丰富的数据,希望通过员工敬业度的提升来降低离职率,增强企业竞争力。

(一)KENEXA敬业度调查工具的优势

F集团是一家美国的世界500强企业,选择美国咨询公司KENEXA进行员工敬业度调查,主要基于以下三点原因。

1. 定制化的敬业度调查维度

KENEXA与其他提供员工敬业度调查的公司的最主要区别之一,就在于其拥有11个核心维度和11个补充维度,它可以根据客户实际要求对维度及相关的问题进行定制,以求得到更符合企业及员工实际情况的数据。比如F集团就在调查维度中加入了有关运营系统(FBS)、企业合规等定制化内容,共设立了15个调查维度,以更好地了解员工在这些方面的看法,见表4-1。

表4-1　J公司员工敬业度调查维度

敬业度指数	直接主管管理效力	绩效支持指数	行为转变指数	沟通
合规	运营系统(FBS)	未来前景	成长和发展	包容性
创新	参与性与归属感	认可和赏识	安全	信任

2. 强大的常模数据库

经过数十年在敬业度调查方面的专业积累,KENEXA拥有非常强大的常模数据库,涵盖了80多个国家400多家公司的超过900万条的数据积累,拥有全球范围常模、按行业、地区、工种等不同标准划分的分类常模,以及高绩效人群常模,且数据六个月就更新一次。

KENEXA为目前世界500强中超过300家企业进行员工敬业度服务,因而拥有500强所在行业的代表性企业的常模,当中也包括F集团的主要对标集团,所以报告分析具有强有力的支持。

3. 完善的项目流程

KENEXA设有专门的项目团队,按照其开发的6D项目流程,与公司负责人一起就项目的需求进行深入调研,并利用全球化的敬业度调查系统结合多种媒体,促进项目实施阶段的管理。KENEXA拥有强大的动态报告功能,有助于团队领导更容易地理解报告。项目的最终目的是为了促进行为转变,因此项目后续会有一系列工具与培训帮助企业对调查结果与行动方案进一步跟踪落实。如图 4-1 所示。

图 4-1　KENEXA 员工敬业度调查项目 6D 流程

KENEXA 关于敬业度对离职率的影响研究已经进行了数十年,在通过敬业度提升来控制离职率方面积累了很多世界 500 强公司的经验,符合 J 公司目前的实际需求。

综上所述,J 公司选择了 KENEXA 的员工敬业度调查工具,可以有效地帮助公司了解员工敬业度现状以便采取针对性措施。

(二)敬业度调查流程

1. 敬业度调查准备阶段

全球员工敬业度调查一般于上一年的 11 月正式启动。调查实施准备阶段时间为两个月,主要工作包括:

(1)全球敬业度调查团队基于上一年调查收集到的反馈,就员工调查的工作时间表,向全球每个事业部在各个地区的负责 HR 进行沟通及培训。

(2)集团在各区域指定一名敬业度调查负责人,通常由当地主要负责员工关系的 HR 来担任。该负责人与区域内各事业部的 HR 进行合作,职责包括确认区域内所有截至 12 月份在册的员工数据库内个人信息及汇报关系正确,后者会影响到团队报告的生成,并与 KENEXA 调研管理平台数据对接,以确保数据完整性与准确性;就 KENEXA 调查平台与工具的使用对相关人员进行培训。

（3）最重要的，正如 J 公司敬业度调查的口号"畅所欲言"一样，确保员工敬业度调查在区域员工中透明、公开地沟通。沟通有多种形式，包括 CEO 的公开信、全员工敬业度调查启动会、各级员工沟通会等。J 公司还会举行如"启动早餐会"等有趣的形式，以激发全公司上下对参与敬业度调查的热情。

2. 敬业度调查实施阶段

员工敬业度调查通常于每年 1 月上旬至中旬进行，为期三周。选择这个时间段的原因是确保调查结果能在每年的 2 月底即公司新一年的绩效评估流程开始之前，团队领导们就能得到相应的部门敬业度调查报告，以便为设定目标提供相应的依据。

所有的调查均在线匿名进行，有邮箱账号的员工会直接在邮箱中查收到来自 KENEXA 独立发送的调查链接及登录密码，可以轻松在电脑或手机 App 上自行登录完成；而一线没有邮箱的员工则会收到一个密封好的信封，内有唯一的登录用户名及密码，人力资源部会组织一线员工分批集中式在电脑上完成。调查完成以后，所有的数据均直接发送到 KENEXA，以保证调查结果是 100% 保密的。如图 4-2 所示。

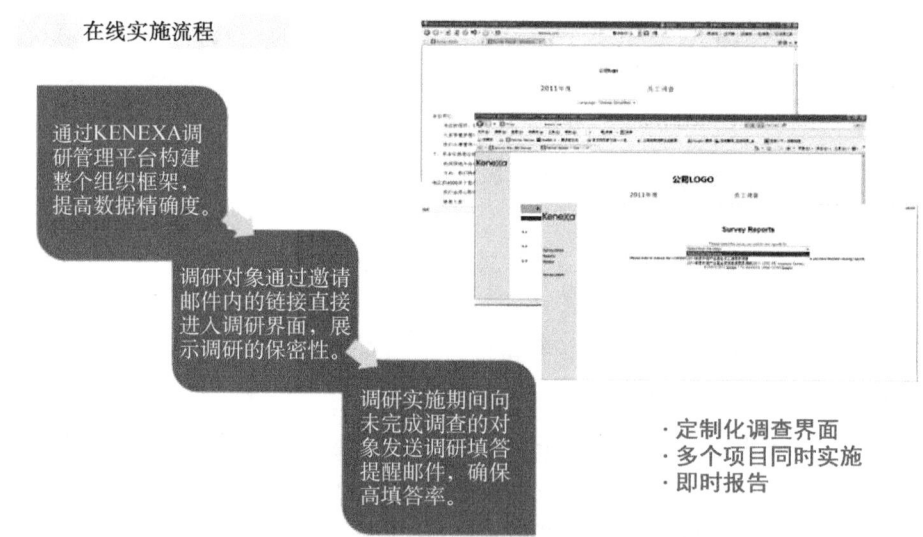

图 4-2　KENEXA 员工敬业度调查在线实施流程

员工调查内容包括两个部分。第一部分是采用李克特五点量表来衡量的选择题，通过"强烈赞成""赞成""中立""反对""强烈反对"五个选项来反映答题者对该问题反应的强弱程度。一共分为 15 个维度，49 个问题，其中包括与员工离职意愿相关的问题,如"总的来说,我对在我的公司工作很满意""我很少考虑去其他公司找份新工作""能就职于本公司,我感到很骄傲"等。

调查的第二部分,问卷最后设有一道开放式问题:"为了提高你在这家公司的体验,你会希望改变哪一件事情?"设计这道题目的用途在于让员工除了选择题以外,可以用自己的语言来陈述他们的想法,从而公司可以从中获得更深刻的员工体验数据,以及在某些无法预设的复杂问题上员工的看法。

公司的目标是100%的员工都能自愿参加此次员工调查,但由于数据保密的原因,公司并不知道员工调查的完成情况,只看得到各个部门的完成率百分比,因此在此过程中敬业度调查负责人将与各部门合作,反复进行宣传与组织,以期让尽可能多的员工参加敬业度调查。KENEXA 在调查期间也会向未完成调查的员工发送填写提醒邮件,以确保高填答率。

在 2 月 28 日之前,所有下属人员超过 5 人(含 5 人)的团队领导均会收到单独的部门员工敬业度报告。出于数据保密的缘故,少于 5 人的团队会直接参考上一级的员工敬业度报告。

3. 敬业度调查结果沟通阶段

要获得更深入的对敬业度调查结果的理解,不仅仅是管理层对几份敬业度调查报告进行内容的解读就可以满足的,更多地要来自针对调查报告的沟通及反馈流程的实施落地,并且必须积极有效。

在管理层及各级团队得到调查报告结果并进行解读之后,J 公司首先在第一时间将敬业度调查结果与全体员工沟通,让员工知晓公司层面及团队层面的报告内容:

(1) 全员工调查结果沟通大会:提前三天将公司层面的调查报告结果张贴于员工公告栏,与全体员工分享。调查结果沟通大会由总经理主持,HR 协助,对公司层面的报告数据进行宣讲,公司全员均须参与此次会议。此为调查结果的第一步,即初步沟通,或称为"沟通预热"。

(2) 部门调查结果沟通会:直接汇报人数超过 5 人(含 5 人)的团队,都会有一份单独的团队调查报告;直接汇报人数没有超过 5 人的团队,也可以参考上一级的调查报告结果。J 公司要求所有团队领导在全员工调查结果沟通大会之后的三天之内,必须组织安排单独的与本部门员工的沟通会,分析团队报告中各维度变化趋势,以及提高与降低的项目,听取并记录部门员工对相关结果及变化的理解,整理汇总好后交给 HR。

4. 敬业度调查结果反馈阶段

为了更好地了解员工对敬业度调查的想法，也为了更多地收集真实的反馈意见，J 公司在过去几年中在公司推行了焦点讨论法（ORID），如图 4-3 所示。焦点讨论法基于客观事实，了解不同人的真实感受，进行观点与想法的分析，发现新的可能性，从而形成新的行动方案的结构化的访谈方式。J 公司发现，焦点讨论法的运用可以在收集团队意见过程中起到非常良好的效果，使得团队讨论在尽量开放思维的同时，能够确保谈话按既定的方向进行，提高会议的效率与产出。在员工敬业度调查反馈中，主要体现在以下 3 种沟通方式中：

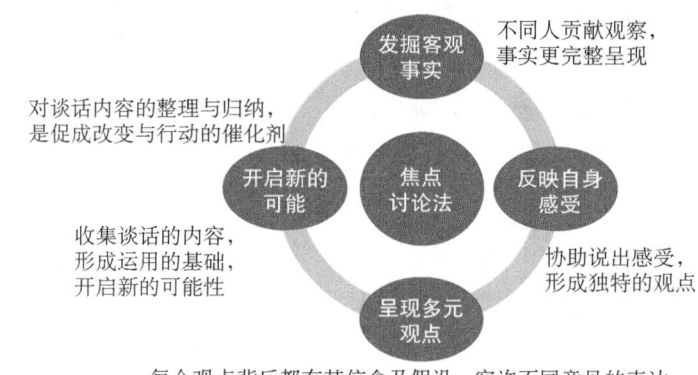

图 4-3 焦点讨论法流程

（1）生产一线无领导沟通会：为了防止因为上级领导在场影响员工畅所欲言，同时也为了更好地创造一个安全放松的沟通氛围，能更多地听到实际的声音，J 公司特别设立了生产一线无领导沟通会，在人数占比最大的一线员工中进行。HR 按一定的服务年限的分布比例，自愿报名与随机抽取相结合，从一线员工中抽取 5 组 6 人，共 30 名员工，分 5 组。沟通过程中由 HR 进行团队报告的解读，对结果与变化鼓励一线员工多多发言，所有的发言将以匿名的形式予以记录并汇总。

（2）跨部门无领导沟通会：针对办公室人员，由各个部门自荐或者领导推荐的员工组成，一共 2 组，同样是每组 6 人的规模，共 12 人，覆盖各个职能部门，目的是为了从跨部门合作的角度更好地了解员工的想法。沟通过程中由 HR 进行公司层面报告的解读，对结果与变化，特别是在跨部门合作的角度，鼓励参与员工发言，所有的发言同样将以匿名的形式予以记录并汇总。

（3）焦点部门领导一对一沟通会：焦点部门是指当年敬业度提升当中需要重点关注的部门。HR 总监与部门总监设定一对一的沟通会议，听取 HR 对本部门团队报告的数据及变化的理解与看法,并作记录及汇总。

5. 敬业度提升方案的制定

敬业度提升方案的制定分为两大模块:

(1) 团队提升方案。首先,每个有单独报告的团队领导,会根据本部门收集到的反馈信息,以及由 HR 反馈的在焦点讨论时获得的与本部门相关的反馈信息,将二者整合起来,并按重要性与紧迫性进行排序,确定需要改善与提升的项目。接着,团队领导要对每个项目制定相应的提升目标和方案,目标和方案必须以 SMART 原则进行,要精确、可量化、可实施、有相关性、有时间节点。在确定了方案当中每个项目具体的责任人以后(通常情况下会有其他部门的人员),团队领导应当与相关责任人进行确认,以保证他们知晓并会支持相关行动的实施。这一点非常关键。

在团队敬业度提升方案确认以后,团队领导应当召集部门所有员工一起就提升方案与员工们进行沟通,听取他们对于具体内容的意见与建议,并相应作出适当的调整。内容一旦确定以后,团队领导即可将提升方案以统一格式上传到 KENEXA 调查平台上。使用平台统一格式的好处在于,有利于团队领导和 HR 对方案进行整合及实时跟踪,以及使用平台设置提醒等功能。

焦点团队:在每年的敬业度提升中,根据敬业度情况及对整体敬业度影响的大小,J 公司会选择一到两个团队作为"焦点团队",作为需要重点关注及推进的团队。

(2) 公司敬业度提升方案,由公司管理层在各部门提升方案的基础上汇总而得。J 公司认为,有关敬业度的每一个提升方案都很重要,"越多越好"。以 2018 年为例,公司层面共形成大小总计 50 条敬业度提升方案,焦点团队的提升方案被作为首要项列在最前面。同样,公司敬业度提升方案的所有内容,也会在全体员工大会上和员工详细地沟通并收集反馈,随后才会正式发布,并以公告栏的形式,在公司内将所有提升方案的内容予以公布。

6. 敬业度提升方案的实施

敬业度提升方案通常以一年为期,从制定提升方案到下一年度敬业度调查开始时为止。有些项目的提升方案可能会因具体内容不同而延续或者跨年。提升方案的内容大多看起来是重要但不紧急的工作,因而最怕只停留在纸面上而不能落实在行动上,特此,J 公司通过强有力的一系列流程及措施,来保证提升方案能够真正有效地执行:

首先,每个部门的敬业度提升责任人明确为部门领导本人,敬业度指数的提升占其年度绩效 KPI 指标权重的 10%,确保部门领导真正重视敬业度的提升,他们必须在繁忙的日常工作之余,能抽出时间来关注员工们敬业度的提升。

其次,提升方案每月、每季度定期汇报与更新。J公司的管理层对敬业度的提升非常重视,相关责任人必须每月在管理层月会上向总经理汇报自己负责的方案进度;J公司美国总部总裁在每季度来华之时也会听取中国团队的进展汇报;在每季度员工大会上,总经理也会向全公司员工报告最近的有关敬业度提升的活动进展。由此自上而下,全公司行动起来,齐心协力推进敬业度提升方案的实施。

(三)敬业度调查报告内容

1. 调查结果相关名词定义

(1)参与度:即实际参与提交答案的员工人数与系统内应参与调研的人数之比。

(2)赞成百分比:选择强烈赞成及赞成的回答总和。

(3)中立百分比:选择不赞成也不反对的回答。

(4)反对百分比:选择反对与强烈反对的回答总和。

(5)F集团整体:整个F集团针对某一问题选择最赞成的两项答案(即强烈赞成与赞成)的调查对象百分比。

(6)排名前25%的标准样本组:指与数据库中所有其他公司相比,某个公司作出赞成回答的员工百分比位于第75分位。如果此列对比中没有显示分值,则表示该项不适用于该排名前25%的标准样本组(如F集团定制的维度)。

(7)IBM全球标准样本组:是全球参与敬业度调查的员工做出赞成回答的结果,代表了多个公司的平均成绩。如果此列对比中没有显示分值,则表示该项不适用于该标准样本组(如F集团定制的维度)。

2. 四大关键指数

报告内列出了包括四大关键指数在内的15个调查维度,并用颜色深浅对回答进行区分,如图4-4所示。

四大关键指数是J公司重点要考察的关键维度,共包括以下18个项目,如表4-2所示。

(1)敬业度指数:能够反映出J公司员工在满意度、承诺、忠诚度、责任感以及成为倡导者推动者的意愿。KENEXA根据皮尔逊相关分析方法,给每个团队报告列出了10项敬业度提升优先项目,并按照重要性等级顺序排列,KENEXA认为,公司在这些敬业度优先项目上加大投入,更有可能在敬业度提升方面有所

维度	赞成百分比	中立百分比	反对百分比	当前年度的赞成百分比	上一年度的赞成百分比	Fortive整体	排名前25%的标准样本组	IBM全球标准样本组
敬业度指数	18	47	27 / 7	65%	62%	65%	77%	71%
直接主管管理效力	24	50	21 / 5	74%	72%	73%	77%	72%
绩效支持指数	21	58	17 / 5	78%	80%	65%	76%	69%
行为转变指数	25	61	10	86%	86%	68%	71%	62%
沟通	20	58	17 / 5	78%	76%	68%	73%	67%
合规	19	51	25	70%	72%	72%	—	—
Fortive Business System (FBS)	19	61	17	80%	84%	74%	—	—
未来前景	18	52	27	70%	65%	63%	—	—
成长和发展	18	58	19 / 5	75%	69%	65%	76%	68%
包容性	21	65	11	86%	81%	82%	85%	80%
创新	13	50	31 / 5	63%	68%	62%	65%	61%
参与性和归属感	23	50	22 / 5	73%	77%	71%	78%	72%
认可和赏识	23	54	17 / 5	78%	72%	74%	72%	66%
安全	28	53	14 / 5	81%	84%	86%	87%	82%
信任	18	55	20 / 6	73%	72%	69%	—	72%

图 4-4 J 公司员工敬业度调查报告维度汇总 (2017 年)

产出,因而在行动方案中要予以重点考虑。J公司在进行调查结果分析及收集反馈、制定提升方案的时候,均会考虑借鉴这些优先提升项目。

表 4-2 四大关键指数项目列表

维度	项 目
敬业度指数	1. 总的来说,我对在公司的工作很满意。 2. 我很乐意推荐他人到我公司就职。 3. 我很少考虑去其他公司找份新工作。 4. 能就职于本公司,我感到很骄傲。
直接主管管理效力	1. 我的直接主管是一位优秀的领导。 2. 我的直接主管将人才管理工作做得很好。 3. 我的直接主管关注我的成长和发展,并付出努力。 4. 我的直接主管能信守承诺。 5. 在我发现有可以改进之处的时候,我的直接主管/经理鼓励我主动求变。
绩效支持指数	1. 公司会迅速解决客户的问题。 2. 如果我是公司的客户,我会对产品质量和服务很满意。 3. 员工能够获得所需的培训,从而适应不断变化的客户需求。 4. 员工需对自身的不佳绩效负责。 5. 我有高效完成工作所需的工具和资源。 6. 公司针对产品/服务质量制定了明确的绩效标准。
行为转变指数	1. 我相信通过这次调查,公司会积极改进。 2. 我有机会参加会议,以便学习、提问并分享自己对上次员工敬业度调查结果的想法。 3. 我确认,我的直接主管已使用上一次员工敬业度调查的结果来设定目标并采取行动。

(2) 直接主管管理效力:用于衡量主管的总体效率。主管对于员工所认同的工作环境质量及其敬业度起着重要作用。

(3) 绩效支持指数:能够反映出 J 公司员工对于自己公司在质量、培训、参与感、团队使用等方面的综合感受。因而了解这些问题的看法,能有效地预测业务绩效以及员工如何从外部客户及内部客户的角度来看待公司。

(4) 行为转变指数:用于衡量员工针对以前员工敬业度调查结果所采取的转变措施的看法。KENEXA 认为,企业根据调查结果开展建设性及针对性的行动方案,不仅可使之后的调查取得更高分数,还可在后续工作中持续提高员工的绩效表现。同时,该指数得分较高的员工,也会对企业显示出较大的信心。

3. 提高最多/下降最多的前五项问题

与上年调查结果相比,提高最多或是下降最多的项目,代表了自实施上次调查以来变动最大的问题,而大幅变动可能预示着员工看法的新趋势或者潜在的行动机会。如图 4-5 所示,以 2017 年 J 公司报告数据为例,项目 42 得分从 2016 年的 67%下滑至 55%,下降了 12%,揭示了在参与度与归属感方面,员工的认知发生了变化,因而在分析敬业度访谈结果的时候,应结合 KENEXA 大数据提供的下列"提高"或"下降"最多的项目综合考虑。

提高最多的项目 WILLIAM WANG's Team	当前年度的 赞成百分比	上一年度的 赞成百分比	Fortive 整体	的标准样本组	IBM 全球标准样本组
3. 我很少考虑去其他公司找份新工作。(敬业度指数)	62%	47%	56%	65%	59%
26. 我认为我的公司拥有美好的未来。(未来前景)	82%	69%	70%	85%	76%
27. Fortive 的领导层描绘的未来愿景令我深受鼓舞。(未来前景)	72%	59%	60%	71%	63%
44. 我因工作表现良好得到认可或表扬。(认可和赏识)	77%	67%	71%	72%	67%
7. 我的直接主管关注我的成长和发展,并付出努力。(直接主管管理效力)	76%	67%	67%	72%	65%

下降最多的项目 WILLIAM WANG's Team	当前年度的 赞成百分比	上一年度的 赞成百分比	Fortive 整体	排名前25%的标准样本组	IBM 全球标准样本组
42. 我有机会参与会影响我的工作的决定。(参与性和归属感)	55%	67%	67%	72%	67%
39. 我的部门鼓励创新和事业心。(创新)	68%	78%	63%	67%	62%
9. 在我发现有可以改进之处的时候,我的直接主管/经理鼓励我主动求变。(直接主管管理效力)	71%	81%	78%	82%	79%
22. 我能够没有顾虑地向我的主管、Fortive 热线、人力资源部门或者法律部门提出潜在的诚信问题。(合规)	67%	73%	78%	84%	78%
25. 我所供职的运营公司的领导层信任 Fortive 业务系统 (FBS) 并督促员工使用该系统。(Fortive Business System (FBS))	78%	84%	78%	--	--

图 4-5　员工敬业度调查报告提高/降低最多项目

4. 项目汇总明细

报告最后列出了所有 49 个项目的回答汇总明细,包括当年与上一年度的得分比较,以及本团队报告与上级团队报告的得分比较。如 J 公司除了可以得到纵向地与上一年数据对比以外,还可以横向得到 F 集团全球、J 公司美国总部与 J 公司中国区本身的对比情况,从而为后续进一步的详细分析和访谈框架提供了数据基础。

(四)J 公司 2016—2018 年员工敬业度调查结果

1. 2016—2018 年四大关键指数得分及敬业度趋势

J 公司自 2016 年年初开始开展员工敬业度调查,从图 4-6 中可以看出,经过连续三年的敬业度调查及后续敬业度提升活动以后,J 公司的四大关键指数均呈现上升趋势:

敬业度指数从 65% 上升至 74%,这表示 J 公司员工对企业的敬业程度有了明显提升。在 KENEXA 评分体系内,对于 100 人以上的团队,5% 以上的变化称为明显。2018 年数据(74%)高于 F 集团全球平均得分(70%),但仍略低于排名前 25% 的数据(76%)。

另外三项指数中直接主管效力从 74% 上升至 79%,绩效支持指数从 78% 上升至 80%,行为转变指数从 86% 上升至 89%。虽然上升的比例均小于 5%,但这主要是因为原始得分相对较高,与 F 集团数据作比较,已是提升幅度较大的了。

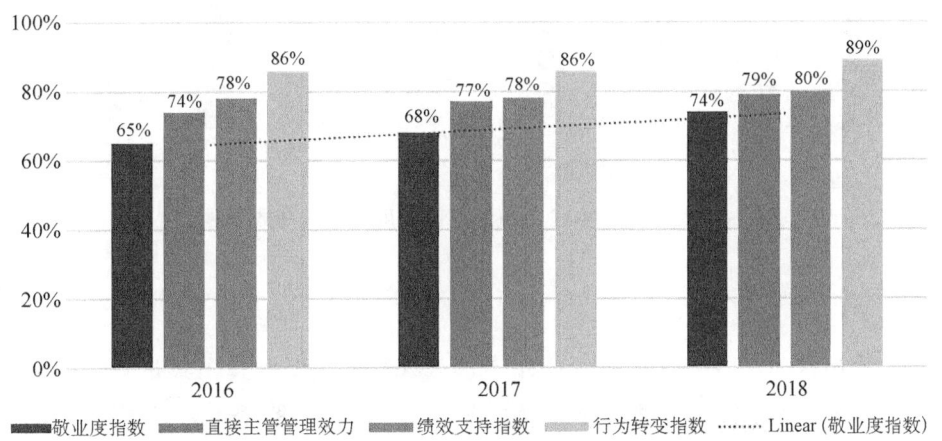

图 4-6　2016—2018 年四大关键指数得分及敬业度趋势

2. 2016—2018 年各部门敬业度与离职率数据对比

为更深入地了解各部门的敬业度状况,J 公司将各部门员工敬业度进行了对比,如图 4-7 所示。柱状数据显示的是各部门 2016—2018 年的敬业度指数团队数据(运营部为了方便统计,按部门占比拆分为生产、质量、运营及其他共三个部门)。从中可以看出,各个部门的敬业度指数也是在逐年进步的。其中,生产部的敬业度数据是所有部门中最低的。如 2018 年数据所示,生产部得分(58%)

与其他部门最低得分(77%)相比,差距在 19%。

折线数据显示的是各部门 2016—2018 年的离职率(该离职率非从公司离开的离职率,而是以各部门离职人数为基数计算的部门离职率数据)。从中可以看出,生产部门三年来一直是离职率最高的部门,且比其他部门要高出至少 20%。

将柱状及折线数据结合起来即可以看出,虽然三年来持续进步,但生产部员工的敬业度是各部门中最低的,同时离职率也是各部门中最高的,这给 J 公司敬业度提升提示了需要重点关注的方向。

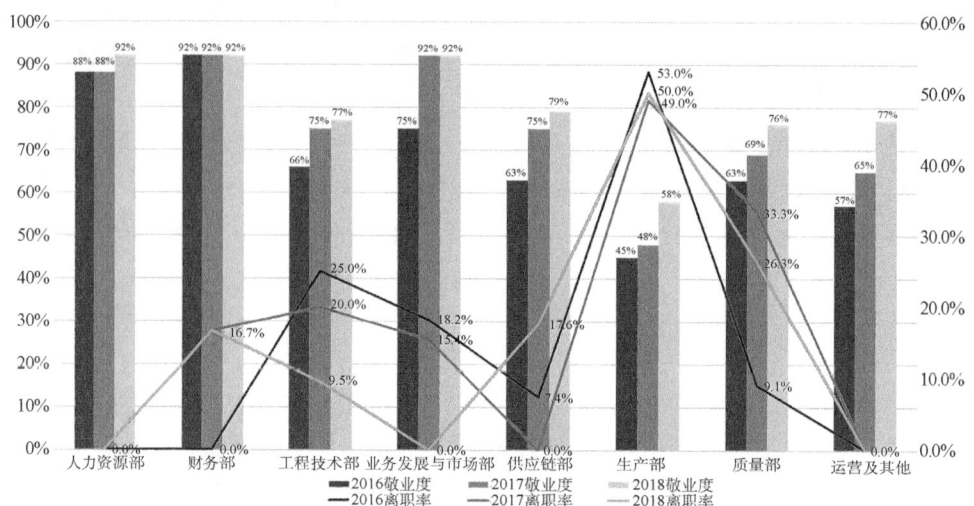

图 4-7 2016—2018 年各部门敬业度与离职率数据对比

(五)本章小结

J 公司自 2016 年开始,每年使用 KENEXA 敬业度调查工具进行员工敬业度调查,并切实做好调查的准备、实施、沟通、反馈工作,收集了大量翔实的数据,对调查反馈结果做了认真的归纳与汇总,并在此基础之上制定行之有效的敬业度提升方案,从而使得公司整体员工敬业度逐年提升。

五、J 公司员工敬业度的短板及提升方案

本章将结合木桶理论,在分析 J 公司离职影响因素及敬业度调查相关数据的基础上,明确 J 公司员工敬业度的短板,并通过相关反馈结果确立了短板敬业度的影响因素,并就其敬业度提升方案进行具体的阐述。

（一）敬业度短板暨焦点团队的确立

根据木桶理论，要想提高组织的整体绩效，片面强调发挥高绩效团队的作用是不行的，管理者必须对组织内低绩效的团队给予足够的重视，努力提升低绩效团队的水平，这样才能有助于组织绩效的整体提升。同理，要想提高组织的整体敬业度，企业也必须找到短板，即敬业度最低的那个团队，对其制定行之有效的敬业度提升方案，从而实现整体敬业度的提升、离职率的降低和组织绩效的提升。

通过历年来敬业度调查的深入开展，综合了历年来各部门的敬业度得分表现、离职率数据以及离职率对公司业绩的影响这三方面的因素，J公司认为，J公司员工敬业度的短板是生产一线团队，提升生产一线团队的敬业度，将会对降低生产一线离职率，提升运营业绩，进而提升公司业绩大有裨益。

（二）生产一线员工敬业度反馈结果

以2016年为例，通过敬业度调查结果在生产员工中的分享及沟通，以及运用焦点访谈法与一线员工进行了多次无领导小组沟通会，J公司收集了大量的第一手访谈信息，结合KENEXA报告中对生产部的相关数据分析，从而确定了生产一线敬业度反馈的重点关注方向。

1. 生产一线敬业度报告数据

如图5-1所示，以2016年为例，生产一线敬业度报告中提出了10个敬业度提升优先项目的建议，以及敬业度报告中提高/下降最多的10个项目，如图5-2所示。J公司通常会在确定敬业度影响因素及敬业度提升方案的时候，对提升优先项目建议进行借鉴，同时重点参考与去年相比下降最多的5个项目。由此可以得出，J公司在生产一线敬业度报告上需要重点关注的依次是直接主管管理效力（3项）、认可及创新（各占1项），其他项各占1项。

分数显示对象：DAHUI HAN's Team	当前年度的赞成百分比	上一年度的赞成百分比	Fortive 整体	排名前25%的标准样本组	IBM全球标准样本组
43. 我所供职的运营公司重视我做出的贡献。（认可和赞识）	66%	62%	77%	72%	65%
7. 我的直接主管关注我的成长和发展，并付出努力。（直接主管管理效力）	59%	42%	67%	72%	65%
44. 我因工作表现良好得到认可或表扬。（认可和赞识）	66%	42%	71%	72%	67%
6. 我的直接主管将人才管理工作做得很好。（直接主管管理效力）	53%	38%	70%	74%	69%
22. 我能够没有顾虑地向我的主管、Fortive热线、人力资源部门或者法律部门提出潜在的诚信问题。（合规）	46%	54%	78%	84%	78%
21. 我得到了有效完成工作所需的信息和沟通。（沟通）	78%	65%	68%	78%	73%
41. 我认为我是团队的一部分。（参与性和归属感）	84%	85%	78%	85%	80%
32. 作为Fortive的员工，公司为我提供了实现职业目标的机会。（成长和发展）	66%	35%	61%	73%	64%
48. 我信任我所供职的运营公司的领导层。（信任）	62%	54%	66%	74%	67%
26. 我认为我的公司拥有美好的未来。（未来前景）	78%	50%	70%	85%	76%

图5-1 2016年生产一线敬业度在提升优先项目建议

提高最多的项目 DAHUI HAN's Team	当前年度的赞成百分比	上一年度的赞成百分比	Fortive 整体	排名前25%的标准样本组	IBM 全球标准样本组
20. 我的想法和建议受到重视。（沟通）	69%	38%	70%	73%	67%
32. 作为 Fortive 的员工，公司为我提供了实现职业目标的机会。（成长和发展）	66%	35%	61%	73%	64%
26. 我认为我的公司拥有美好的未来。（未来前景）	78%	50%	70%	85%	76%
44. 我因工作表现良好得到认可或表扬。（认可和赞誉）	66%	42%	71%	72%	67%
16. 我相信通过这次调查，公司会积极改进。（行为转变指数）	83%	62%	60%	63%	56%

下降最多的项目 DAHUI HAN's Team	当前年度的赞成百分比	上一年度的赞成百分比	Fortive 整体	排名前25%的标准样本组	IBM 全球标准样本组
38. 为了推动创新，我所供职的运营公司鼓励适当地冒险。（创新）	24%	42%	51%	54%	50%
9. 在我发现有可以改进之处的时候，我的直接主管/经理鼓励我主动求变。（直接主管管理效力）	53%	65%	78%	82%	79%
39. 我的部门鼓励创新和事业心。（创新）	47%	58%	63%	67%	62%
22. 我能够没有顾虑地向我的主管、Fortive热线、人力资源部门或者法律部门提出潜在的诚信问题。（合成）	45%	54%	78%	84%	78%
49. 我认为自己所供职的运营公司的诚信文化深入人心。（信任）	57%	65%	73%	--	76%

图 5-2　2016 年敬业度在生产一线提高/下降最多项目

2. 生产一线员工访谈结果

在生产部分享过团队报告以后，HR 组织生产一线员工进行生产一线无领导沟通会，因为新老员工的比例不一，因此与生产经理及生产主管讨论后决定，按入职 6 个月内（共 10 名）、6 个月到一年（共 10 名）、一到两年（共 5 名）、两年以上（共 5 名）的服务年限的分布比例，自愿报名与随机抽取相结合，从一线员工中抽取 30 人分 5 组进行沟通。沟通过程中由 HR 进行团队报告的解读，鼓励一线员工就薪酬、基层管理问题多多发言，所有的发言以匿名的形式予以记录并汇总。考虑将参加人员设置为每组 6 人，是希望每个人都能够畅所欲言，避免因为个别人员发言积极而其他人员保持沉默的情况出现；考虑采取无领导且匿名的方式，是希望一线员工能够如实反映他们对于基层管理的看法与建议。

以 2016 年为例，一线无领导沟通会后共收集反馈意见 368 条，经整理分类汇总，如图 5-3 所示。反馈结果的前 80% 集中于薪酬、直接主管管理效力、成长与发展、沟通、参与度与归属感、安全这 6 项影响因素。结合生产一线敬业度报告数据，通过进一步对访谈过程及访谈记录进行梳理，发现提及未来前景较多的原因是因为不清楚公司接下来的业务发展情况，因而将未来前景的结果与沟通进行了合并；发现员工对认可不满意，其实是体现在认为这个工作没有意义，只是机械操作，没有认识到日常工作与企业愿景及发展方向的关联，因而另外特别添加了一个"工作认知"影响因素，将认可归入其中。

综上所述，将生产一线敬业度报告的数据汇总，与一线团队无领导沟通会的反馈汇总结合起来看，合并相同项，保留不同项以后，可以看出生产一线敬业度的影响因素主要集中于薪酬、直接主管管理效力、成长与发展、沟通、参与度与归

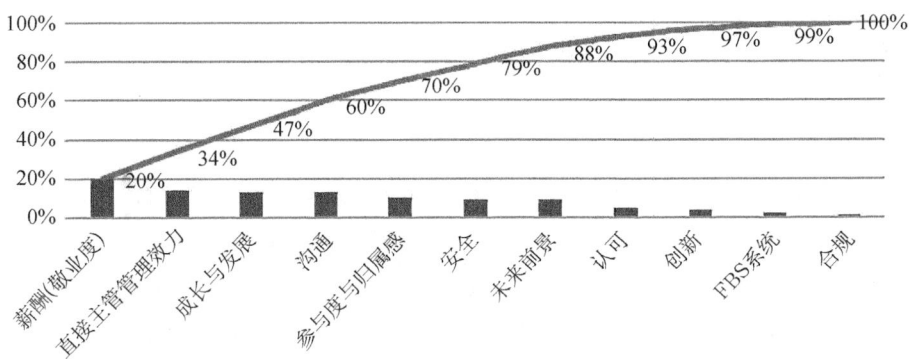

图 5-3　2016 年敬业度生产一线员工无领导沟通会反馈汇总

属感、安全、工作认知这 7 个方面。

（三）生产一线员工敬业度影响因素

1. 薪酬

J 公司所在的重卡行业具有明显的淡旺季特征，每年的第一季度与第四季度是订单签约旺季，工人加班加点都可能无法满足客户的订单需求；而到了第二季度与第三季度，则是传统的重卡销售淡季，订单向来会大幅减少，相应的加班也会减少很多，甚至没有。J 公司虽然已经参考了苏州工业园区薪酬水平的 75 分位来制定基本工资，但毕竟加班费对一线工人来说是非常重要的一块，加之苏州工业园区生活成本不低，500 元的到手收入差距可能就会对员工产生很大影响。在 J 公司工作一两年的员工可能已经了解并习惯了这种薪酬设计，但对于新入职 6 个月以上一年以内，特别是在旺季加入公司，马上又体验到淡季的新员工来说，淡季加班费的减少，足以让他们觉得"在这里工作工资太低，没有达到当初面试时说的薪水标准"，从而无视全年整体收入还是非常具有竞争力的事实，产生消极甚至离职的想法。这些反馈也印证了在做离职分析原因的 2 级柏拉图的时候，6 个月以内的新员工离职的主要原因是薪酬。

另一方面，在 2017 年公司一下子将生产线从 5 条增加为 8 条之后，一线工人对岗位津贴产生了诸多意见。原因是同为机加工，不同产线的工作要求与劳动强度均有所区别，有的线是工件重而节奏慢，有的线是工件轻而节奏快，但当时所有的岗位津贴都是一样的，所以员工经常会出现挑工位不服从工作安排的情况，反正不管在哪条线干，岗位津贴都是一样的，调动不起积极性来。相反，不挑工位的员工也会带有情绪,觉得自己服从工作安排,拿一样的薪资,为什么自己做得比较辛苦,觉得有失公允。

2. 直接主管管理效力

生产一线共有 4 个班组,每个班组包括一名领班,两名技术员,25 名左右生产一线人员。调查结果发现,不同管理方式和风格的一线领班的团队报告,直接主管管理效力得分差距很大。如以 2016 年数据为例,管理方式相对讲求科学的领班所带团队(69%),得分要比以简单直接方式管理的团队要高出很多(39%)。同时,离职数据分析也显示,得分低的团队主动离职率要远高于其他团队,如表 5-1 所示。

表 5-1　2016 年生产班组敬业度与离职率数据

班组	敬业度得分	离职率数据(2015 年 1 月至 12 月)
A	69%	15%
B	53%	26%
C	42%	60%
D	39%	61%

通过反馈得知,得分低主要集中于对一线领班的意见。一线员工普遍认为,优秀的领班应该在以下方面有一定的突出表现:①尊重他人;②公平公正;③善于沟通;④能给员工提供日常工作与职业发展的支持;⑤技术过硬,能解决实际问题。而 J 公司生产部的领班均来自生产一线员工内部,其本身缺乏一定的管理经验,在领导方式、激励方式、沟通方式方面存在一定问题,具体表现在对待员工态度生硬、缺乏日常沟通、工作支持不及时不到位等。

3. 成长与发展

随着社会多元化的发展,有越来越多的工种可以达到和厂里上班同样的收入,因此,在外企工厂里工作对于年轻一代的吸引力越来越弱。薪资福利固然重要,但他们更希望自己的个人价值能够得到体现,并希望获得更多的学习、成长和发展的机会。通过调查反馈发现,一线员工觉得在公司内除了本职工作,能接受的培训较少,培训内容更多是侧重安全生产方面,与他们的发展关系不大。同时,他们也不太清楚自己对哪方面的培训更感兴趣;另外一方面,即使他们乐意在公司长期工作,对于自己未来的职业发展方向,以及公司内是否有自己的晋升或调动机会,也不是很清楚。所以,面对外界各种各样的机会,难免会寻求个人突破,试一试。

4. 沟通

一线员工绝大多数为"90后"的年轻人,从沟通方式上来说,他们更偏好基于尊重、平等的互动式交流,也希望上级领导能平等地听取他们的想法;而在实际中,领班及技术员等都习惯于使用自上而下的命令式、指令式的交流方式,虽然简单直接,但很多时候会让一线员工觉得生硬粗鲁,感受不到尊重,因而觉得心中不快,想找下家。

从沟通内容上来说,一线员工希望除了日常告诉他们要做什么或者怎么做以外,还希望能够获得指导他们个人绩效提升、职业发展的具体内容,同时也期望他们的努力能够被认可、被赞美,感受到上级对他们发自内心的关心。然而,在实际中,这类期待多会落空。

5. 工作认知

通过反馈了解到,一线员工认为他们的工作就是不具备创新性的,就是公司当中"最低层次"的"按步就班"的实际操作,只要按照标准工作的流程来做就可以了,公司实际也是这么要求他们的,这导致一线员工普遍认为如果有建议,反而会导致出错,被领导批评。由此可见,一线员工对他们的工作性质与工作意义的认识,存在一定的问题。

6. 参与感与归属感

"90后"的年轻人普遍觉得在公司里谈不上有什么团队的氛围,每天上班就是为了赚钱,只要生产不出错,按时按量完成任务就好,休息时间就自己看看手机、打打游戏,除此之外也没有什么乐趣可言。因此,一线生产团队的整体归属感是比较低的。

7. 安全

一线员工对于安全的要求向来比较具体,因而此类问题多会直接反映在最后一道开放式问题中,J公司每年会加以汇总分类并排序。如2018年的开放式问题,在132条有效回复当中有59%的员工希望公司的物理工作环境能有所改善,具体表现为当时生产车间内没有安装空调,夏天高温,设备周边的温度可达40℃以上。员工因为高温又要长时间操作机器,反映工作条件非常辛苦,甚至想换个环境。

8. 敬业度影响因素与离职影响因素比较

通过本节生产一线员工敬业度调查的反馈,得出了生产一线敬业度低、离职意愿高的影响因素主要表现在:薪酬、直接主管管理效力、成长与发展、沟通、工作认知、参与感与归属感、安全7个方面，其中根据一线员工访谈结果，前三项薪酬、直接主管管理效力、个人成长与职业发展合计比重已经超过了47%，而在第3章中，基于离职员工电话调研及离职率分析，总结出的离职影响因素正是存在于薪酬、上级主管、个人发展这三个方面。可见，有关生产一线员工敬业度的影响因素，包括涵盖了离职影响因素，因而，针对7个敬业度影响因素而制定的生产一线员工敬业度提升方案，必然对离职影响因素同样起到对症改善的作用。

（四）生产一线员工敬业度提升方案

在明确了生产一线员工敬业度的影响因素以后，结合了敬业度相关理论基础，J公司付诸了一系列的提升方案措施。

1. 优化生产一线薪酬结构

在2018年4月，J公司对一线的薪酬结构进行了优化调整。选择这个时间点进行调整的原因，一是前期意识到这方面的反馈以后，为慎重起见，相关部门已经进行了将近一年时间的大量讨论，积累了一定的数据量与调研信息；二是4月份正好是调薪阶段，时机较好，员工都期待工资的大幅度增长，对薪资结构本身的调整相对不是那么敏感。

调整前后的薪酬结构本身没有差别，均为"基本工资＋绩效奖＋岗位津贴＋服务年限津贴＋全勤奖＋加班费"，具体变化如下：

（1）绩效奖：以前是只扣不奖，员工因个人原因完不成产量或质量，无论情节严重与否，一律被扣50%；但相反，达成目标并没有奖励，调动不了员工的积极性。经过调整以后，只要员工达到生产质量与数量的双目标，绩效奖便在原基础上上浮20%；因员工本人原因造成生产质量或数量不达标，视具体情况绩效奖金扣除20%以上；如果确因个人原因造成重大损失的，参照员工手册另行处理。通过这样的方法，员工的精力更多是关注"达成目标即可获得额外奖励"的积极方面，薪酬就从保障因素变成了激励因素，员工对自我的产出有了自发的要求。

（2）岗位津贴：对于各个工位工作强度不一，岗位津贴没有体现差异的问题，生产部联合EHS部门，对各个工位的工件重量大小、操作频率快慢分别进行了定级，按工件重量及操作频率，分别区分高、中、低，一共定义出共6个要素。再将原来的岗位津贴予以拆分，分解到6个要素上，按不同的工位要求组合。自此，岗位津贴按不同的工位，均可以体现该岗位工件重量与操作频率的特点,员工在该工位的岗位津贴与其在另外一个工位上的岗位津贴是不一样的,具体薪资结算会参照其生产排班表来进行,最大程度上体现了公平性原则。

(3) 对于员工关注的淡旺季收入不稳定的问题,首先必须承认,在现阶段,加班费始终是员工感受薪酬高低,决定去留的一个关键因素。对于好不容易招聘到的技术工人,J公司自然是希望能尽量平衡他们的收入,避免因为淡季一两个月收入偏低就离开公司。因此经过各相关部门的商议,并经财务测算及公司管理层批准,J公司对生产一线员工实行了"浮动制加班"政策,即一旦当月生产订单预测下降到某个数量,生产经过排班确认该订单量会影响到接下来的加班时数少于一定数值的时候,即启动浮动制,生产会将后续几个月安排的培训计划提前,在周末或下班后加班时间内给员工进行培训,以达到一定的加班时数的保证;而当订单量达到某个数量以后,则恢复正常加班。同时,生产部也会在交接班会时向一线员工沟通下阶段初步的订单状况,让员工知道后续的安排,增强信心。虽然这样会产生一点额外的加班费用,但与员工流失的成本以及旺季没有时间安排培训相比,这样的调整还算是经济且有效的,生产一线员工也非常欢迎这样的做法,感觉公司考虑周到,特别人性化。

2. 提升生产领班领导力

在收集到的一线员工反馈领班管理能力问题的基础上,生产部经理与运营HR伙伴一起与四名生产领班首先进行了一对一的沟通,充分了解了各个领班的想法、需求及其班组的实际情况。一方面,制造型企业对产量、质量、劳动纪律等各方面的要求都很高,领班个人承受的压力其实也是很大的;另一方面,领班都是从内部操作员到技术员再到领班逐步培养起来的,其虽然有熟悉生产流程和设备作为良好基础,但从个人贡献者转为管理一个近 30 人的团队,他们在如何带领团队、管理员工、沟通、激励等方面也是边摸索边学习,照实说,公司在这方面的支持也没有做到位。针对以上情况,公司随后对四名生产领班制定了为期三个月的领导力提升计划,内容包括以下三个方面:

(1) 领导力培训:参加一线班组长领导力提升外训,了解领导力的基本知识与技巧,着重学习如何尊重员工并进行有效沟通,如何公平公正地分配工作及解决问题,并运用到后续的日常工作中去;由 HR 培训情境领导力工具,帮助领班学会在不同情境下对员工运用不同的领导与支持方式。

(2) 工作重点调整:领班的工作职责进行调整,将调试换型等技术工作交由生产技术员负责,保证领班能有50%的工作时间用于现场巡视以及与员工沟通;将当班的一线员工离职率纳入领班的月度绩效考核指标中。

(3)月度一对一辅导:生产部经理及HR BP与领班每月安排一次一对一的辅导会议,帮助解决领班遇到的管理方面的困惑。

三个月培训期结束,在四个班组内进行了匿名的小型调查(pulse survey),以收集有关领班领导力提升的反馈意见,结果如表5-2所示。

表5-2　2017年领班管理能力提升调查结果

问题:过去三个月来,我觉得我所在班组领班的管理能力有明显提升				
选项:"强烈赞成""赞成""中立""反对""强烈反对"				
	领班A	领班B	领班C	领班D
生产经理	强烈赞成	赞成	强烈赞成	反对
HR BP	强烈赞成	强烈赞成	强烈赞成	反对
班组员工赞成百分比	76%	81%	88%	22%

从上表可见,三名领班的管理能力得到了明显的提升与认可,而对于敬业度得分最低的领班D,在经过三个月领导力培训之后,其工作表现没有发生明显变化,在日常管理当中仍然是以简单粗暴的方式对待员工,经过评估,公司认为其虽然技术过硬,但不适合继续担任领班的工作,经本人同意以后给予调岗担任技术员,随后从内部提拔了一名技术员作为新的领班。此项提升活动始于2017年,但目前已经成为固定的培训内容,所有的新任领班正式上岗之前均要接受相关的领导力培训。而月度的一对一辅导则按实际需要,频率改为了按季度持续进行中。

3. 构建基于员工需求的培训计划与职业发展通道

培训机会与职业发展都是吸引一线员工留下为公司服务的重要因素。之前生产部的培训都流于形式,生产一忙就取消或者推迟;即使做了一些培训,员工也不是很有兴趣。为了针对性地了解一线员工的培训需求,公司在2017年9月份在一线员工中进行了小型的需求调研,得到了员工感兴趣的前4个培训需求,其中3个与机加工技术提升相关,1个与Excel使用相关。随后公司将这4个需求整合到每月一线培训计划中,保证每个月的主题培训都能涵盖到生产技术、安全、质量三个方面,并且将培训计划提前在公告栏上予以公布。培训形式也采用多样化的方式,包括安全有奖知识问答比赛、"质量现场来找茬儿"等趣味形式,大幅度提升了"90后"员工的参与兴趣。

虽然J公司领班与技术员，基本上都是从内部提升的，并且工人也有转岗到其他部门如担任质量检验员的机会，但之前相关的内部面试选拔的流程并没有透明公开，其他一线员工并不了解一线员工职业发展的通道，有些还以为是通过关系上岗的。因此自2018年3月起，J公司正式发布了内部推荐流程，对内公开所有招聘岗位机会，并明确了内部招聘面试与选拔的每个步骤及时间节点，鼓励员工进行自我推荐及推荐他人。通过此种方法，在3个月内，即有3名一线员工自荐并通过面试，成功转岗成为质量检验员及仓库管理员，有效促进了一线员工的内部提升与内部流动。

4. 强化沟通与反馈流程

除了常规的沟通渠道如员工大会、班组会议、总经理信箱等，自2016年起，J公司增设了针对一线员工的沟通与反馈流程，如下：

(1) 一对一定期沟通：通过前文述及的领班领导力提升计划，对现有的领班与员工的定期沟通进行了改善。J公司要求，在上下级之间要按一定频率安排一对一的定期沟通。但原先生产一线的定期沟通流于形式，经常是领班"看着觉得员工表现不大好，或者自己有空的时候就随便找个时间聊几句"，频率和效果上都不能保证。因而生产部在HR的协助下设计了有明确时间和地点的一线沟通计划表，保证每班的每一名员工每季度至少有一次与领班一对一沟通的机会。同时对公司用于一对一沟通的表格更新了简化版，更适合生产部工人口语化的沟通方式，从而确保领班和工人的每一次定期沟通都能以定时、定点、有记录的方式进行。

(2) HR与一线工人每周沟通会：为了更及时、更真实地倾听一线工人的心声，自2016年9月起，公司设立了HR与一线工人的每周沟通会。时间为每周三下午3点的休息时间15分钟，地点在员工一号休息区，参加人员除HR以外，一般包括生产助理、公司花名册上随机分组的一线员工三到四人，以及任何愿意主动参与的一线员工一到二人。HR是代表公司一方的角色，承担着传达公司近期最新信息，以及收集一线员工意见及建议的工作。沟通会的重点在于有记录有反馈，员工提出的问题HR可以当场回复，当场给予反馈；无法当场回复的，记录下来，并在一定时间内给予反馈。生产助理承担记录工作，会记录下员工所有的意见与建议(无论是否被采纳)，将内容与后续进展公布于员工公告栏上，如表5-3所示。

表 5-3　2017年每周沟通会记录表（部分）

类别	内容	提出人	提出日期	整改方案及进展	责任人	完成日期
精益类	4线测试时发现一个不在检测清单中的项目容易造成弹簧卡死，建议放入检测清单中。	张某	2017年1月11日	修改并更新了检验清单，加强了对供应商的生产要求。该建议基于一线员工的积极主动，发现了不在清单中的项目有质量隐患并主动提出，从而有效地避免了不良品流到客户端而造成的大额索赔的风险（此条建议在2017年获得精益类"金点子奖"）	田某某	2017年1月16日
安全类	6/7/9线部分测试机下面没有绿色油污收集槽，操作人员易滑倒，有安全隐患	曹某某	2017年3月22日	生产部评估可行性以后，采购部与设备供应商联系，均安装了油污收集槽，避免了滑倒的风险，也有利于设备场地清洁	何某某	2017年4月12日
环保类	新建2号垃圾房地面油污大，易渗漏到地下，不环保	李某	2017年5月17日	2号垃圾房地面改造完成，加涂了地面隔离涂层，并增设了油污收集管道（此条建议在2017年获得环保类"金点子奖"）	桑某某	2017年7月7日
福利类	长夜班可否给员工配工作餐而不是发餐贴	季某某	2017年8月23日	虽然发长夜班餐贴也是在2015年经过调查得出的结论，但两年后还是再次在生产一线员工中进行了调查，结果仍有69%的员工选择餐贴。同时公司提供免费的方便面供给夜班一线员工	孙某某	2017年8月30日

自2016年9月开始实施每周沟通会以来，收到了非常好的效果，至2017年12月底，每周沟通会共收集到各类意见或建议282条，共按内容归类为精益类、安全类、环保类、福利类四大类别，其中成功受理231条，已完成206条，尚有25条在进行中。同时有28名员工因为提出的建议具有实际的改进公司业绩的

效果,而获得了合理化建议的"金点子奖",在 2016 年度及 2017 年度受到表彰。该措施受到了一线员工的好评,因为员工看得到明显的行动与反馈结果,每次的参与都非常积极;该措施因成效显著而被 F 集团采纳并推广到中国区其他兄弟公司进行实践。

（3）半年度一对一越级沟通:越级沟通原来只存在于办公室员工层面,因为对降低在职员工离职风险有一定效果,J 公司也将其于 2018 年初推广至一线团队。选择越级沟通人员的原则,是上级领导首先使用《离职风险评估表》鉴定出离职风险为"高"的那些员工,再结合其日常绩效表现,如果该员工被评为"有潜力"或"高潜力",则成为越级沟通的对象,由 HR 进行安排,与生产经理或者运营总监在季度内召开沟通会。对于一线员工来说,日常接触比较多的就是领班,再往上最高基本上就是生产主管,接触到公司管理层的机会很少。而通过沟通会的方式,一线员工就能和管理层面对面,有机会直接说出自己对于工作及未来的看法;公司管理层也能有机会深入了解一线员工的真正想法,也可以借此机会给员工传达公司的信息。

5. 提升一线员工工作认知

针对一线员工觉得工作没有意义、只是机械地在生产线上工作的想法,首先从公司层面,在员工大会上由总经理向全公司以简洁明了的方式阐述未来三年公司战略,同时以讲故事的方式来说明 J 公司产品的价值所在（环保及安全）,以及我们每一个人的努力会为环境保护、社区安全、家庭幸福作出什么样的贡献,提升一线员工对公司的愿景理解;接着由运营相关部门给一线员工进行培训,着重于介绍一线员工的具体工作和公司的产品有什么具体的关联,如果产品质量有保障,就能在我们的终端用户那里避免什么样的风险,从而让一线员工了解到自己的工作意义;随后,J 公司也组织了相关的质量与安全征文比赛,让大家谈一谈自己对这方面的了解,得奖者在季度员工大会上与全体员工进行经验分享。

其次,公司组织一线员工代表去苏州工业园区两家同行业标杆工厂进行了参访,通过学习与交流,一线员工了解到其他同行业公司生产管理与生产流程的相同与不同点,从而对本公司内的日常管理与制度等有了更全面的认识。

最后,本着更好地让一线员工了解 FBS 运营工具给日常工作带来的变化的目的,生产部自 2017 年起,每次 FBS 改善活动均邀请若干名一线员工共同参加,让一线员工了解精益工具是如何给生产效率带来提升的,从而对自己的工作意义有了更深刻的理解。

6. 增强员工参与度与归属感

一线员工中60%以上是"90后"员工，他们讲求生活与工作的平衡。以前的员工活动，一线工人要么因为要加班不能参加，要么因为年纪轻对公司组织的很多活动兴趣不大。J公司通过员工敬业度调查了解到这些反馈之后，就考虑每年都为一线员工设计若干定制化的员工活动，以"有趣"和"要赢"这两个关键词作为策划方向。HR与生产部合作，举办了专场活动包括劳动技能趣味竞赛、王者荣耀争霸赛、拔河比赛、冰激凌车猜谜等小而精的活动，一线工人参与与反馈都较积极。加之一线工人经常加班，工作比较辛苦，团队也较少时间在工作之余能进行互动，从2017年开始，一线每年都会利用周末的时间进行两次全天的户外拓展活动，让大家在齐心协力完成挑战的同时，增进团队意识与归属感。

其次，鉴于一线员工95%来自苏州以外的地区，公司就考虑如何在"有爱"方面进行员工关爱的提升活动。自2018年1月份起，12名福利委员会成员中就包括了6名来自一线团队的员工，他们代表一线员工，每月参加公司与员工福利、活动相关的讨论，并作为福利委员会代表在员工大会上向全体员工作工作报告，起到了公司与一线之间积极传递信息的桥梁作用。比如J公司每年底都会有冬季礼物的发放，福利委员会就会充分地考虑一线员工代表提出的备选方案并进行投票，更多样化，更实用，符合一线员工的实际需要。

诸如此类，公司有很多很小的细节在为一线员工考虑。而一线员工一旦通过具体的事件了解到了公司为他们考虑的立场，与公司之间的情感联系就更紧密，归属感也就提升了。

7. 改善工作环境

员工敬业度调查开放式的问题指出，很多员工反映夏季车间温度过高，希望能安装空调。虽然得到这个调查结果的时候2018年的年度预算已经完成，其中并没有包括安装空调这项，但经过中国区管理层向总部努力争取，特批了这笔费用40万元，于2018年7月初赶在夏天来临之前，在7 600平方米的车间内全部安装了风冷空调，虽然为此公司七八两个月每个月要产生10万元的电费，但成功地将车间温度从38℃降低到了29℃，显著地改善了一线员工夏季的工作环境。以往，夏季是一线工人离职的小高峰，但安装了空调之后，离职人员明显减少。

（五）本章小结

本章介绍了生产部作为敬业度的短板，在近年来为提升一线员工敬业度而做出的努力。值得注意的是,敬业度提升不是一蹴而就的,有些行动方案需要持续数年,或者视具体情况不断进行修改调整,更多地还需要后期对提升结果的保持,管理层及相关部门在这个过程中持续对员工敬业度的投入与担当就显得尤为重要。

六、J 公司员工敬业度提升方案成效分析

为提升员工敬业度,降低一线员工的离职率,提升企业绩效,J 公司自 2016 至 2019 年持续进行了员工敬业度的提升活动。本章将从敬业度调查指标、公司离职率及公司绩效三方面来进行提升方案的成效分析。

(一)J 公司 2016—2019 年相关数据及分析

1. 员工敬业度调查表现

在 2019 年 1 月,J 公司进行了第四年的员工敬业度调查,数据如图 6-1 所示。从中可见,与 2018 年相比,2019 年四大关键指数得分继续保持上升趋势。其中敬业度指数从 74% 上升至 77%,与排名前 25% 的公司相同;直接主管管理效力上升了 6%,从 79% 上升至 85%,属于较大的变化;绩效支持指数从 80% 上升至 83%;行为转变指数保持不变,为 89%。

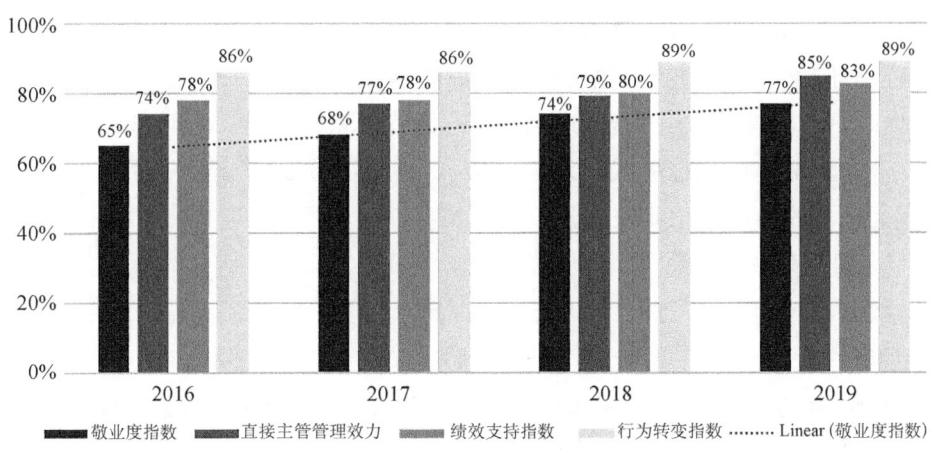

图 6-1　2016—2019 年四大关键指数得分及敬业度趋势

2. 离职率表现

在离职率方面,J 公司整体离职率呈现逐年下降的趋势,如图 6-2 所示(苏

州工业园区 2019 年 9 月份数据尚未公布)。截至 2019 年 9 月底,J 公司 2019 年离职率为 21%,而考虑到第四季度生产旺季来临,且传统上第四季度员工较少考虑离职换工作,一是因为靠近年底员工普遍求稳,二是考虑到年终奖的因素。因此,可以预见 2019 年全年 J 公司的离职率也将保持在 21% 左右,为历年来最低。

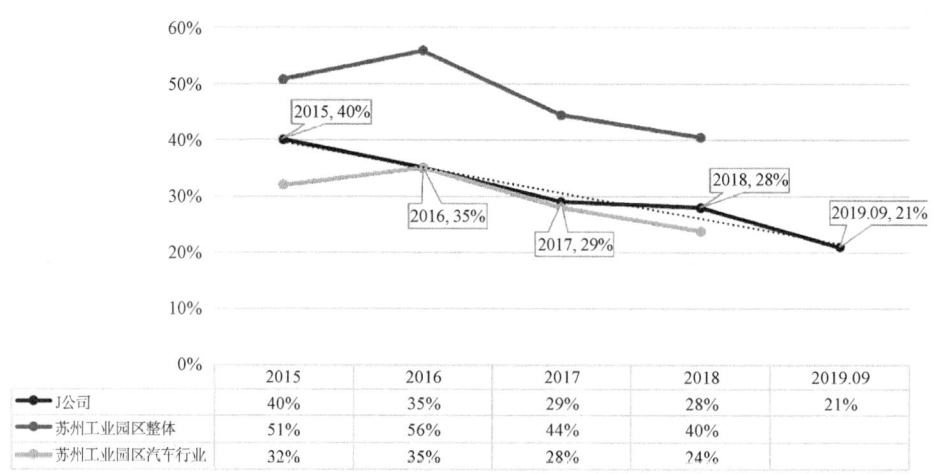

图 6-2　J 公司与苏州工业园区整体及汽车行业离职率比较(2015—2019 年)

具体看生产一线的离职率,2018 年与 2017 年持平的原因之一,是 J 公司因客户搬迁,于 2018 年将一整条生产线从中国区转移至东南亚的分公司,从而导致整条线的生产员工被动离职,但因人数较少,影响较小。除去此特殊情况以外,生产一线随着敬业度指数的逐年上升,员工离职率呈现一个下降的趋势。如图 6-3 中离职率虚线趋势线所示。同样,2019 年的数据是截至 9 月份的数据,但作为全年的参考可性度较高。

3. 团队绩效表现

如图 6-4 所示,J 公司自 2016 至 2018 年,销售都是维持百分之十以上的逐年增长率。但在 2019 年,销售预测将与 2018 年基本持平。主要的原因是来自重卡市场主要目标客户群体重载卡车在 2019 年的业绩大幅下降,如表 6-1 所示。虽然整体重卡整车销量与上年持平,但 J 公司主要的标配类型重载卡车因国家政策(如上半年的运转煤等政策)的影响,在 2019 年,同比生产下滑了 25.7%,销售下滑了 23.3%。而 J 公司在这种大环境下,可以跑赢市场,抵抗住市场的大幅下滑,做到业绩持平,在没有打价格战并且没有新产

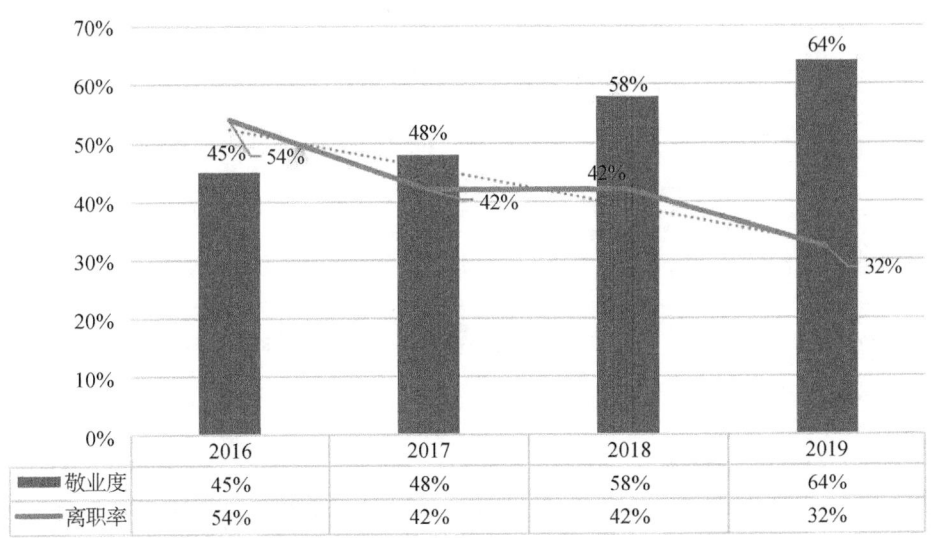

图 6-3 生产一线员工敬业度指数与离职率数据(2016—2019 年)

品量产的前提下,主要是依靠交付稳定、质量可靠,表现得比竞争对手更为稳定、更为优秀,从竞争对手处赢得了更大的市场份额。而交付与质量都与生产一线员工的绩效表现紧密相关,这与公司内部生产一线团队的稳定是分不开的。

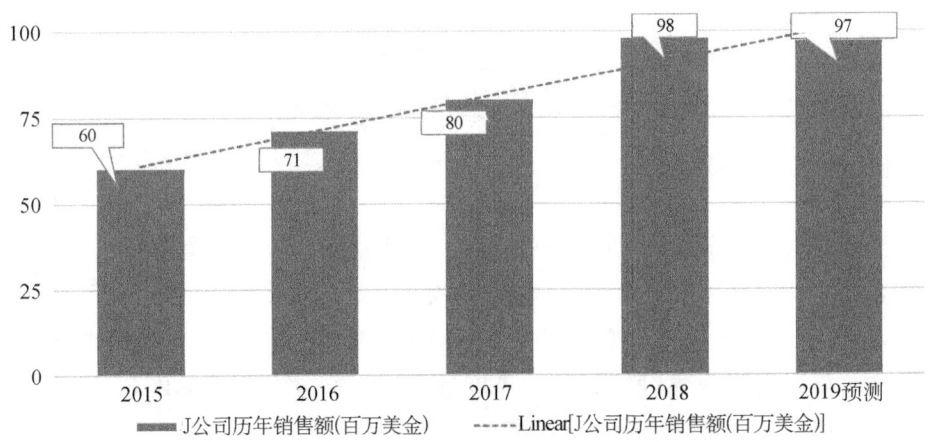

图 6-4 J 公司历年销售额(2015—2019 预测)

表 6-1　中国重卡生产销售情况一览(2019.8)

按车型分类	生产					销售					
	本月			年度累计		本月			年度累计		
	产量	同比增长		产量	同比增长	销量	同比增长	市场份额	销量	同比增长	市场份额
重载	14 350	−14.1%	20.0%	168 872	−25.7%	21.9%	14 747	−23.2%	20.1%	177 056	−23.3%	22.0%
半挂牵引车	32 424	7.7%	45.2%	359 769	19.3%	46.7%	32 855	7.0%	44.8%	378 725	16.2%	47.0%
重工和专用	24 916	26.1%	34.8%	241 023	−3.7%	31.3%	25 658	17.0%	35.0%	249 668	−4.5%	31.0%
总计	71 690	7.7%	100.0%	769 664	−1.20%	100.0%	73 260	2.0%	100.0%	805 449	−1.6%	100.0%

4. 其他相关指标

(1) 员工内部推荐的次数增多。敬业度调查有关敬业度指数里面有一个项目:"我很乐意推荐他人到我所供职的运营公司就职。"随着敬业度不断提升,公司内特别是一线员工推荐外部人员加入公司的次数越来越多,J 公司认为这也代表着在职员工对公司的好评度上升,信心增强。

(2) 快速调研结果。为了验证敬业度提升方案的有效性,J 公司在实施行动方案的过程中,会视具体的情况,在特定范围内实施小型的快速调研(pulse survey),目的是及时了解员工对于公司正在进行的一些措施的反馈,有助于顺利实施或迅速调整方案。在过去几年中,J 公司就领班领导力提升、培训需求、培训效果、员工活动满意度、快餐质量提升反馈、请假制度反馈等诸多方面进行过快速调研,结果也都证明了提升方案的实施是有效的。

(二) 本章小结

J 公司在 2019 年度员工调查中取得了一定的进步,保持了 2016 至 2018 年的提升态势。公司整体敬业度得分、生产一线员工的敬业度得分均有所提升,与之相应,生产一线员工的离职率呈现持续下降的趋势,可见基于离职率控制的敬业度提升取得了实际效果;回顾 2019 年度敬业度提升方案的具体内容,很多工作是着重维持前几年提升活动的改善成果,全新的内容反而较少,可见历年来敬业度提升方案的实施与结果的维持对离职率的控制持续产生着作用;公司业绩跑赢市场的表现也证明,生产一线员工敬业度的提升对运营的业绩提升也起到了重要作用,是企业整体竞争力提升的具体表现。

七、结论与展望

本篇以J公司为实例,展开基于离职率控制的员工敬业度提升的相关研究。在对J公司及其人力资源现状进行分析后,提出J公司人力资源方面存在生产一线部门离职率高的问题,并运用问题解决流程工具对离职原因进行了初步分析,归纳出了三个离职影响因素。为提升员工敬业度,从而有效控制离职率,J公司自2016年开始进行员工敬业度调查,了解了生产一线团队敬业度低的影响因素,并与离职率高的影响因素进行了联系,从而确认生产一线团队是J公司敬业度相对较低的群体,公司以此拟定了大量以提升敬业度为目的的提升行动方案,随后以历年的实施数据进行了提升方案的成效分析。

(一)研究结论

1. 结论

(1)J公司员工敬业度提升的目的与过程,始终贴近J公司的战略发展规划及人力资源当下的主要问题,有针对性且有实际意义。因此,企业在考虑敬业度提升的目的、敬业度提升方案时,应当服务于公司的实际需求,与企业存在的问题紧密联系起来。

(2)通过J公司的历年实证可见,敬业度与离职率为负相关关系,员工敬业度越高,离职率越低。因而进行员工敬业度调查及提升,是企业控制员工离职率、了解员工离职意愿的好工具。前提是要明确员工离职的影响因素,并且做好敬业度调查结果的沟通与反馈,从而发现员工敬业度低的影响因素,将两者结合起来,考虑提升方案就会更为全面和有效。

(3)J公司在进行敬业度提升过程中,发现并明确了对公司敬业度影响最大的是生产一线团队,从而实施了有针对性的员工敬业度的提升方案并且卓有成效。因此,企业在进行敬业度提升时,不仅要全面地了解公司层面的敬业度概况,更要对各个部门进行分析,进而发现对公司敬业度影响最大的那块短板,对短板制定有针对性、有重点的敬业度提升计划,以提高整个公司的敬业度水平。

(4)J公司本着认真、踏实、严肃的工作态度,保证了敬业度调查流程的各个步骤的执行力。从前期准备、调查实施、沟通结果、收集反馈、制定方案、实施方案,每一步都有层层落实和跟进,这是员工敬业度提升方案得以实施落地的重要保障。因此,要实现有意义的员工敬业度调查,就必须把流程执行到位。

(5) J 公司通过历年来对员工敬业度提升和控制离职率的工作认识到,提升方案不是一次性行为,结果也不是一蹴而就的,也有可能需要持续数年才会见效;同时,员工离职及敬业度相关的影响因素也不是一成不变的,有可能随着员工个人、工作、组织、环境等方面的变化而发生变化。这就需要对提升方案及相关动态进行持续的关注和监督,必要的时候需要随时调整相应的方案。

(6) J 公司强调,控制离职率和提升敬业度,都不仅仅是 HR 的工作,而应该是管理层及各个团队领导的重要工作内容之一,所以被纳入了各个经理人的KPI 当中。只有管理层自上而下地推动与以身作则,才能带动公司上下各个层级全体员工整体的投入,才会带来包括敬业度及团队绩效在内的一系列的提升。

2. 局限性

(1) J 公司作为外资企业,员工敬业度调查的内容有一定的局限性,主要体现了外资企业的企业文化和管理思路,其所设置的项目问题也都是全球统一的。如果当中能有部分是专门为中国区企业定制的问题,可能会更有针对性,也更容易被本地的员工理解。所以该研究可能更适合应用于外企,无法直接应用于国企或民企的相关研究,只能给国企和民企提供一些拓展性思路,衷心希望对于所给出的提升方案可以在企业实际运用中适时加以调整,不断地优化完善。

(2) 敬业度提升方案的制定和实施,还是受到外资企业资源的一定局限。J 公司向 F 集团中国区其他事业部和苏州工业园区一些标杆企业,学习了很多敬业度提升和控制离职率方面的成功经验,但因为受制于企业规模、成本与预算的问题,外部的一些成功经验、好做法暂时无法在 J 公司内展开,只能期待在后续的提升方案中予以实施。

(二) 研究展望

本篇以 J 公司为研究对象,进行了问卷调查、员工访谈、数据分析等,对基于离职率控制的员工敬业度提升进行了研究,结果对同类型的企业具有一定的现实参考意义。但结合前述研究局限性的总结以及自身在研究过程中的体会,认识到本篇仍有很多可以进一步探讨的地方。现对后续基于离职率控制的敬业度提升研究提出以下建议和展望:

(1) 在研究方法上,因为企业员工的离职影响因素、敬业度影响因素等都是动态变化的,会受员工、组织、资源、时间、环境等方面的影响而不断变化。在后续的研究分析中,希望能长期追踪企业动态变化的过程,进行基于离职率控制的员工敬业度提升分析。

(2) 在样本的选取上,希望能扩大调查研究的对象和范围,如涵盖 J 公司以外更大的区域,包括 F 集团中国区的其他事业部,或者同区域在苏州工业园区的其他公司,从而可以对基于离职率的员工敬业度提升在不同区域及不同行业的体现进行分析比较,并且可以获得更大的样本数量,更加有效地将离职率控制在理想范围之内,从而使相关研究结论更利于在更大范围内应用与推广。

(3) 在理论收集整理的过程中,发现现阶段国内外研究离职率与敬业度关系的文献理论相对较少。希望以后随着研究与实践的不断深入,能获得更多严谨的相关研究,为相关企业员工管理提供可借鉴的思路和方法。

参考文献

[1] 苏州工业园区人力资源开发有限公司. 苏州市 2018 年重点行业薪酬和福利报告综合版[R]. 苏州工业园区人力资源开发有限公司,2019.
[2] 赵普. 千禧一代职场新管理报告[R]. 盖洛普,2019.
[3] 光辉合益. 组织支持度:有助提升员工效能[R]. 光辉合益,2018.
[4] 北森咨询. 2017—2018 中国企业敬业度报告[R]. 北森咨询,2019.
[5] KAHN W A. Psychological conditions of personal engagement and disengagement at work[J]. Academy of Management Journal,1990,33(4):692-724.
[6] SCHAUFELI W B, SALANOVA M, GONZALEZ-ROMA V, et al. The measurement of engagement and Burnout: A confirmatory analytic approach[J]. Journal of Happiness Studies,2002(3):71-92.
[7] ALAN M SAKS. Antecedents and consequences of employee engagement[J]. Journal of Managerial Psychology,2006.
[8] 曾晖. 员工敬业度的评价与开发[M]. 天津:南开大学出版社,2008.
[9] JACK WILEY, BRENDA KOWSKE. Respect-delivering results by giving employees what they really want[M]. Pfeiffer,2011.
[10] 罗佳. 企业新生代员工敬业度测评及提升途径研究[D]. 大庆:东北石油大学,2014.
[11] 李丁. 基于双因素理论的 80 后知识型员工激励研究[J]. 科技经济市场,2011(12):76-81.
[12] 陈春花. 仅有"保健因素"不管用[J]. 支点,2016(9):21.
[13] 王莉. 提高员工敬业度方法研究[J]. 人力资源管理,2013(12):73-74.
[14] 王浩,罗军. 心理契约研究综述与展望[J]. 科技进步与对策,2009,26(9):160-165.
[15] 马克·罗伊尔,汤姆·安格纽. 低组织支持度会毁了员工敬业度[J]. 商学院,2013(6):122.
[16] 孙静希. 员工敬业度的影响因素及提升措施探讨[J]. 中小企业管理与科技(上旬刊),2016(3):12.

[17] 毛人杰,尤筱玥.德国研究——员工敬业度培育:德国企业的剖析与借鉴[J].德国研究,2016,31(2):117-129,133.
[18] 王平换,刘城,王芊霖.员工敬业度的影响因素及提升措施研究[J].中国管理信息化,2011,14(13):83-85.
[19] 查淞城.企业员工敬业度结构建模研究[D].广州:暨南大学,2007.
[20] 曾晖,赵黎明.企业员工敬业度的结构模型研究[J].心理科学,2009.
[21] 赵欣艳,孙洁.员工敬业度研究综述与展望[J].北京邮电大学学报(社会科学版),2010,12(5):96-102.
[22] 冷媚.企业员工敬业度影响因素研究[D].长春:吉林大学,2007.
[23] 陈万思,刘伟静,沈瑾.参与式管理对新生代员工绩效的直接与间接影响[J].中国人力资源开发,2016(19):101-109.
[24] ALAN SAKS. Translating employee engagement research into practice[J]. Organizational Dynamics, 2017(46):76-86.
[25] MOBLEY W H. Intermediate linkages in the relationship between job satisfaction and employee turnover[J]. Journal of Applied Psychology, 1977, 62(2):237-240.
[26] 李序蒙.新生代员工敬业度影响因素及作用效果研究[D].中国人民大学,2012.
[27] 曾晖,韩经纶.提高员工敬业度[J].企业管理,2005(5):9-10.
[28] 林銮珠.工作-家庭冲突对离职意愿的影响:敬业度中介作用的实证研究[J].社会科学家,2016(10):80-84.
[29] 万敏.员工工作生活冲突_敬业度_任务绩效及离职意向关系研究[D].杭州:浙江大学,2010.
[30] HAUSKNECHT J P, HOLWERDA J A. When does employee turnover matter? Dynamic member configurations, productive capacity, and collective performance[J]. Organization Science, 2013, 24(1):210-225.
[31] 梁璐.青年员工满意度_敬业度和离职意图的关系研究[D].广州:华南理工大学,2017.
[32] 王玲.基于_拉长板——木桶原理的企业竞争战略研究[D].兰州:兰州大学,2006.
[33] 宋晓磊,李国敏.木桶原理与企业管理[N/OL].科技日报,2003-4-23.
[34] 杰弗里·菲佛,杰勒尔德·R.萨兰基克.组织的外部控制[M].北京:东方出版社,2006.
[35] 翰威特.2017年怡安翰威特长三角二线城市蓝领工人管理实践分析摘要版报告[J].怡安翰威特,2017.

第三篇

基于 CIPP 模型的 Y 公司培训效果评估及提升方案研究

丁超宇

摘 要

在竞争日益激烈的当下,企业人力资源的建设水平,尤其是培训效果的好坏直接影响企业对人才的使用效率,进而影响企业的核心竞争力。本篇将从人力资源服务业入手,以国家领军企业之一的 Y 公司作为研究对象,深入研究企业如何做好培训效果评估,并制定相应的提升方案。

本篇首先通过对培训、培训效果评估、培训效果评估模型等的相关理论和文献进行了深入研究,选定 CIPP 模型作为本文的研究模型。随后依照 CIPP 模型背景评估、输入评估、过程评估、结果评估各个维度设计并实施本文的调查问卷,同时结合多种研究方法对 Y 公司员工展开研究。研究结果显示,Y 公司培训存在员工培训需求未被充分满足、培训前期宣传引导和动员的不足、现有讲师专业水平和授课技巧不佳、培训各环节衔接及流畅程度不佳、培训评估工作不够精细等诸多问题。本篇依据 CIPP 模型和 Y 公司实际状况,有针对性地提出成立企业大学、优化课程体系、进行系统的培训需求调研、加强培训宣传组织等提升建议,以期有的放矢地帮助 Y 公司解决现有培训问题,并最终加以总结。希望本篇的研究,对同样正在为提升整体培训效果不断努力的企业和同行提供有益的借鉴和参考,同时拓宽 CIPP 模型的应用范围。

关键词:培训体系;培训效果评估;培训效果评估模型;CIPP 模型

一、绪论

（一）研究背景

1. 社会背景

中国经济快速发展，各行业企业均面临市场优胜劣汰的挑战。为谋生存，企业愈发重视人才对于企业的价值和贡献，不惜投入大量人力、物力、财力对员工进行培训，以期提高在人力资源上的投入产出比，进而增加企业核心竞争力，实现企业愿景。然而，许多企业在组织开展培训中依然存在"为了培训而培训"的情况，缺乏对培训效果的评估，缺少以培训效果为目标的系列方案和措施，虽然持有期望并花费了成本，但收效甚微。该状况是目前中国企业管理实践中普遍存在的痛点之一。

2. 行业背景

中国经济已步入转型的快车道，其中，人力资源无疑是推动经济社会发展的第一资源。2017年，国家九部委印发的《人力资源服务业发展行动计划》明确指出，人力资源服务业是生产性服务业和现代服务业的重要组成部分，对推动经济发展、促进就业创业和优化人才配置具有重要作用[1]。目前，日益丰富的服务产品和持续提升的服务能力，使得人力资源服务业新型业态、新型模式频出，并进入发展的快车道。但是，对比中国社会经济发展对行业的具体要求，对比世界先进水平，仍有差距。因此，国家大力推动人力资源服务业快速发展，2014年出台的《关于加快发展人力资源服务业的意见》计划壮大人力资源服务业规模，提出到2020年从业人员达到50万人、产业规模超过2万亿元，重点培育形成20家左右在全国具有示范引领作用的龙头企业和行业领军企业[2]；2017年，国家进一步提高目标，计划到2020年行业从业人员达到60万人，领军人才达到1万名左右，加快提升人力资源服务市场化、专业化水平和国际竞争力。

3. 企业背景

在全国人力资源服务业行业，Y公司是在全国具有示范引领作用的百家行业领军企业之一。Y公司成立于2002年，现为全国领先的人力资源外包服务机构，更是公认的中国民营企业家创业成功的典范之一。Y公司致力于成为中国人力资本经营服务专家，让人力资本实现最大价值，从而推动社会发展。Y公司具备以下特点：①在近三年发展十分迅猛，产品迭代速度快，员工数量不断增加、产值与税收、分公司数量等都在快速增长；②企业对人才的培养很急迫，希望培养价值观认可、关注绩效、团队协同与配合、职业化程度较高、乐于积极成长的人才群体;③对人才培养有充足的预算,有完善的计划,有专业团队运营管理。

综上所述,当下中国经济环境要求人力资源服务业快速发展,为国家重大战略提供人力资源支撑及服务保障。因此,针对从业经验久、企业规模大、品牌影响力强、运营模式成熟的 Y 公司作为本篇研究的样本企业是非常适合且具有代表性的。本篇即在上述背景下,通过选用 CIPP 模型对 Y 公司的培训效果的全方位评估,识别其得失优劣,并进一步给出针对 Y 公司培训效果的提升方案。

(二)研究目的和意义

1. 研究目的

本篇将归纳总结过往有关培训效果评估的相关理论研究,并重点分析 CIPP 模型的原理,以此为基础进行 Y 公司的培训效果评估,并在此基础上给予有针对性、有效果的提升方案,希望帮助 Y 公司在现有的发展阶段,能进一步提升培训实效,百尺竿头,更进一步。

2. 研究意义

(1)理论意义:将 CIPP 评估模型应用于人力资源服务业的培训效果评估,无疑是对其原有的评估模式的改革与升级,对进一步提高人力资源服务业的培训理论水平亦具有重要意义。同时,本篇将 CIPP 模型应用于人力资源服务业,也将进一步拓宽 CIPP 模型的应用范围,是对 CIPP 模型的补充与完善,甚至成为 CIPP 模型在企业中应用的标杆。

(2)现实意义:经由大量的文献研究,并针对 Y 公司采用直接观察、调查研究、归纳总结相结合的方法,近距离全面评估 Y 公司的培训效果,深刻剖析现状并发现不足,并给出系统、有针对性、可落地的提升方案,这对于 Y 公司的培训效果改善,无疑是有助益的。同时,针对 Y 公司的深入研究,对于同行业、同等规模或同等发展阶段的企业具有较好的借鉴和指导意义,所以也是对国内企业培训案例的很好补充。

(三)研究内容及方法

1. 研究思路及内容

(1)研究思路

第一,提纲挈领地描述全篇研究背景、研究目的及意义、研究思路及方法,并给出全篇的框架结构。

第二,就国内外针对培训效果评估及相关理论的研究成果进行综述,一方面,为后续针对 Y 公司的研究寻找最适合的研究方法;另一方面,为后续的分析、评价、建议提供理论依据。

第三,对 Y 公司的现状、组织架构、人员情况、培训现状等进行详细的介绍,并分析当中的问题。随后,结合上述文献研究及 CIPP 模型,设计培训效果评估的调查问卷并展开调查,同时结合面谈、电话约谈等方式加以补充,充分评估 Y 公司培训效果及其中不足,并识别提炼 Y 公司培训效果的关键影响因素。

第四,依据上述分析,对照 CIPP 模型,逐一提出 Y 公司应在培训背景、培训输入、培训过程、培训结果各方面的提升方案,以期帮助 Y 公司解决现有培训问题,提升整体培训效果。

通过以上研究思路,进一步形成了相对完整的内在逻辑,见图 1-1。首先,"Y 公司"的概念限定了本篇讨论和研究的空间范围,即针对 Y 公司这样一家在人力资源行业当中具备代表性的领军企业,在这家企业的个性条件下对三个核心概念的关系进行讨论,以期对企业的培训发展及人力资源战略给予针对性的建议,并为其他企业相关建设给出实用的参考建议。其次,培训效果评估与提升方案两者间互补互辅,相辅相成,通过对培训效果的评估,进一步形成有针对性的提升方案,而通过提升方案的实施,进一步提升培训效果评估的结果,二者共同作用于 Y 公司培训实务,并最终提升企业组织发展的效率与成果。最后,CIPP 模型对于企业培训效果的评估及提升方案的提出具有高度适用性,其背景评估、输入评估、过程评估、结果评估与 Y 公司目前的培训实务存在着一一对应关系,十分适合作为分析并指导实践的有效工具,其所具备的体系化、系统化的理论架构亦能令整体研究更加严谨与细致。

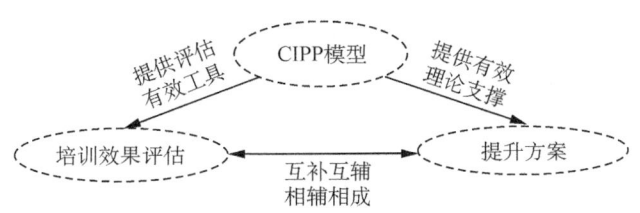

图 1-1　本篇研究思路的内在逻辑

(2) 研究内容

第一部分,绪论。主要介绍全篇的研究背景、研究目的、研究意义、研究思路及内容、研究方法。

第二部分,文献综述。通过研究国内外培训效果评估及相关理论的研究成果,为本篇的分析、评价、建议寻找适合的理论依据。同时,通过反复遴选,明确适合对 Y 公司进行研究的方法,即 CIPP 模型,并重点展开且分析了 CIPP 模型的特征、优势等相关理论内容,明晰本篇核心概念之间的关系。

第三部分,Y 公司人力资源及培训现状。详细对公司概况、公司组织架构、人员现状、培训体系现状进行研究及综合分析,同时对其中的主要问题加以识别,对 Y 公司培训效果评估及培训效果提升迫切程度进一步加以认知,为进一步的调查分析做出充分准备。

第四部分,基于 CIPP 模型的 Y 公司培训效果调查分析。针对以上状况,结合文献及 CIPP 模型,设计并完善与之对应的调查问卷,开展实施,并结合面谈、电话约谈等方式加以补充,以期获得全面完善的调查结果。基于以上调查,逐一分析 Y 公司在培训背景、培训输入、培训过程、培训结果各方面的评估结果,找出不足并分析原因,尤其重点识别提炼 Y 公司培训效果的关键影响因素。

第五部分,Y 公司培训效果提升方案设计。针对以上识别到的 Y 公司在培训方面的不足之处,分别给出有针对性的提升方案,以期有的放矢地帮助 Y 公司解决现有培训问题,提升整体培训效果,更好地助力 Y 公司发展。

第六部分,对全篇的观点加以提炼和总结,指出研究的局限性,等等。

2. 研究框架

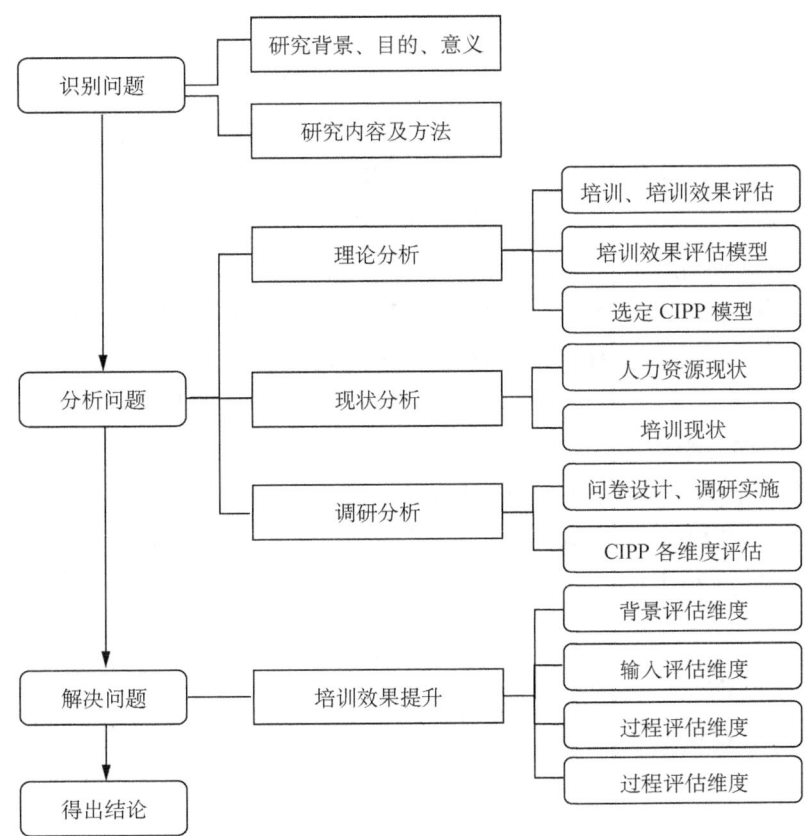

图 1-2　本篇研究框架

3. 研究方法

本篇运用的研究方法包括但不限于文献分析法、直接观察法、调查研究法、访谈研究法、归纳总结法等。

（1）文献分析法

在本篇的撰写过程中，通过图书馆、线上、线下各种平台，不断收集、阅览国内国外相关的期刊、学位论文、书籍，以及第三方咨询机构对于相关理论的文献，充分借鉴国内外优秀学者的研究成果，并通过归纳和总结，形成自己对培训效果评估的理论框架，以此作为本篇理论研究和分析的基础。

（2）直接观察法

在本篇进行问卷调查以前，首先对 Y 公司的企业氛围、工作环境、员工状态和风貌进行直接观察,以期获得第一手材料,形成对 Y 公司的主观认知,并为调查问卷的设计提供可靠思路。

(3) 调查研究法

本篇主要采用的是问卷调查法。依据上述针对 Y 公司的直接观察,并结合文献研究、CIPP 模型及问卷调查的一般方法,设计有针对性、有代表性的调查问卷。通过有效地实施,客观地反映 Y 公司培训效果的实际状况,为本篇由表及里地分析原因提供有效的事实支撑。

(4) 访谈研究法

本篇在完成问卷调查以后,为进一步验证问卷调查的结果,进一步找出现状背后的成因,笔者通过面谈和电话约谈的方式,有选择地对 Y 公司的在职、离职员工进行了访谈,并完善了分析结果。

(5) 归纳总结法

综合以上直接观察、问卷调查和访谈的结果,对 Y 公司的培训效果进行综合评估,并不断提炼、归纳和总结 Y 公司培训在背景、输入、过程、结果各方面的问题,最终提出提升方案。

二、文献综述

(一) 培训的概念和作用

1. 培训的概念

英国官方的培训委员会对"培训"作出界定:"通过正式有组织的或有指导的方式,而不是一般监督、工作革新或经验,获得与工作要求相关的知识和技能的过程。"[3]但是,学术界针对培训的研究一旦聚焦在企业培训的范畴,则众说纷纭,很难对培训的概念达成一致与统一。

霍尔辛格[4]通过高度概括,表明培训是帮助企业员工转变工作状态,为未来工作储备工作技能的一个过程。王荣山[5]则进行了扩展,认为培训一般是指企业为了提高员工的工作技能或者知识水平而提供的学习或者进修的机会,或者是对员工的工作内容提出培训的需求,公司为提高员工的工作能力而提供相应的培训。陈丽芬[6]对概念进行了进一步的划分,将培训分为广义的培训和狭义的培训,广义的培训是指一切可以增强员工素质的活动,不仅仅包括工作技能,还包括帮助员工提升心理素质、团结意识等;狭义的培训主要是指为提高员工的业务水平而进行的培训活动。相对而言,笔者更加认同杨金莲[7]提出的观点,即培训是指组织为开展业务及培育人才的需要,采用各种方式对员工进行有目的、有计划的培养和训练的管理活动,其目标是使员工不断更新知识,开拓技能,改进员工的动机、态度和行为,更好地胜任现职工作或担负更高级别的职务,从而促进组织效率的提高和组织目标的实现。

2. 培训的作用

培训对企业的助力已在全球达成共识。站在企业发展的立场,M. L. Broad 等[8]认为,培训可以帮助企业和员工更好地完成企业目标,帮助企业更好地发展;Arthur 和 Bennrtt 等[9]在其研究中指出,企业如果能把培训作为一个系统工程,在不同阶段设计好不同的培训内容,帮助员工不断提高,进而更好地做好本职工作,则更容易达到企业发展的最终目标;堪新明等[10]认为,培训是企业保障自身发展的工具,通过培训,可以更好地激发员工的潜力,从而更好地完成工作目标,为企业完成自己的战略目标提供保障;郑文平等[11]认为,培训可以使成员在短时间内习得技能,进而提升组织的生产效率,技术水平亦能得到提高,有助于组织的快速发展。

站在员工和企业文化角度,戴斯勒[12]认为,培训是一个传授知识的过程,通过培训,可以提高员工的归属感,其会对企业更加认同;奚陈莲[13]从多角度肯定了企业培训的作用,她指出,企业培训既能提高人员的整体素质,又能加强人员的企业认同感,还能形成更好的企业文化氛围,建立更完善的雇主形象。周惠敏[14]提出,企业培训既有助于提高员工的职业能力,不断地适应工作的需要,又满足了员工实现自我价值的需要,是企业留住人才的稳定剂。曹玉莉[15]指出,通过把培训带给公司内部人员,人员的知识结构可以得到完善,人员的技能可以得到提高,助力人员完成眼前工作,抑或为将来的工作做好准备,既能推动组织发展,也能提升人员的工作积极性,帮助其展现工作能力,促进其职业发展。

本篇从上述各位学者的研究成果中归纳出培训的主要作用,如下:

① 有助于提高员工的专业水平并提升员工价值。

② 有助于形成良好的企业文化氛围。

③ 有助于树立良好的雇主品牌形象,更易于留住人才,对公司人力资源稳定性提供保障。

④ 以上最终助力企业发展,达成企业目标。

(二) 培训效果评估的概念和作用

1. 培训效果评估的概念

各企业在培训上的投入规模完全不同。有的以年度员工薪金总额的 5% 制定培训预算,有的大型企业的年度培训预算甚至是百万元级、千万元级。相反,有的企业则限于资金紧缺,仅有较少的培训预算,甚至没有任何预算。毋庸置疑的是,只要开展培训,就一定会产生成本支出。其中既包括场地费用、硬件设施成本、差旅费用、物料成本等有形的费用项目,也包括讲师费用、员工培训期间的薪资、员工由于参与培训而未能展开工作的机会成本损失等隐形支出,对于任何规模、任何属性的企业而言,均不容小觑。

企业是以营利为目的的,之所以愿意出钱进行员工培训,最终目的也是希望能为企业产生更多的回报。企业所期望的回报包括但不限于:参训员工能力的提升,参训员工忠诚度的提高,参训员工工作积极性的增加,以及参训员工为企业创造出更多价值,等等。具体如何衡量和判断,则需要借助本篇重点阐述的管理方法——培训效果评估。

根据英国管理服务文员会(MSC)的定义,评估,是对一个培训体系、培训课程或社会方案以及财务状况的总价值所进行的评价;而培训效果评估是判断培训是否达到既定目标的过程[16]。Phillips[17]提出,培训绩效评估是一种用来确定培训工作的价值或意义的系统过程。刘学[18]认为,培训绩效评估是指在培训结束之后,利用科学评估方法对培训绩效进行评价和判断,并把培训绩效用定量或者定性的方式表示出来的过程。

在本篇中,培训效果评估指的是,在企业运营实务当中,为验证培训流程顺畅,衡量培训目标的实现状况,确保培训效果的达成,促进训后工作结果提升以及培训的持续有效进行,并最终实现企业整体收益提升的一种管理方法。

2. 培训效果评估的作用

目前,我国企业在培训上依然普遍存在不足。于兰和李大川[19]指出,培训评估是培训整体过程当中十分重要的一环,但时常不受重视。应通过对培训内容的系统整理和汇总,不断在检验培训效果的进程中,为将来的培训活动提供参考的依据。

企业在培训效果评估方面的重视程度,直接或间接体现了企业培训的系统化水平。然而,许多企业往往愿意在培训上投入人力、物力、财力,能够推进培训调研、培训计划的制订与实施、培训讲师体系的搭建,但在培训效果评估上重视不足,亦未能搭建相对完整的培训效果评估体系。

Hale[20]通过广泛调查发现,研究的近300个英美企业之中,有且仅有12%的雇主针对企业内部培训项目开展过系统的评估,培训评估的问题可见一斑。李杨、吴泗宗[21]通过调研发现,国内众多企业并无具体、落地的手段验证培训的效果,尽管多数企业均表示其组织开展的培训是有效的。如此不重视培训效果评估的后果,往往是企业不能准确了解培训的实际效果,更不能准确地知道培训对企业的人才战略是否有足够的作用,最终导致无法达到培训目标,未能提升员工的胜任水平和创造价值的能力,进而使得企业在培训上的人力、财力、物力投入变成一种浪费,影响企业发展。

通过研究以上关于培训效果评估的作用的相关文献并加以归纳,得出中外学者对培训效果评估的作用的结论既有差异点,也有共通点。综合并参考各学者的研究结论,本篇对培训效果评估的作用汇总如下:

(1) 培训效果评估可以深入了解学员参与培训的过程体验如何,学习效果如何,是否参与培训后产生了新的技能点,是否为企业创造价值的效率得到了提升,等等。

(2) 培训效果评估可以深入了解讲师的授课水平如何,讲师的讲课风格是否受学员欢迎,讲师的准备是否充分,如何对优秀的讲师进行激励,如何发现后备讲师,等等。

(3) 培训效果评估可以深入了解培训场地是否合适,培训方式是否受欢迎,培训流程环节设置是否合理,等等。

(4) 培训效果评估可以进一步了解学员对公司企业文化认知和认可程度、企业凝聚力等方面的提升效果。

(5) 培训效果评估可以对培训效果进行量化,以此判断在培训方面的投入的收益状况,调整培训整体方案和策略,以期获得投入更优的投入产出比。

(三) 培训效果评估模型

中外关于培训效果评估的模型较多,在企业实务中受到广泛重视和使用的模型包括以下五种。

1. 四层次评估模型

该模型是美国威斯康星大学教授Donald L. Kirkpatrick于1959年提出的,他把培训评估划分为反应层、学习层、行为层、结果层,故有中国学者称这一理论为"四层次评估模型"或"柯式模型"[22]。Kirkpatrick一直致力于该模型在不同组织当中的实践和研究,并连续发表多篇文章,不断改良与优化柯式模型,使得柯式模型成为全世界范围内广受欢迎的培训效果评估模型。

(1) 反应层:以了解参训人参与培训时对讲师的能力水平、培训方法等的认可程度,以此判断培训成功与否。这一层面常常采用问卷调查的方法进行,为进一步得出更为确切的评估结果,还需要后续三层的评估。

(2) 学习层:通过检测参训者参与培训后收获了哪些知识、技能或态度转变,依此进行培训效果评估,并间接了解培训讲师的水平和整体培训的效果。具体的评估方法包括:依照课程内容涉及有针对性的考试题目并由参训者作答、情景演练直观评价学习成果等。

(3) 行为层:这一层次主要检查学以致用的情况,即参与培训所习得的知识技能在工作中的运用情况,同时也可以了解培训目标实现的状况,并为后续培训的组织开展和实施提供调整提升的依据。该层次往往需要3至6个月的时间去了解,尤其通过工作业绩提升、360度评估法立体多方面地去了解,才能较为准确。

(4) 结果层:从经济效益的角度最终分析培训是否有价值,价值到底有多高。该阶段虽然可以通过业绩变化状况、人员流失率变化情况等进行判断,但公司整体经济效益变化受到组织内外部众多因素共同支配,往往难以简单粗暴地归因于培训效果的优劣。

2. 五级投资回报率模型

杰克·菲利浦于1996年对柯克帕特里克的四层次评估体系的完善程度提出质疑,并将财务评估层加入模型当中,即投资回报率模型(ROI模型)[23]。其中,第五层级可以对培训实际效果展开可量化的评测。

(1) 第一层级:测量培训方以完成良好的培训为目的,对人员、物资、资金的实际使用状况;同时,测量参训人对培训的过程、方式的满足水平,以及对培训内容的掌握程度。

(2) 第二层级:运用测试工具了解参训者学习状态及参与培训后专业水平或能力的提升程度。

(3) 第三层级:通过后评估方式来测量参训人学以致用的程度。

(4) 第四层级:测量参训人参加培训后绩效的实际变化。具体方式是以产出、产品水平、成本、效率、消费者满意水平等标准实现,以确定培训项目对组织的效用。

(5) 第五层级:将培训收益和投入加以比较,计算出成本与收益的比率,因此得知培训的价值。

3. 五级评估模型

考夫曼针对柯式模型的完整性作了进一步的扩充。他表示，评估培训效果的过程，不仅是一个考察其对组织的作用的过程，还应包含其对组织利益相关者造成的影响。他对"反应层"进行了扩展，认为培训评估既应了解参训人的反应情况，也要掌握培训投入情况，如所需的各类资源（人力、物力、财力）能否获取；同时增加"社会效益"这一层级[24]。

（1）一级评估：既评估参训人的满意度，也检测培训资源的适用情况及质量水平；

（2）二级评估：检查判断参训人掌握培训内容的水平；

（3）三级评估：评估参训人于参与培训前到参与培训后行为的改变，因此得出参训人能否运用培训所学，并在具体工作时有一定改变；

（4）四级评估：评估参训人参与培训后的改变能否为组织产生正面的、有价值的贡献；

（5）五级评估：经由测评社会、顾客、周边环境于培训执行后的反馈和结果变化以期得出培训的有用程度。

4. CIRO 效果评估模型

CIRO 效果评估模型，是由沃尔（Warr. P）、伯德（Bird. M）和雷克汉姆（Rackham. N）于 1970 年提出来的，它包括背景评估（Context Evaluation）、输入评估（Input Evaluation）、反应评估（Reaction Evaluation）、输出评估（Output Evaluation）。与其他模型不同，CIRO 模型并不会视培训效果评估作为全套培训活动的最后一环；相反，将效果评估应用于培训的四个环节（需求分析、培训规划、受训者的反应、评估阶段），并将其体现于全套培训活动中。

（1）背景评估：进行培训需求的分析，是先于培训而开展的评估过程。组织于这一阶段，经由汇集和研究人力资源、培训等各类讯息，以此判定是否有必要开展培训。

（2）输入评估：通过研究培训的可行性，并制订落地开展的计划。经过工作分析、任务说明、认清目标等方式，合理安排所需要的培训资源，并形成培训的实施方案。

（3）反应评估：经过测试参训人对培训的满意程度，依此提升培训的各个方面，以令培训更加有质量地推进。

（4）输出评估：对参训人的学习状况、行为变化及业绩变化状况加以分析，进而获知培训对组织绩效的影响。

5. CIPP 效果评估模型

(1) CIPP 评估模型的概念

CIPP 评估模型,是 1966 年由 D. L. Stufflebeam 提出的一种提高绩效、明确职责的评估模式。该模型基于泰勒目标行为模式,将核心目的从"证明"变换为"改进"[25]。该模型包括背景评估(Context Evaluation)、输入评估(Input Evaluation)、过程评估(Process Evaluation)、结果评估(Product Evaluation)四个部分。Guerra Lopez(2008)认为 CIPP 评估的四个步骤即为四类评估:背景评估、投入评估、过程评估、输出评估的相互结合,相互影响改进[26]。它是一种系统进行培训效果评估的模型,对 CIRO 模型的缺点做了很好的补充,亦针对培训的各个环节实施评估。

① 背景评估:背景评估为计划决策服务,依据社会发展与评估对象(个人、单位、方案、活动等)的需要对方案目标本身作出的诊断性评价。背景评估着眼于判断方案目标的合理性,通过辨别需求、问题、资源与机会,达成评估的效果[27]。

② 输入评估:对培训所需要的各类资源进行评估与整合,并形成培训的整体方案。

③ 过程评估:于培训开展的进程之中,进行持续监控,以检查在培训活动执行过程中可能引起培训效果不达预期的因素,进而寻求排除这些不利因素的措施;监控培训进程中的实际情况,以测量与计划目标的差异程度来改善培训进程中的方法。

④ 结果评估:既可以对培训目标的满足状况做出判断,也可以于培训进程中实施,以期形成对培训进程提升的有效参考[28]。

(2) CIPP 模型的特征

CIPP 模型由背景评估、输入评估、过程评估、结果评估四个部分组成,为帮助本文更好地应用本工具,表 2-1 针对 CIPP 模型对其各要素分别进行分析[29]。

表 2-1 CIPP 模型特征(CIPP model characteristics)

要素	背景评估	输入评估	过程评估	结果评估
目标	确认研究主题的背景状况;判断并选择研究方向;预判分析过程可能遇到的困难并加以解决;明晰培训评估整体目标	对内外部可供使用的各类资源进行汇总,并就其优劣加以判断,以得出可供执行的实施方案	对实施过程所使用的监管与把控,同时持续地对实施方法进行反馈调整与提高,以期实施过程更为顺利	汇总对于执行结果的反馈与论断;分析结果评估与背景评估、输入评估、过程评估之间的关系;得出关于项目整体效果的判断

续　表

要素	背景评估	输入评估	过程评估	结果评估
方法	运用背景研究、观察法、研讨会、面谈等方法	运用任务解析、需求研判与匹配、资源配套分析、撰写实施方案等方法	对实施过程当中的各个节点和关联方进行监督和反馈，包括执行顺利程度、受训者的反响、投入资金变动状况、执行方案临时性的调整、其他计划外事项，均应作为过程评估的方法	通过规范的调查问卷及数据分析工具进行有效分析；整合各关联方的反馈与总结
与培训效果评估的关系	熟悉研究对象现状，为深入进行输入、过程、结果评估打好基础，并作为后续判断和提升方案的决策依据	明确研究对象，通过评估培训计划的效性，最终确定适合的培训计划与方案，并准备实施	为培训实施者及时提供反馈及过程性改善建议，有利于随时调整实施方案，灵活应变，以期达到更好的培训效果	培训计划的实施效果如何，是否达到预期目标，如果基本达到，后续如何进一步提高；如果与预期目标相去甚远，如何改进和提升，并作为企业未来培训活动计划组织实施的参考依据

（3）CIPP模型的优势

首先，CIPP模型具备不错的研究深度。通过对培训整体深入的剖析，尤其是对研究对象各维度的科学性、严谨性、合理性进行的系统研究，能够为培训实施者提供改善方案的依据。

其次，CIPP模型具备很强的适用性。该模型的四个维度与现代企业特别是本篇研究的Y公司的培训系统高度重合，适用于评估其培训效果。最终研究成果也更易于在Y公司实施并改进其培训效果，同时可供其他企业作为参考。

最后，CIPP模型具备较好的全面性。模型所涵盖的背景、输入、过程、结果四个维度，覆盖了Y公司培训前、中、后期的方方面面。同时，该评估模型具备清晰的流程，且兼顾及时变通的高灵活度，不仅系统，而且可操作性强。

因此，通过充分应用本模型，有助于完成对Y公司的培训效果评估，以及相应提升方案的进一步提出。

6. 各模型对比与选择

以上5种培训效果评估模型中，四层次评估模型、五级投资回报率模型、五级评估模型可归类为层级评估模型（也有学者称之为"结果评估模型"）；而

CIRO 效果评估模型和 CIPP 效果评估模型则被认为是过程性评估模型。

对比此两类模型可知,层级评估模型虽然可以通过清晰的层级划分和进一步的分析对培训效果进行评估,但是缺乏动态反馈,尤其过于关注培训的结果,如培训效果和预期目标的一致程度等,而对于培训过程的评估和相应的反馈并不充足;同时,层级评估模型当中对高层级的评估时长与低层级的评估相关性不高,使该类方式连贯性不足。相较而言,过程性评估模型则重点讲培训效果评估加入培训准备、实施的各个过程,进而对培训的进展过程能做到快速响应、及时反馈和迅速调整。基于本篇的研究对象是人力资源服务业当中的一家标杆企业,而该行业以及该企业均表现出快速反应、灵活应变、及时调整以适应市场需求的作风。因此,相比而言,过程性评估模型更适合作为本篇研究所使用的工具类型。

过程性评估模型当中,CIPP 模型则是对 CIRO 模型的改良。相比 CIRO 模型对培训实施过程的评估,CIPP 模型对培训过程的评估则更为系统和直观,且兼具全程把控、及时反馈的特点,能够对企业培训在各个过程中发挥作用。综合以上各方面的考虑,并基于研究对象的客观实际状况,本篇选用 CIPP 模型作为研究的最终模型。

三、Y 公司人力资源及培训现状

(一) Y 公司人力资源现状

1. Y 公司概况

(1) 公司沿革:Y 公司成立于 2002 年,经过 16 年的长足发展,Y 公司现拥有 60 多家分支机构,管理团队 600 多人,外派雇员 30 000 多人,年培训及供应人才能力超过 10 万人。企业固定资产超过 9 000 万元,年营业额超过 10 亿元,2017 年净利润超过 8 100 万元,运营十分成熟。Y 公司自创立至今,一直帮助国家促进就业,多年来经 Y 公司培训、安置就业的人员累计达 100 万人,并获国家级荣誉 20 余项,其中包括由人力资源和社会保障部、全国总工会、全国工商联三部委联合表彰的"全国就业和社会保障先进民营企业""2017 全国人力资源诚信服务示范机构""2017—2018 大中华区卓越人力资源服务品牌""2017 大中华区人力资源服务创新大奖""2017 大中华区最佳人力资源服务品牌"等。

(2) 机构状况:总部位于苏州,共有 62 家分支机构(包括北京、上海、广州、深圳等一线城市与武汉、重庆、成都、沈阳、杭州、合肥、西安、烟台等新一线城市和二线城市,见图 3-1)。

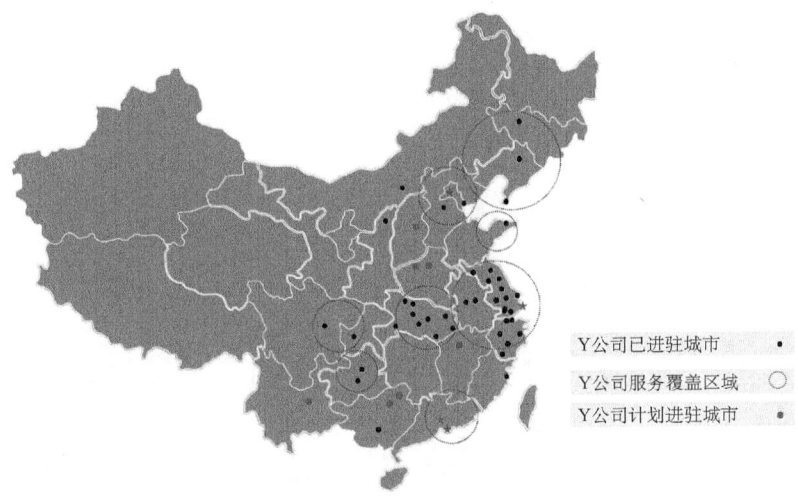

图 3-1　Y 公司进驻城市概况图

（3）业务情况：Y 公司现有业务 1 736 项，年增长率 120.5%。其中，主营业务为人事外包、制造外包、金融服务外包、法务外包、餐饮连锁外包、中高级人才搜寻、大学生就业与创业培训、人力资源战略咨询等。其中，Y 公司的制造外包业务近年增长迅速，2017 年营业额为 6.34 亿元，增长率为 119%，外包项目团队超过 200 个，部分合作伙伴举例见图 3-2。

图 3-2　Y 公司部分合作伙伴举例

2. Y 公司组织架构及人员现状

（1）Y 公司组织架构

Y 公司组织架构如图 3-3 所示。

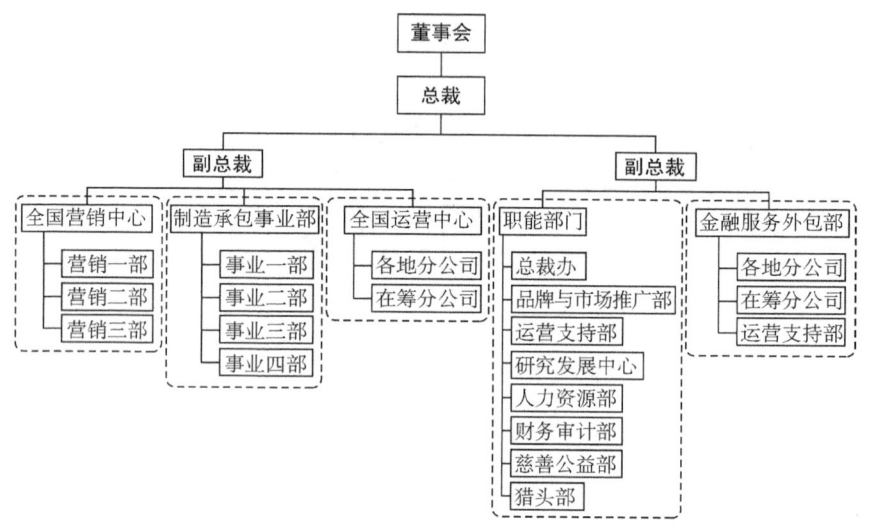

图 3-3　Y 公司组织架构图

（2）Y 公司人员现状

截至 2018 年底，Y 公司现有核心员工 608 人，既包括负责公司的企业运作、雇员管理、业务开展的项目经理人，也包括业务支持、组织发展、品牌建设、法务审核等职能型员工。其中，男性员工居多（57%）；25~35 岁之间的青年和中年共占公司 68%；司龄方面，服务 Y 公司 1—5 年的员工共占 52%，不满一年的员工亦占 21%，据了解，Y 公司具有较为良好的企业文化，员工流失率相对较低，而伴随着最近 5 年公司发展速度的加快，人数几乎翻番，存在着较多 5 年以下的员工，既要担当公司业务发展的主力，也要经过培训快速成长，成为行业、企业中的专家；岗位方面，管理类员工占员工总数的 16%，平均每个管理者带领 5.25 个员工，管理难度和扁平化的程度适中；而 Y 公司本科及以上学历员工共占员工总数的 84%，总体较高的学历水平是 Y 公司人力资源发展、培训组织开展的有利条件之一，详见表 3-1。

表 3-1　Y 公司人员现状

特征	类别	人数	百分比
性别	男	344	57%
	女	264	43%

续 表

特征	类别	人数	百分比
年龄	不满 25 岁	91	15%
	满 25 岁不满 30 岁	263	43%
	满 30 岁不满 35 岁	151	25%
	满 35 岁不满 40 岁	65	11%
	满 40 岁不满 50 岁	33	5%
	50 岁以上	5	1%
司龄	不满 1 年	129	21%
	满 1 年不满 3 年	154	25%
	满 3 年不满 5 年	164	27%
	满 5 年不满 10 年	89	15%
	10 年以上	72	12%
岗位	管理岗位	95	16%
	非管理岗位	513	84%
受教育程度	高中专	29	5%
	大专	106	17%
	本科	407	67%
	硕博	66	11%

（二）Y 公司培训现状

1. Y 公司培训体系现状

Y 公司在创立之初培训的组织实施相对比较零散，直至 2008 年 11 月，经过重新整合与规划，建立了公司内部的培训体系，设置了较为全面的培训板块，并组建了由专职负责人、专职讲师和兼职讲师共同构成的团队，以落地实施 Y 公司的培训项目，培训体系才初步形成。经过 10 年的发展，目前 Y 公司主要培训项目如下：

（1）新人训：立足于帮助新员工了解企业文化、人事规章制度等，熟悉业务及快速融入公司所开展的培训形式。每个月均组织开展一期，参训学员为所有入司的新进员工，讲师以内部讲师为主，如果当月入职员工超过 40 人则可酌情增开一次；一次培训时长为 4 天（28 课时），课程内容包括公司介绍、企业文化、人事行政制度、各业务模块专业课等，基本可以满足新员工的学习需求。

（2）管理训之继任者计划：立足于加强人才储备与梯队建设，提升现有管理层综合管理能力的培训形式。每年2月、8月各开一期，参训学员为公司高层管理者，讲师以内部讲师为主，外部讲师为辅；每期培训为时3个月共56课时，课程内容包括行业知识、目标管理、情绪管理、领导力、战略思维、系列专业课等。据悉，该项目虽然内容丰富，但存在着培训内容众口难调、出勤率不理想、内部讲师不如外部讲师受欢迎等问题。

（3）管理训之明日之星计划：立足于提升现有基层管理者综合管理能力，发掘和培训优秀储备干部、职能型员工，为集团中高管理层团队储备优秀人才的培训形式。每年5月、11月各开一期，参训学员为公司基层管理者、储备干部、职能型员工，讲师以内部讲师为主，外部讲师为辅；每期培训的周期为3个月共32课时，课程内容包括行业知识、目标管理、情绪控制、领导力、管理角色定位、部属培养、职涯规划、营销方法、读书会等。据了解，该项目对于参训者技能水平和综合素质提升效果较为明显，而对于管理能力的提升则有待考证。

（4）"飞鹰计划"干部育成班：立足于完善人才梯队建设，系统培养干部接班人，以配合公司持续发展与扩张的培训形式。每年1期，于当年的5月开展；参训学员为公司校招的应届毕业生，讲师以内部讲师为主；每期均采用培训与选拔相结合的方式，培训周期为3个月，课程内容包括军训、户外拓展、公司文化和制度、业务专业课、职业生涯规划、商务礼仪、轮岗学习等。据悉，参训的应届生对于培训的投入度、成长速度均较好，但与现有团队的融合程度有待提升。

（5）图书畅读：是为公司员工提供免费借阅与阅读的场所，倡导共同学习与进步的培训形式。目前馆藏包括：A. 人力资源、B. 哲学、宗教、C. 社会科学总论；D. 政治、法律；E. 经济；F. 文化、科学、教育、体育；G. 文学；H. 艺术；I. 历史、地理；J. 综合性图书共十大类共900余种图书和期刊。据了解，Y公司图书馆较受员工欢迎，并已经成为公司企业文化建设的重要资源之一；不足之处在于，对了解员工学习需求的及时性略显不足，书籍更新速度慢，等等。

表3-2　Y公司培训体系现状

序号	模块	项目	细项主题	活动说明与目的	时间段
1	新人训	新人训	新人入职训	帮助新员工系统了解企业文化、人事规章制度等，快速融入企业	每月一期

续 表

序号	模块	项目	细项主题	活动说明与目的	时间段
2	管理训	继任者计划	中高层管理者管理能力提升	帮助管理人员、优秀储备干部、职能型员工吸收优秀管理理念,提升管理水平,提高业务技能,并为公司发展储备管理人才	2月~4月和8月~10月各一期
3		明日之星计划	基层管理者、储备干部、职能型员工的管理基本功训练		5月~7月和11月~次年1月各一期
4	飞鹰计划	干部育成班	应届毕业生职前筛选及储备干部培养	干部育成班,完整、系统、持续培训干部接班人	5月~7月
5	图书馆	图书畅读	各门类图书免费供员工借阅	图书、影音资料、杂志管理及更新	每季更新

综上可知,Y公司现有的培训项目较为完整,但在培训系统性、有效性和针对性方面仍有较多不足,亟待提升。

2. Y公司培训现状综合分析

目的:为深入了解Y公司培训现状的优势、劣势、机会、威胁,以便进一步有的放矢地展开培训效果的相关评估并提供提升方案。

(1) Y公司培训的优势

① Y公司历经16年的发展历程,在行业当中的知名度较高,便于培训资源的获取及提高培训项目在行业内的影响力。

② 在Y公司服务年限超5年以上的员工达到27%,其中本科及以上学历的员工超过84%,Y公司员工在专业水平与个人素质等各个方面均处于行业前列,可以较好地展开培训项目并提升培训效果。

③ 每年投入净利润的3%作为公司培训经费,用于培训场地、培训器材、讲师费用、培训教材与物料、图书馆建设等,充裕的预算对培训的组织实施十分有利。

(2) Y公司培训的劣势

① 内部管理上的问题比较复杂。首先,部分员工对于本职工作缺乏责任心,有的则过于计较个人得失,不能在工作当中充分尽职;其次,部门之间存在壁垒,各自为政,跨部门之间缺乏合作和团队意识。如何通过培训协助解决以上难题,是Y公司培训开展的主要挑战之一。

② 在培训数量和质量上均有待提升。Y 公司近年来随着新业务快速发展，新入职员工较多，需要更多有效的培训；同时，针对中层管理者领导能力的培训质量不佳，需要改进。

(3) Y 公司培训的机会

公司所处行业处于上升期。据《2017 年度人力资源和社会保障事业发展统计公报》数据显示，2017 年底，全行业共有人力资源服务机构 3.02 万家，从业人员 58.4 万人，实现营业收入 1.44 万亿元[30]。因此，Y 公司的培训建设不仅符合公司人力资源建设的需求，还迎合了行业发展、培训标准规范的趋势。

(4) Y 公司培训的威胁

① 竞争环境日趋激烈。领英（LinkedIn）、安德普翰（ADP）、万宝盛华（Manpower）、任仕达（Randstad）等国际顶级人力资源服务企业云集中国，中智（CIIC）、科锐国际（Career International）等本土品牌发展亦十分迅速，市场竞争进一步加剧，要求 Y 公司必须快速发展培训体系建设，提升效果，以更强大的组织能力应对竞争。

② 同行挖墙脚。近几年来，出现很多起同行定向挖猎 Y 公司中高层管理人才的实例，尤其核心人才的流失，更导致相关业务的损失和对企业氛围的负面影响。除"薪资留人"以外，Y 公司的培训体系势必要承担"培训留人"和"企业文化留人"的功能，以更加优质高效的培训项目令员工在学习中不断提升自我价值，进而降低关键人才流失率。

基于以上分析，得出结论：Y 公司在过去十几年发展过程中的沉淀为培训的开展确立了明显的优势，同时劣势也逐渐凸显；培训效果的进一步提升既有行业、政策红利带来的机会，也遭遇着来自外部环境的巨大威胁。这势必对人力资源整体战略，尤其是 Y 公司的培训效果提出了较高的要求。

四、基于 CIPP 模型的 Y 公司培训效果调查分析

(一) 调查目的和方式

(1) 调查目的

基于上述对 Y 公司的分析，面对人力资源服务业激烈的竞争环境，Y 公司急需提升培训效果，进而提高企业核心竞争力。希望通过本次调查，依照 CIPP 模型的各个维度，深入调查分析 Y 公司的培训效果，识别 Y 公司培训的关键性问题，并依此制定出 Y 公司培训效果的提升方案。

（2）调查方式

首先，通过参观 Y 公司培训场地、身临培训现场感受培训气氛、倾听讲师授课、观察学员反应等方式，获得对 Y 公司培训效果的直观感受。

其次，依据上述直接观察，结合文献研究及问卷调查的方法，设计调查问卷。通过调查问卷的发放和调研的实施，进一步对问卷数据加以分析，得到更加系统的调查结果。

最后，通过面谈和电话约谈的方式，挑选 Y 公司部门主管、员工展开调查，并针对其他关键问题进行深入了解，以此作为上述直接观察法和问卷调查法的补充。

（二）问卷调查的设计和实施

1. 问卷调查的设计原则

（1）目标性。问卷调查应目标明确，针对研究的主要目的，有层次、有步骤地逐步展开问题的设计，并优化问题的指标结构。

（2）准确性。问卷调查在确保语句通顺、表达清晰、少有歧义的基础上展开，令受访者面对每个问题都可以准确作答，确保受访者和调查者对问题的理解保持一致，提升问卷调查的效度。

（3）适度性。在确保问卷各层级目标达成的基础上，问卷调查中的问题数量不宜过多或过少，保持每位受访者的作答时间都在理想的范围内。

（4）连贯性。问卷中的问题应遵从事先预设的层次逻辑，有顺序、有章法地展开。

基于以上问卷设计的原则，本篇将依照 CIPP 模型中背景评估、输入评估、过程评估和结果评估四个方面展开，首先确认问卷调查的二级指标，以锁定研究方向；其次确认问卷调查的三级指标，以进一步细化和深入；再次，为每个三级指标设计问题和选项；最后，从调查对象的角度反推问卷设计的合理性，并加以反馈调整。

2. 问卷调查的指标体系

本篇所应用的 CIPP 模型包括四个评估维度：背景评估、输入评估、过程评估与结果评估。在本篇中，背景评估主要考察所评估的企业的需求现状、人员特征、总体的评估和问题等；输入评估主要考察所评估的企业在人力、物力、财力、心力等各方面的投入状况；过程评估主要考察所评估的企业在培训活动执行过程中的方式方法、渠道手段、氛围塑造等的状况；结果评估主要考察所评估的企业培训项目的完成度、评价水平、整体效果、目标完整状况等。

依据以上四个维度,并综合上文对相关文献的归纳和汇总,确定本次调查的二级指标见表4-1。

表4-1 本次调查的二级指标

序号	一级指标	二级指标
1	背景评估	态度和意愿
2		现状和水平
3		培训感知度
4	输入评估	培训讲师
5		课程内容
6		设施环境
7	过程评估	连贯性与互动性
8		培训方式
9		时间安排
10	结果评估	培训评估
11		系统评估
12		反馈总结

3. 问卷调查的三级指标及问题设计

(1) 背景评估维度的三级指标及问题设计

依据CIPP模型,在背景评估实施过程当中,应充分考察所评估的企业的需求现状、人员特征、总体的评价和问题等。在上述二级指标的基础上,通过"您认为公司组织培训的必要程度是什么?"了解受访者对Y公司培训的接受度;通过"您希望通过培训达到什么目的?"了解受访者的期望与参训目的;通过"您认为公司员工的专业和能力水平是什么?"了解受访者的培训需求程度;通过"您目前的学习状态是什么?"了解受访者的实际学习现状;通过"您清楚知道公司有哪些培训课程或培训项目吗?"了解受访者对Y公司培训的感知度。

通过以上系列提问方式的设计,层层深入地了解受访者对Y公司培训的接受度、期望与参训目的,结合培训需求程度、实际学习现状和对Y公司的培训感知度,进而得出对于Y公司培训的背景评估。

(2) 输入评估维度的三级指标及问题设计

依据 CIPP 模型,在输入评估实施过程当中,应充分考察所评估的企业在人力、物力、财力、心力等各方面的投入状况。在上述二级指标的基础上,通过"公司在安排培训时,您更倾向于选择哪种类型的讲师?"了解受访者对于讲师类型的偏好状况;通过"您认为目前公司培训活动中的讲师专业水平如何?"了解受访者对于 Y 公司讲师专业水平的评价状况;通过"您认为目前公司培训活动中的讲师授课技巧和讲课风格如何?"了解受访者对于 Y 公司讲师授课技巧的评价状况;通过"您希望公司优先增加哪些培训项目或培训内容?"了解受访者在培训内容上的需求满足程度;通过"您认为公司的培训内容的实用性与针对性如何?"了解受访者对 Y 公司培训实用性与针对性的评价水平;通过"您认为公司的培训内容的新颖度与启发性如何?"了解受访者对 Y 公司培训新颖度与启发性的评价水平;通过"您认为公司的培训环境和配套硬件设施如何?"了解受访者对 Y 公司培训环境和硬件的评价水平。

通过以上系列提问方式的设计,抽丝剥茧地了解受访者对讲师类型的偏好,尤其对于 Y 公司现有讲师的专业水平和授课技巧进行了研究,并借助对现有课程实用性、针对性、新颖度与启发性的调研,综合考量现有培训需求的满足程度;同时对环境和硬件的满意度加以研究,以期全面综合地获得 Y 公司员工对培训输入的评估水平。

(3) 过程评估维度的三级指标及问题设计

依据 CIPP 模型,在过程评估实施过程当中,应充分考察所评估的企业在培训活动执行过程中的方式方法、渠道手段、氛围塑造等的状况。通过"您对公司在培训各环节衔接及流畅程度的评价是什么?"了解受访者对于 Y 公司培训过程的连贯性的判断;通过"您参与培训过程中,讲师与您、您与同事间的互动程度是什么?"了解受访者对于 Y 公司培训过程互动性的评价;通过"您认为目前公司开展的培训方式是否多种多样?""您更倾向于参与哪种类型的培训方式?"这两个问题分别研究受访者对于 Y 公司培训方式多样性和喜好程度的认知;通过"您更倾向于哪一种培训时间安排?"了解受访者对于 Y 公司培训时间安排的反馈。

通过以上系列提问方式的设计,希望具体地了解 Y 公司员工在培训过程中的连贯性与互动性、培训方式的多样性与喜好程度的认知状况,同时也征询了员工对于现有培训时间安排的反馈意见,较为综合性地完成对 Y 公司培训的过程评估。

(4) 结果评估维度的三级指标及问题设计

依据 CIPP 模型,在结果评估实施过程当中,应充分考察所评估的企业培训项目的完成度、评价水平、整体效果、目标完整状况等。通过"您认为公司培训后的效果评估做得如何?"了解目前 Y 公司培训评估的执行状况;通过"您认为参与公司的培训是否有助于提升您的知识能力水平?""您认为参与公司的培训是否有助于改善和提高您在公司的人际关系融洽程度?""您认为您或下属在参与公司的培训后工作成果是否有所提升?"这三个问题系统地评价 Y 公司员工参与培训后在知识能力、人际关系、绩效这三方面的提升状况;通过"您总体感觉参与公司的培训对您的帮助如何?"获得 Y 公司员工对于培训的综合评价水平;通过"您认为公司目前培训还应提升哪些方面?"寻求 Y 公司培训的改进方向;通过"您对公司后续培训工作开展(如培训体系、课程实施、培训流程等方面)有何建议?"这一开放式问题,广开言路,以识别更多的问题及获得合理化的建议。

通过以上系列提问方式的设计,希望具体地了解 Y 公司员工对培训评估执行状况的评价,尤其是在知识能力、人际关系、绩效三个方面的提升程度,并通过员工自身的观察、感知与归纳能力,获得 Y 公司员工对 Y 公司培训的综合评价,以及关于改进方向、问题与不足的意见和建议,最终完成对于结果维度的评估。

4. 调查问卷的确定和实施

(1) 调查问卷的确定

在上述研究的基础上,为确保以上问卷的设计逻辑可靠和有效,通过向导师及专业人士请教,不断获得有针对性的提升建议;同时在小范围内发放 20 份问卷以收集改善建议。在多方反馈的基础之上,重新对上述设计进行了优化和调整,最终调查问卷的整体框架如表 4-2 所示(完整调查问卷详见《附录 5 Y 公司培训效果评估调查问卷》)。

表 4-2 调查问卷的整体指标框架和问题设计

整体指标框架			问题
一级指标	二级指标	三级指标	
背景评估	态度和意愿	培训的接受度	您认为公司组织培训的必要程度是怎样的
		期望与参训目的	您希望通过培训达到什么目的(可选 1~2 项)
	现状和水平	培训需求程度	您认为公司员工的专业和能力水平是什么
		实际学习现状	您目前的学习状态是怎样的
	培训感知度	培训感知度	您清楚知道公司有哪些培训课程或培训项目吗

续 表

整体指标框架			问题
一级指标	二级指标	三级指标	
输入评估	培训讲师	讲师类型	公司在安排培训时,您更倾向于选择哪种类型的讲师(可选1～2项)
		讲师专业水平	您认为目前公司培训活动中的讲师专业水平如何
		讲师授课技巧	您认为目前公司培训活动中的讲师授课技巧和讲课风格如何
	课程内容	需求满足程度	您希望公司优先增加哪些培训项目或培训内容(可选1～2项)
		实用性与针对性	您认为公司的培训内容的实用性与针对性如何
		新颖度与启发性	您认为公司的培训内容的新颖度与启发性如何
	设施环境	环境和硬件	您认为公司的培训环境和配套硬件设施如何
过程评估	连贯性与互动性	过程的连贯性	您对公司在培训各环节衔接及流畅程度的评价是怎样的
		过程的互动性	您参与培训过程中,讲师与您、您与同事间的互动程度是如何
	培训方式	多样性	您认为目前公司开展的培训方式是否多种多样
		喜好程度	您更倾向于参与哪种类型的培训方式(可选1～3项)
	时间安排	时间安排	您更倾向于哪一种培训时间安排
结果评估	培训评估	培训评估执行状况	您认为公司培训后的效果评估做得如何
	系统评价	知识能力的提升	您认为参与公司的培训是否有助于提升您的知识能力水平
		人际关系的提升	您认为参与公司的培训是否有助于改善和提高您在公司的人际关系融洽程度
		绩效提升	您认为您或您的下属在参与公司的培训后工作成果是否有所提升

续 表

整体指标框架			问题
一级指标	二级指标	三级指标	
结果评估	反馈总结	综合评价	您总体感觉参与公司的培训对您的帮助如何
		改进方向	您认为公司目前培训还应提升哪些方面(可选1～3项)
		问题识别	您对公司后续培训工作开展(如培训体系、课程实施、培训流程等方面)有何建议

(2) 调查问卷的实施

本次调查以随机抽样方式在Y公司进行，先后共发放211份调查问卷，发放对象包含Y公司管理岗位、非管理岗位。最终回收有效问卷共计200份，有效率为94.8%。其中，调查对象具备以下特征：

① 性别：男性占比54%，略多于女性(46%)。

② 年龄：不满25岁的员工占比14%，满25岁不满30岁的员工占比48%，即30岁以下的年轻员工在本次调研当中占多数；30～40岁的员工共占22%，40岁以上员工仅占6%，是调研对象中的少数。

③ 司龄：不满1年的新人占比16%，满1年不满3年的员工占比25%，满3年不满5年的员工占比29%，满5年不满10年的员工占比16%，而10年以上的老员工占比14%。其中，1～5年之间的员工占比达54%，是本次调研中参与较多的人群。

④ 岗位：管理岗位占调研对象的17%，其他83%均为非管理岗位。

⑤ 教育程度：本科、研究生、博士学历的员工共占调研对象中的83%，其他为高中专、大专学历者，共占调研对象的17%。可知，本次参与调研的对象多为高学历、高知识背景的人群。

表4-3 调查对象特征

特征	类别	人数	百分比
性别	男	108	54%
	女	92	46%
年龄	不满25岁	28	14%
	满25岁不满30岁	96	48%

续 表

特征	类别	人数	百分比
年龄	满 30 岁不满 35 岁	46	23%
	满 35 岁不满 40 岁	18	9%
	满 40 岁不满 50 岁	10	5%
	50 岁以上	2	1%
司龄	不满 1 年	32	16%
	满 1 年不满 3 年	50	25%
	满 3 年不满 5 年	58	29%
	满 5 年不满 10 年	32	16%
	10 年以上	28	14%
岗位	管理岗位	35	17%
	非管理岗位	165	83%
教育程度	高中专	12	6%
	大专	24	12%
	本科	143	71%
	硕博	21	11%

（三）Y 公司培训背景评估

经过问卷调查的确定和实施，结合问题 1 至问题 5 的调查结果，并以直接观察法和访谈研究法加以补充，进行如下针对 Y 公司培训背景维度的评估。

1. 培训重视程度

调查问卷中，问题 1 统计结果如图 4-1 所示。

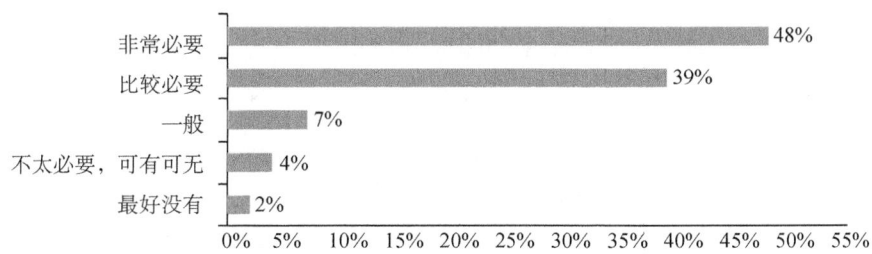

图 4-1 公司组织培训的必要程度

上图调查结果表明，48%的员工认为公司组织培训非常必要，39%的员工认为公司组织培训比较必要，7%的员工认为必要性一般，4%和2%的员工认为不太必要、可有可无，甚至最好没有。由此可见，87%的员工是接受并希望公司组织开展培训的，当公司组织培训时，他们在主观上也更倾向于配合和积极参与。

与此同时，调查问卷中，问题4统计结果如图4-2所示。

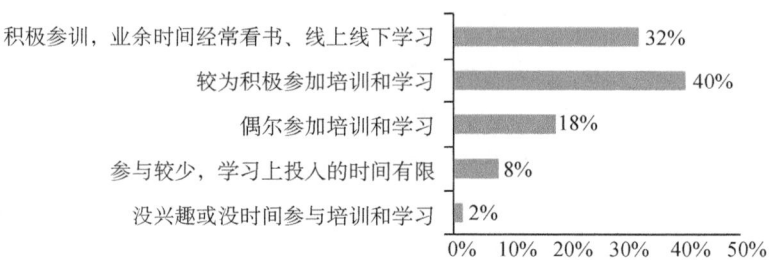

图 4-2　目前的学习状态

上图调查结果亦表明，受访者中有32%积极参加公司的培训，业余时间爱学习，时常购买书籍、参与各类培训课程、观看线上付费课程；有40%较为积极、主动地参与培训与业余时间的学习；18%偶尔参加培训和学习；另有8%和2%的员工参与较少、没兴趣或没时间参与培训和学习。由此可见，72%的员工目前的学习状态是较好的，这与Y公司一直倡导的建设学习型组织的理念不无关系；同时，客观而言有一部分员工，虽然他们认为培训较为重要，但限于时间和精力，实际参与和投入培训的时间略有不足。

总体而言，Y公司员工在主观意愿上对公司培训的必要性十分认同，实际投入在培训和学习上的时间也较多。整体而言，其对培训的重视程度是比较高的，这无疑有助于Y公司培训的开展和实施，并得到员工的响应和配合。

2. 培训需求满足程度

调查问卷中，问题3统计结果如图4-3所示。

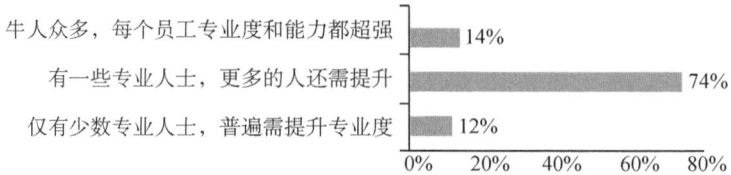

图 4-3　公司员工的专业和能力水平

上图调查结果表明,受访者中达 74% 认为公司中有一些专业人士,但更多的人还有许多提升空间;有 14% 的员工认为公司"牛人"众多,每个员工专业度和能力都超强;12% 的员工则认为公司仅有少数专业人士,普遍需要提升专业度和能力。

与之对应,调查问卷中,问题 2 统计结果如图 4-4 所示。

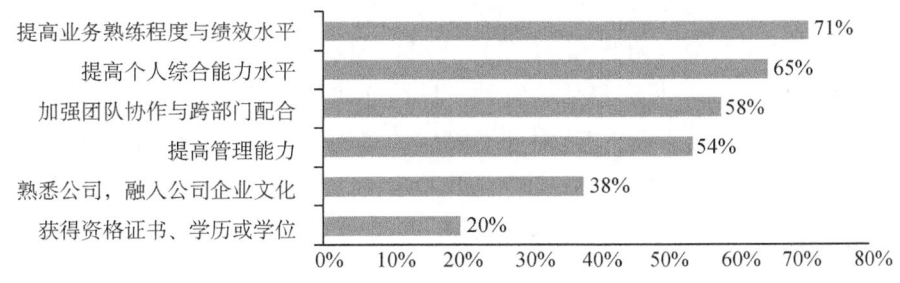

图 4-4　培训期望与参训目的

上图调查结果亦表明,Y 公司员工在培训期望与参训目的上表现出显著的特点。其中,Y 公司员工参与培训的目标前三位分别为:提高业务熟练程度与绩效水平(71%)、提高个人综合能力水平(65%)、加强团队协作与跨部门配合(58%),这三项均是有助于快速提高工作成果和工作绩效的内容,这与 Y 公司长期的业绩导向和绩效考核标准不谋而合。与此同时,Y 公司员工对于管理能力的提升也逐渐重视(54%);由于企业在文化建设和新员工培训方面覆盖率较高,了解公司和企业文化的部分占比不高(38%);而 Y 公司员工普遍持有人力资源证书以及本科以上学历,获得资格证书、学历或学位的需求相对较为次要(20%)。

总体而言,Y 公司培训需求满足程度不足。企业中有一些专业人士,但更多的人还存在很大提升空间,更多地集中表现在提高业务熟练程度与绩效水平、提高个人综合能力水平和加强团队协作与跨部门配合上。

3. 培训宣传和组织

关于 Y 公司员工的培训感知度,在调查问卷中,问题 5 统计结果如图 4-5 所示。

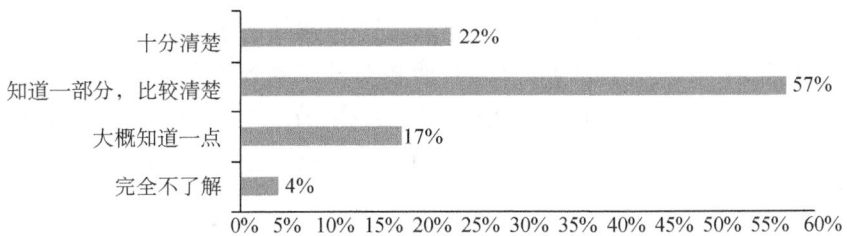

图 4-5　对公司的培训课程或培训项目的了解程度

上图调查结果表明,受访者中仅22%的员工对公司的培训课程或培训项目十分清楚,超过57%的员工仅了解一部分,更有17%和4%的员工表示,对公司的培训课程或培训项目只是略知一二或完全不了解。据公司人力资源部反馈,Y公司存在部分培训参训率不高、部分参训员工严重缺勤的现象,由此可见,Y公司虽然组建了系统的培训体系,但在宣传与组织参与的过程当中依然有许多问题。通过企业实地调研得知,Y公司在培训项目实施前期的宣导与动员工作较为简单,而在培训项目实施后的宣发与反馈亦较少,直接导致许多员工只了解自己参加过的少部分培训内容,对公司整体的培训体系知之甚少,进而影响对公司培训的感知度和参与度,因此亟待提升和改进。

(四)Y公司培训输入评估

经过问卷调查的实施,结合问题6至问题12的调查结果,并以直接观察法和访谈研究法加以补充,进行如下针对Y公司培训输入维度的评估。

1. 讲师类型偏好

调查问卷中,问题6统计结果如图4-6所示。

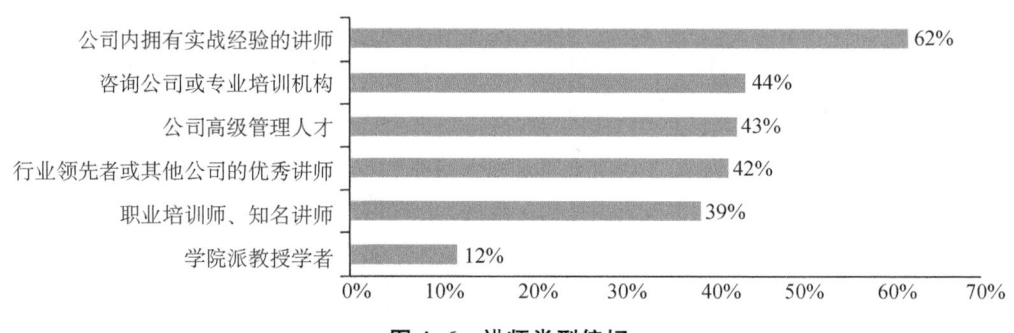

图4-6 讲师类型偏好

上图调查结果表明,在讲师的选择上,公司内拥有实战经验的讲师仍然是Y公司员工受训时的首选导师(62%);其次,Y公司员工会选择咨询公司或专业培训机构(44%)、公司高级管理人才(43%)、行业领先者或其他公司的优秀讲师(42%)、职业培训师、知名讲师(39%);而相对较不受欢迎的是学院派教授学者(12%)。目前Y公司在讲师的选择方面是以公司内拥有实战经验的讲师为主,整体方向和员工的喜好是一致的,而如何进一步整合各类讲师资源则是后续培训工作的关键所在。

2. 培训讲师技巧水平

调查问卷中，问题 7 统计结果如图 4-7 所示。

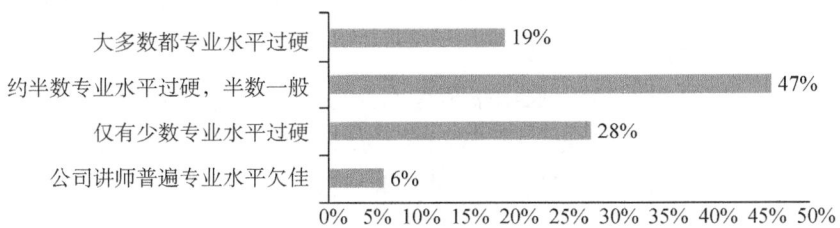

图 4-7　讲师专业水平认知

上图调查结果表明，Y 公司讲师专业水平普遍未达期望值。其中，认为 Y 公司培训活动中的讲师专业水平大多数很好的仅占 19%；47% 的员工认为 Y 公司讲师半数专业水平佳，半数水平一般，超过三分之一的员工则认为公司仅有少数专业水平过硬的讲师（28%）或公司讲师普遍专业水平欠佳（6%）。在企业实务当中，由于讲师多数来自公司内部，专业水平、威望与行业地位参差不齐；同时，存在许多不在管理岗位、不擅长授课但专业水平较高的学员，在培训组织实施的过程中，亦难以让大家最大的知识、技能。这些都是造成对公司讲师专业水平满意度不高的直接原因。

调查问卷中，问题 8 统计结果如图 4-8 所示。

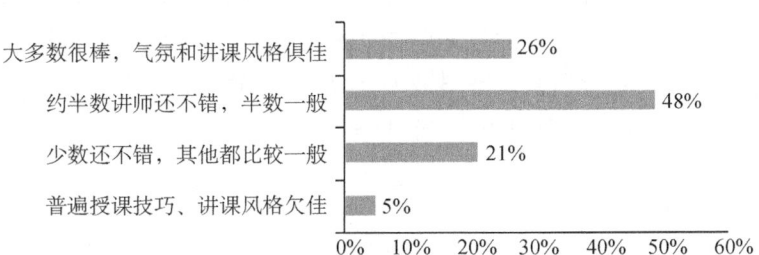

图 4-8　讲师授课技巧认知

上图调查结果表明，Y 公司讲师授课技巧普遍未达到期望值。其中，仅有 26% 的员工认为 Y 公司大多数讲师的授课技巧、互动效果都很棒，现场气氛和讲课风格俱佳；48% 的员工认为约半数讲师还不错，另外半数一般；21% 的员工则认为少数还不错，其他都比较一般；另有 5% 的员工认为公司讲师普遍授课技巧和讲课风格欠佳。讲师的授课技巧和讲课风格是培训效果的重要组成部分，不仅影响讲师专业水平被学员接纳和吸收的程度，还影响着学员对公司培训的整体感知与认可程度。但显然,Y 公司所倡导的"知者为师",虽然提拔了大量具备一定专业水平的兼职讲师走向讲台,但 Y 公司在讲师授课技巧、讲课风格等方面的培训不足,导致 Y 公司讲师空有专业水平,缺乏课堂感染力与吸引力,并最终影响了整体培训效果的发挥。

总体而言,Y 公司讲师专业水平和授课技巧均普遍未达期望值,并已经成为 Y 公司培训组织发展的短板之一。鉴于作为培训输入的重要组成部分,Y 公司应加大对专职、兼职讲师的开发、选拔和培养力度,以满足员工期望与培训需求。

3. 课程内容满意度

调查问卷中,问题 9 统计结果如图 4-9 所示。

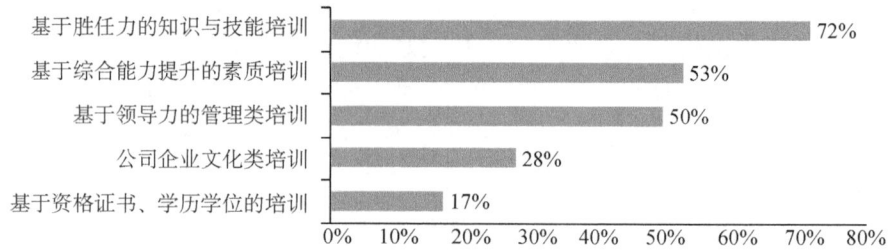

图 4-9　希望公司优先增加哪些培训项目或培训内容

上图调查结果表明,受访者对于培训内容均有各自有针对性的需求。其中,Y 公司员工对涉及胜任力的知识与技能培训需求最高(72%);其次为针对综合能力提升的素质培训(53%)和针对领导力的管理类培训(50%);较少的有公司企业文化类培训(28%)和基于资格证书、学历学位的培训(17%)。

与之对应,调查问卷中问题 10 统计结果如图 4-10 所示。

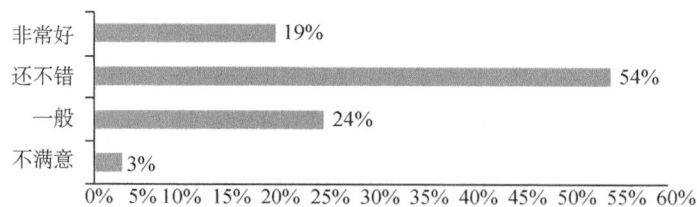

图 4-10　培训内容的实用性与针对性

上图调查结果表明,受访者对公司培训内容的实用性与针对性认可度较为一般。其中,仅有 19% 的员工认为 Y 公司培训内容的实用性与针对性非常好;54% 的员工认为还不错;24% 和 3% 的员工则认为公司培训内容的实用性、针对性一般或对其不满意。培训内容如果缺乏实用性,则学员将难以收获可以顺利应用的知识和技能;培训内容如果针对性不佳,则会让学员的学习效率大打折扣。

同时,调查问卷中,问题 11 统计结果如图 4-11 所示。

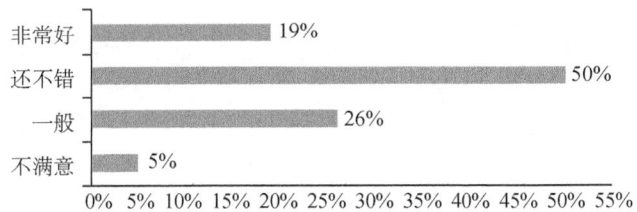

图 4-11　培训内容的新颖度与启发性

上图调查结果表明,Y 公司培训内容的新颖度与启发性同样未能让员工满意。其中,认为 Y 公司培训内容的新颖度与启发性非常好的仅占 19%;50% 的员工认为还不错;26% 的员工认为一般;而 5% 的员工对其不满意。可见,为了让参训员工能够获得最新的知识和技能,以及受到很好的启发,在培训内容的选择和设计上,Y 公司仍然有很长的路要走。

总体而言,Y 公司员工对课程内容是有明确的期望和要求的,尤其是在基于胜任力的知识与技能培训上有较高的需求。然而,无论是从目前培训内容的实用性与针对性方面,还是新颖度与启发性方面,员工的满意度均不高,有待进一步改善。

4. 培训环境和配套硬件设施

调查问卷中,问题 12 统计结果如图 4-12 所示。

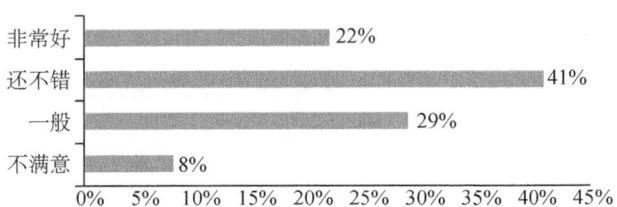

图 4-12　培训环境和配套硬件设施

上图调查结果表明,受访者中认为培训环境和配套硬件设施非常好的仅占 22%;41% 认为还不错;另有 29% 认为一般,8% 对其不满意。据企业实际走访发现,公司总部的培训教室投影、音响设备、话筒均较为优质,活动白板、激光笔等配置齐全,空间也比较大,但座椅和地毯的柔软与舒适程度略显不足;与此同时,公司众多分公司的培训场地相对于总部而言,在配套硬件设施和环境空间大小方面均有一定差距,这对于员工参与培训的感受无疑是有一定影响的。

(五) Y 公司培训过程评估

经过问卷调查的实施,结合问题 13 至问题 17 的调查结果,并以直接观察法和访谈研究法加以补充,进行如下针对 Y 公司培训过程维度的评估。

1. 培训过程的连贯性与互动性

调查问卷中,问题 13 统计结果如图 4-13 所示。

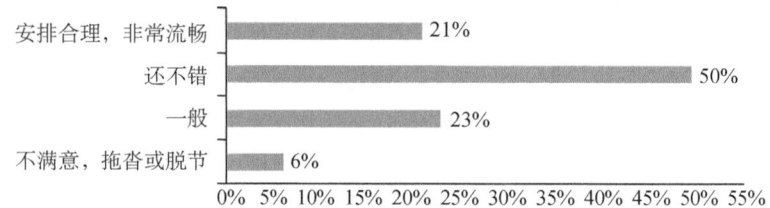

图 4-13　培训各环节衔接及流畅程度

上图调查结果表明,受访者对于公司培训各环节衔接及流畅程度感受不同。其中,21%认为安排合理,非常流畅;50%认为还不错;23%认为一般,6%表示不满意,拖沓或脱节。可见 Y 公司员工普遍认为,公司培训在连贯性方面是中等或偏上的水平,这与公司目前培训项目组织者的能力水平、安排的妥善程度密不可分。

与此同时,调查问卷中,问题 14 统计结果如图 4-14 所示。

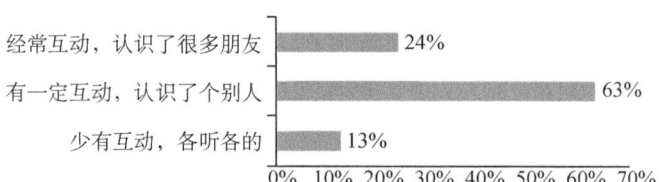

图 4-14　讲师与学员、学员之间的互动程度

上图调查结果表明,Y 公司员工在参与培训过程中,讲师与学员、学员之间的互动不尽如人意。其中,仅有 24%的员工表示在培训过程中经常互动,通过参加培训认识了很多朋友;63%的员工认为有一定的互动,认识了个别坐在旁边的人;另有 13%的员工表示在参训过程中少有互动,各听各的。虽然

参训学员之间存在着或内向或外向的个体差异,但培训环节的更优设置、讲师与学员互动的频率、互动气氛的营造是可以由培训组织者在培训过程中运用心力来实现的。

总体而言,Y 公司在组织实施培训的过程中,连贯性和互动性均还有提升空间。作为员工参与培训体验的重要部分,Y 公司应进一步加强对培训过程的把控。

2. 培训方式满意程度和喜好倾向

调查问卷中,问题 15 统计结果如图 4-15 所示。

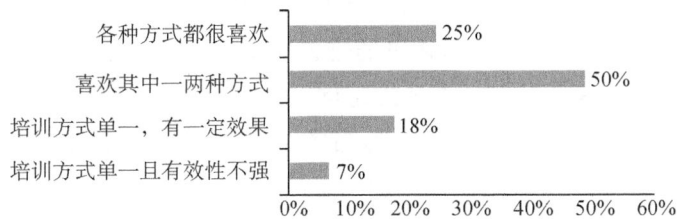

图 4-15　公司开展的培训方式是否多种多样

上图调查结果表明,目前 Y 公司员工对培训方式多样性的满意程度有限。其中,25%的员工认为公司培训方式十分丰富不拘一格,各种方式都很喜欢;50%的受访者认为公司有不同的培训方式在进行,只喜欢其中一两种方式;18%的员工认为目前培训方式单一,但也有一定效果;另有 7%的员工则认为对目前在进行的培训方式不满意,不仅单一而且有效性不强。由此可见,公司员工普遍认可的是公司 1～2 种培训方式,而其他培训方式的效果尚未得到充分发挥,也暂时未能得到员工的认可。

为了进一步深入了解员工到底喜欢哪些培训方式,调查问卷中,问题 16 统计结果如图 4-16 所示。

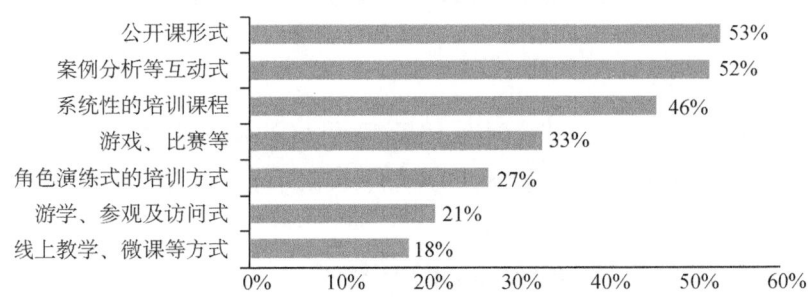

图 4-16　倾向于参与哪种类型的培训方式

上图调查结果表明，Y公司目前应用最多的系统性的培训课程的受欢迎程度仅排第三名(46%)；相比而言，Y公司员工更喜欢的方式则是公开课，大家重点参与有时间听且有兴趣的课程(53%)，以及案例分析、世界咖啡、共创研讨等互动式培训场景(52%)。究其原因，Y公司员工普遍承担着较大的业绩考核压力，且在Y公司已经接受过多次系统性的培训课程，因此在现阶段更倾向于参与时间更加灵活的公开课形式，以及参与感、体验感更佳的互动式培训方式。相比而言，游戏、比赛、室内室外拓展活动(33%)，角色演练式的培训方式(27%)均可作为Y公司培训方式有益的补充；而游学、参观及访问式(21%)，线上教学、微课等方式(18%)则可视条件状况有选择地使用。

总体而言，Y公司员工普遍认可的是公司1～2种培训方式，目前更倾向于建议公司增加公开课和互动式培训的比重，例如专题课、案例分析、世界咖啡、研讨会等形式。公司可顺应员工需求，适当增加这些课程形式的组织安排。

3. 培训时间安排

调查问卷中，问题17统计结果如图4-17所示。

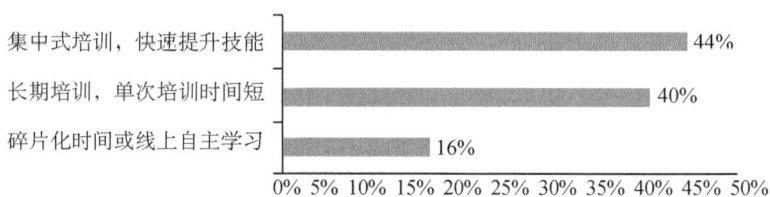

图4-17 培训时间安排的偏好

上图调查结果表明，在培训时间安排上，44%的受访者认可集中式培训，快速提升技能；40%的受访者认可长期系统培训，单次培训时间较短；另有16%的受访者主张碎片化时间培训或线上自主学习。由此可见，无论是集中式培训还是相对分散、周期较长的系统培训，都有较多的员工支持，故两者可以结合使用。

(六) Y公司培训结果评估

经过问卷调查的实施，结合问题18至问题23的调查结果，并以直接观察法和访谈研究法加以补充，进行如下针对Y公司培训背景维度的评估。

1. 培训效果评估执行状况

调查问卷中，问题18统计结果如图4-18所示。

上图调查结果表明，对于公司培训后的效果评估，受访者之间有截然不同的

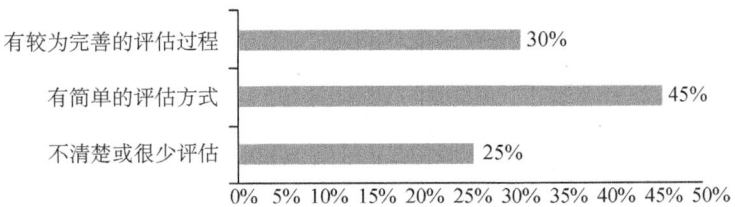

图 4-18　公司培训后的效果评估做得如何

评价,其中 30%认为有较为完善的评估过程;45%认为有简单的评估方式;另有高达 25%的受访者不清楚或很少能感受到公司有培训效果评估。据访谈了解,Y 公司目前评估工作不够精细,往往在整场培训之后用简单问卷的形式进行,易给参训者一种走过场的感觉,因此参训者常常根据主观印象随意勾选,评估的准确性不高;与此同时,Y 公司对收集到的训后评估答卷提炼与分析也不充分,难以从中获得改善培训实效的方法和依据;并且,Y 公司的一部分培训项目是缺乏考核或考核过于简单的,因此也很难评估学员参训的实际效果。最后,对学员参训后的行为、绩效变化也缺乏追踪。结合以上可知,Y 公司应加强培训效果评估的规范化、常态化和严格化,并建立长效的跟踪反馈机制,以不断提升培训效果。

2. 培训效果满意程度综合分析

针对 Y 公司目前培训对于参训者知识能力水平的提升作用,调查问卷中,问题 19 统计结果如图 4-19 所示。

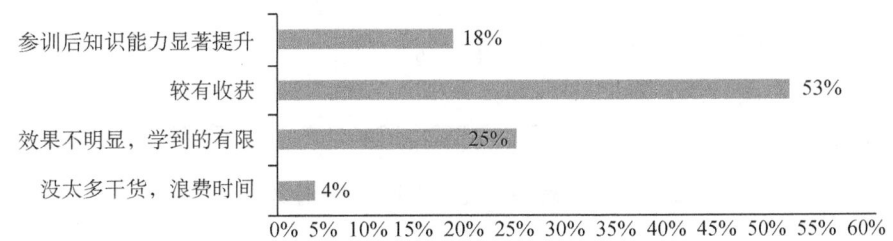

图 4-19　培训对于参训者知识能力水平的提升作用

针对 Y 公司目前培训对于参训者人际关系水平的提升作用,调查问卷中,问题 20 统计结果如图 4-20 所示。

针对 Y 公司目前培训对于参训者绩效水平的提升作用,调查问卷中,问题

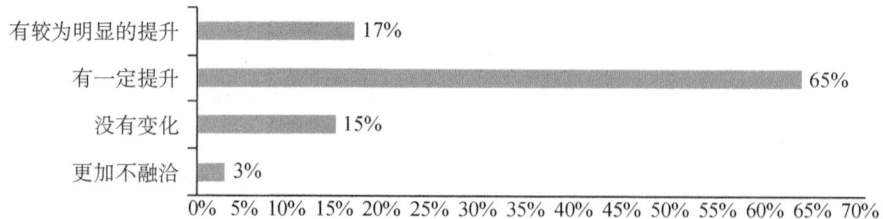

图 4-20　培训对于参训者人际关系水平的提升作用

21 统计结果如图 4-21 所示。

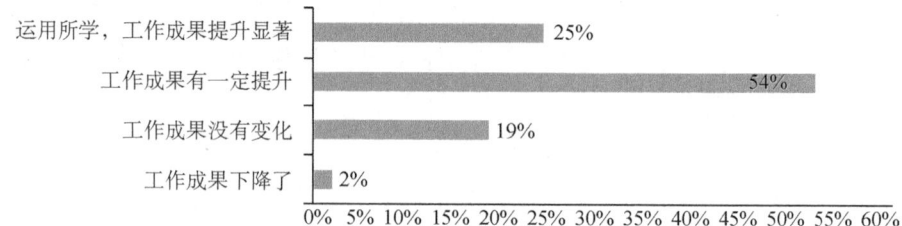

图 4-21　培训对于参训者绩效水平的提升作用

针对 Y 公司参训者对于 Y 公司培训对其帮助的综合评价,调查问卷中,问题 22 统计结果如图 4-22 所示。

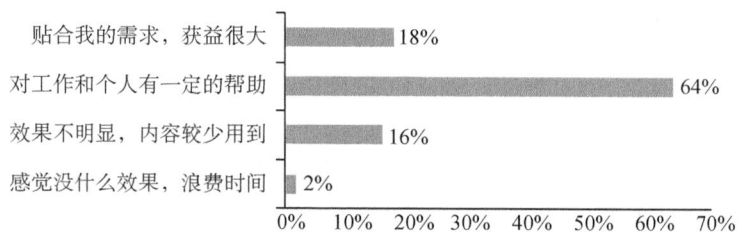

图 4-22　参训者对于 Y 公司培训对其帮助的综合评价

以上四个针对培训结果的调研问题当中,姑且认为在各自题目当中勾选第一项和第二项的受访者表示对 Y 公司在该题上的表现较为满意;反之,勾选第二项和第三项的受访者则表示较为不满意。由此得出的分析见表 4-4。

表 4-4　参训者对培训效果满意程度综合分析

问题	项目	较满意	较不满意
19	知识能力的提升	71%	29%
20	人际关系的提升	82%	18%
21	绩效提升	79%	21%
22	综合评价	82%	18%

由表可知,受访者对于参与培训后在于知识、能力上的提升满意度是相对较低的;第 9 题"您希望公司优先增加哪些培训项目或培训内容?"中的调研结果也显示,"基于胜任力的知识与技能培训"以 72% 的比例居于各项目当中的第一名,更进一步证实公司现有培训项目对于知识的传播、技能的培养方面是低于参训者预期的。相比而言,Y 公司员工对于参与培训后对人际关系的提升效果还是较为认可的,结合第 14 题,累计 87% 的参训者可以认识到坐在身边的人或者更多参加培训的同事,对人际关系的提升无疑是有帮助的。再综合 79% 的绩效提升方面的满意度,以及 82% 的综合评价的水平,不难得出结论:Y 公司在培训效果和满意度方面仍存在较大提升空间。

3. 员工希望公司培训提升方向

针对 Y 公司员工反馈出的公司培训的改进方向,调查问卷中,问题 23 统计结果如图 4-23 所示。

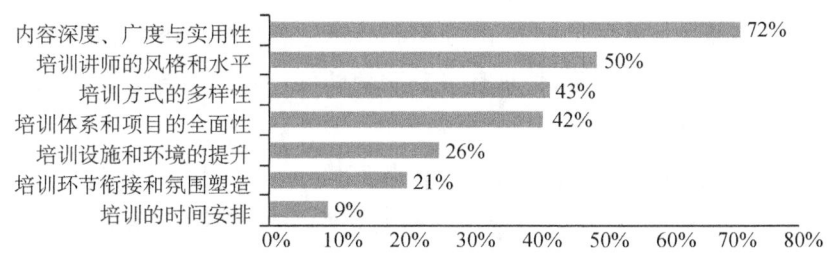

图 4-23　公司目前培训还应提升哪些方面

上图调查结果表明,Y 公司员工首先希望公司提升的是培训内容的深度、广度与实用性(72%)。依据问题 4,Y 公司员工多数是较为积极、主动参与培训与业余时间的学习的(72%);依据问题 2,Y 公司员工参与培训的首要目的也正是提高业务熟练程度与绩效水平(71%)。由此可见,Y 公司员工积极参与培训的动力更多是希望培训内容能够实际地帮助自己提高业务和绩效水平,希望可以获得有深度、广度和实用性的训练和教导。把握住这一首要需求,是 Y 公司后续进行培训体系建设、培训项目设计、培训内容安排和组织的关键。

同时,培训讲师的风格和水平(50%)、培训方式的多样性(43%)、培训体系和培训项目的全面性(42%)亦是 Y 公司员工希望公司改进的重点,应加强讲师的选拔和培养,增加员工喜闻乐见的培训方式,并进一步完善培训体系,令培训项目更加全面。相比而言,培训设施和环境的提升(26%)、培训环节衔接和氛围塑造(21%)、培训的时间安排(9%)则是 Y 公司员工相对关注较少的,应在有条件的情况下加以改善。

（七）本章小结

本章综合运用直接观察、问卷调查、访谈研究等方式,随机挑选了 200 名在职员工展开调查,并以此分析 Y 公司的培训效果。调查结果表明,Y 公司目前虽然有一套相对完整的培训体系,但培训效果仍有待提升,主要体现在以下四个方面：

（1）培训背景维度：Y 公司员工虽然认可培训的重要性,但在培训需求未被充分满足,尤其在提高业务熟练程度与绩效水平、提高个人综合能力水平和提高团队协作与跨部门配合能力这三个方面普遍希望得到培训和提升；同时,培训前期宣导和动员的不足,对员工的培训感知度和参与度均造成了不利影响。

（2）培训输入维度：Y 公司员工虽然偏好公司内拥有实战经验的讲师,但是普遍对现有讲师专业水平和授课技巧表示不满意；同时,培训内容的实用性、针对性、新颖度、启发性均不足,培训环境和配套硬件设施亦有待提升,以上均已成为 Y 公司培训的短板。

（3）培训过程维度：Y 公司培训各环节衔接及流畅程度不佳,讲师与学员、学员之间的互动程度不足,导致连贯性和互动性均有待提升；培训方式方面,员工建议公司增加公开课和互动式培训的比重,例如专题课、案例分析、世界咖啡、研讨会等形式；培训时间安排方面,集中式培训和长期系统培训可以结合使用。

（4）培训结果维度：Y 公司培训评估工作不够精细,导致评估结果准确性不高,无法对评估结果进行充分提炼与分析；培训缺乏考核或考核过于简单,未能对参训者训后行为、绩效变化进行追踪,难以评估学员参训的实际效果；综合分析可知,参训者在知识能力上的提升低于预期,应重点提高培训内容的深度、广度与实用性,同时提高讲师水平、培训方式的多样性等。

五、Y 公司培训效果提升方案设计

(一)背景评估维度的培训效果提升方案

1. 进行系统的培训需求调研

调查显示,87%的受访者十分愿意接受并希望公司组织开展培训,以期对他们在知识技能、岗位胜任能力、管理能力、人际关系等各个方面有所提升。与此同时,Y 公司对培训的重视程度也是比较高的,然而从结果评估的相关研究结果中我们发现,许多员工对公司培训的实际效果的评价在满意和不满意之间游离,更有近 1/5 的员工对公司在培训上的投入并不领情,甚至牢骚满腹。究其原因在于,企业没有开展好培训需求调查,没有掌握好真正的培训需求,就不能"对症下药",部分培训内容和环节流于形式,最终导致达不到预期的效果,甚至使得原本为企业发展提供动力的培训,反而为企业的发展带来不利的影响。

秉持公平、客观、公正的原则,Y 公司培训需求调研的实施过程应分为四步:

(1)制定详细的培训需求调查计划书,以明确调研的目的,规划主要调研方向和途径,编制调研执行中的经费预算,并制定相应的进度管理的方案,明确分工,以便于后续调研的开展和实施。

(2)根据调查的目的、对象及选用的方法,编制 Y 公司培训需求调查样本。

(3)安排专人,组织实施培训调查。其中,尤其应注意的是调查渠道的多样选择。见表 5-1。

表 5-1 调查渠道选择

调查渠道	内部渠道	上级部门	公司管理层 直接上级
		相关部门	人力资源部 直接关联部门
		相关人员	员工本人 培训者下属 培训者同事
	外部渠道	培训人员	管理顾问 培训专家
		外部关联人员	客户 供应商 合作单位

与此同时,结合 Y 公司实际情况,综合应用以下 8 种调查方法:观察法、问卷法、访谈法、档案法、集体讨论法、测试法、关键事件法、自我分析法,则培训调查将更为有效。

(4)对调查所得的资料进行归类分析整理,撰写出培训需求调查报告,并以此作为 Y 公司人力资源及培训工作的依据。

依据以上步骤,充分进行并完成 Y 公司的培训需求调研,则更加能增强培训体系和内容设计对员工的针对性和贴合度,并最终提高员工对培训的满意度。

2. 加强培训宣传组织,提高参训率

调查结果表明,受访者中仅 22% 的员工对公司的培训课程或培训项目十分清楚,更有 17% 和 4% 的员工对公司的培训课程或培训项目只是略知一二或完全不了解,并存在参训率不高、部分参训员工缺勤严重等问题,究其原因,是 Y 公司在培训项目实施前期的宣导与动员工作较为简单,而在培训项目实施后的宣发与反馈亦较少,导致员工对公司整体的培训体系和培训效果不了解,影响其对公司培训的感知度和兴趣度,进而影响参训率。基于此,Y 公司可以按照如下方式加强培训宣传组织,提高参训率。

(1)物料展示。在总部及分公司各办公场地布置 Y 公司企业大学展板,通过精细的设计、丰富的内容、翔实的培训现场图片,彰显 Y 公司企业大学以往培训项目的精彩片段,并形成对 Y 公司企业大学运作水平的整体好感,使员工对培训产生向往。

(2)官网宣传。在公司年度培训计划确定后,即在 Y 公司官网及相关宣传渠道发布,让公司全员感受到公司整体的培训体系的完整性。

(3)图文预热。每一场培训立项并确定开展时间后,在培训课程时间开始前一周,采用微信公众号、线下宣传图片等方式,提前进行培训的预告,不仅可以激发员工对培训的期待,更能树立有档次、有品牌的课程形象,有助于提升员工对培训的了解程度。

(4)素材库建立。培训现场由培训部门专人进行拍照和录像,以采集各类培训素材,并建立素材库,用于线上线下各种培训宣传使用。

(5)现场预告。在每一场培训的间隙和培训临近结束时,主持人口播预告下一场次的相关培训或未来的培训规划的方向,加强参训者对下一场培训的期待程度。

(6)培训报道。阶段性培训项目完成之后,撰写培训报道,可选格式包括:微信公众号图文稿、官网文章、H5(如易启秀等)、PPT 等,集中展示阶段性培训的现场图片以及培训效果。通过精美的图片和排版方式,配以生动的文字,供企业员工及企业外部人员观看,让参训者引以为豪,让不在培训现场的人心生羡慕。

以上六种方式的综合使用,能更好地提升培训宣传效果,营造出更为浓郁的学习氛围,增强员工对公司培训的感知度和兴趣度,进而提高员工参训意愿和参训率。

(二)输入评估维度的培训效果提升方案

1. 成立企业大学,优化课程体系

调查结果表明,Y 公司员工迫切希望提高业务熟练程度与绩效水平,提高个人综合能力水平,提高团队协作与跨部门配合能力。目前,中国众多规模型企业将现有培训体系升级为企业大学的方式,值得借鉴。因此,应依据员工需求,进一步优化培训体系,并成立企业大学,以此提高培训效果。

(1)关于企业大学

企业大学是目前企业人力资源培训板块在培训内容、培养方式、培训作用等方面的升级。传统企业,通过培训部门的建立与培训体系的搭建,承担了企业内部人才培养、提升员工凝聚力、提高人均产能等作用。伴随市场竞争的不断加剧,企业将培训目标从单一的针对内部员工的培训,转换为兼顾对内与对外人员的各方面能力素质提升,并进行平台化、系统化运作,使得人力资源加速向人力资本转变,令企业大学这一模式不断发展与成熟。

相比传统企业培训,企业大学更能以投资战略的角度重新塑造企业培训体系,以投入-产出的市场经营理念衡量企业大学的运作,十分适合目前 Y 公司快速发展的现状。与此同时,Y 公司既往培训项目所累积的人力(讲师资源)、物力(配套设施)、财力(年度预算)、智力(配套课件)均较为丰富,可以作为 Y 公司成立企业大学有效的基础和条件。

(2)Y 公司企业大学的定位

通过结合 Y 公司现有培训体系,立足于 Y 公司的人才观,Y 企业大学应致力于引进现代培训管理理念及培训形式,构建传播文化、学习知识、建立友谊的场所。建议定位于:

① 人力资本培育的研究高地,培养人才和选拔人才的摇篮;
② 中高层管理者终身学习的充电站;
③ 开放式培训资源的整合者和提供者。

(3) Y 公司企业大学的课程结构

通过对现有课程的优化和升级,并适当增删,其核心课程可按以下四个板块设计,见表 5-2。

表 5-2　Y 公司企业大学的课程结构(拟)

序号	板块	定位	培训项目	主要课程内容
1	成长学院	基于员工职业生涯不同阶段的培训	入职训练营	行业基础知识、公司企业文化、规章制度、业务基础知识
			转正训练营	专业业务知识、沟通技巧、团队合作技巧
			晋升训练营	管理技巧、执行力、目标管理
2	专业学院	基于不同业务板块的专业培训	人事管理训练营	人事外包专业知识、劳务派遣专业知识、营销技巧
			制造管理训练营	制造承包专业知识、BPO 项目介绍、营销技巧
			金融管理训练营	金融服务外包专业知识、营销技巧
3	管理学院	基于管理岗位和储备管理岗位员工的培训	高级管理者训练营	企业战略、人力资源规划、财务管理、领导力
			中级管理者训练营	管理技巧、绩效管理、目标管理、组织行为学
			管培生训练营	行业基础知识、公司企业文化、业务基础知识、轮岗训练
4	Y 书院	围绕 Y 公司图书馆展开的面向全员的培训方式	读书会	专业类书籍、管理类书籍、人力资源行业期刊
			征文比赛	专业类征文、企业文化类征文、管理类征文

2. 提高培训讲师水平

调研结果显示,Y 公司员工普遍对现有讲师专业水平和授课技巧表示不满意,这已经成为 Y 公司培训的短板之一。为解决这个短板问题,建议从选拔机制、分级机制、培养机制和激励机制四个方面进行提升。

(1) 讲师选拔机制

Y公司目前以内部讲师为主,外部讲师为辅。基于Y公司讲师现状,建议Y公司设立内部讲师选拔条件,见表5-3。

表5-3 Y公司讲师选拔条件(拟)

1	公司高级管理者
2	人力资源部专职讲师
3	持有国家职业资格三级以上的人力资源管理师证书
4	从业经验不低于5年,具备过硬的专业知识水平
5	在公司服务两年及以上
6	最近一年的绩效考核在85分及以上;部门或公司季度、年度优秀员工优先
7	品行端正,无违纪行为

以上选拔条件至少符合5项,则可申请成为Y公司内部讲师,以此保证教学水平,以期达到传道、授业、解惑的作用,让参训学员学有所成。

外部讲师方面,Y公司现有外部讲师主要有3类:专业管理类培训机构;人力资源服务行业内的专家;拓展活动组织机构。经过梳理,去除其中学员评价水平较低者、专业领域与公司需求不匹配者、长期不合作者,最终得出Y公司整体符合要求的讲师,见表5-4。

表5-4 Y公司合格讲师列表

序号	讲师类别	讲师资质	讲师或机构数量
1	内部讲师	十年以上经营的专家	43人
2		公司高级管理者	16人
3		人力资源部专职讲师	3人
4		绩优骨干	36人
5	外部讲师	专业管理类培训机构	8家
6		人力资源服务行业内的专家	17人
7		拓展活动组织机构	6家

以上讲师是经过精挑细选而产生的,其具备不同的专业背景、不同的知识结构、不同的业务经历、不同的组织形式,能够让Y公司的培训学员收获全方位的知识、技能和体验,提高培训效果。

(2) 内部讲师分级机制

基于对 Y 公司现状的深入了解，建议将选拔合格的内部讲师分为三级：

① VIP 讲师：VIP 讲师为 Y 公司部门负责人、子公司负责人及以上职位者。VIP 讲师无须参与认证，由 Y 企业大学统一管理与考核。

② 星级讲师：星级讲师由 Y 企业大学统一认证，每年组织 1～2 期，经综合审核通过后，依据其授课的综合能力和经验，分为三星级讲师、二星级讲师和一星级讲师。

③ 区域讲师：各城市分公司可参考 Y 公司总部讲师管理办法，组织开展区域内的讲师认证，建设培训讲师池。

其中，不同层级的授课要求，见表 5-5。

表 5-5　内部讲师分级授课要求(拟)

讲师类型		授课要求
VIP 讲师		季度累计授课时≥6 小时；平均授课有用度≥95 分
星级讲师	三星级讲师	年度累计授课时≥12 小时；平均授课有用度≥95 分
	二星级讲师	年度累计授课时≥8 小时；平均授课有用度≥95 分
	一星级讲师	年度累计授课时≥4 小时；平均授课有用度≥90 分
区域讲师		各地分公司可根据实际情况自行管理

(3) 内部讲师培养机制

为提高各级讲师授课水平，帮助其顺利提升等级，提高授课有用度，拟定内部讲师培养机制，见表 5-6。

表 5-6　内部讲师培养机制(拟)

项目	内容	针对人群
Y 公司讲师训练营(TTT1.0)	讲师授课技巧、企业文化、专业课程认证等	三级、二级、一级星级讲师；区域讲师
Y 公司进阶讲师训练营(TTT2.0)	体验式室内教学、案例教学技术培训等	VIP 讲师；三级、二级、一级星级讲师
"我是好讲师"评比活动	树立标杆，展现讲师荣誉，挖掘优秀授课经验	全体讲师

(4) 内部讲师激励机制

为激发内部讲师不断学习、成长和进步，鼓励讲师投入更多时间、精力在课程的开发和升级上,提高授课水平,优化授课风格,提升培训效果,拟采用如下激励方式。

① 礼品激励:Y公司内部讲师每门课授课结束时,均将获得人力资源部门送上的"讲师感谢卡"和小礼品一份。

② 课酬激励:Y公司内部讲师授课结束后,按等级获得相应课酬,见表5-7。

表 5-7 Y 公司内部讲师课酬标准(拟)

讲师类型		课酬标准
VIP 讲师		300 元/小时
星级讲师	三星级讲师	200 元/小时
	二星级讲师	150 元/小时
	一星级讲师	100 元/小时
区域讲师		各地分公司可参照总部标准设定

③ 荣誉激励:通过评级认证的讲师将根据不同的等级发放讲师证书、勋章,增强讲师荣誉感。同时,每年评选10名"年度优秀讲师",并颁发额外证书和给予奖金。

④ 培训激励:给予"年度优秀讲师"及重点培养的讲师到名企的企业大学、名校、著名培训机构参观、听课的机会。

3. 改良培训环境和硬件

Y公司总部需要保持的部分是:培训教室投影、音响设备、话筒、活动白板、激光笔等;需要提升的是座椅和地毯的舒适度,可以制订翻新计划,重新购置或更换更新更好的产品。

Y公司众多分公司的培训场地相对于总部而言,在配套硬件设施和环境空间大小方面,均有一定差距。基于此,分公司应在预算范围内,针对重要程度较高的培训项目申请外部配套齐全、环境优异的培训场地;同时,在新的分公司场地选择和装修设计时充分考虑到这个方面,创造更好的培训环境。

(三) 过程评估维度的培训效果提升方案

1. 增强培训连贯性与互动性

基于上述调查显示,29%的调查对象认为Y公司培训各环节衔接及流畅程度比较一般,甚至有拖沓或脱节的现象。同时,Y公司员工在参与培训过程中,

讲师与学员、学员之间的互动程度亦不尽如人意。针对以上情况,分别作出以下调整建议:

(1) 进行系统的分工管理,避免拖沓和脱节

在培训现场实施的过程中,明确分工,追责到人是确保培训环节衔接流畅的有效手段。针对目前 Y 公司培训实际状况,建议培训组织者按照表 5-8 进行合理分工。

表 5-8　培训现场分工管理参照表

时间点	工作内容	责任人	工作内容	责任人
1. 培训实施两周前	通知发文		信息通知	
	讲师沟通及邀请函		制作交通联络图	
	课程需求调查,收集并反馈给讲师		预定交通工具	
	各种跨部门合作的预先沟通		制作横幅、水牌、旁听台卡	
	预定场地、住宿		考察会场	
	预定餐饮、茶点或采购		大型器材的租赁	
2. 培训实施前一周	统计请假情况,确定参与名单		确认讲师,提醒并收集课件	
	领取培训经费,自行购买相关物资等		确定支援事项	
	制作讲义等学员资料		信息通知:涉及的关键事项可多次提醒	
	视频会议:准备视频会议报名统计			
3. 培训实施三日前	完成:《学员手册》《会务手册》的印制		完成:所有准备器材用品的准备或借租	
	完成:评估问卷印制		讲师礼品、课酬	
	完成:台卡、座位贴、姓名牌、证书的制作		物料封箱,贴上清单	
	完成:签到表的制作		信息通知:涉及的关键事项可多次提醒	

续　表

时间点	工作内容	责任人	工作内容	责任人
3. 培训实施三日前	完成：奖品准备，赠送学员等的书籍		文件袋	
	讲师介绍		胶带、图钉、双面胶等	
4. 最后清点项目（开始前一天）	各类指引到位：横幅、水牌、指引、座位表		资料摆放：手册	
	桌椅布置：桌椅、座位贴、台卡、姓名牌、水、海报纸		自行购买的点心	
	测试设备：投影、电脑、音乐、PPT、话筒、音响等		环境：灯光、空调、驱蚊等	
	布置：N台投影、白板、预留座等			
5. 培训当日工作	接待讲师、学员		讨论时递话筒	
	签到、座位指引		游戏互动、破冰	
	器材调试并打开		茶水、食宿、茶点安排	
	资料发送、回收：讲师现场用的，或者课后评估问卷		照相、摄像、录音	
	各项课前介绍		电池准备	
	课间组织学员准时进入课室		合影设计并冲洗	
	高管讲话记录		培训现场评估	
	证书发放		突发情况的处理	
6. 培训后续工作项目	桌牌、姓名牌回收		学员资料录入系统	
	会场整理		资料归档	
	经费报销		工作流程检讨	
	问卷统计		视频、会议记录表汇总	
	总结报告		收集作业	
	视频、学习资料上传		合影照片发放	

每场培训开始前,培训责任人应参考上表,列明工作事项,逐项分工到人,并人手一份。通过内部会议解说清晰每个细节,确保执行到位,并在执行过程当中随时调整和完善,以此确保培训各环节无缝衔接,流程顺畅。

(2) 增加互动环节

为提高讲师与学员、学员之间的互动程度,增加学员的参与感,提升融入感和参训体验,应通过以下三个方面增加互动环节:

① 增加课前互动环节。应在培训课程开展前一到二周,组建预热与讨论小组,形式以线上沟通群(微信群、钉钉群等)为主,线下小组讨论为辅。预热和讨论的内容包括:课程相关参考资料、课程相关工具包、课前作业、课前头脑风暴、课前问题收集等。这样的方式,能够在课程尚未正式开始之前,让讲师与学员之间、学员和学员之间,已经形成较好的互动,做足课前准备,塑造了相对融洽的沟通氛围。而在正式授课的过程中,讲师可以更加顺畅地授课并达成课程效果。

② 增加课中互动环节。应在课程开展过程中,要求每门课的讲师综合应用随堂提问、案例分析、情景模拟、无领导小组讨论等方式,增加互动环节。同时,每门课进度达到50%或100%时,应分别留出5~10分钟让学员提问,以加快学员对知识、技能的吸收和运用。

③ 增加课后互动环节。课程结束前,讲师应根据学员实际学习状况,酌情布置课后思考题、相关书籍阅读、听课感悟等内容给参训学员,以进一步增加互动程度,巩固培训效果。

2. 增加培训形式

Y公司目前的培训形式依然是系统、集中的培训课程居多,然而依据调查问卷中的问题16可知,系统性的培训课程在员工的喜好程度上仅列第三(46%),相比而言,Y公司员工更喜欢的方式则是公开课,重点参与有时间听且有兴趣的课程(53%),以及案例分析、世界咖啡、共创研讨等互动式培训场景(52%)。这也符合Y公司员工对于培训方式的期望随着司龄增长而提高的趋势。

与此同时,调查问卷中问题17亦显示,在培训时间安排上,44%的受访者认可集中式培训,快速提升技能;40%的受访者认可长期但单次培训时间较短的培训方式,这亦与问题16相呼应:基于企业现状,应该增加公开课和互动式培训等分散培训的方式,与现有的系统的、集中的培训方式相结合,可参考以下方式。

(1) 公开课

Y公司应增加公开课方式,以公开授课形式为参训者提供工作技能提升的服务。首先,Y公司可以选派公司成员参与外部的公开课;其次,可以在内部组织公开课方式。公开课的好处是：相比传统集中培训，员工可以凭个人意愿和兴趣，有选择地去参与自己感兴趣、愿意花时间学习的课程内容。因此，公开课的参与者均对课程具备较高的需求程度，因而会更加认真听讲以及和讲师互动。而讲师在公开课的讲授过程当中，能不断得到积极正面的学员反馈，其授课的积极性也会被大幅激发，进而会贡献更多的知识、技能和激情在课程授课上。这样就能形成教、学两方的良性互动，进而推动整个公开课体系均在高效率、高满意度的状态下不断发展，并成为 Y 公司培训体系重要的方式之一。

（2）案例培训

Y 公司应增加案例培训。这是一个最早由哈佛商学院创造的培训方式，能够以参训者在工作当中的真实需求，给予实际案例，并让参训者通过自身知识和经验累积，以讨论的方式让案例中的问题得到解决。这种通过讲师和学员频繁互动、让参训者处理问题的水平在讨论中提高的方式，目前在企业中得到较多应用。

Y 公司培训课程上所需要的案例均可由培训讲师事先设计好，并在培训开始 3～5 天前以课前思考题、课前作业等方式提供给参训者。在培训实施时，培训讲师应率先告知学员本次案例讨论所需的理论和相关要求，给予恰到好处的引导；随后，对学员进行分组，学员开展分小组的讨论；约定讨论时间过了之后，暂停所有讨论，并让各小组派出代表对其所在小组讨论的结果进行汇报或演示；最后，培训讲师针对各小组汇报的结果加以评价并给出建议。此外，课程结束之后可安排参训学员针对本次案例培训进行复盘和书面总结，于训后 3～5 天内提交，一次考核参训学员的学习效果，并反馈调整。如实施得当，可成为 Y 公司比较有效的培训形式之一。

（3）世界咖啡

Y 公司应增加"世界咖啡"这一培训方式。该方式是一种以对话、集体交流的形式进行的新型培训方法，目的是营造一个安全、平和的环境，让参与者针对特定的问题展开对话。世界咖啡的参与者人数要求宽泛，少则 4～5 人、多至 10～20 人均可展开讨论；要求所有人针对一个或多个主题，进行多轮讨论。每轮均可根据观点、主题的不同分为不同的讨论组，参与者均可在每轮截止时，自由选择其他组，继续参与下一轮的交流。通过这样的方式，建立一个充满生机的集体会谈网络，创造集体智慧，提升参与者的认知和能力水平，进而达到培训的效果。

（四）结果评估维度的培训效果提升方案

培训效果评估是企业培训流程中不可或缺的一环。调查结果表明，45%的受访者认为评估方式比较简单；另有高达25%的受访者不清楚或很少能感受到公司有培训效果评估。据悉，Y公司在培训效果评估方面并不够精细，简单问卷的形式易给参训者流于形式的感觉，所以参训者常常根据主观印象随意勾选，导致评估的结果准确性亦不高。同时，Y公司对收集到的训后评估问卷提炼与分析不充分，且尚有一部分培训项目缺乏考核或考核过于简单。由此可知，Y公司应掌握先进的评估方法，对Y公司的培训进行充分评估，并基于评估结果，系统分析，总结提高，以此提升培训效果。

1. 对现场反应、学习过程进行评估

（1）训后调查问卷。Y公司可针对课程讲师水平、课程内容质量水平、教学方法的受欢迎程度、课程硬件水平等诸多方面设置相应的问卷，由完成培训的人员进行填写，并在一定程度上反映出培训效果的水平。同时，基于不同讲师、不同学员、不同批次的训后调查问卷的综合数据统计与分析，可以得到不同讲师的能力水平差异、不同课程的受欢迎程度、不同教学方法的适用性等进一步的结论，有助于Y公司进一步提升培训效果。

（2）训前测试、训中作业与训后考核。首先，通过训前测试，可以使得讲师充分了解该批次受训人员对即将培训的内容目前的掌握程度，并有的放矢地调整培训的侧重点，使得培训的针对性进一步提升。对受训人员而言，了解自身在知识与技能上的缺陷与不足，也有助于端正态度，更好地投入培训。其次，通过训中作业，可以有效地掌握受训人员阶段性的学习进度与课程内容掌握程度，利于企业及时反馈调整。最后，通过训后考核，可与训前测试结果加以对比，相对直观地了解不同学员在学习质量与效果上的差异，以及同一学员在参训后的提升程度。

（3）实战演练。比较而言，许多培训内容难以通过笔试方式有效测试出培训效果，因此可以结合实战演练的方式加以展开。例如，对某种软件操作能力的培训，可以通过上机操作，考查学员实际使用上的熟练度与流程步骤正确率；再如，对销售能力水平的培训，可以通过现场情景模拟，直观地考查学员在表达能力、产品演绎、商务礼仪等各方面的提升。

2. 对行为改变、绩效变化进行评估

（1）考察比较法。Y公司可以在培训完成后，由培训人员所在部门的主管

配合,进行实地考察。考察的方向有两种:第一,通过考察对比参与培训的员工和没有参加培训的员工,以判断参加培训的员工是否在工作业务技巧水平、责任心、团队合作能力等各个方面均较未参加培训的员工有明显的进步;第二,通过考察各个员工参加培训前后,在如上维度有无明显进步和改善,以此评估培训的有效程度。

(2) 访谈法。Y公司可采用访谈的方式,通过电话、面对面交流等方法,以相对轻松的方式与参训人员深入沟通。首先,可以了解参训人员对于参加培训的整体主观感受;其次,可以了解参训人员对于课程内容的喜爱程度、培训内容和工作的相关程度、对授课老师和班务组成员的评价;同时,还能够了解其参与培训后对工作和个人能力的实际改善效果,并能收集其对公司后续培训的意见和建议。这些均可以作为培训计划、组织、实施的调整依据。

(3) 工作绩效评估法。Y公司可于每个培训项目结束后的3至6个月,结合Y公司对于不同岗位的关键绩效指标,重点衡量参训前与参训后Y公司员工的绩效结果的变化,例如销售人员的业绩增长水平、客服人员的投诉率的变化等。通过系统量化的方法,可以直观地评估参训人员在工作结果上的差异与变化,进而得到培训效果的评价。

3. 基于培训评估结果的反馈调整

经过上述培训评估结果,应形成反馈调整的系统方法,并不断应用,以确保培训效果的不断提升。

(1) 现场反馈调整

每场培训的参训学员的学历背景、经验水平、性格特征均不尽相同,要求培训组织者随机应变调整培训计划。培训实施过程当中,培训组织者应在明确分工、各司其职的基础上,通过上述现场评估法和考察比较法的评估结果,随时与讲师沟通,调整培训方法,以适应学员现场的个性情况,贴合学员需求,达到更好的培训效果。

(2) 阶段性反馈调整

人力资源部应结合上述测试比较法、测验评估法、访谈法的评估结果,于月度、季度分别对该阶段学员的参训实效进行归纳和总结。首先,充分识别输入评估维度的问题,加强对讲师的培训和管理,优化培训课程内容;其次,充分识别过程维度的问题,改善培训方式,增强培训连贯性与互动性,创造更为融洽的培训和学习氛围;最后,形成对Y公司培训体现整体效果的理性认识,在企业大学规划层面进行调整和完善。

(3) 年度反馈调整

Y 公司在每年的年底,应基于工作绩效评估法,结合公司在培训上的成本投入,对不同的培训项目分别进行反馈调整。调整的要点包括培训项目在各部门之间的配合情况、培训组织者的执行力与培训组织质量、培训投入与产出比、培训项目之间的关联性与衔接程度等,并思考和规划第二年的培训体系与执行细节,调整预算,依此逐年完善,不断提升培训效果。

六、总结

(一) 结论

本篇较为深入地研究并分析了培训效果评估的相关概念,并对不同的培训效果评估模型进行了对比,并最终选定 CIPP 模型作为本次研究的工具。与此同时,通过全面了解 Y 公司的经营概况、组织架构、人力资源发展状况和目前培训现状,充分了解企业目前的情况。

本篇通过以上研究,以理论结合实际,展开了基于 CIPP 模型的 Y 公司培训效果调查分析。经过系统的调查问卷设计与实施,分别进行了 Y 公司培训背景评估、输入评估、过程评估和结果评估。在评估过程当中,逐步发现 Y 公司培训宣传和组织不到位、讲师水平需要提升、课程内容满意度不足、培训连贯性和互动性不佳等各类问题。

本篇在通过 CIPP 模型对 Y 公司培训效果充分调查和分析后,分别针对其中主要问题,提出进行系统的培训需求调研、加强培训宣传和组织、成立企业大学、优化课程体系、提高培训讲师水平、改良培训环境和硬件、增强培训连贯性与互动性、增加公开课和互动式培训、基于评估结果进行反馈调整等具体的提升方案,以帮助 Y 公司解决现有培训问题,并对其他企业和同行提供有益的借鉴和参考,拓宽 CIPP 模型的应用范围。

(二) 局限性

(1) 受限于知识积累、经验、能力和思维水平,本篇研究的整体高度和深度距该领域的专家仍有一定差距,后续将持续努力和增强。

(2) 受撰写的时间限制,本篇未能对所有相关文献进行研究,而改为有选择、有重点的研究。

(3) 本篇的研究对象 Y 公司是一家发展成熟的民营企业,民营企业的组织架构、运营模式、企业文化与多数国企或者外企均不尽相同。因此，对其进行的培训效果评估的相关调查难以完全套用在其他类型的企业上，而只能参考其逻辑和思路。

（4）本篇限于公司规模和样本数量，未能覆盖各类员工及作更为深入的分析，调查数据本身亦具有局限性。

参考文献

［1］人力资源社会保障部.人力资源社会保障部关于印发人力资源服务业发展行动计划的通知［Z］.人社部〔2017〕74号，2017.9.29.
［2］人力资源社会保障部.关于加快发展人力资源服务业的意见［Z］.人社部〔2014〕104号，2014.12.25.
［3］众行管理顾问有限公司.企业培训手册［M］.北京：机械工业出版社，2007.
［4］霍尔辛格.职业培训必须与现实的变化需求结合在一起［J］.中国培训，2006(12)：14.
［5］王荣山.知识经济条件下企业员工培训管理体系创新研究［J］.生产力研究，2015(11)：132-134.
［6］陈丽芬.企业培训管理规范化的制度保障［J］.江苏商论，2005(5)：93-94.
［7］杨金莲.论述企业员工培训的思考［J］.科学管理与决策，2012(6)：107-108.
［8］M L BROAD, J W NEWSTROM. Transfer of training［M］. MA：Addison-Wesley, 1992.
［9］ARTHUR J, BENNRTT J, PAMELA S, et al. Effectiveness of training in organizations：A Meta-analysis of design and evaluation features［J］. Journal of Applied Psychology, 2003(88)：234-245.
［10］堪新明，徐旺命.员工培训方案［M］.广州：广东经济出版社，2002.
［11］郑文平，方福前.员工培训与企业生产率：来自中国的经验证据［J］.学习与探索，2016(2)：103-108.
［12］ORTEGA DESSLER. Human resource management［M］. 8th edition. Peking：Tsinghua University Press, 2001.
［13］奚陈莲.煤炭企业员工培训体系建设与对策研究［J］.煤炭经济研究，2017(1)：46-48.
［14］周惠敏.关于我国企业员工培训的几点思考［J］.商场现代化，2007(31).
［15］曹玉莉.以职工培训为切入点推动企业与职工共同发展［J］.城市公共交通，2009(8)：8-9.
［16］莱斯利·瑞.培训效果评估［M］.牛雅娜，吴孟胜，张金普，译.北京：中国劳动社会保障出版社，2003：3-4.
［17］Jack Philips.培训评估与衡量方法手册［M］.天津：南开大学出版社，2001.
［18］刘学.企业培训绩效评估研究——以某农业企业为例［D］.长沙：中南林业科技大学，2013.

[19] 于兰,李大川. 电力企业员工培训的有效管理与创新[J]. 电力讯息,2016(1).
[20] HALE R. How training can add real value to the business[J]. Industrial and Commercial Training, 2003, 35(1): 29-37.
[21] 李杨,吴泗宗. 企业员工培训评估中存在的问题与对策研究[J]. 山东社会科学,2015(1):4.
[22] 袁凌,朱瑞娟. 国外企业培训效果评估方法的比较分析[J]. 湖南经济管理干部学院学报,2004(4):37-39.
[23] LEWIS P L, THORNHILL A J. An organizational culture approach[J]. Journal of European Industrial Training, 1994(337): 502-520.
[24] 陈永强. 企业培训需求分析与效果评估[J]. 企业改革与管理,2016(11):65.
[25] DANIEL L STUFFLEBEAM, GEORGE F. Madaus and Thomas Kellaghan. Evaluation models: Viewpoints on educational and human services evaluation[M]. Beijing: Peking University Press, 2007.
[26] GUERRA-LÓPEZ I. Performance evaluation: Proven approaches for improving program and organizational performance[M]. Jossey-Bass, 2008(7): 9-11.
[27] STUFFLEBEAM D L, MADAUS G G, KELLAGHAN T. Evaluation models: Viewpoints on educational and human resources evaluation[M]. Boston: Kluwer Academic Publisher, 2000: 280.
[28] STUFFLEBEAM M A, COHEN S L. Put a dollar value on your training programs[J]. Training and Development Journal, 1972(39): 59-62.
[29] STUFFLEBEAM D L, SHINKFIELD A J. Systematic evaluation: A self-instructional guide to theory and practice[M]. Boston: Kluwer-Nijhoff, 1985: 170-171.
[30] 胡小玲. 新经济形态下人力资源服务企业更应重视转型升级[N]. 中国劳动保障报,2019-02-26.

附录 1 Y 公司现有新人训课程安排表

日期	上课时间		培训课程	课程说明	课时
第一天	上午	08:30—08:45	开营寄语	新人训练营"总指挥"开营宣导，统一共同语言	3.5
		08:45—12:00	军训	站立、稍息、列队等	
	下午	13:30—17:30	军训	站立、稍息、列队等	4
第二天	上午	08:30—09:30	"营长"分享	董事长分享	1
		09:45—10:45	集团简介	集团简介	1
		10:45—12:00	业务简介	集团主营业务相关介绍	1
	下午	13:30—16:30	团队建设	户外拓展训练项目	3
		16:30—17:30	团队展示 1	项目设计	1
第三天	上午	08:30—10:30	企业文化	公司宪章学习	1.5
		10:45—12:00	专业学习	金融 BPO 项目介绍	1.5
	下午	13:30—16:30	专业学习	人事外包项目介绍及行业分析	3
		16:30—17:30	专业学习	职业教育项目介绍	1
第四天	上午	08:30—10:30	人事行政制度	出勤、薪资、福利、奖惩、培训等	1.5
		10:30—12:00	新人职场法则 1	卓越思维	1.5
	下午	13:30—15:00	新人职场法则 2	职业素养	1.5
		15:10—15:40	影片赏析	MANPOWER/大事记	0.5
		16:00—16:30	团队展示 2	项目准备及团队展示	0.5
		16:30—17:30	综合测试	综合测试	0.5

附录2　Y公司现有管理训之继任者计划课程安排表

序号	板块	能力素质模块	推荐匹配课程	课时	形式	师资
1	智慧学堂——吐故纳新	思维方式拓展	突破自我——打造亮丽人生	2.5	授课	内部
		行业知识	劳务派遣、BPO案例与赢利模式分析	2.5	授课	内部
		目标管理	目标管理	2.5	授课	内部
		情绪控制与管理	领导者情绪管理	2.5	授课	外聘
		领导力、凝聚力	解析高效凝聚力团队密码	2.5	授课	外聘
		领导思维与方法	失败领导的7习惯	2.5	授课	内部
		变革与创新	拥抱变革与创新	2.5	授课	外聘
2	学习之旅——取长补短	领导力拓展观察力、学习力	拓展训练（红色使命——野外拓展）	8	野外拓展	内部
			同行业学习参观＋后期总结（公司品牌建设、相关专业信息、发现六大亮点）	8	同行参观学习＋分享总结	内部
3	战略论坛——思想碰撞	战略思维认清风投	"强盗"走了，联想还剩下什么？论题：战略VS战术	2.5	前沿咨询分享＋辩论赛	内部
4	我分享，我骄傲——博采众长	知识结构丰富领导演讲与口才	专业人人会，共5场（HR、财务、计算机网络、品牌推广、客户服务）	7.5	学员分享	学员
			行业我先知，共4场（人事外包、金融BPO、职业教育、制造承包）	6	学员分享	学员

续 表

序号	板块	能力素质模块	推荐匹配课程	课时	形式	师资
5	看传奇，学精髓——榜样力量	选择与全局执行与弹性	时代行业人物：俞敏洪——新东方传奇	3	沙龙	内部
6	毕业答辩——真我风采	总结与发展	论文答辩＋毕业仪式	3.5	总结	内部

附录3　Y公司现有管理训之明日之星计划课程安排表

序号	板块	能力素质模块	推荐匹配课程	课时	形式	师资
1	智慧学堂——吐故纳新	思维方式拓展	突破自我——打造亮丽人生	2.5	授课	内部
		行业知识	劳务派遣、BPO案例与赢利模式分析	2.5	授课	内部
		目标管理	目标管理	2.5	授课	内部
		情绪控制与管理	领导者情绪管理	2.5	授课	外聘
		领导力、凝聚力	解析高效凝聚力团队密码	2.5	授课	外聘
		角色定位	管理的角色与原则	3	授课	外聘
		部属培育能力	部属培育与激励	4	授课	外聘
		员工职业规划	员工职业生涯规划与发展	3	内部	内部
2	智慧论坛——思想碰撞	全员营销意识	个性化营销的四个路标——各部门的营销服务如何做	3	沙龙	内部
3	我说我看——书中黄金屋	学习力演讲与口才	书中黄金屋，读书分享会	3	读书会	内部
4	毕业答辩——真我风采	总结与发展	论文答辩＋毕业仪式	3.5	总结	内部

附录4　Y公司现有"飞鹰计划"干部育成班课程安排表

阶段	项目	内容	时间	说明
前期	宣传	人才市场招聘 网络招聘 报纸招聘广告 校园招聘 专场招聘	2周	名额:30人
	筛选	海选（简历） 过关面试（多对一面试）	1周	
初选	团队建设观察期	军训 户外拓展	1周	初选中筛选出约25名优秀者进入下一轮学习
	公司企业文化学习	公司介绍 企业文化学习 人事行政制度	1周	
	公司业务学习	公司各项业务学习		
	职业意识培养	职业素养 职业生涯规划 商务礼仪		
	综合考核	个人访谈 综合考评	1～2天	
晋级	业务专业培训	人事外包专业知识及业务流程 人事外包行业前景分析	1周	加强管理与期间的心态辅导、问题解决
	管理意识培养	主管基本能力学习		
	营销意识培养	商务沟通 销售技巧 客户服务		
	市场调研	市场调研 调研报告	1周	
	答辩	报告汇报 论文答辩	1～2天	

续 表

阶段	项目	内容	时间	说明
上岗	随岗培训	我眼中项目经理的一个月	3 周	完成培训项目且表现优异者，正式上岗
	工作成果汇报	个人演讲,时长 1 小时	2~3 天	
	毕业礼	签合同、上岗试用	1 天	

附录 5　Y 公司培训效果评估调查问卷

为掌握公司培训现状,更好地改善公司培训的计划、组织和实施,以提升培训效果,现诚恳地向您征询相关反馈意见。本问卷采用匿名方式,请勾选每题中您认为最符合现状的选项,这预计会花费您 3 分钟。如无特殊说明,题目均为单选。

注:本次问卷所讨论的"培训"包括但不限于培训课程、案例分析、世界咖啡、共创研讨、游戏、比赛、拓展活动、角色演练、线上教学、微课、游学等培训形式。再次感谢您的配合!

性别 [单选题]
○男
○女

司龄 [单选题]
○不满 1 年
○满 1 年不满 3 年
○满 3 年不满 5 年
○满 5 年不满 10 年
○10 年以上

年龄段 [单选题]

○不满 25 岁	○满 25 岁不满 30 岁	○满 30 岁不满 35 岁	○满 35 岁不满 40 岁	○满 40 岁不满 50 岁	○50 岁以上

岗位 [单选题]
○管理岗位

○非管理岗位

教育程度 [单选题]

○高中专

○大专

○本科

○硕博

1. 您认为公司组织培训的必要程度是什么？[单选题]

○非常必要

○比较必要

○一般

○不太必要,可有可无

○最好没有

2. 您主要希望通过培训达到什么目的？[多选题]

□提高业务熟练程度与绩效水平

□提高管理能力

□提高团队协作与跨部门配合能力

□提高个人综合能力水平

□熟悉了解公司,融入公司的企业文化

□获得资格证书、学历或学位

3. 您认为公司员工的专业和能力水平如何？[单选题]

○牛人众多,每个员工专业度和能力都超强

○有一些专业人士,但更多的人还有许多提升空间

○仅有少数专业人士,公司普遍需要增强专业度和能力

4. 您目前的学习状态是怎样的？[单选题]

○积极参加公司的培训,业余时间爱学习,时常购买书籍、参与各类培训课程、观看线上付费课程

○较为积极、主动地参与培训与业余时间的学习

○偶尔参加培训和学习

○参与较少,学习上投入的时间有限

○没兴趣或没时间参与培训和学习

5. 您清楚知道公司有哪些培训课程或培训项目吗？[单选题]

○十分清楚

○知道一部分，比较清楚
○大概知道一点
○完全不了解

6. 公司在安排培训时，您更倾向于选择哪种类型的讲师？［多选题］
☐公司内拥有实战经验的讲师
☐公司高级管理人才
☐咨询公司或专业培训机构
☐职业培训师、知名讲师
☐行业领先者或其他公司的优秀讲师
☐学院派教授学者

7. 您认为目前公司培训活动中的讲师专业水平如何？［单选题］
○大多数都专业水平过硬
○约半数专业水平过硬，半数水平一般
○仅有少数专业水平过硬
○公司讲师普遍专业水平欠佳

8. 您认为目前公司培训活动中的讲师授课技巧和讲课风格如何？［单选题］
○大多数讲师的授课技巧、互动效果都很棒，现场气氛和讲课风格俱佳
○约半数讲师还不错，半数一般
○少数还不错，其他都比较一般
○公司讲师普遍授课技巧和讲课风格欠佳

9. 您希望公司优先增加哪些培训项目或培训内容？［多选题］
☐公司企业文化类培训
☐基于胜任力的知识与技能培训
☐基于领导力的管理类培训
☐基于综合能力提升的素质培训
☐基于资格证书、学历学位的培训

10. 您认为公司的培训内容的实用性与针对性如何？［单选题］
○非常好
○还不错
○一般
○不满意

11. 您认为公司的培训内容的新颖度与启发性如何？［单选题］

○非常好

○还不错

○一般

○不满意

12. 您认为公司的培训环境和配套硬件设施如何？[单选题]

○非常好

○还不错

○一般

○不满意

13. 您对公司在培训各环节衔接及流畅程度的评价是怎样的？[单选题]

○安排合理，非常流畅

○还不错

○一般

○不满意，拖沓或脱节

14. 您参与培训过程中，讲师与您、您与同事间的互动程度如何？[单选题]

○经常互动，参加培训认识了很多朋友

○有一定的互动，认识了个别身边的人

○少有互动，各听各的

15. 您认为目前公司开展的培训方式是否多种多样？[单选题]

○培训方式非常丰富且有趣，各种方式都很喜欢

○有不同的培训方式在进行，并喜欢其中一两种方式

○目前培训形式单一，但也有一定效果

○对目前在进行的培训形式不满意，不仅单一而且有效性不强

16. 您更倾向于参与哪种类型的培训方式？[多选题]

□系统性的培训课程

□公开课形式，重点参与有时间听且有兴趣的课程

□案例分析、世界咖啡、共创研讨等互动式培训场景

□游戏、比赛、室内室外拓展活动

□角色演练式的培训形式

□线上教学、微课等方式

□游学、参观及访问式

17. 您更倾向于哪一种培训时间安排？[单选题]

○集中式培训,快速提升技能
○长期系统培训,单次培训时间较短
○碎片化时间培训或线上自主学习

18. 您认为公司培训后的效果评估做得如何?[单选题]
○有较为完善的评估过程
○有简单的评估方式
○不清楚或很少能感受到公司有培训效果评估

19. 您认为参与公司的培训是否有助于提升您的知识能力水平?[单选题]
○参训后知识能力显著提升
○学到了一些知识,训练了一些能力,较有收获
○培训效果不明显,感觉学到的东西比较有限
○感觉没有太多干货,有浪费时间的嫌疑

20. 您认为参与公司的培训是否有助于改善和提高您在公司的人际关系融洽程度?[单选题]
○有较为明显的提升
○有一定提升
○没有变化
○更加不融洽

21. 您认为您或您的下属在参与公司的培训后工作成果是否有所提升?[单选题]
○运用所学,个人工作成果提升显著
○工作成果有一定提升
○工作成果没有变化
○工作成果下降了

22. 您总体感觉参与公司的培训对您的帮助如何?[单选题]
○贴合我的需求,获益很大
○有一定效果和收益,对工作和个人有一定的帮助
○培训效果不明显,培训内容较少能用到
○感觉没什么效果,有浪费时间的嫌疑

23. 您认为公司目前的培训还应提升哪些方面?[多选题]
□培训体系和培训项目的全面性
□培训内容的深度、广度与实用性

☐培训讲师的风格和水平
☐培训方式的多样性
☐培训设施和环境的提升
☐培训环节衔接和氛围塑造
☐培训的时间安排

24．您对公司后续培训工作开展（如培训体系、课程实施、培训流程等方面）有何建议？［填空题］

_____

第四篇

消费者网红电商直播的观看意愿和购买意愿的影响因素研究

刘昀霖

摘 要

随着电商用户数的增长,直播购物正被越来越多的人所熟知,直播购物的热潮呈席卷之势火遍全国。如今,网红电商直播带货逐渐成为学者们争相研究的话题,然而作为新兴事物,网红电商直播仍有很大的研究空间。

本篇涉及两个研究,分别回答了具有什么特征的消费者倾向于观看直播和直播中的不同互动对于消费者购买意愿有何影响。研究一通过中介回归分析,研究了社交焦虑与观看意愿的关系。研究二通过结构方程模型,研究了直播互动性与消费者购买意愿的关系。研究结果表明,社交焦虑对直播观看意愿既有直接影响,也有通过孤独感中介作用的间接影响;直播中的信息式互动和娱乐式互动将分别影响用户感知有用性、愉悦度和唤醒度,进而正向影响用户的购买意愿。

本篇还针对不同群体提出关于网红电商的直播营销的管理建议。

关键词:电商直播;网红直播;直播观看意愿;购买意愿

一、绪论

（一）研究背景

据 iiMedia Research(艾媒咨询)发布的《2019 中国电商半年度发展全景报告》，2019 年上半年，中国的网络零售总额已达到 195 209.7 亿元，占社会零售总额的 24.7%。

随着电商用户数的增长，一种前所未有的购物方式应运而生——直播购物，正被越来越多的人所熟知。2019 年，直播购物的热潮呈席卷之势火遍全国，各大电商平台纷纷推出了直播带货模式，2019 年也被称作"直播电商元年"。据淘榜单联合淘宝直播发布的《2019 年淘宝直播生态发展趋势报告》，2018 年淘宝直播平台带货超千亿元，同比增速近 400%，直播带货俨然成为当下最时髦的行业。

作为一种当下大热的新兴事物，网红电商直播带货逐渐成为学者们争相研究的话题。目前，关于电商平台上用户态度、行为意向等的研究已然成为行为研究的热点之一，已有不少学者针对电商直播情境下用户的忠诚度、购买意愿等开展了相关研究。作为新兴事物，网红电商直播仍有很大的研究空间，与之有关的话题值得进一步讨论。

首先，目前大部分的研究主要考察了用户的最终购买意愿或是购买行为，却很少从观看直播的角度出发，研究用户的观看意愿或是观看行为。其实，用户的观看意愿是一个非常重要也非常值得探讨的话题，因为直播只有能吸引用户长时间、持续性地观看，讨论其购买意愿才更具有意义。

另外，已有一些研究涉及了电商直播情境下的用户的购买意愿。可以说，电商平台上直播卖货的走红是由诸多因素的共同作用而形成的，比如它能凭借明星效应吸引消费者，借助网络直播技术带给观者极强的体验感，满足其好奇心，在限时促销的诱惑之下促使其冲动消费，等等。目前的研究对于购买意愿的影响研究大多只是从用户的视角，探讨影响购买意愿的因素有哪些。对于这些因素，学者大多只是泛泛而谈，很少针对其中一个进行细致、深入的研究。

在这些因素中，直播的互动性是不容忽视的。相比传统的网购与电视购物，直播的商业营销模式能在最短的时间内将电商与直播内容进行有效衔接，促进与买家的交流和互动，既使消费者更为直观地感受产品，也提升了购物的趣味性，从而正向影响消费者的购买欲望。电商直播具有的互动性也有其特别之处，互动性也是区分电商直播与传统电商的最主要因素之一,因而在电商直播的研究中,应对直播的互动性因素进行更进一步的思考与探索。

本篇分为两个部分,分别探讨了消费者在电商平台上观看直播的意愿和在观看直播的过程中产生的购买意愿,分析了观看直播的受众人群的特征,以及直播的互动方式对用户购买意愿的影响,从而针对网红主播群体和电商直播平台,提出关于网红电商的直播营销的管理建议。

(二) 研究意义

就理论价值而言,本篇丰富了网红电商直播方面的研究。研究一讨论消费者对电商直播的观看意愿是在过去关于直播话题的研究中较少涉及的,而观看是购买行为发生的基础。另外,研究涉及的社交焦虑因素是先前研究较少涉及的,本篇将直播带货这一新型营销渠道与互动相结合,是对现有的研究作一定的补充。研究二采用 S-O-R 模型,研究网红电商直播的互动性对直播观众购买意愿的影响。先前的不少文献虽然触及了直播的互动性,却大都泛泛而谈,很少将其分类细化,而本篇详细地考察出于不同交流目的的各类互动对购买意愿的影响,是对现有研究的补充与拓展。

就现实意义而言,本篇有助于了解怎样的人群更倾向于观看网红电商直播和怎样的互动才能促进消费者在观看直播时作出购买决策,这对于主播、电商平台和用户都具有一定的现实意义。本篇可以帮助主播针对不同的人群,调整直播方式和风格,使直播更具吸引力,一定程度上可以提升主播的业绩。也可为电商直播平台提供有效的改进建议,有助于其为用户提供更好的互动体验,吸引更多的用户,提升平台影响力。

(三) 研究目的

本篇分别以用户观看网红电商直播的意愿和网红电商情境下的用户购买意愿为研究内容,构建了适当的分析框架。

第一,本篇希望了解有怎样特征的人群将更有可能去观看网红电商直播。为此,研究一提炼了消费者观看意愿的影响因素,并确定了其影响机制。当下的研究主要集中于对用户观看后的行为进行探讨,却很少涉及观看行为这一影响观后行为的先决条件。只有当主播和电商直播平台掌握了观看直播人群的特征时,才能更有针对性地对直播风格、特点作出调整,吸引更多用户持续观看直播,增加电商直播的受众,从而既能让主播和电商直播平台更加了解用户,为用户带去更好的直播观看体验,也能在一定程度上为主播和平台变现更多的潜在的经济收入,起到一举两得的效果。

第二,本篇希望了解互动对消费者购买意愿有何影响。为此,研究二对不同形式的互动进行细化分类,研究其对购买意愿的影响机制。虽然目前不少研究都提到了直播互动性对于用户购买行为的影响,但绝大多数的研究都只是将互动性作为一个整体性的概念,很少有研究深入地对其进行划分探讨,而且现有的相关研究也有可以继续深入挖掘的地方。由于直播中的互动是传递信息、调节气氛的直接途径,其对于消费者具有非常重要的影响,因而这个话题值得被更深入地研究。只有当主播和电商直播平台明确地了解不同类型的直播分别会对用户的情感、认知产生怎样的影响时,才能在直播中与用户进行更高效的沟通互动,既能使用户对直播感到满意,也能在一定程度上为主播和电商直播平台起到营销效果。

(四)研究方法

1. 文献研究法

从中国知网(CNKI)等数据库中对相关变量"网红直播""电商直播""网络互动""观看意愿""购买意愿"等关键词进行搜索。通过大量中外文献的阅读,对研究现状和研究不足进行总结,从而选择了研究所需理论和模型,完善变量的内涵及量表,构建研究理论框架。文献研究法为本篇写作奠定了坚实的理论基础,并提供了继续深入探讨的线索。

2. 问卷调查法

研究从已有文献中获取理论支持,提取变量及量表,并加以完善。鉴于疫情影响,研究只采用电子问卷的形式,进行问卷调研。通过小范围的预调研后,调整量表,进一步开展大规模调研。对收集的数据进行筛选,剔除无效和不完整数据,将有效问卷进行汇总,作为本篇的基础研究数据。

为验证所提出的假设,本篇对数据进行实证检验。借助 SPSS、AMOS 等软件,进行信度、效度分析,确保变量测量结果的可靠性和有效性。对研究一的数据进行中介检验,对研究二的数据进行结构方程模型分析,从而验证研究假设和影响模型是否成立。

(五)研究结构

本篇的研究结构如图 1-1 所示。

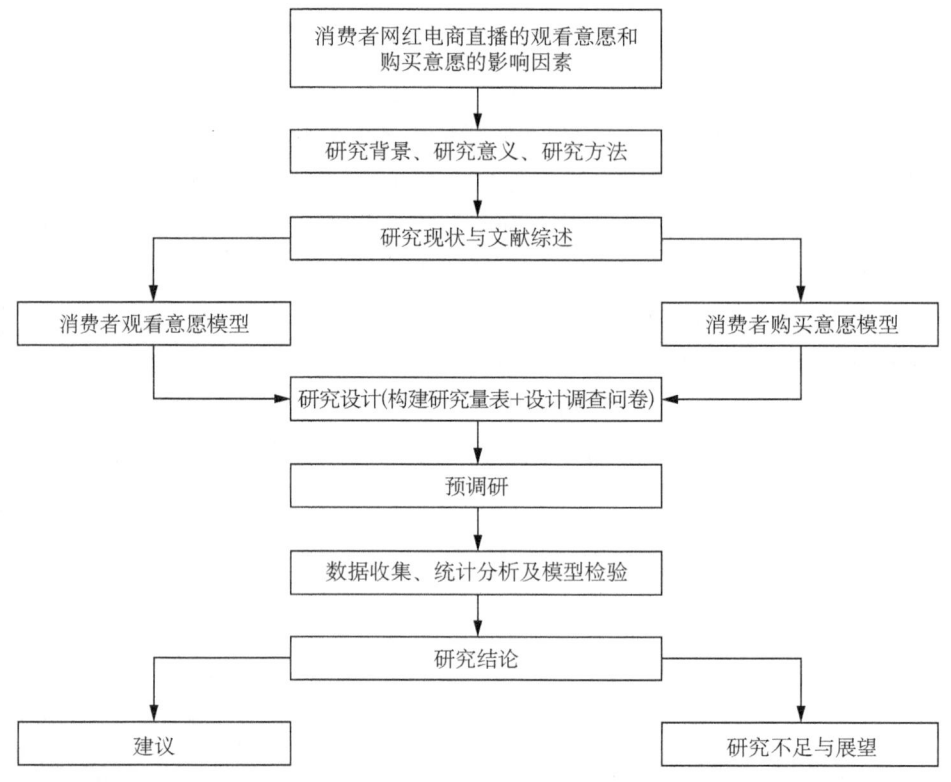

图 1-1 本篇的研究结构

第一部分是绪论。介绍了研究背景、研究意义、研究目的、研究方法和研究结构,分析了网红电商直播营销的研究现状,总结了本篇的结构与框架。

第二部分是研究现状与文献综述。介绍了电商直播、网红的定义和特点,并针对文章的两个研究目的,分别对现有文献进行梳理和归纳,提炼出与研究内容相关的观点和理论模型。

第三部分是研究设计。根据文献综述的相关内容,提出网红电商直播的观看意愿模型和购买意愿模型。根据假设的模型,明确各个变量的定义,完成相关量表的设计。

第四部分是结果与分析。在正式调研之前,先进行了预调研。然后通过对发放问卷的回收,将有效问卷进行数据统计与分析,将结论与模型相对应,确认最终分析出网红电商直播对消费者观看意愿和购买决策的影响因素。

第五部分是结论与展望。给出关于网红电商直播营销的管理建议,同时总结本篇的研究不足,并作展望。

二、研究现状与文献综述

本篇的研究内容为网红电商直播的观看意愿和购买意愿的影响因素。根据研究内容,本篇需要对网红电商直播的相关概念进行归纳整理,还需要对用户观看意愿的影响因素及其影响机制、用户购买意愿的影响因素及其影响机制,以及相关的研究方法及理论的研究现状进行梳理整合。

(一)相关概念梳理

为了明确研究的对象,在讨论消费者行为之前,先要对网红电商直播的相关概念进行梳理。

1. 网络直播

2015年起,随着互联网技术的发展和智能手机的普及,网络直播便迅速发展起来。

李科成将网络直播定义为,在事件发生的过程中,一种同步录制和发布的、具有双向流通过程的网络发布形式[1]。网络直播不只是一种新的信息传递媒介,更是一种实时互动的社交方式和全新的娱乐营销方式。张旻指出,网络直播的传播具有双向互动的特点,即粉丝和粉丝间的互动与粉丝和主播之间的互动同样重要,二者兼具才能营造出良好的传播效果与粉丝内心的归属感[2]。

2. 电商直播的营销模式

蔡莹莹提出,直播营销大致可以分为明星带动形式、发布会结合形式、企业日常结合形式、平台结合形式与活动融合形式[3]。其中,就平台结合形式而言,直播与电商平台的结合在一定程度上是完美的结合。电商能快速实现销售额变现,而直播能快速引入消费者的流量。

孙笑然、陈明明认为,电商直播是商家在电商平台,以直播形式来进行商品的展示,使用户更了解商品[4]。相比于传统电视购物方式,电商直播打造的多样化和简单化的购物方式可以借助社交互动的属性增强用户体验,提升商家的商品转化率。

电商直播的营销模式是电商平台与直播推销的结合,二者相辅相成,相得益彰,打造出一种全新的购物体验,以其高度互动性吸引用户观看并购买商品。

3. 网红直播带货

2019年,"网红直播带货"成为营销圈的年度热词,其中借助网红经济为电商平台带货是其中最为典型的代表，目前全国与电商相关的网红逾700万人。

"网红直播带货"是由"直播带货"和"网红经济"这两个关键词组成的。

陈杰、丁晓冰、张凯将"直播带货"定义为，在利用视讯方式基于互联网的现场直播中进行产品讲解与使用评测，直观、快速地将产品推荐给受众，具有表现形式好、内容丰富生动、交互性强、不受地域限制的特点[5]。郭雅文、肖筱将网红经济定义为，以红人的品位为主导，以时尚达人为形象代表，进行选款和推广，通过社交媒体聚集人气，依托粉丝群体进行定向营销，最终将粉丝转化为购买力的过程[6]。

而所谓"网红直播带货"，在很多情况下指的是一种"网红＋电商＋直播"的营销模式。

丁美玲指出，在"网红＋电商＋直播"的营销模式中，网红是直播的核心，让用户边娱乐边购买[7]。网红通过与粉丝互动，给消费者更多的意见，让消费者更清楚全面地了解产品，从而建立起信任关系。

电商平台上的网红直播带货是网红作为主播，参与电商直播中，通过各种推销手段，以达成销售目的的一种营销方式。相比普通的电商直播，网红主播具有的高人气将吸引大量的观众，直播中主播与观众间的双向互动使观众更好地了解商品，可以建立起观众对主播的信任，同时，娱乐化的购物方式也提高了观众的愉悦感，从而对观众的购买意愿产生了影响。

4. 网红主播特质

在"网红＋电商＋直播"的营销模式中，主播的个人因素对于最终的销量起着至关重要的作用，不同主播的带货能力存在着巨大的差别。毫无疑问，网红主播身上具有的一些特质，使其能更吸引观众观看、购买，现已有一定数量的文献证明上述观点。

姜佳奇的研究证实，直播内容优质、网红个人魅力、对网红的信任和直播的高度互动性对消费者的认知态度有正向的显著性影响；网红个人魅力、促销等激励机制、直播的高度互动性和增值内容对消费者的情感态度有正向的显著性影响；而消费者的情感态度、认知态度均对消费者的购买意愿有正向的显著影响[8]。

刘凤军等在研究中，选取了可信性、专业性、互动性和吸引力四个指标代表网红特性，通过访谈、弹幕爬虫分析和问卷数据分析，得出网红特性将通过感知购物价值的中介作用对消费者的购买意愿产生影响的结论[9]。

本篇考察的网红主播特质指的是，网红身上所具有的、有助于实现沟通互动的特质。上述文献虽然对于互动性都有涉及,并论证了其对购买意愿的影响,但文中的互动性均是一个笼统的概念,没有被细化,故而本篇将对其作一个更为细致的划分。

结合笔者观看直播的感受,网红主播在直播中与观众的互动行为通常具有以下三种特质:一是其能为消费者传递各种信息,给出相对专业的意见和建议;二是其能使观众参与到直播中来,拉近主播与观众的距离;三是其能活跃气氛,使直播有趣味,吸引观众长时间持续地观看。

(二)电商直播观看意愿

为了探究具有哪些特征的人群更倾向于观看直播,本篇将先对用户直播观看意愿的研究现状进行梳理,从中归纳出潜在的影响因素,并对这些因素一一梳理。

1. 研究现状

随着网络直播的推广普及,学者关于用户对不同类型的网络直播的观看意愿的研究也分别进行了研究。

金秋颖[10]、方圆春[11]先后对游戏直播平台的用户持续使用观看的意愿进行了研究,前者发现用户的感知有用性、促成因素对持续使用意愿有正向影响,后者发现绩效期望、努力期望、社会影响、观众满意度均能正向预测使用意愿,而感知娱乐性、感知社会价值既能直接正向预测使用意愿,又可以通过观众满意度的中介作用正向预测使用意愿。

林徐对泛生活类直播的用于观看意愿进行了研究,发现沉浸感在感知娱乐性与持续观看意愿之间起到部分中介作用;沉浸感在连接、响应与持续观看意愿之间起到完全中介作用;满意感在感知内容质量、感知娱乐性与持续观看意愿之间起到部分中介作用;满意感在连接、响应与持续观看意愿之间起完全中介作用[12]。

还有一些学者对广义上的网络直播进行了用户的观看意愿研究,李爽指出,网络直播中的人际互动可以通过影响用户体验进而影响观众的观看意愿[13];杜岩武指出,网络直播的多属性特性可以通过改变用户体验进而对其持续参与意愿产生影响[14];邓富民、黄思皓、金亚男指出,网络视频直播中的认知类需求满足可以通过感知有用性的部分中介作用正向影响用户持续观看意愿,而情感类需求满足、社会整合类需求满足、个人整合类需求满足和压力释放类需求,可以通过满意度的部分中介作用正向影响用户持续观看意愿[15]。

然而，在目前的研究中，几乎无人涉及考察网红电商直播的观看意愿，且几乎所有的研究只将直播过程中各环节的特点作为潜在影响因素，却很少考虑到用户本身的特点。本篇认为，这一研究空缺恰恰是网红电商直播研究中的一个关键。因为用户的观看意愿是其购买意愿的前提，而若想提升用户观看的意愿，了解用户群体的特征则非常重要，只有了解用户的特点，才能使平台和主播更有针对性地进行直播，从而吸引用户观看。

本篇第一步要做的就是找出，当用户自身具有哪些特征时，其观看网红电商直播的意愿才更强烈。

2. 影响因素

在广义的网络直播的用户观看意愿研究中，不少学者都提到了情感需求方面的因素，比如前文说到的李爽[13]所提出的人际互动，邓富民等[15]所提出的情感类需求满足等。由于情感需求对观看意愿具有一定的影响，可以猜测当潜在的受众人群情感需求难以得到充分满足时更有可能观看网红电商直播。从这个意义上来说，若想探求电商直播观看意愿的影响因素，或许可以从什么因素会导致人们的情感需求无法被满足，或者说情感需求得不到满足的人群具有哪些特征着手，而学者已对后者有了充分而广泛的研究。

一些研究认为，社交焦虑和人际需求之间有着密切的关系。金童林等认为，人际需求与个体社交焦虑间存在相关性。当人际需求得不到满足时，会产生自我累赘感知和归属受挫的体验，而这些不良体验可能导致个体产生社交焦虑等消极情绪[16]。李昳等认为，人际需求将通过自我关注对社交焦虑产生影响[17]。人际需求的缺失会导致个体产生归属受挫感与自我累赘感，使个体将注意力转向自己的消极方面。个体扭曲自我观点的行为将阻止其进行社会交往，以避免来自他人的负面评价，社交焦虑由此产生。

也有一些研究认为，孤独感也与情感需求有着密切的关系。Sullivan 最早提出孤独和人际需求间的关系[18]。他认为，孤独感与人类的亲密需要或密切的人际需求无法得到满足的体验有关。Weiss 也认为，孤独感往往是由于缺乏某种明确需要的人际关系而引起的。当个体人际关系未能达到令其满意的程度时，对理想社交关系的渴求和现实中令人厌倦的社交关系间的差距会导致个体孤独感的产生[19]。

本篇选择引入社交焦虑和孤独感作为网红电商直播观看意愿的潜在影响因素。

3. 社交焦虑

(1) 社交焦虑的概念

社交焦虑(Social Anxiety)又称社会交往焦虑。法国精神病学家 Janet 使用"社会的恐怖症"等词,最先对社交焦虑进行了描述。而"社交焦虑"一词最先由英国精神病学家 Mark 和 Gelder 提出,其表现为害怕社交情景。此后,美国的《精神疾病诊断与统计手册》进一步将社交焦虑的定义明确为:"社交焦虑患者对于社交场合具有明显的恐惧情绪,当他们发现自己在正式场合里被关注时,会引发焦虑的状态,害怕自己出丑。"郭晓薇指出,社交焦虑是对某种或多种人际处境有忧虑、紧张或恐惧的情绪反应,并在行动上采取回避的社交策略[20]。

(2) 社交焦虑的影响因素

梁宜铭根据以往文献,将社交焦虑的影响因素总结为:生理因素、家庭因素、人格因素、自尊因素、社会因素[21]。

生理因素指先天遗传因素和后天生理变化,生理因素异常导致个体患上社交焦虑的可能性更高。家庭因素,指父母的教养方式和家庭环境资源,父母过度严格可能会使孩子缺乏安全感,父母过度溺爱可能会让孩子唯我独尊而难以与他人交往,家庭条件较差会使孩子产生自卑感,三者均会提高患社交焦虑的可能。人格因素表现在个体性格和行为与正常个体的差异,诸如内向、犹豫不决、自我否定等,更易使个体产生社交焦虑现象。自尊因素与社交焦虑存在一定程度的负相关,自尊者更容易对自身价值感产生怀疑,从而惧怕他人的否定评价。社会因素指社会压力、社会学习和同伴关系,社会压力过大、从外界感受到的焦虑情绪、不健康的同伴关系都可能造成个体社交焦虑。

(3) 社交焦虑的测量

目前,测量社交焦虑的量表主要有 Liebowitz 社交焦虑量表、SADS 量表、交往焦虑量表等。

Liebowitz 社交焦虑量表(Liebowitz Social Anxiety Scale,LSAS)由美国精神病学家 Michael Liebowitz 于 1987 年编写。该量表通过测量人们在社会交互和社交表现中的恐惧与回避,来测量社交焦虑水平,总共 24 项。该量表是唯一的将社交焦虑障碍的回避症状及害怕症状分开评定的量表。

社交回避及苦恼量表(Social Avoidance and Distress Scale,SADS)由 Watson 和 Friend 于 1969 年编写[22]。量表共 28 道题,包括 14 个社交回避和 14 个社交苦恼的题项。初始量表采用"是否"两级评分方式,后改为 5 级评分,得分越高,说明社交回避及社交苦恼越强。

交往焦虑量表(Interaction Anxiousness Scale，IAS)由 Leary 于 1983 年编写[23]，用于测评独立于行为之外的主观社交焦虑体验倾向。该量表最初共 87 个条目，随着研究发展，该表逐渐删减为 15 条自陈条目，这些条目按 5 级评分，得分越高，说明社交焦虑程度越高。

考虑到答题者的忍耐度，为了降低答题者的负担，本篇将选取条目相对较少的交往焦虑量表来测量答题者的社交焦虑水平。

彭纯子、龚耀先、朱熊兆选取了正常大学生、社交焦虑障碍大学生和神经症住院病人，检验了该表的信度与效度[24]。该研究得出交往焦虑量表的 Cronbach α 系数为 0.81，重测系数为 0.78，信度指标良好，具有良好的测量学指标。

4. 孤独感

(1) 孤独感的概念

孤独感(Loneliness)由 Jeny de Jong-Giered 提出。孤独感指主观上的社交孤立状态，伴有个人感知到自身和他人隔离或不被接纳的痛苦体验。李传银、许燕认为，孤独感是一种源于社交不足和人际关系的缺陷的不愉快的主观体验，个体往往会觉察到自己的交往渴望与实际交往存在差距，并常伴有寂寞、孤立、无助等不良情绪和精神落空感[25]。

孤独与独处(Aloneness)是一对常被混淆的概念。夏雪认为，孤独与独处之间没有必然的关联，孤独感是一种主观感知，相比于社会交往的数量和频率，社会交往的质量起着更为重要的作用，只有自我感知到不愉快的社会隔离感才会产生孤独感[26]。

(2) 孤独感产生的原因

叶婷将孤独感产生的原因分为两个层面，即行为和认知[27]。

从行为角度来看，孤独者缺失必要的人际关系或难以在交往中获得正常体验。Peplau 和 Perlman 指出，孤独者往往害怕暴露其自身社交的无能，不愿对他人坦露自我，造成情感上的疏离[28]。

从认知角度来看，孤独者往往对人际交往有着不够准确的认识。Peplau 和 Perlman 认为，孤独者可能会有一种不切实际的人际关系标准和社交期望，使得其在人际交往过程中产生心理落差感，从而产生孤独感[28]。

(3) 孤独感的测量

UCLA 孤独量表(University of California at Los Angeles Loneliness Scale)最初由美国 Russell、Peplau、Ferguson 提出[29]，用于评价由于对社会交往的渴望与实际水平的差距而产生的孤独，共 20 个条目。

由于原始表的所有条目都指向孤独,可能出现所有回答相同而导致假象的错误,同时也缺乏区分效度,Russell、Peplau、Cutrona 对 UCLA 初表作了修订[30],在原来 20 个条目的基础上选取了 10 条正向计分条目,又加上了 10 条反向计分条目,该量表目前应用最广。

为了减轻应答者的负担,Hays 和 DiMatteo 简化了该量表,只保留了 8 个条目,即 ULS-8 孤独量表[31]。刘艳、谷传华翻译了该量表,并通过随机抽取大学生检验了该表的信度与效度。该研究得出 8 个项目的内部一致性系数为 0.83,近似误差均方根 RMSEA 为 0.076,证明该量表具有良好的信度和效度[32]。

(三) 电商直播购买意愿

在对网红电商直播的观看意愿有了一定了解之后,可以在此基础之上,对消费者在观看电商直播过程中的购买意愿进行考察。下文将先选择适应的理论模型,对其进行介绍,随后梳理电商直播购买意愿的研究现状,寻找可以需要深入研究的点,最后结合理论模型对所涉及的相关概念进行梳理整合。

1. S-O-R 模型

(1) S-O-R 模型的概念

刺激-机体-反应(Stimulus-Organism-Response,简称 S-O-R)模型,是现代认知心理学的基础之一。该模型的前身是由行为主义学派学者提出的刺激-反应(Stimulus-Response,简称 S-R)模型,后者认为在关于学习的心理现象中,否定刺激(S)与反应(R)的联系是直接的、机械的。自 20 世纪 30 年代起,新行为主义学者认为人的行为是以"有机体内部状态",即意识为中介环节,故而他们逐渐地以 S-O-R 模型代替了 S-R 模型,前者具体地解释了环境特征对于用户情感反应以及随后行为的预测影响。

在 1974 年,Mehrabian 和 Russell 正式提出了 S-O-R 模型[33],该模型认为,人脑这个有机体会依据原有的认知结构对自外部环境的各种刺激信息进行加工,从而指导反应行为。该模型最初用于解释环境刺激能对个体的情感反应的影响,即环境刺激(S)能够引发个体的情感反应(O),进而促进趋向或规避环境的行为(R)。

(2) 电子商务情境下的 S-O-R 模型

随着理论的拓宽,S-O-R 模型逐渐被广泛地运用于消费者行为研究中。Belk 基于 Mehrabian 和 Russell 的 S-O-R 模型,提出了环境变量对于消费者行为的影响改进模型[34]。Belk 认为,商品本身和其所处情境(S)将通过影响消费者的情绪状态(O),进而影响其行为结果(R)。

随着互联网的发展与普及,电子商务逐渐走入人们的生活,与之相关的研究也纷至沓来。国内外不少学者,将 S-O-R 模型进一步扩展到传统的电子商务领域。

Eroglu 等提出了在网购情境下的 S-O-R 模型,该研究详细地解释了模型中各要素的含义,并从理论上论证了各要素间的关系[35]。之后,Eroglu、Machleit 和 Davis 又进一步通过实证分析,证实了其在 2001 年提出的模型,即网购时网站上的环境因素将在卷入度和氛围响应的调节作用下,影响消费者的情感状态和认知状态,从而进一步影响消费行为[36](图 2-1)。

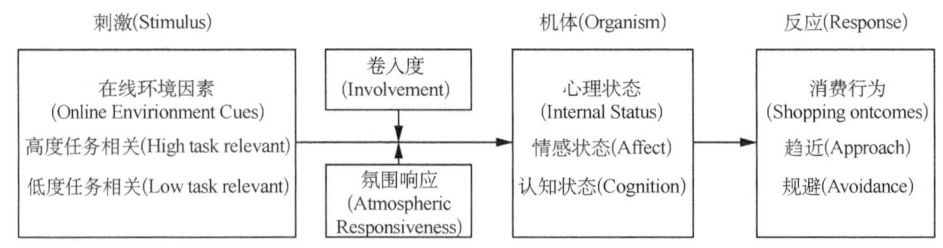

图 2-1　Eroglu 的网购情景下的 S-O-R 模型

来源:Eroglu, Machleit, and Davis, 2001

之后许多学者基于 Eroglu 的网购情景下的 S-O-R 模型,开展了电子商务情境下,各种外界刺激和消费者行为关系的研究,其多运用消费者的购买意愿来替代 Eroglu 模型中的趋近/规避的消费行为。

Park 等认为,品牌和推销(S)将影响消费者的感知价值和感知商店形象(O),从而影响消费者购买意愿(R)[37]。该研究只选取了消费者的认知状态作为机体的心理状态,而没有考虑到情感状态的因素。

Parboteeah、Valacich 和 Wells 针对在电子商务中消费者具有冲动购物倾向的特征,对于 Eroglu 的模型的刺激因素和机体因素做了进一步解释,提出将网页特征作为刺激(S)因素,将感知有用性(作为认知状态)、感知享受性(作为情感状态)作为机体(O)心理状态[38]。

Kim 和 Lennon 在服装网上购物环境对消费者行为的研究中,选取了四个因素作为网页的特征(S),证实其通过愉悦度和唤醒度的情感因素与感知风险的认知因素(O),对消费者的购买意愿产生影响(R)[39]。

S-O-R 模型已经被广泛地应用于传统电子商务环境中消费者网购行为的研究之中,学者多根据其研究对象和研究内容确定研究所适用的刺激因素。

(3) 电商直播情境下的 S-O-R 模型

近些年,电商直播正如火如荼地发展,与之相关的研究也逐渐开展起来。电商直播作为一种传统"电子商务+视频直播"的商业模式,具有电子商务的共性特点和其个性特点。一些学者也开始尝试将传统电子商务情境下的 S-O-R 模型,进一步推广应用于此类购物模式中。

刘子溪针对移动电商网络直播的特点,选取任务契合度、视觉呈现、社交性作为直播属性(S),感知有用性、感知愉悦性、社会临场感作为机体认知内部过程(O),在线购物意愿作为反应(R),并验证了上述因素间存在的关系[40]。

董方基于移动电商直播的特点,选取了价格体验、商品体验、社交体验、平台体验作为刺激因素(S),结合感知愉悦理论和感知可信理论(O),研究了移动电商直播情境下用户在线购物意愿(R)的影响因素及作用机理[42]。

2. 研究现状

电商直播在全国掀起热潮的时间虽然不长,但不少学者已经对这个话题进行了探索,尤其是对该情境下消费者对购买行为所产生的意愿。

一些学者针对直播的属性,对直播中各个环节中可能影响购买意愿的因素均作了归纳总结,一些学者还通过实证分析验证其观点。

刘子溪依据电商直播的特点,选取了任务契合度、视觉呈现、社交性作为影响因素,借助 S-O-R 模型,通过实证分析,验证了上述因素将通过影响用户的认知和情感,从而进一步影响其购买意愿[40]。但鸣啸通过理论分析,从消费者和网络直播平台两个维度进行研究,指出要考虑电商直播的购买意愿,可以从直播互动、感知有用性、直播娱乐性、直播促销价、意见领袖、信任影响因素这六个因素出发[41];王秀俊等借助 S-O-R 模型,通过实证分析,发现直播的互动性、娱乐性、优惠性将影响用户的认知与情感,进而影响购买意愿[43];姜佳奇通过实证分析,发现直播内容优质、促销等激励机制、网红个人魅力、对网红的信任、直播的高度互动性和增值内容均会对购买意愿产生正面影响[8]。

也有一些学者从上述研究中受到启发,选取其中一个因素,进行更加具体而深入地进行探讨。比如刘凤军等就更进一步地探讨了网红个人魅力对购买意愿的影响。其研究选取了可信性、专业性、互动性和吸引力四个指标,通过实证分析验证了其对消费者购买意愿的作用[9]。

本篇受此启发,考虑选择上述研究中均提到的一个因素,即电商直播的互动性,进行深入讨论。事实上,直播的互动性是区分电商直播与传统电商的最主要因素之一,诸如优质内容、优惠促销等诸多因素在传统网购场景下其实就已经广泛地涉及了,而直播中的互动却是一种前所未有的体验。沈国梁指出,电商直播很好地弥补了传统电商在传播信息时缺少立体感和场景感的不足,将传统的"人与商品"的单向交流演变为"人与人"的双向互动,从而让消费者切身感受到购物过程中的强交互服务体验[44]。故而,深入考察电商直播中的互动性具有非常重要的意义。另外,在考察用户的观看意愿时,笔者发现,情感需求可能是一个重要的影响因素,而互动性恰好可以满足情感需求,购买意愿又以观看意愿为基础,所以考察互动性对于消费者观看直播时购买意愿的影响,也在本篇涉及的这两个问题之间建立起一定的联系。

目前,已有一些学者进行了直播互动方面的研究,比如郑兴分析了电商直播中的不同类型的互动对消费者冲动性购买意愿的影响[45],然而该研究只考虑到了一种特殊的购买意愿,实际上消费者作出购买的选择不一定完全是出于冲动,不少网红在直播前会做出预告,消费者可以提前了解直播中出现的商品。所以,本篇将不考察消费者的购买行为是否出于冲动,而将购买意愿作为一个更大、更全面的概念进行研究。另外,该研究对于互动类型的划分还有继续细化的空间,以及 S-O-R 模型在机体因素的选择方面还不够全面,这也为本篇的研究留出了空间,后文将对这些值得改进的地方进行更具体的描述。

本篇选择将网红电商直播情境下的互动作为研究对象,考察其对消费者购买意愿的影响及其影响机制。

3. 电商直播的互动性

(1) 网络互动的概念与特点

"互动"这个词语最早由德国社会学家齐美尔提出,学者们对其定义各不相同,但其实质可以归结为一种进行信息交流、人际互动的实践活动。

随着互联网技术的发展,建立在网络平台之上的互动模式也应运而生。孟威指出,网络互动指处在信息传递两端的行为主体,借助网络符号及其意义实现的相互联系、相互影响、相互作用的动态信息交流过程和方式[46]。

互动是网络的本质特性,它使人与人之间构成了一定虚拟的"社会关系"。通过网络互动,用户会得到认知和情感需要的满足,人际吸引和认同满足,以及自我呈现的机会。

随着信息技术的发展,直播逐渐走入了大众的生活,直播情境下的互动也成为网络互动中的一个重要组成部分。但鸣啸指出,所谓直播互动,指的是借助于网络直播平台,商家或品牌和消费者之间进行及时的双向沟通并为其提供相应的服务[41]。参考上述定义,并根据孟威对于一般网络互动的定义[46],本文将直播中的互动定义为建立在直播平台上,观众与主播间、观众与观众间、主播与连麦主播间所进行的双向的、同步的交流,既包括借助于口头语言和说明文字的语言交流,也包括形体语言、副语言、空间利用等的非语言交流。

相比于传统模式下的网络互动,直播互动更具有吸引力。赵梦媛指出,直播互动具有传统网络互动所没有的实时性,使得用户更趋于表达自己并得到及时反馈,从而提升沟通的效率[47]。直播互动的形式也更为多样,多种多样的传播符号,例如图像、声音、文字等语言与非语言符号,带给用户新鲜感与身临其境感。

而近来出现的电商直播作为直播的一种形式,其互动具有上述直播互动绝大多数的特点,唯一的不同在于,电商直播的互动对象通常是主播与观众之间的,而观众与观众间、主播与连麦主播间不是特别突出,故而本文主要考察主播与观众之间的互动。

此外,因该直播的目的是推销商品,故而在互动过程中,还具有准确、生动、形象地传递信息的特点。樊天星指出,电商直播打破了商品信息平面性、单向性传播的瓶颈,电商直播中,商品信息是以视频加讲解的形式展示给受众的,是立体的、全方位的[48]。

(2) 网络互动的分类

Kozinets等根据用户的交流倾向和交流目的,将在线消费性社区的互动分为四类:娱乐式互动、转换式互动、关系式互动、信息式互动[49]。娱乐式互动(Recreational Mode)侧重于短时间的交流,具有个性化特点,可带来短时间愉悦感。转换式互动(Transformational Mode)注重为活动带来变革性。关系式互动(Relational Mode)侧重于长时间的社交。信息式互动(Informational Mode)注重信息的传递,其交流具有明显的目的性。

孟威提出了四种对网络互动的划分依据,分别是网络互动的出现形式(个人对个人/个人对多人/多人对多人/个人、多人与网络媒体/网络媒体间)、完成的时态(同步/异步)、构成的要素(虚拟/现实)和参与者的自觉程度(有意/无意)[46]。

吴梦丽在关于网络互动对微信团购社群的购买意愿影响的研究中,将网络互动划分为分享式互动、情感式互动和娱乐式互动。分享式互动强调互动带有分享的目的和一定的工具性;情感式互动强调互动偏重人际交往,带有一定的社会性;娱乐式互动强调互动为消费者带有乐趣性和愉悦的体验[50]。

在直播的情境下,有学者也提出了相应的分类方式。李爽、陈亚荣指出,直播情境下的网络人际络互动可以从互动对象、互动信息、互动特征三个角度进行分类，依次为：用户与直播者的互动、用户与用户的互动；信息性互动、人际关系性互动；匿名互动、自由互动。

而对于电商直播情境下的网络互动，郑兴将其划分为任务导向型互动和情感导向型互动，其中任务导向型互动指带有销售任务倾向性的互动，情感导向型互动指会拉近主播与消费者的关系，营造良好的关系氛围的互动[45]。这样的划分基本可以涵盖直播涉及的各种互动，但这种划分方法还不够细致。根据该研究的定义，情感导向型互动其实具有两个不同的目的，其一是拉近距离，其二是营造氛围，前者是出于情感交流目的，而后者是出于娱乐观众的目的，如果将其再细分，将能使研究更为细致。

本篇根据上述电商直播中互动的特点，并参考各种情境之下网络互动的分类方法，在此提出适用于本研究的电商直播中的网络互动分类方法。

电商直播中的网络互动可以被分作三类：信息式互动、情感式互动、娱乐式互动。信息式互动，指直播过程中向观众传递与商品、品牌等有关的信息，有助于消费者了解商品的互动。情感式互动，指直播过程中倾向于关注观众内心，拉近主播与观众间的距离，有助于观众融入直播的互动。娱乐式互动，指直播过程中为观众带来趣味的互动，可营造良好的氛围。

（3）网络互动与购买意愿

网络互动和消费者购买意愿之间存在着一定的关联，在不同的情境下，诸多学者对二者的关系都进行了研究。

在传统电商的情境下，范晓屏指出，网络互动的各维度要素（互动场所、互动特性、互动方式、互动内容）有选择性地影响网络互动效用（工具效用、社会效用、心理效用），并通过网络互动效用而影响网络购买意向[51]；周宏等用 S-O-R 模型，论证了网络互动的刺激作用会显著影响消费者网络信任，从而正向影响其购买意愿的形成，而构成消费者网络信任的认知信任和情感信任间也存在显著的影响关系[52]；曾静指出，网络互动与消费者态度、消费者态度与其购买意愿、网络互动与消费者的购买意愿之间均成正相关的关系，其中消费者态度在网络互动和购买意愿之间起到了部分中介作用[53]。

但鸣啸指出，在直播场景中，消费者不仅可以与主播和其他消费者实时地互动，还能看到最真实的产品，从而增强消费者对产品和服务的信任感，从而使其产生购买意向[41]；郑兴指出，电商直播情境下主播与消费者的互动会使消费者产生心流体验进而对冲动性购买意愿产生正向影响，其中权力感可以起到调节心流体验的作用[45]。

三、研究设计

本篇分两方面进行研究。"研究一"旨在研究具有何种特征的人群才会更倾向于观看网红电商直播,"研究二"旨在研究网红电商直播中的互动对于消费者购买意愿的影响。在已有文献的基础上,本篇针对两个研究,分别提出网红电商直播的观看意愿模型和网红电商直播的购买意愿模型,并建立相应的模型假设。

(一) 研究一:网红电商直播的观看意愿模型

1. 模型构建

社交焦虑与孤独感和直播的观看意愿之间具有一定的关系。为研究社交焦虑与孤独感对受众观看意愿的影响,本篇建立网红电商直播的观看意愿模型(图3-1),社交焦虑作为前因变量,孤独感作为中介变量,观看意愿作为结果变量。

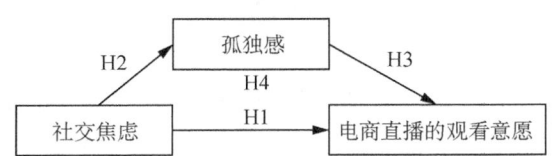

图 3-1 网红电商直播的观看意愿模型

2. 模型假设

(1) 社交焦虑与观看意愿

Richard 和 Christopher 指出,当人们处在被他人注视和需要与不熟悉的人交流的场合之下时,容易产生社交焦虑的情况[54]。对于不少社交焦虑者而言,逛实体店免不了与店员等人打交道,由此可能产生一定的不适感,因此,不需要与人面对面接触的网络购物对于社交焦虑者是一个很好的选择。

目前,没有文献直接说明社交焦虑与观看网络直播的行为之间有何关系,但已有关于社交焦虑与网络社交关系的相关研究。

不少学者认为,社交焦虑者更倾向于在网络环境中进行社交互动。Papacharissi 和 Rubin 在关于互联网使用动机的研究中指出,觉得面对面交流不太舒服的人更倾向于使用互联网进行社交互动,而那些喜欢面对面交流的人则倾向于使用互联网进行信息搜索[55]。Shepherd 等也得出了类似的结论,并指出如果一个人有焦虑或抑郁的情绪,那么其使用互联网来缓解社会恐惧的必要性就会增强[56]。一些学者根据上述理论,选取了部分热门的社交软件进行实证分析,得出了相似结论。Clayton 等指出,焦虑者将更容易通过 Facebook 建立情感联系,焦虑者更多的是通过与他人的在线联系来减少他们的焦虑[57]。Mccord 等则发现,高度的社交焦虑会促使用户更加频繁地使用 Facebook 进行社交[58]。

也有不少学者指出,在一定条件下,网络社交互动有助于缓解社交焦虑,这也在一定程度上解释了为何社交焦虑者更倾向于使用网络平台进行交流互动。贺金波等研究发现,在网络社交的情境下,社交焦虑水平比现实生活中的社交低,且经常参与网络社交有助于减少现实社交的社交焦虑水平[59]。姜永志等指出,社交网络的使用将通过积极反馈的独立中介以及线上积极反馈和自尊的链式中介因素影响社交焦虑[60]。

研究表明,社交焦虑与网购、网络社交之间有着紧密的联系。而网红电商直播则是将网络互动融入网络购物之中,既具有网购的特点,又具有直播的特点。李晓楠等指出,电商直播本质上是一种"消费类直播",电商平台给消费者营造了边看边买的氛围,使其在直播过程中既能购物,又可以交流互动[61]。梁芷璇认为,电商直播是网购在国内各大电商平台发展成熟之后,将传统的电视购物模式移植到网络直播平台,是一种"直播+电商"的模式。相比传统的网购,电商直播具有的高度双向互动性和直播技术,既可以为商品的展示创造更好的条件,也可以满足用户的社交需求[62]。

事实上,社交焦虑者往往害怕面对面的交流互动,其往往更倾向于向网络平台寻求社交满足。对于具有社交焦虑的消费者,电商直播既可以完美地消除其线下购物时的社交心理障碍,也可以使其在购物的同时参与线上的互动。故而,对于社交焦虑者而言,观看网红电商直播对其社会交往的匮乏可以进行一定程度的弥补。基于此,本篇提出如下假设:

H1:社交焦虑对于网红电商直播的观看意愿具有显著正向影响。

(2) 社交焦虑与孤独感

社交焦虑是导致孤独感的重要因素。Wallace 等指出,社交焦虑会使个体对其未来的社交互动有较高的预期,从而为自己定下过高的互动标准,尤其是在社交成功后,个体会期待自己在今后的社交中表现得更好,从而更害怕社交失败[63]。而 Cacioppo 等指出,当个体体验到个人预期交往和实际社会关系不一致时,可能会产生痛苦孤独感[64]。故而,社交焦虑者在社交互动中的心理落差可能会导致其产生孤独感。

目前已有一定的研究对社交焦虑和孤独感间的关系进行了探讨。Lim M H等研究发现,在同一模型中,早期的社交焦虑是未来孤独感的唯一预测因素[65]。朱敏研究了大学生社交焦虑对于孤独感的影响机制,研究发现,大学生的社交焦虑水平可以正向预测孤独感,其中社会支持利用度起到部分中介的作用,而客观社会支持对上述中介作用起到调节作用[66]。

社交焦虑与孤独感具有密切的关系。基于此,本篇提出如下假设:

H2:社交焦虑对于孤独感具有显著正向影响。

(3) 孤独感与观看意愿

一些学者认为,孤独感与视频观看之间存在一定联系。Lim S等在研究中,通过理论模拟与实证分析,考察了视频直播互动情境下用户之间的心理距离[67]。该研究认为,居住环境和同构效应可以减少用户之间的心理距离,进而提高用户的共同体验。在网络直播过程中,用户感知到心理距离的减小,会使个体更容易与他人交流,产生亲密的情感连接,从而缓冲孤独。

一些学者则认为,孤独感能促使用户向直播网络平台寻求心灵慰藉。梁芷璇认为,电商直播可以营造一种聚众观看的虚拟体验,通过互动,用户的陪伴需求可以得到一定程度上的满足[62]。詹启生等的研究表明,网络直播受众的人际需求将通过孤独感的中介作用对网络交往产生显著影响。网络直播所具有的匿名性、开放性和包容性,使得观众能在网络直播间营造的群体氛围中,即时地与他人互动交流、表达想法,从而排遣孤独,获得心灵的慰藉[68]。王艳玲等认为,网络直播是群体孤独现象下的解决路径。孤独个体在现实世界中难以得到心灵慰藉,却能在网络世界中找到虚拟社交的快乐感,直播软件为其沟通与交流提供了舞台。直播过程中,主播可以通过扮演"密友"的角色,与观众进行有效沟通,从而营造了一种虚拟陪伴感、认同感和获得感[69]。

事实上,具有孤独感的人群往往具有更为强烈的倾诉需求、陪伴需求。而电商直播的双向互动既能让孤独者在匿名的环境下,通过弹幕、评论等方式,大胆地宣泄内心孤独,也能在直播过程中感受到主播和其他用户的陪伴,在虚拟的场景中享受现实生活中难以得到的理解、尊重。于是,孤独的人群更有可能会向电商直播平台寻求情感上的满足。基于此,本篇提出如下假设:

H3:孤独感对于网红电商直播的观看意愿具有显著正向影响。

(4) 孤独感的中介作用

中介效应属于间接效应,它可以解释变量关系产生的原因以及变量之间是如何相互作用的。社交焦虑除了直接影响直播的观看意愿外,还可以通过间接的中介作用产生影响,其中孤独感是一个重要因素。

Bonetti等对于社交焦虑和孤独感对儿童和青少年的影响进行研究并发现自我感觉孤独的儿童和青少年进行网络交往的频率显著高于不孤独者[70]。孤独的个体把网络视作一个交流的"保护"环境,在这个环境中,他们可以更好地表达自己的内心,网络交往能够满足其社交互动和自我表露的需求。

詹启生等的研究表明,直播受众的人际需求将通过孤独感的中介作用对网络交往产生显著影响[68]。而不少学者认为,人际需求和社交焦虑间有着密切的关系,在文献综述部分已经对二者的关系进行了梳理。由此也可以猜测,社交焦虑、孤独感和网络直播的观看之间具有一定的关联。

事实上,已经有学者研究发现,在网络直播环境下,用户的孤独感可以在一定程度上得到缓解。石姝莉等指出,网络直播正变得越来越"社交化",并能营造出一场虚拟的"狂欢",满足受众互动的欲望[71]。在直播的视觉刺激下,观众的情绪会随着直播内容发生变化,因现实不能满足互动需要而产生的孤独感、压抑感将随着虚拟性的互动而逐渐消失。

基于此,本篇提出如下假设:

H4:孤独感在社交焦虑与网红电商直播观看意愿关系间起中介作用。

3. 量表设计

研究一涉及的研究变量有社交焦虑、孤独感和观看意愿。

借鉴成熟的量表和学者的相关研究内容,研究一的量表设计如表3-1所示。

表3-1 研究一量表

变量名称	编号	指标问项	参考来源
社交焦虑	sj1	即使在非正式的聚会上,我也感到紧张	IAS量表[24]
	sj2	与一群不认识的人在一起,我感到不自在	
	sj3	与异性交谈时我通常会感到轻松	
	sj4	在必须同老师或上司谈话时,我感到紧张	
	sj5	聚会常使我感到焦虑不自在	
	sj6	与大多数人相比,在社交中我较少羞怯	
	sj7	与不太熟悉的同性交谈时,我常感到紧张	
	sj8	在求职面试时,我是会紧张的	
	sj9	我希望自己在社交时信心更足一些	

续　表

变量名称	编号	指标问项	参考来源
社交焦虑	sj10	一般说来,我是个害羞的人	IAS 量表[24]
	sj11	在与迷人的异性交谈时我会感到紧张	
	sj12	在给不太熟悉的人打电话时我会感到紧张	
	sj13	我在与权威人士谈话时感到紧张	
	sj14	即使处于和我相当不同的某个人群中,通常我仍感到轻松	
孤独感	gd1	我缺少伙伴	ULS-8 量表[31]
	gd2	在我需要时,没有人帮助我	
	gd3	我是一个外向的人	
	gd4	我感到被冷落	
	gd5	我感到和其他人疏离	
	gd6	当我需要伙伴时,我可以找到伙伴	
	gd7	我因自己不善交际而感到不快乐	
	gd8	虽然周围有很多人,但他们并不关心我	
观看意愿	gk1	我愿意再次观看直播	刘奥运(2019)[72]
	gk2	未来一段时间,我将继续观看直播	
	gk3	我愿意将直播推荐给他人	

(二)研究二:网红电商直播的购买意愿模型

1. 模型构建

S-O-R 模型由刺激(S)、机体(O)、反应(R)三部分组成。在电子商务情境下,目前的研究大多选用消费者的购买意愿作为反应因素(R),本篇的研究目的也正是为了分析直播过程中的互动对购买意愿的影响,故而选取购买意愿作为反应因素(R)。

(1)刺激因素

Eroglu 等在网购情景下的 S-O-R 模型中,提出刺激因素可以分为高度任务相关和低度任务相关[35]。在传统电子商务情境下,高度任务相关指的是,屏幕上出现的所有有助于消费者完成购买任务的有效信息,如商品描述、价格、折扣和退货政策等，高度任务相关的线索是为了帮助购物者实现其购物目标，所以是出于功利的动机。而低度任务相关是指，与购物任务相对无关却有助于提高购物感受的信息，如背景音乐、网页动画、娱乐成分等，低度任务相关的线索可能触发用户在线实体店购物的记忆。

Parboteeah 等[38]在 Eroglu 等[35]研究基础之上，对刺激因素（Stimulus）作了更进一步的解释，将网页上的线索分为任务相关（Task-Relevant，TR）与情绪相关（Mood-Relevant，MR），分别对应后者研究中的高度任务相关与低度任务相关。TR 线索具有更多的功利主义倾向，在网络环境中，有助于消费者更为高效地完成购买任务，而 MR 线索虽然不会直接影响消费者购物任务的完成，但可能会增加消费者在线体验的享乐价值。

上述的研究均是在传统电子商务的环境下所开展的，在该环境下，S-O-R 模型中的刺激因素研究已经较为成熟，而在新兴的电商直播环境下，考察直播氛围刺激的研究还比较有限。龚潇潇等考察了直播场景氛围线索对消费者冲动消费意愿的影响，没有直接对直播环境下的氛围线索进行定义、分类[73]，指出了直播平台的信息内容质量、直播平台的导航系统界面、直播平台外观设计等因素会对消费者的情绪、体验产生影响。郑兴使用了 S-O-R 模型考察了直播中不同类型的互动对于消费者冲动消费意愿的影响[45]。然而上述两个研究均没有参照传统电子商务环境下的相关模型，在研究中明确对不同动机因素的划分，而就这一点，本篇将作进一步的讨论。

本篇将把传统电子商务环境下对刺激因素的解释，进一步拓展到电商直播环境下。尽管直播卖货和传统网购之间有一定的差异，两种情况下具体的刺激因素也因此有一定差异，但两种环境下刺激因素的动机归根到底都可以分为功利型和感受型，故而无论是高度/低度任务相关，还是 TR/MR 线索在直播的环境下，依然有其存在的意义。

本篇研究二的目的是，探究网红电商直播的互动性对于消费者购买意愿的影响，故而选择电商直播中的互动性作为刺激因素（S）。研究二将电商直播互动分为信息式互动、情感式互动与娱乐式互动。

信息式互动：在直播的过程中由主播通过口头表述、图片展示、视频展示等的方式向观众传递商品及品牌的相关信息的互动，比如展示商品、分享商品使用感受、针对不同人群给出购买建议等。该互动有助于观众更好地了解商品并更有效地作出购买决策，故而该互动主要是出于功利目的而开展的，属于高度任务相关互动线索或 TR 线索。

情感式互动：在直播的过程中主播不为推销商品，而仅关注观众内心的互动，比如向观众问好、回应观众关心的与商品无关的话题等。该互动的主要目的是使观众更好地融入直播当中，更好地为观众提供个性化的互动体验，给观众以亲朋好友般的陪伴感。故而该互动主要是出于情感目的而开展的，属于低度任务相关互动线索或 MR 线索。

娱乐式互动：在直播的过程中主播不为推销商品，而单单为活跃直播间气氛的互动，比如唱歌、做游戏、夸张的肢体动作等。该互动的主要目的是为直播增加趣味性与多样性，使得观众乐在其中，即使长时间观看直播，也不会觉得乏味、无聊。故而该互动主要是出于情感目的而开展的，属于低度任务相关互动线索或 MR 线索。

(2) 机体因素

Eroglu 等在网购情景下的 S-O-R 模型中，机体因素(O)分为情感状态与认知状态[35]。Parboteeah 等指出，在网购模式下，用户会有认知和情感的反应[38]。而认知反应与互动的评价有关，而情感反应则更多是与互动的情绪方面有关。网上互动时用户的认知和情感反应将最终决定用户做出的反应。

而郑兴[45]在其电商直播的互动对冲动性购买意愿的研究中，只选取了心流体验(专注、愉悦)作为机体因素，只考虑了情感方面的影响，却没有考虑到认知的层面，因而本篇将在这一点上做改进，同时考虑认知和情感反应。

Mehrabian 等在研究传统商场环境下的刺激对于消费者行为反应的影响时，提出了 PAD 模型，即情感状态可以分为三个维度：愉悦(Pleasure)、唤醒(Arousal)与控制(Dominance)[33]。愉悦代表了个体情感状态的特征；唤醒代表了个体的神经激活水平；控制代表了个体对情景或他人的控制状态。

但随后 Russell 和 James 发现，控制因素对于消费行为的影响不够显著，仅仅愉悦和唤醒就可以充分地衡量由环境刺激所带来变化的所有情绪维度[74]。此后的一些研究(Baker 等[75]；Sherman 等[76])也大都只采用愉悦和唤醒来衡量情感状态并得出了良好的研究结果，故而现在普遍采用愉悦度和唤醒度来作为衡量情感状态的维度。

Eroglu 等认为，广义的认知状态是指在获取、加工、保留和检索信息过程中，消费者脑海中的一切[35]。认知描述了消费者的内在心理过程和状态，包含态度、信念、记忆和知识等。认知状态与主观经验息息相关，认知的过程中通常伴随了消费者的主观体验。在网络购物环境中，认知状态涉及网络购物者如何解释屏幕上提供的信息、如何从其他网站和产品中选择以及他们对虚拟商店的态度等问题。

在电子商务的相关研究中,学者常常借助技术接受模型及其扩展模型理论研究用户的行为,而技术接受模型中的感知有用性(Perceived Usefulness)经常被用作用户行为决策过程中的认知反应变量。感知有用性指用户对其使用的信息系统能提高其行为任务效率程度的主观感知[77]。Sun 等指出,在信息系统相关研究中,感知有用性是 IS 文献中研究最常用的认知反应变量之一[78]。Parboteeah 等在研究传统网购环境下消费者的购买意愿影响时,也选取了感知有用性作为认知状态,并指出在传统网购模式下感知有用性是指,在线用户认为通过使用特定网站可以提高其购物效率的程度[38]。

本篇选取愉悦度和唤醒度作为情感状态的衡量因素,选取感知有用性作为认知状态的衡量因素。具体来说,愉悦度指用户在电商直播互动产生的刺激下形成的快乐、愉悦情感的程度;唤醒度指用户在电商直播互动产生的刺激下感觉兴奋、激动的程度;感知有用性指用户对其观看电商直播能提高其行为任务效率程度的主观感知。

2. 模型假设

为研究网红电商直播的互动性对于受众购买意愿的影响,本篇建立网红电商直播的购买意愿模型(图 3-2)。

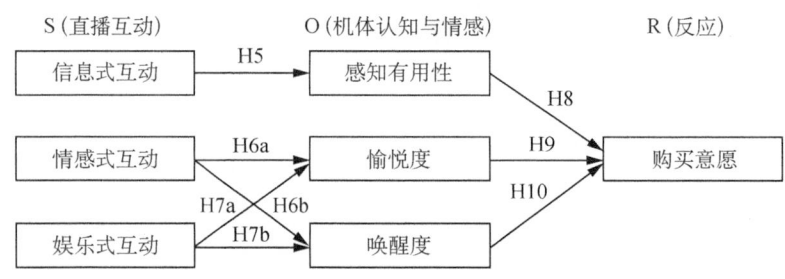

图 3-2 网红电商直播的购买意愿模型

(1) 刺激因素与机体因素

Parboteeah 等研究发现,在电子商务环境下,TR 线索对用户的感知有用性有着显著影响,其影响显著大于 MR 线索[38],信息式互动正属于 TR 线索。兰岚等指出,网络直播的购物方式可以让用户更好地了解商品,在较短的时间内货比三家,从而提高筛选商品效率,节省购物时间[79]。邓富民等研究发现,直播平台观众认知类需求的满足将正向影响其感知有用性[15]。

信息式互动出于满足观众认知需求目的,在网红电商直播中,主播可以通过多种方式向用户传递商品及品牌的相关信息,帮助用户更好地了解商品情况。当用户从信息式互动中获取的信息能解决商品或服务是否满足自身需求的问题时,用户则会认为该互动对其完成需求任务有一定帮助。基于此,本篇提出如下假设:

H5:信息式互动对于用户的感知有用性具有显著正向影响。

Parboteeah 等研究发现,在电子商务环境下,MR 线索对用户的情感状态(诸如愉悦度)有着显著影响,其影响显著大于 TR 线索[38],而由上文可知,情感式互动正属于 MR 线索。兰岚等指出,直播中用户可以随时随地与主播进行互动交流,发送表情语言等,在互动中用户可以收获购物的乐趣,其购物体验从而得到加强[79]。郑兴的研究发现,情感导向型互动将影响用户的关注和愉悦[45],而情感式互动是情感导向型互动的一种,唤醒度也可以算作衡量用户的关注度的指标。邓富民等指出,直播平台观众情感类需求的满足将正向影响其满意度[15]。

情感式互动出于满足观众情感需求目的,在网红电商直播中,主播可以通过问候观众、情感传递等行为,拉近主播与用户之间的距离,营造出直播环境下的陪伴感,从而既能在一定程度上消除观众的孤独感,使其获得心灵慰藉从而感到满意、快乐,又能通过对用户的关心,使用户更好地融入直播当中,保持清醒、兴奋。基于此,本篇提出如下假设:

H6a:情感式互动对于用户的愉悦度具有显著正向影响。

H6b:情感式互动对于用户的唤醒度具有显著正向影响。

Parboteeah 等研究发现,在电子商务环境下,MR 线索对用户的情感状态(诸如愉悦度)有着显著影响,其影响显著大于 TR 线索[38],娱乐式互动正属于 MR 线索。贾毅认为,网络直播互动可以将直播打造成一场狂欢,用户找到了适合自己狂欢的频道,就可能会沉浸其中,不断地互动[80]。同时,网络直播互动也有很强的"游戏性",在直播环境下,消费成为一个用户可以长时间沉浸其中的游戏。这种超然的娱乐性,满足了用户对愉悦放松体验的追求。郑兴的研究发现,情感导向型互动将影响用户的关注和愉悦[45],而娱乐式互动是情感导向型互动的一种,唤醒度也可以算作衡量用户的关注度的指标。邓富民等指出,直播的一大特色是其娱乐氛围,而娱乐可以增强用户的愉悦体验,使用户的满足感得到提高[15]。

娱乐式互动出于满足观众娱乐需求目的,在网红电商直播中,主播可以通过做游戏、唱歌、跳舞等方式活跃直播间气氛,使用户感受到直播的趣味性,即使长

时间观看直播,也不会感觉无聊、不快。基于此,本篇提出如下假设:

H7a:娱乐式互动对于用户的愉悦度具有显著正向影响。

H7b:娱乐式互动对于用户的唤醒度具有显著正向影响。

(2)机体因素与反应因素

在研究中,感知有用性常作为用户认知维度上的因素,其反映了用户对所用平台所能提高自身任务效率程度的内在感知。Gefen 等指出,在 B2C 模式下,用户的感知有用性对于其购买意愿有着积极的影响[81]。Parboteeah 等指出,在电子商务环境下,在网站上互动时用户经历的认知反应将影响用户对于网站的反应,而其研究正是选择了感知有用性作为用户认知状态的衡量因素[38]。有一些学者针对不同的地区,对感知有用性和购买意愿的关系进行了相关研究,比如 Hernández 等[82]和 Aghdaie 等[83]分别验证了在西班牙和伊朗,用户的感知有用性对于其购买意愿有着积极的影响。刘子溪则将感知有用性和购买意愿的关系拓展到了网络直播的环境下,在其移动电商网络直播对用户的购买意愿研究当中,其通过实证分析验证了用户的感知有用性对于用户的购买意愿具有显著影响[40]。

在电商直播环境下,用户完成购物任务的效率由于技术革新等原因得到一定的提高。通过视频的全面展示和主播的详细介绍,用户往往能得到更多关于产品或服务的信息,从而能更好地了解直播推出的商品或服务。因距离而产生的对于商品或服务的不确定性因为直播技术而被削弱,从而用户更容易作出购物决策,其购买意愿得到提升。基于此,本篇提出如下假设:

H8:用户的感知有用性对于用户的购买意愿具有显著正向影响。

愉悦度指用户在电商直播环境下获取的精神满足情况。以往的研究对于消费者的愉悦度和其购买意愿的关系已有了一定的研究。Baker[75]、Rook 和 Gardner[84]在关于传统线下购物模式的研究中,均验证了当消费者有较好的心情时,其具有更强购买意愿,更容易做出购买行为,Donovan 则指出,消费者在店内体验到的愉悦感将显著地预测其在店内额外停留的时间,从而提升消费者购买行为发生的可能性,其计划外的支出增加[85]。随着电子商务的普及推广,一些学者也将该研究拓展到了电子商务的环境下。Gefen 等[81]、Fiore 等[86]、Parboteeah 等[38]均认为,用户在线上购物的过程中,其感知的愉悦情绪会增加用户的购买意愿。刘子溪则将愉悦度和购买意愿的关系拓展到了网络直播的环境下,在其移动电商网络直播对用户的购买意愿研究当中,其验证了感知愉悦性对于用户的购买意愿具有显著影响[40]。郑兴验证了直播中用户的愉悦对于其冲动性购买意愿具有正向的影响[45]。

网络直播技术迅猛发展,用户使用直播购物的目的不再单纯是出于对产品或服务相关信息的了解,而是将其作为一种能带来愉悦的娱乐方式,在观看直播的过程中,用户常常可以得到享受。而当用户越享受电商直播的购物体验时,用户就很有可能更长久地观看直播,进一步了解产品或服务,从而也就越可能作出购买的决策。基于此,本篇提出如下假设:

H9:用户的愉悦度对于用户的购买意愿具有显著正向影响。

唤醒度指用户在电商直播环境下情绪受到激活的情况。以往的研究对于消费者的唤醒度和其购买意愿的关系已有了一定的研究。Baker等发现,在传统线下的购物过程中,消费者更愿意在能激发其唤醒度的环境下进行停留,消费者愿意花更多的时间浏览商品,从而其更容易做出购买的行为[75]。Ha等在网购的情境下验证了高唤醒度有助于提高消费者满意度和其购买意愿[87]。在电商直播的情境下,学者也有类似的结论,郑兴通过实证分析验证了直播中用户的关注度对于冲动性购买意愿具有正向的影响[45],而唤醒度衡量的也是用户的关注度。

在电商直播的环境下,验证唤醒度和购买意愿间的联系具有实际意义。网络直播技术使得主播可以在直播过程中以丰富多彩的形式吸引用户的注意,诸如唱歌、做游戏等,这些活动使得直播不再是单一的商品宣传工具,而更是一种对于用户而言充满未知的惊喜体验。正是由于惊喜的未知性,用户会牢牢地被直播吸引,从而更有可能选择长时间且全神贯注地观看直播,因而用户也更有可能进一步地去了解产品或服务,进而也就越可能作出购买的决策。基于此,本篇提出如下假设:

H10:用户的唤醒度对于用户的购买意愿具有显著正向影响。

3. 量表设计

研究二涉及的研究变量有信息式互动、情感式互动、娱乐式互动、唤醒度、愉悦度、感知有用性和购买意愿。

借鉴成熟的量表和相关研究的内容,研究二的量表设计如表3-2所示。

表3-2 研究二量表

变量名称	编号	指标问项	参考来源
信息式互动	xx1	直播过程中,主播全面地展示了商品	姜佳奇(2019)[8]
	xx2	直播过程中,主播对商品的相关问题给出了专业的解答	

续 表

变量名称	编号	指标问项	参考来源
信息式互动	xx3	直播过程中,主播能根据不同人群,提供个性化的购买建议	姜佳奇(2019)[8]
情感式互动	qg1	直播过程中,主播亲切、热情,能提供如同好友般的陪伴	王艳玲等(2019)[32] 方超(2018)[89]
	qg2	直播过程中,主播能了解并回应观众关注的问题(弹幕、评论等)	
	qg3	直播过程中,主播表答了对观众的关心	
娱乐式互动	yl1	直播过程中,主播的言语风趣幽默	刘凤军等(2020)[9] 方超(2018)[89]
	yl2	直播过程中,除语言外,主播能以其他方式引人发笑(如肢体动作、表情)	
	yl3	直播过程中,主播能通过某些形式(如唱歌、跳舞等)活跃气氛	
唤醒度	hx1	观看直播的过程中,我感觉兴奋/平静	Mehrabian等(1974)[33]
	hx2	观看直播的过程中,我感觉激动/放松	
	hx3	观看直播的过程中,我感觉清醒/困倦	
愉悦度	yy1	观看直播的过程中,我感觉高兴/烦闷	
	yy2	观看直播的过程中,我感觉满意/沮丧	
	yy3	观看直播的过程中,我感觉快乐/不快	
感知有用性	gz1	观看直播后,我全面地了解了产品	刘子溪(2018)[40]
	gz2	观看直播后,我得到了足够的信息来作出购物决策	
	gz3	观看直播后,我更有效率地作出了购物决策	
购买意愿	gm1	我愿意购买此次直播中主播推荐的产品	姜佳奇(2019)[8]
	gm2	我愿意之后继续观看该主播直播并考虑购买其推荐的商品	
	gm3	我愿意推荐朋友观看该主播直播或购买其商品	

四、结果与分析

(一) 预调研

为检验本篇问卷设计的合理性,并了解受访者对于问卷各题的理解情况,在大规模发放问卷前,笔者先进行了小范围的预调研,预调研对象以笔者了解、熟悉的人为主,问卷通过微信的渠道发放。为降低发放问卷的成本,本篇将两个研究的量表合并为一份问卷进行发放。

在预调研阶段,共回收问卷 52 份,其中有效问卷 37 份,有效率 71.2%。其中,男性 6 名,女性 31 名;年龄主要分布在 18～30 岁;大多为在校学生。

在预调研中,有受访者不了解第 11 题(即唤醒度、愉悦度方面的问题)的意思,故而在正式问卷中加入了对这一题的解释。对于其他题项,受访者均未提出疑议,故而不作修改。

而预调研的另一主要目的是用以检验问卷的信度和效度。此处,信度指问卷中同一变量的题项的内部一致性、稳定性及可靠性;效度指问卷题项确能测出其所要测量特质的程度。本篇选用 Cronbach's alpha 值、CITC(校正的项与总计相关性)值和删除项后的 Cronbach's alpha 值来测量信度,选用 KMO 取样适切性量数、Bartlett's 球形度显著性来衡量效度。

Cronbach's alpha 值用以衡量内部一致性,而 CITC 值、删除项后的 Cronbach's alpha 值用来判断具体的一个题项事都需要删除。Field 在梳理了诸多学者对于信度标准值的研究后,归纳出通常情况下,Cronbach's alpha 值至少应在 0.7 可以保证量表整体具有一定效度;而当某题项的 CITC 值小于 0.3,或当删除项后的 Cronbach's alpha 值明显高于该变量整体的 Cronbach's alpha 值时,需要将该题项删除[89]。

KMO 检验用于比较变量间简单相关系数和偏相关系数的指标,即 KMO 检验可以衡量是否适合作因子分析。Hutcheson 和 Sofroniou 指出,通常当 KMO 值大于 0.9 时,非常适合;在 0.8～0.9 之间,很适合;在 0.7～0.8 之间,一般;在 0.6～0.7 之间,尚可;在 0.5～0.6 之间,不太适合;小于 0.5,不适合。Bartlett's 球形度检验用来检验各个变量间是否独立[90]。Field 指出,通常当显著性<0.05 时,则变量之间在一定程度上独立,符合标准,可以进行因子分析[89]。而本研究借助 SPSS26.0 对两个研究中涉及的各量表分别进行信效度检验,结果如下:

研究一各项指标如下：

从表 4-1 中可以看出，社交焦虑、孤独感的 Cronbach's alpha 值在 0.7~0.8 之间，表明这两个量表的信度可以接受；观看意愿的 Cronbach's alpha 值在 0.8~1 之间，则此量表的信度很好。然而，sj3("与一位异性交谈时我通常会感到轻松")、sj6("与大多数人相比，在社交中我较少羞怯")、sj10("在社交场合中，我很少会感到有什么焦虑")、sj15("即使处于和我相当不同的人群中，通常我仍感到轻松")、gd3("我是一个外向的人")、gd6("当我需要伙伴时，我可以找到伙伴")项的修正后的项与总计相关性值小于 0.3，且这些项的删除项后的 Cronbach's alpha 值明显高于该变量整体的 Cronbach's alpha 值，故而考虑删去这些条目。

表 4-1 研究一预调研信度检验表

变量名称	编号	修正后的项与总计相关性	删除项后的 Cronbach's alpha 值	Cronbach's alpha 值
社交焦虑	sj1	0.663	0.748	0.784
	sj2	0.583	0.755	
	sj3	−0.190	0.813	
	sj4	0.526	0.760	
	sj5	0.675	0.747	
	sj6	0.074	0.797	
	sj7	0.653	0.749	
	sj8	0.675	0.752	
	sj9	0.519	0.761	
	sj10	−0.317	0.825	
	sj11	0.676	0.749	
	sj12	0.421	0.769	
	sj13	0.578	0.755	
	sj14	0.597	0.759	
	sj15	−0.076	0.809	
孤独感	gd1	0.502	0.647	0.702
	gd2	0.679	0.614	

续 表

变量名称	编号	修正后的项与总计相关性	删除项后的Cronbach's alpha值	Cronbach's alpha值
孤独感	gd3	−0.146	0.776	0.702
	gd4	0.719	0.599	
	gd5	0.694	0.599	
	gd6	−0.323	0.802	
	gd7	0.591	0.621	
	gd8	0.656	0.610	
观看意愿	gk1	0.820	0.861	0.907
	gk2	0.891	0.799	
	gk3	0.735	0.931	

从表4-2中可以看出，三个量表的KMO值均在0.6以上，其效度均可以接受。

表4-2 研究一预调研效度检验表

变量	KMO值	Bartlett's显著性
社交焦虑	0.716	0.000
孤独感	0.830	0.000
观看意愿	0.689	0.000

综上，需要对量表进行一定的修改。在删去sj3、sj6、sj10、sj15、gd3、gd6项之后，再次进行信效度检验，结果如下：

由表4-3可知，修改后互动性、观看意愿的Cronbach's alpha值在0.8~1之间，表明这两个量表的信度良好，且CITC均大于0.3，删除项后的Cronbach's alpha值均无明显高于该变量整体的Cronbach's alpha值。

表4-3 研究一预调研信度检验表(修改后)

变量名称	编号	修正后的项与总计相关性	删除项后的Cronbach's alpha值	Cronbach's alpha值
社交焦虑	sj1	0.728	0.895	0.907
	sj2	0.741	0.894	

续 表

变量名称	编号	修正后的项与总计相关性	删除项后的 Cronbach's alpha 值	Cronbach's alpha 值
社交焦虑	sj4	0.549	0.905	0.907
	sj5	0.75	0.893	
	sj7	0.666	0.898	
	sj8	0.742	0.895	
	sj9	0.563	0.904	
	sj11	0.737	0.894	
	sj12	0.499	0.907	
	sj13	0.647	0.899	
	sj14	0.583	0.903	
孤独感	gd1	0.61	0.881	0.886
	gd2	0.778	0.856	
	gd4	0.725	0.862	
	gd5	0.729	0.861	
	gd7	0.654	0.876	
	gd8	0.729	0.861	

由表 4-4 可知,修改后各量表的 KMO 值也均在 0.6 以上,且 Bartlett's 显著性<0.05,可以进行因子分析。

表 4-4　研究一预调研效度检验表(修改后)

变量	KMO 值	Bartlett's 显著性
社交焦虑	0.826	0.000
孤独感	0.826	0.000
观看意愿	0.689	0.000

综上,在删除一些项之后,所有量表均具有良好的信效度。

研究二各指标如下:

由表 4-5 可知,信息式互动、情感式互动的 Cronbach's alpha 值在 0.7~0.8 之间,表明这两个量表的信度可以接受;其余量表的 Cronbach's alpha 值在

0.8~1之间，则这些量表的信度很好。同时，CITC 均大于 0.3，删除项后的 Cronbach's alpha 值均无明显高于该变量整体的 Cronbach's alpha 值。

表 4-5 研究二预调研信度检验表

变量名称	编号	修正后的项与总计相关性	删除项后的 Cronbach's alpha 值	Cronbach's alpha 值
信息式互动	xx1	0.579	0.735	0.776
	xx2	0.696	0.599	
	xx3	0.572	0.745	
情感式互动	qg1	0.593	0.708	0.760
	qg2	0.651	0.646	
	qg3	0.579	0.693	
娱乐式互动	yl1	0.715	0.828	0.860
	yl2	0.842	0.697	
	yl3	0.668	0.868	
唤醒度	hx1	0.723	0.838	0.867
	hx2	0.806	0.757	
	hx3	0.717	0.841	
愉悦度	yy1	0.840	0.914	0.931
	yy2	0.899	0.867	
	yy3	0.841	0.915	
感知有用性	gz1	0.819	0.873	0.910
	gz2	0.834	0.860	
	gz3	0.810	0.879	
购买意愿	gm1	0.844	0.813	0.897
	gm2	0.764	0.880	
	gm3	0.791	0.863	

由表 4-6 可知，KMO 值均在 0.6 以上，都在可以接受的范围内，且 Bartlett's 显著性<0.05，可以进行因子分析。

表 4-6　研究二预调研效度检验表

变量	KMO 值	Bartlett's 显著性
信息式互动	0.668	0.000
情感式互动	0.695	0.000
娱乐式互动	0.655	0.000
唤醒度	0.716	0.000
愉悦度	0.744	0.000
感知有用性	0.757	0.000
购买意愿	0.736	0.000

综上,研究二所涉及的所有量表信效度均良好,不需要对量表进行调整。

(二) 研究一结果与分析

1. 描述性统计

本篇的问卷在问卷星上发布,通过微信、QQ、微博等渠道进行发放。被调查对象应当具有电商网络直播的使用经历,否则其填写的问卷将被视作无效。为提高问卷的有效率,本篇将单一映射方式与辐射发放方式相结合,既一对一地邀请满足条件的家人、朋友等参与调查,又通过 QQ 群、微信群、微博群对满足条件的群体进行有偿调查。

问卷发放从 3 月 9 日至 4 月 8 日,为期一个月,共收回 160 份,其中有效问卷 129 份,有效回收率为 80.63%。通过汇总与整理,受访者的基本人口统计学特征结果如表 4-7 所示,受访者多为女性,年龄主要分布在 18～40 岁,学历多为本科,其中一半左右是在校学生,月平均可支配收入超过半数为 5 000 元以下。

表 4-7　研究样本的人口统计学特征表

变量	类别	频数	百分比
性别	男	41	31.78%
	女	88	68.22%
年龄	18 岁以下	6	4.65%
	18～30 岁	85	65.89%
	31～40 岁	32	24.81%
	40 岁以上	6	4.65%

续 表

变量	类别	频数	百分比
教育程度	高中及以下	8	6.20%
	专科	13	10.08%
	本科	91	70.54%
	硕士	17	13.18%
职业身份	在校学生	67	51.94%
	党政机关工作人员	4	3.10%
	国有企事业单位工作人员	25	19.38%
	非公企业从业人员(外资、合资、私营、股份制、个体户等)	17	13.18%
	自由职业	13	10.08%
	无业/失业人员	2	1.55%
	其他	1	0.78%
月平均可支配收入	1 000 元以下	18	13.95%
	1 001～3 000 元	48	37.21%
	3 001～5 000 元	22	17.05%
	5 001～7 000 元	11	8.53%
	7 001～9 000 元	12	9.30%
	9 001～11 000 元	7	5.43%
	11 001～15 000 元	4	3.10%
	15 001～20 000 元	3	2.33%
	20 000 元以上	4	3.10%

129 名受访者均观看过电商直播,其观看频率的情况如表 4-8 所示。

表 4-8 电商直播观看频率统计表

变量	类别	频数	百分比
观看频率	几乎不看(平均每月 1 次以下)	23	17.80%
	很少会看(平均每月 1～3 次)	45	34.90%
	偶尔会看(平均每周 1～2 次)	37	28.70%
	经常会看(平均每周 3 次及以上)	24	18.60%

针对研究一的各变量的观测变量,分别从各问项指标的平均值、标准差、偏度、峰度四个方面对各潜在变量的指标数据进行分析,其分析结果如表4-9所示。

表4-9　研究一变量描述统计表

变量	编号	平均值	标准差	偏度	峰度
社交焦虑	sj1	3.178	1.182	−0.324	−0.989
	sj2	3.752	1.068	−0.738	−0.134
	sj4	3.791	1.058	−0.735	−0.048
	sj5	3.248	1.039	−0.133	−0.671
	sj7	3.333	1.113	−0.313	−0.864
	sj8	4.132	0.887	−1.217	1.750
	sj9	4.132	0.878	−1.105	1.170
	sj11	3.597	1.042	−0.515	−0.500
	sj12	3.868	0.930	−0.798	0.458
	sj13	3.651	1.136	−0.544	−0.587
	sj14	4.202	0.733	−0.698	0.360
孤独感	gd1	2.535	0.936	−0.161	−0.834
	gd2	2.403	0.862	0.305	−0.514
	gd4	2.434	0.874	0.098	−0.644
	gd5	2.519	0.885	−0.060	−0.690
	gd7	2.713	0.954	−0.163	−0.930
	gd8	2.434	0.934	0.253	−0.792
观看意愿	gk1	3.822	1.004	−0.576	−0.488
	gk2	3.744	1.033	−0.548	−0.129
	gk3	3.620	1.098	−0.671	−0.109

2. 信度与效度检验

(1) 信度检验

信度检验旨在验证问卷中同一变量的题项具有内部一致性、稳定性及可靠性,其检验方法和检验标准在本章第一节"预调研"中已有详细的介绍,在此不再赘述。

借助 SPSS26.0,得到研究一的信度检验结果如表 4-10 所示,社交焦虑、孤独感以及观看意愿的 Cronbach's alpha 值均在 0.8 到 1 之间,这表明研究一所采用的所有量表的信度均良好。

表 4-10　研究一信度检验

变量	项数	Cronbach's alpha 值
社交焦虑	11	0.896
孤独感	6	0.879
观看意愿	3	0.840

(2) 效度检验

效度检验旨在确认问卷变量题项确能测出其所要测量特质的程度。效度检验通常可以分为三类:内容效度、效标效度、结构效度。由于在分析过程中很难选择切合的效标准则,故而该分析受到一定的限制,在实际中很少进行检验。因而,本文选取内容效度和结构效度进行检验。

① 内容效度

内容效度检验旨在检验问卷的内容是否符合研究目的和要求。由于研究一采用的三个量表中,有两个量表改变自成熟量表,已有学者进行检验,其内容效度可以得到保证,而另一自编量表中的问项也来自学者的相关研究,且在问卷正式发布前已进行了预调查,因而其内容效度也可以得到一定保障。

② 结构效度

结构效度检验旨在研究因子与测量项的对应关系是否符合预期,在此本研究选用探索性因子分析法。借助 SPSS26.0,得到结果如表 4-11 所示。本篇采用主成分分析法提取因子,Kaiser 认为提取的特征值应都大于 1[91]。以该方式提取后,三个变量的累积方差贡献率均大于 60% 或极其接近 60%,这表明研究一所提取的公因子对原量表题项方差的解释力度较高。社交焦虑和孤独感的 KMO 值在 0.8~0.9 之间,表明很适合进行因子分析,而购买意愿的 KMO 值在 0.7~0.8 之间,表明适合作因子分析。而三个变量的 Bartlett's 显著性都小于 0.05,表明变量之间具有相对独立性,可以进行因子分析。这些结果初步证明了研究一具有良好的结构效度。

表 4-11 研究一结构效度检验

变量	特征根	累积贡献率	KMO 值	Bartlett's 显著性
社交焦虑	5.444	59.42%	0.895	0.000
	1.093			
孤独感	3.757	62.62%	0.864	0.000
观看意愿	2.281	76.02%	0.701	0.000

因子载荷反应指标与变量间的简单相关关系如下,通常认为,当因子载荷大于 0.6 时,说明呈强相关;当因子载荷处于 0.4～0.6 之间时,说明呈中度相关;当因子载荷小于 0.4 时,说明呈弱相关。借助 SPSS26.0,得到的旋转后的成分矩阵如表 4-12 所示。

表 4-12 研究一旋转后的成分矩阵

观测变量	成分		
	1	2	3
sj11	0.757		
sj2	0.733		
sj5	0.708		
sj9	0.706		
sj8	0.667		
sj14	0.666		
sj13	0.658		
sj4	0.651		
sj12	0.642		
sj1	0.587		
sj7	0.504		
gd8		0.831	
gd4		0.797	
gd5		0.792	
gd2		0.754	
gd1		0.728	

续　表

观测变量	成分	
gd7	0.584	
gk2		0.855
gk1		0.814
gk3		0.805

由表 4-12 可知,绝大多数的因子载荷在 0.6 以上,只有个别在 0.5～0.6 之间,这表明研究一的指标与变量之间的相关性较高。同时,研究一所涉及的 3 个变量在旋转后均能被提取出来,说明问卷的结构效度较好。

3. 相关性分析

由于只有在变量之间具有相关关系时,才能进行回归分析,而中介检验的本质就是回归分析。故而,相关性分析是前提。本篇选取 Pearson 相关系数作为相关性的衡量指标,其绝对值的大小反映相关的密切程度,而其正负性反映相关的方向。当绝对值大于 0.8 时,说明相关性极强;当绝对值在 0.6～0.8 时,说明相关性强;当绝对值在 0.4～0.6 时,说明相关性一般;当绝对值在 0.2～0.4 时,说明相关性弱;当绝对值小于 0.2,说明相关性极弱或无相关关系。当相关系数大于 0 时,说明呈正相关;当相关系数大小于 0 时,说明呈负相关。

表 4-13　研究一相关性分析

	社交焦虑	孤独感	观看意愿
社交焦虑	1		
孤独感	0.442**	1	
观看意愿	0.337**	0.351**	1

注:** $p<1$。

由表 4-13 可知,社交焦虑和孤独感之间存在中等程度相关关系,而社交焦虑、孤独感和观看意愿之间均存在弱相关关系。三者两两之间均成显著正相关的关系。

4. 中介检验

研究一采用 Hayes 编制的 PROCESS 插件[92]进行中介检验。PROCESS 是基于 SPSS 软件开发的用于进行中介和调节效应分析程序的一款插件,具有中介效应分析一步到位、调节效应分析数据处理自动化、Bootstrap 和 Sobel 检验自动处理、复杂模型分析等优点。

借助于 PROCESS v3.4 中的 Model4（即简单中介模型），Bootstrap 的抽样次数为 5 000，对社交焦虑与观看意愿之间的中介关系进行检验，得到的结果如表 4-14 和表 4-15 所示。

表 4-14 研究一中介模型检验

回归方程		拟合指标		显著性系数	
结果变量	预测变量	R^2	F	β	t
观看意愿	社交焦虑	0.13	18.75**	0.36	4.33***
孤独感	社交焦虑	0.22	35.90***	0.47	5.99***
观看意愿		0.19	14.73***		
	社交焦虑			0.23	2.50**
	孤独感			0.28	3.08***

注：* $p<0.10$，** $p<0.05$，*** $p<0.01$。

由表 4-14 可知，社交焦虑对直播观看意愿的预测作用显著（$\beta=0.36, t=4.33, p<0.01$），且当放入中介变量后，社交焦虑对观看意愿的直接预测作用依然显著（$\beta=0.23, t=2.50, p<0.05$）。社交焦虑对孤独感的正向预测作用显著（$\beta=0.47, t=5.99, p<0.01$），孤独感对观看意愿的正向预测作用也显著（$\beta=0.28, t=3.08, p<0.01$）。

表 4-15 研究一总效应、直接效应及中介效应分解表

	效应值	Boot 标准误	BOOT CI 下限	BOOT CI 上限	相对效应值
总效应	0.46	0.13	0.21	0.73	
直接效应	0.29	0.14	0.02	0.59	63.39%
孤独感的中介效应	0.17	0.06	0.06	0.30	36.58%

注：Boot 标准误、Boot CI 下限、Boot Ci 上限分别通过偏差矫正的百分位 Bootstrap 法估计的间接效应的标准误差、95% 置信区间的下限和上限；所有数值通过四舍五入法保留两位小数。

由表 4-15 可知，社交焦虑对观看意愿影响的直接效应及孤独感的中介效应的 bootstrap 95% 置信区间的上、下限均不包含 0，表明社交焦虑不仅能够直接预测观看意愿，而且能够通过孤独感的中介作用预测观看意愿。该直接效应

(0.29)和中介效应(0.17)分别占总效应(0.46)的 63.39％和 36.58％。

5. 研究结果

研究一假设部分共提出四个假设，由上一节的中介检验结果可知，没有充足的证据证明任意一个原假设是错误的，即不拒绝所有的原假设(表 4-16)，研究得到的中介模型结果如图 4-1 所示。

表 4-16　研究一假设检验结果

假设	假设内容	假设检验结果
H1	社交焦虑对于网红电商直播的观看意愿具有显著正向影响	不拒绝
H2	社交焦虑对于孤独感具有显著正向影响	不拒绝
H3	孤独感对于网红电商直播的观看意愿具有显著正向影响	不拒绝
H4	孤独感在社交焦虑与网红电商直播观看意愿关系间起中介作用	不拒绝

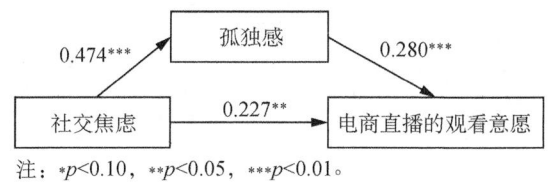

注：$*p<0.10$，$**p<0.05$，$***p<0.01$。

图 4-1　孤独感在社交焦虑和电商直播观看意愿中的中介模型

（三）研究二结果与分析

1. 描述性统计

为降低发放问卷的成本，本篇将两个研究的量表合并为一份问卷进行发放。故而基本人口统计学特征结果与研究一的该结果完全一致，在此不再赘述，其结果详见本章第二节的第一部分"研究一结果与分析"。

针对研究二的各变量的观测变量，分别从各问项指标的平均值、标准差、偏度、峰度四个方面对各潜在变量的指标数据进行分析，其分析结果如表 4-17 所示。

表 4-17　研究二变量描述统计表

变量	题项	平均值	标准差	偏度	峰度
信息式互动	xx1	3.690	0.934	−0.627	0.059
	xx2	3.574	0.982	−0.309	−0.497
	xx3	3.736	0.906	−0.668	0.328

续表

变量	题项	平均值	标准差	偏度	峰度
情感式互动	qg1	3.961	0.804	−0.753	0.970
	qg2	3.977	0.690	−0.550	0.783
	qg3	3.806	0.771	−0.584	0.293
娱乐式互动	yl1	3.992	0.852	−0.831	1.132
	yl2	3.969	0.951	−0.988	0.945
	yl3	3.783	0.976	−1.035	1.043
唤醒度	hx1	3.271	1.171	−0.338	−0.559
	hx2	3.271	1.178	−0.282	−0.658
	hx3	3.496	1.187	−0.276	−0.821
愉悦度	yy1	3.527	1.069	−0.286	−0.602
	yy2	3.636	1.045	−0.513	−0.139
	yy3	3.620	1.062	−0.619	−0.051
感知有用性	gz1	3.636	0.918	−0.624	0.065
	gz2	3.775	0.946	−0.716	0.176
	gz3	3.791	0.933	−0.684	0.228
购买意愿	gm1	3.612	0.895	−0.411	0.355
	gm2	3.806	0.885	−0.434	−0.117
	gm3	3.535	1.016	−0.550	0.090

2. 信度与效度检验

(1) 信度检验

借助 SPSS26.0,得到研究一的信度检验结果如表 4-18 所示,信息式互动、情感式互动、娱乐式互动的 Cronbach's alpha 值均在 0.7 到 0.8 之间,其信度可以接受。而唤醒度、愉悦度、感知有用性和购买意愿的 Cronbach's alpha 值均在 0.8 到 1 之间,其信度很好。研究二所采用的所有量表的信度均良好。

表 4-18 研究二信度检验

变量	项数	Cronbach's alpha 值
信息式互动	3	0.758
情感式互动	3	0.708

续表

变量	项数	Cronbach's alpha 值
娱乐式互动	3	0.792
唤醒度	3	0.834
愉悦度	3	0.857
感知有用性	3	0.837
购买意愿	3	0.834

(2) 效度检验

① 内容效度

由于研究二采用的 9 个量表中的问项均来源于学者的相关研究,且在问卷正式发布前已进行了预调查,因而其内容效度也可以得到一定保障。

② 结构效度

借助 SPSS26.0,得到结果如表 4-19 所示。本研究采用主成分分析法提取因子,在特征值大于 1 的情况下(Kaiser[91]),三个变量的累积方差贡献率均大于 60%,这表明研究二所提取的公因子对原量表题项方差的解释力度较高。所有的 KMO 值均大于 0.6,可以进行因子分析。而所有 Bartlett's 显著性都小于 0.05,表明变量之间具有相对独立性,可以进行因子分析。这些结果初步证明了研究二具有良好的结构效度。

表 4-19 研究二结构效度检验

变量	特征根	累积贡献率	KMO 值	Bartlett's 显著性
信息式互动	2.024	67.46%	0.688	0.000
情感式互动	1.911	63.69%	0.655	0.000
娱乐式互动	2.122	70.73%	0.691	0.000
唤醒度	2.258	75.28%	0.682	0.000
愉悦度	2.333	77.78%	0.728	0.000
感知有用性	2.266	75.52%	0.705	0.000
购买意愿	2.257	75.23%	0.720	0.000

借助 SPSS26.0,得到的旋转后的成分矩阵如表 4-20 所示。

表 4-20 研究二旋转后的成分矩阵

观测变量	成分						
	1	2	3	4	5	6	7
yy3	0.874						
yy2	0.789						
yy1	0.747						
hx2		0.816					
hx1		0.812					
hx3		0.571					
xx3			0.791				
xx2			0.712				
xx1			0.673				
yl3				0.772			
yl2				0.744			
yl1				0.673			
gz3					0.716		
gz1					0.682		
gz2					0.643		
gm3						0.729	
gm2						0.620	
gm1						0.575	
qg2							0.776
qg3							0.634
qg1							0.568

由表 4-20 可知,绝大多数的因子载荷在 0.6 以上,只有个别在 0.5～0.6 之间,这表明研究二的指标与变量之间的相关性较好。同时,研究二所涉及的 7 个变量在旋转后均能被提取出来,说明问卷的结构效度较好。

3. 相关性分析

对研究二进行相关性分析,选取 Pearson 相关系数作为相关性的衡量指标,得到的结果如表 4-21 所示。

参考研究二的研究假设和表4-21,可以得知信息式互动与感知有用性具有强相关性,与购买意愿具有中等相关性;情感式互动与唤醒度具有弱相关性,与愉悦度和购买意愿具有中等相关性;娱乐式互动与愉悦度具有弱相关性,与唤醒度和购买意愿具有中等相关性;唤醒度和愉悦度均与购买意愿具有中等相关性;感知有用性与购买意愿具有强相关性。上述所有的相关性均为显著正相关。

表4-21 研究二相关性分析

	信息式互动	情感式互动	娱乐式互动	唤醒度	愉悦度	感知有用性	购买意愿
信息式互动	1						
情感式互动	0.525**	1					
娱乐式互动	0.386**	0.536**	1				
唤醒度	0.398**	0.382**	0.524**	1			
愉悦度	0.302**	0.427**	0.471**	0.567**	1		
感知有用性	0.644**	0.533**	0.473**	0.512**	0.397**	1	
购买意愿	0.560**	0.584**	0.569**	0.573**	0.511**	0.665**	1

注:** $p<0.01$

4. SEM模型

为了对研究二的模型进行检验,本篇采用SEM模型(Structural Equation Modeling,SEM),对收集到的数据进行分析,从而验证假设是否被支持。

SEM模型是对多变量之间的关系进行分析的一种方法,该方法的优点在于可以分析不可观测变量之间的关系。SEM模型可分为测量模型和结构模型,前者用于讨论可观测变量与潜在变量间的因素分析模型是否成立,后者用于分析潜在变量间的关系以及不可解释的变异部分。

研究二通过以外部刺激变量信息式互动、情感式互动、娱乐式互动为自变量,唤醒度、愉悦度、感知有用性为中间变量,购买意愿为因变量,来构建模型进行分析(图4-2)。

通常认为,收集的有效数据至少应该大于测量指标数的5倍是运用SEM模型进行分析的较为理想情况。而本文所收集的有效数据量已超过该要求。本文借助AMOS21.0构建模型进行分析,主要选取RMSEA作为绝对拟合度指标,CFI、TFI、IFI作为相对拟合指数,χ^2/df作为综合拟合度指标,对模型进行拟合

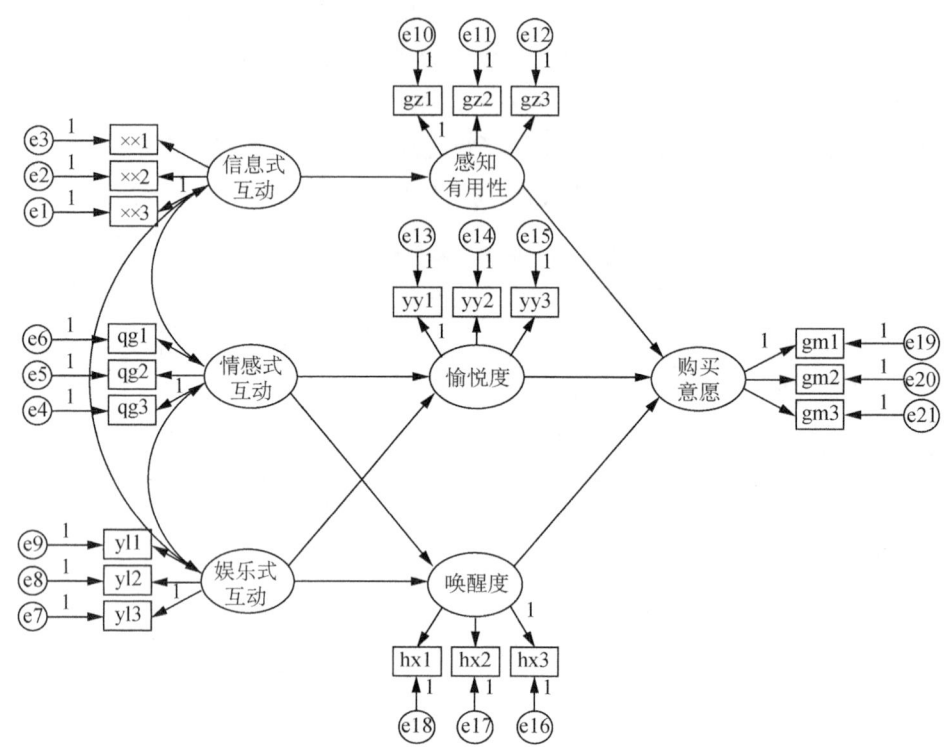

图 4-2 研究二结构方程路径图

程度的判断,其模型值、参考值如表 4-22 所示。

表 4-22 研究二结构方程模型拟合效果检验

	χ^2	χ^2/df	RMSEA	CFI	TFI	IFI
模型值	303.912	1.707	0.074	0.911	0.895	0.913
参考值		<3	<0.08	<0.9	>0.9	>0.9
参考来源		Kline[93]	Hair 等[97]	Bentler[94]	Bentler 和 Bonett[95]	Bollen[96]

虽然 TFI 指标未能达到 0.9,但其非常接近参考值标准。吴明隆指出,当大多数的适配指标达到参考接受标准时,可以做出模型适配较好的判断[98]。就整体而言,该结构方程模型的拟合度较好,通过检验。

通过分析,网红电商直播情境下用户购买意愿的 SEM 模型分析结果如图 4-3 所示。信息式互动对用户的感知有用性具有正向显著影响,其标准化路径系数为 0.869。情感式互动对于用户的愉悦度、唤醒度均不具有显著影响。

娱乐式互动对于用户的愉悦度、唤醒度具有显著正向影响,其标准化路径系数分别为 0.469 和 0.527。感知有用性、愉悦度、唤醒度对于用户的购买意愿均具有正向显著影响,其标准化路径系数分别为 0.569、0.239 和 0.267。

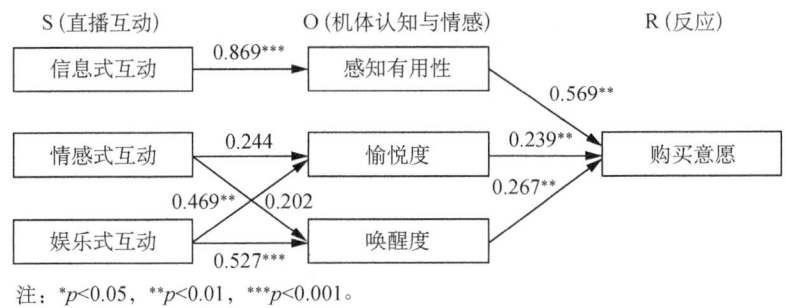

注:*p<0.05,**p<0.01,***p<0.001。

图 4-3　研究二模型分析图

5. 研究结果

研究二假设部分一共提出八个假设,由上一节的 SEM 模型分析结果可知,除了假设 H6a 和假设 H6b 外,没有充足的证据证明其余的原假设是错误的,即拒绝假设 H6a 和假设 H6b,不拒绝其余的原假设,见表 4-23。

表 4-23　研究二假设检验结果

假设	假设内容	假设检验结果
H5	信息式互动对于用户的感知有用性具有显著正向影响	不拒绝
H6a	情感式互动对于用户的愉悦度具有显著正向影响	拒绝
H6b	情感式互动对于用户的唤醒度具有显著正向影响	拒绝
H7a	娱乐式互动对于用户的愉悦度具有显著正向影响	不拒绝
H7b	娱乐式互动对于用户的唤醒度具有显著正向影响	不拒绝
H8	用户的感知有用性对于用户的购买意愿具有显著正向影响	不拒绝
H9	用户的愉悦度对于用户的购买意愿具有显著正向影响	不拒绝
H10	用户的唤醒度对于用户的购买意愿具有显著正向影响	不拒绝

通过上述分析,将研究的模型修正如图 4-4 所示。

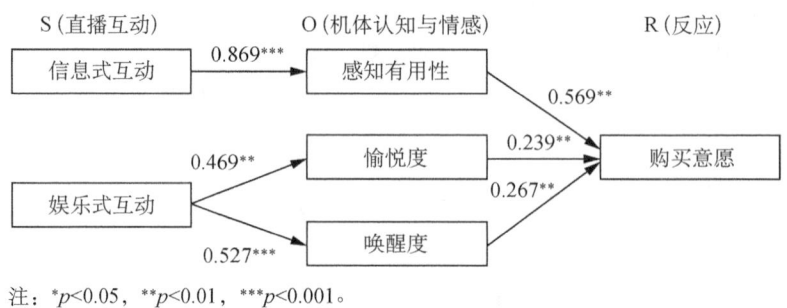

图 4-4　修正后的网红电商直播的购买意愿模型

五、结论与展望

（一）研究结论

1. 研究一结论

为了研究怎样的人群更倾向于观看网红电商直播，研究一构建了社交焦虑对网红电商直播观看意愿的影响机制模型，经过分析检验，最终得到以下结论。

（1）社交焦虑对于网红电商直播的观看意愿具有显著正向影响

通过回归分析，研究一发现用户的社交焦虑程度对用户观看网红电商直播的意愿的正向预测作用显著，即社交焦虑程度高的人群更倾向于观看网红电商直播。

根据上文的分析，网红电商直播是将网络直播互动融入网络购物之中，既具有网购的特点，又具有直播的特点。所以，在一定程度上，该研究结论验证了Papacharissi 等[55]、Shepherd 等[56]关于社交焦虑者倾向于在网络环境中进行社交互动的结论，以及 Richard 等[54]关于社交焦虑者倾向于回避实体店购物的结论，同时研究一将二者相结合运用于电商直播的情境下，实则是对上述结论的一种拓展。

出现此结果的原因可能是，社交焦虑程度高的人群可能对线下购物具有恐惧、抵触等负面情绪，该人群更倾向于选择无须与人面对面的购物方式，诸如传统网购、微信群团购、观看直播购物等。相比其他网购方式，直播购物具有的直播性质使得用户在观看的同时可以在一定程度上参与网络环境中的社交互动，对该人群的社交不足可以起到一定的弥补作用。因而，网红电商直播对于这一类人群可能更具有吸引力。

(2) 社交焦虑对于孤独感具有显著正向影响

通过回归分析,研究一发现用户的社交焦虑程度对用户的孤独感程度的正向预测作用显著,即社交焦虑程度高的人群更容易感知到孤独感。

该结果与 Lim M H 等[65]对于社交焦虑预测未来孤独感的观点一致。由于本文的受访者全部是观看过电商直播的用户,因而该研究结果可以看作是对上述观点在特定人群中的验证。

出现此结果的原因可能是,社交焦虑程度高的人群往往在社交场合选择回避,造成与他人间的隔阂与疏离。社交焦虑者常常缺乏正常的人际交往,这使其正常的人际需求往往得不到满足,从而产生主观认知上的孤独感受。

(3) 孤独感对于网红电商直播的观看意愿具有显著正向影响

通过回归分析,研究一发现用户的孤独感程度对用户观看网红电商直播的意愿的正向预测作用显著,即孤独感程度高的人群更倾向于观看网红电商直播。

该结果和詹启生等[68]关于网络直播受众的孤独感对网络交往具有显著影响的观点一致。

出现此结果的原因可能是,孤独感程度高的人群往往在现实生活中难以得到人际需求方面的满足,只能通过网络世界进行弥补。在网红电商直播过程中,主播可以扮演"密友"的角色与观众持续沟通,观众与观众之间也可以建立一定的互动关系,在直播间营造的良好的群体氛围中,孤独的个体可以收获虚拟社交的快乐感、陪伴感,这种愉悦的体验可能会促使孤独程度高的人群继续观看网红电商直播。因而,网红电商直播对于这一类人群可能更具有吸引力。

(4) 孤独感在社交焦虑与网红电商直播观看意愿关系间起中介作用

通过中介检验,研究一发现,通过用户的社交焦虑程度不仅能直接预测网红电商直播的观看意愿,还能够通过孤独感的中介作用预测观看意愿,中介效应占总效应的 36.58%。

出现此结果的原因可能是,社交焦虑对于网红电商直播观看意愿的影响既有直接的,也有间接的。社交焦虑会使用户对线下购物产生负面情绪,而选择具有一定虚拟社交性质的电商直播购物方式。同时,社交焦虑程度高往往会导致个体回避社交,在现实生活中与他人疏离而产生孤独的感觉,而由于这种孤独感可以在电商直播中得到一定排遣,所以孤独感可以促使该个体观看电商直播。

2. 研究二结论

研究二以 S-O-R 模型为基础,以网红电商直播情境下的互动性为刺激因素,对该情境下用户购买意愿的影响机制进行实证探究,利用 SEM 模型对收集到的数据进行分析检验,最终得到以下结论。

(1) 信息式互动对用户的感知有用性具有显著正向影响

通过 SEM 分析,研究二发现信息式互动对用户的感知有用性的正向预测作用显著,即信息式互动进行得越有效,用户的感知有用性越强。

这项结果是对 Parboteeah 等[38]所持的 TR 线索对用户的感知有用性有着显著影响的结论在电商直播情境下的拓展和验证,也证实了邓富民等[15]的直播平台观众认知类需求的满足将正向影响其感知有用性的结论。

出现此结果的原因可能是,主播通过信息式互动可以全面地向用户传递有关商品的信息,对用户提出的有关商品问题给出专业的解答,提供个性化的购买建议。通过有效的信息式互动,用户可以全面地了解产品,更高效地作出购物决策。

(2) 情感式互动对于用户的愉悦度、唤醒度均不具有显著正向影响

通过 SEM 分析,研究二发现情感式互动对于用户的愉悦度、唤醒度的影响并不显著,即在统计学意义上,没有证据能表明情感式互动对用户的愉悦度、唤醒度造成影响。

这项结果是对 Parboteeah 等[38]的 MR 线索对用户的情感状态(诸如愉悦度)有着显著影响的结论在电商直播情境下的部分否定,与兰岚等[79]、郑兴[45]、邓富民等[15]的关于情感类需求的满足将正向影响用户体验的观点有所不同,也与人们的传统认知有所出入。

出现此结果的原因可能是,研究一得到了社交焦虑程度高的人群更倾向于观看网红电商直播的结果,换而言之,电商直播的受众群体很可能是社交焦虑水平较高的人群。情感式互动主要指的是主播问候用户、情感传递等行为,这些行为可以拉近主播与用户之间的距离。对于普通人而言,主播热情的问候、无微不至的关心可以使其感到温暖、快乐,但对于社交焦虑者而言却可能无法达到同样的效果。社交焦虑者往往比普通人在社交互动方面更加敏感,主播过于热情可能会使社交焦虑者感觉不自然从而产生一定的心理压力,不自觉地产生回避情绪。在这样的情况下,情感式互动可能不能很好地发挥其唤醒用户、给用户带来愉悦体验的作用。

(3) 娱乐式互动对用户的愉悦度、唤醒度均具有显著正向影响

通过 SEM 分析,研究二发现娱乐式互动对用户的愉悦度、唤醒度的正向预测作用显著,即娱乐式互动进行得越有效,用户的愉悦度、唤醒度就越强。

这项结果是对 Parboteeah 等[38]所持的 MR 线索对用户的情感状态有着显

著影响的结论在电商直播情境下的拓展,也验证了贾毅[80]、邓富民等[15]关于直播中的娱乐性因素使用户沉浸其中,满足感得到提高的观点。而将郑兴[45]所持的情感导向型互动对于用户的愉悦、关注具有正向影响的观点,结合上一条关于情感式互动的相关结论可知,在情感导向型互动中其实是娱乐式互动发挥了正向影响用户愉悦度与唤醒度的作用,故而该项结论是对上述研究的补充。

出现此结果的原因可能是,在电商直播过程中,主播可以通过风趣幽默的语言、夸张搞笑的表情和肢体动作等引人发笑,可以通过多样的娱乐形式活跃直播间等气氛,使用户在轻松欢快的氛围中浏览、购物。

(4) 用户的感知有用性对于用户的购买意愿具有显著正向影响

通过 SEM 分析,研究二发现用户的感知有用性对于用户购买意愿的正向预测作用显著,即用户的感知有用性越强,用户的购买意愿也越强烈。

这项结果是对 Gefen 等[81]、Parboteeah 等[38]所持的用户的感知有用性对于其购买意愿有着积极的影响的观点在电商直播情境下的拓展和验证,也是对刘子溪[40]所持的移动电商环境下用户的感知有用性对其购买意愿具有显著影响观点的验证。

出现此结果的原因可能是,在电商网络直播中,主播与用户间进行的互动可以使用户获得更充足的信息来判断商品是否称心如意,其对购物任务效率程度的主观感知得到提高,对用户而言,作出是否购买的判断变得更容易,也更有依据,从而正向影响用户购买商品的意愿。

(5) 用户的愉悦度对于用户的购买意愿具有显著正向影响

通过 SEM 分析,研究二发现用户的愉悦度对于用户购买意愿的正向预测作用显著,即用户的愉悦度越强,用户的购买意愿也越强烈。

这项结果是对 Baker 等[75]、Rook 等[84]、Donovan[85]、Gefen 等[81]、Fiore 等[86]、Parboteeah 等[38]所持的愉悦感使消费者容易做出购买行为的观点在电商直播情境下的拓展和验证,也是对刘子溪[40]、郑兴[45]所持的电商直播环境下用户的愉悦性对于用户的购买意愿具有显著影响观点的验证。

出现此结果的原因可能是,在电商网络直播中,愉悦感能促使用户持续地观看直播,更有耐心地倾听主播介绍商品,长时间观看使用户能了解更多的商品,其作出购买决定的可能性也就越大。

(6) 用户的唤醒度对于用户的购买意愿具有显著正向影响

通过 SEM 分析,研究二发现用户的唤醒度对于用户购买意愿的正向预测作用显著,即用户的唤醒度越强,用户的购买意愿也越强烈。

这项结果是对Baker等[75]、Ha等[87]所持的高度唤醒的环境有助于用户做出购买行为的观点在电商直播情境下的拓展和验证,也是对郑兴[45]所持的电商直播环境下用户的关注度对于用户的购买意愿具有显著影响观点的验证。

出现此结果的原因可能是,在电商网络直播中,唤醒度能使用户保持高涨的热情,被直播牢牢吸引,聚精会神地听主播的介绍,也更容易被直播所展示的商品的亮点所打动,其作出购买决定的可能性也就越大。

(二) 研究启示

本篇通过对网红电商直播情境下,用户观看直播意愿和直播过程中用户购买意愿的作用机制研究,建立了社交焦虑与观看意愿、互动性与购买意愿间的研究框架,为未来相关研究奠定了一定的基础,既作出了理论贡献,也有实践启示。

1. 理论贡献

第一,研究一选取的电商直播观看意愿话题是目前的研究中很少出现的。研究一选取了社交焦虑作为前因变量,孤独感作为中介变量,提出了社交焦虑与用户电商直播观看意愿的简单中介模型,通过实证分析验证假设。该研究不但了解了用户观看意愿的影响因素,更解析了这些因素对观看意愿的影响机制,弥补了现有研究的空缺,为网红电商直播的观看意愿研究奠定了一定基础。

第二,研究二所讨论的电商直播购买意愿话题已有不少学者进行了相关研究,然而目前的研究大多是对所有影响因素的归纳、讨论、总结,不少研究都提到了直播过程中的互动性,却几乎没有对直播的互动性进行更深入的探讨。研究二依据学者对网络互动的定义和分类,参照传统电商模式下的理论拓展,对电商直播模式下的网络互动进行了定义和分类。该研究将网络互动的概念拓展到了电商直播模式下,对网络互动的研究进行了完善。

第三,研究二构建了网红电商直播的互动性通过用户认知和情感对用户购买意愿影响的机制模型,基于S-O-R理论模型,从更深的角度剖析了三者之间的内在作用机理,并为相关研究提供了新的思路。以往,学者大多将S-O-R模型运用于线下实体店或传统电子商务模式中,较少将其拓展到电商直播的模式下,本篇对于S-O-R模型的拓展应用进行了补充。

2. 实践启示

本篇具有一定的实践启示意义,针对网红主播群体和电商直播平台,提出管理建议如下。

(1) 对网红主播群体

第一,网红主播群体应更加关注用户的内心需求。社交焦虑程度高、孤独感程度高的人群更倾向于观看直播,所以对于主播群体而言,在直播过程中关注这类人群的心理需求至关重要。主播群体应以消费者的心理需求为导向,注重与观众间的交流互动,营造一种虚拟的、具有安全感的社交环境,给用户以温暖与陪伴。同时,主播群体在关心用户的时候应注意分寸,过于热情可能会给敏感的用户造成心理上的负担,反而不一定能很好地起到应有的效果。

第二,网红主播群体应对直播的内容严格把关,注重直播的质量。在直播前,主播应做好功课,对商品的质量、特点有详尽的了解,如果条件允许,最好能试用相关商品。在直播过程中,主播全方位、立体地展示商品,详细地介绍商品特点,细心解答用户关注的问题,将细节做到极致,为消费者传递各种有用的信息,提供相对专业的意见和建议。

第三,网红主播群体应适度地在直播中加入娱乐成分,诸如做出夸张的表情、肢体动作引人发笑,通过唱歌、跳舞等形式活跃气氛等。主播应在直播过程中,为用户营造轻松愉悦的氛围,使直播精彩有趣,为用户带去快乐,使观众更好地融入直播中来。

(2) 对电商直播平台

第一,电商直播平台应保证互动的顺利进行,在技术上予以足够的支持。平台应搭建合理的网络直播系统,既能保证用户和主播间的互动,又能保证用户和用户之间的交流,保障聊天能畅通无阻地进行。

第二,电商直播平台应加强监管,尤其是对主播资质进行审核。平台应该完善诚信评价机制,严格监督主播的言行举止,提高违法成本。一旦发现主播有违法乱纪、违背道德的言行,应及时予以警告,依法从严查处。同时,平台也应该引导和敦促主播加强知识储备,提高专业水平,保障直播过程中互动的质量,使消费者能更安心、放心。

(三)研究局限与展望

第一,调查方法的局限性。本篇原计划将问卷法和访谈法相结合。但受疫情影响和研究的时间限制,最终并未开展访谈工作。相比访谈法,问卷调查法相对缺乏弹性。由于问卷回答范围由研究者给出,受访者的作答比较受限,在此过程中可能会遗漏一些细致、深层的信息。今后的研究可以加入访谈调查,这样可以更好地了解直播观看者的所思所想,获取更多宝贵的信息。

第二,抽样样本的局限性。受疫情影响和研究的时间限制,本文的问卷调研只能在线上进行,为期也只有一个月,回收有效问卷 129 份,调研的样本数量具有一定的局限性。此外,调研对象大多是女性,年龄段主要集中在 18~30 岁,身份大多为在校学生,虽然根据人们普遍的认知,该人群是观看的主要群体,但就样本结构而言,依然具有一定的局限性。若今后的研究能扩大样本数量且覆盖更多的年龄、社会群体,则可以提高研究的有效性和可靠性。

第三,影响因素的局限性。研究一只考虑了社交焦虑和孤独感对观看意愿的影响,实际上用户作出持续观看直播的决定是一个复杂的过程,可能还有其他的影响因素同样对于用户观看直播具有影响。研究二将直播的互动性划分为三个层次,实际上主播风格各异,本篇讨论的三种互动可能无法概括归纳直播过程中各式各样的互动。此外,研究二选取了唤醒度、愉悦度作为用户情感的衡量维度,感知有用性作为用户认知的衡量维度,可能除去这三者,还有其他的情感因素、认知因素未被纳入研究之中。因而在今后的研究之中,应不断对模型进行更新、补充、完善,使分析更加全面、系统。

参考文献

[1] 李科成. 直播营销与运营:盈利模式+推广技巧+经典案例?[M]. 北京:人民邮电出版社,2017.

[2] 张旻. 热闹的"网红":网络直播平台发展中的问题及对策[J]. 中国记者,2016(5):64-65.

[3] 蔡莹莹. 网络直播在社会化媒体营销环境中的应用探究[J]. 传播力研究,2019,3(24):276.

[4] 孙笑然,陈明明. 电商直播营销效果分析[J]. 福建茶叶,2019,41(9):27.

[5] 陈杰,丁晓冰,张凯. 2019 年度中国社交零售报告[J]. 知识经济,2019(35):12-26.

[6] 郭雅文,肖筱. 网红经济下"电商+直播"模式发展策略研究[J]. 现代商贸工业,2019,40(34):45-47.

[7] 丁美玲."网红+直播+电商"模式下影响消费者购买行为研究[J]. 中国市场,2018(16):148-149.

[8] 姜佳奇. 网红经济下直播对消费者购买决策的影响因素分析[D]. 北京:北京邮电大学,2019.

[9] 刘凤军,孟陆,陈斯允,等. 网红直播对消费者购买意愿的影响及其机制研究[J]. 管理学报,2020,17(1):94-104.

[10] 金秋颖. 基于期望确认模型的游戏直播平台观众持续使用研究[D]. 北京:北京外国语大学,2017.

[11] 方圆春. 游戏直播平台持续使用意愿的影响因素研究[D]. 南昌:南昌大学,2018.

[12] 林徐. 泛生活类移动直播平台用户持续使用意愿影响因素研究[D]. 广州：暨南大学,2018.

[13] 李爽,陈亚荣. 网络直播环境下人际互动对用户行为意愿的影响研究[J]. 中国市场,2018(7):18-20,25.

[14] 杜岩武. 网络直播的媒介特性对用户持续参与意愿的影响研究[D]. 重庆：重庆工商大学,2018.

[15] 邓富民,黄思皓,金亚男. 网络视频直播平台观众需求满足对持续观看行为意愿的影响机制研究[J]. 电子科技大学学报(社科版),2020,22(1):85-94.

[16] 金童林,陆桂芝,张璐,等. 人际需求对大学生网络偏差行为的影响：社交焦虑的中介作用[J]. 中国特殊教育,2016(9):84-89.

[17] 李昳,陆桂芝,金童林,等. 大学生社交焦虑与自我关注和人际需求的关系[J]. 中国心理卫生杂志,2018,32(3):259-264.

[18] SULLIVAN H S. The interpersonal theory of psychiatry[M]. New York：Norton,1953.

[19] WEISS R S. Loneliness：the experience of emotional and social isolation[M]. Cambridge, MA, US：The MIT Press, 1973.

[20] 郭晓薇. 大学生社交焦虑成因的研究[J]. 心理学探新,2000(1):55-58.

[21] 梁宜铭. 初中生反刍思维对其社交焦虑的影响及干预研究[D]. 青岛：青岛大学,2019.

[22] WATSON D, FRIEND R. Measurement of social evaluative anxiety[J]. Journal of Consulting and Clinical Psychology, 1969(33):448-457.

[23] LEARY M R. A brief version of the fear of negative evaluation scale[J]. Personality and Social Psychology Bulletin, 1983, 9(3):371-375.

[24] 彭纯子,龚耀先,朱熊兆. 交往焦虑量表的信效度及其在中国大学生中的适用性[J]. 中国心理卫生杂志,2004(1):39-41.

[25] 李传银,许燕. 孤独心理研究的回顾[J]. 社会心理研究,1999(1):35-44.

[26] 夏雪. 消费者孤独感与冲动性消费的关系研究[D]. 广州：广东财经大学,2018.

[27] 叶婷. 社交网站使用强度对孤独感的影响：社会比较和自尊的中介作用[D]. 济南：山东师范大学,2019.

[28] PEPLAU L A, PERLMAN D. Loneliness：A source book of current theory, research and therapy[M]. New York：Wiley, 1982.

[29] RUSSELL D, PEPLAU L A, FERGUSON M L. Developing a measure of loneliness[J]. Journal of Personality Assessment, 1978, 42(3):290-294.

[30] RUSSELL D, PEPLAU L A, CUTRONA C E. The revised UCLA loneliness scale：Concurrent and discriminant validity evidence[J]. Journal of Personality & Social Psychology, 1980, 39(3):472-480.

[31] HAYS R D, DIMATTEO M R. A short-form measure of loneliness[J]. Journal of Personality Assessment, 1987, 51(1):69-81.

[32] 刘艳,谷传华. 大学生孤独感问卷(ULS-8)的修订[J]. 青岛大学师范学院学报,2012,29(2):40-44.

[33] MEHRABIAN A, RUSSELL J. An approach to environmental psychology[M]. Cambridge: MIT Press, 1974.

[34] BELK R W. Situational variables and consumer behavior[J]. Journal of Consumer Research, 1975, 2(3): 157-164.

[35] EROGLU S A, MACHLEIT K A, DAVIS L M. Atmospheric qualities of online retailing—A conceptual model and implications[J]. Journal of Business Research, 2001, 54(2):177-184.

[36] EROGLU S A, MACHLEIT K A, DAVIS L M. Empirical testing of a model of online store atmospherics and shopper responses[J]. Psychology and Marketing, 2003, 20(2): 139-150.

[37] PARK M, LENNON S J. Brand name and promotion in online shopping contexts [J]. Journal of Fashion Marketing and Management: An International Journal, 2009, 13 (2):149-160.

[38] PARBOTEEAH D V, VALACICH J S, WELLS J D. The influence of website characteristics on a consumer's urge to buy impulsively[J]. Information Systems Research, 2009, 20(1):60-78.

[39] KIM H, LENNON S J. E-atmosphere, emotional, cognitive, and behavioral responses [J]. Journal of Fashion Marketing and Management, 2010,14(3): 412-428.

[40] 刘子溪.移动电商网络直播对用户在线购物意愿影响机理研究[D].南京:南京理工大学,2018.

[41] 但鸣啸.直播购买意愿的影响因素分析[J].现代经济信息,2019(1):357-358.

[42] 董方.基于移动电商直播情境的消费者购买意愿研究[J].营销界,2019(25):137-162.

[43] 王秀俊,王文,孙楠楠.电商网络直播模式对消费者购买意愿的影响研究——基于认知与情感的中介作用[J].商场现代化,2019(15):13-14.

[44] 沈国梁.直播电商:从眼球秀场到新价值带货[J].中国广告,2020(1):95-97.

[45] 郑兴.电商直播互动类型对消费者冲动性购买意愿的影响研究[D].重庆:重庆工商大学,2019.

[46] 孟威.网络互动:意义诠释与规则探讨[M].北京:经济管理出版社,2004.

[47] 赵梦媛.网络直播在我国的传播现状及其特征分析[J].西部学刊(新闻与传播),2016(8):29-32.

[48] 樊天星.网络电商直播:商品信息传播新时代[J].新闻研究导刊,2019,10(9):62-64.

[49] KOZINETS R V. E-Tribalized Marketing? The strategic implications of virtual communities of consumption[J]. European Management Journal, 1999, 17(3): 252-264.

[50] 吴梦丽.网络互动对微信团购社群购买意愿的影响[J].合作经济与科技,2020(1):78-82.

[51] 范晓屏.基于虚拟社区的网络互动对网络购买行为的影响研究[D].杭州:浙江大学,2007.

[52] 周宏,张皓.消费者网络互动对购买意愿影响的实证研究[J].武汉理工大学学报(信息

与管理工程版),2017,39(2):197-201,207.

[53] 曾静.虚拟社区网络互动对消费者购买意愿的影响研究[J].市场研究,2019(4):14-17.

[54] RICHARD P M, CHRISTOPHER C. Development and validation of measures of social phobia scrutiny fear and social interaction anxiety[J]. Behaviour Research and Therapy, 1998,36(4).

[55] PAPACHARISSI Z, RUBIN A M. Predictors of internet use[J]. Journal of Broadcasting and Electronic Media,2000(44):175-196.

[56] SHEPHERD R M, EDELMANN R J. Reasons for internet use and social anxiety [J]. Personality & Individual Differences,2005,39(5):949-958.

[57] CLAYTON R B, OSBORNE R E, MILLER B K, et al. Loneliness, anxiousness, and substance use as predictors of Facebook use[J]. Computers in Human Behavior, 2013, 29(3):687-693.

[58] MCCORD B, RODEBAUGH T L, LEVINSON C A. Facebook: Social uses and anxiety [J]. Computers in Human Behavior,2014(34):23-27.

[59] 贺金波,陈昌润,贺司琪,等.网络社交存在较低的社交焦虑水平吗?[J].心理科学进展,2014,22(2):288-294.

[60] 姜永志,白晓丽,七十三,等.青少年社交网络使用对社交焦虑的影响:线上积极反馈与自尊的链式中介[J].中国特殊教育,2019(8):76-81.

[61] 李晓楠,李英吉.淘宝直播营销策略探究[J].现代营销(经营版),2019(1):357-358.

[62] 梁芷璇.电商直播的传播特征、问题及对策研究[D].兰州:兰州财经大学,2019.

[63] WALLACE S T, ALDEN L E. Social anxiety and standard setting following social success or failure[J]. Cognitive Therapy and Research, 1995, 19(6):613-631.

[64] CACIOPPO J T, PATRICK W. Loneliness:Human nature and the need for social connection [J]. Library Journal,2008,19(3):71-89.

[65] LIM M H, RODEBAUGH T L, ZYPHUR M J, et al. Loneliness over time:the crucial role of social anxiety[J]. Journal of Abnormal Psychology, 2016, 125(5):620-630.

[66] 朱敏.大学生孤独感与社交焦虑的关系[J].集美大学学报(教育科学版),2019,20(5):19-24.

[67] LIM S, SANG Y C, PARK C, et al. Getting closer and experiencing together: Antecedents and consequences of psychological distance in social media-enhanced real-time streaming video[J]. Computers in Human Behavior, 2012, 28(4):1365-1378.

[68] 詹启生,薛艳玲.网络直播受众的人际需求对网络交往的影响:孤独感的中介作用[J].中国健康心理学杂志,2019,27(11):1747-1750.

[69] 王艳玲,刘可.网络直播的共鸣效应:群体孤独·虚拟情感·消费认同[J].现代传播(中国传媒大学学报),2019,41(10):26-29.

[70] BONETTI L, CAMPBELL M A, GILMORE L. The relationship of loneliness and social anxiety with children's and adolescents' online communication [J]. Cyberpsychology, Behavior, and Social Networking, 2010, 13(3):279-285.

[71] 石姝莉,张石磊.网络直播下的人际互动研究[J].西部广播电视,2018(1):3-4.

[72] 刘奥运.基于互动感知视角的弹幕视频用户持续观看意愿研究[D].广州:华南理工大学,2019.

[73] 龚潇潇,叶作亮,吴玉萍,等.直播场景氛围线索对消费者冲动消费意愿的影响机制研究[J].管理学报,2019,16(6):875-882.

[74] RUSSELL, JAMES A. Affective space is bipolar[J]. Journal of Personality and Social Psychology, 1979, 37(3): 345-356.

[75] BAKER J, LEVY M, GREWAL D. An experimental approach to making retail store environment decisions[J]. Journal of Retailing, 1992, 68(4): 445-460.

[76] SHERMAN E, MATHUR A, SMITH R B. Store environment and consumer purchase behavior: Mediating role of consumer emotions[J]. Psychology & Marketing, 1997, 14(4):361-378.

[77] DAVIS F D. Perceived usefulness, perceived ease of use, and user acceptance of information Technology[J]. MIS Quarterly, 1989, 13(3): 319-340.

[78] SUN H, ZHANG P. The role of affect in IS research: A critical survey and a research model, in HCI and MIS(I): Foundations[J]. Armonk, NY: M. E. Sharpe, Inc., 2006, 295-329.

[79] 兰岚,梁婧雯,王一诺.关于网络直播营销对大学生消费影响的调查[J].中国商论,2019(13):87-90.

[80] 贾毅.网络秀场直播的"兴"与"哀"——人际交互·狂欢盛宴·文化陷阱[J].编辑之友,2016(11):42-48.

[81] GEFEN D, STRAUB D. Managing user trust in B2C e-Services[J]. E-Service Journal, 2003, 2(2):7-24.

[82] HERNÁNDEZB, JIMÉNEZ J, MARTÍN M J. Age, gender and income: Do they really moderate online shopping behaviour?[J]. Online Information Review, 2011, 35(1): 113-133.

[83] AGHDAIE S F, PIRAMAN A, FATHI S. An analysis of factors affecting the consumer's attitude of trust and their impact on internet purchasing behavior[J]. International Journal of Business and Social Science, 2011, 23(2): 147-158.

[84] ROOK D W, GARDNER M P. In the mood: Impulse buying's affective antecedents [J]. Research in Consumer Behavior Greenwich, 1993(6): 1-28.

[85] DONOVAN R J, ROSSITER J R, MARCOOLYN G, et al. Store atmosphere and purchasing behavior[J]. Journal of Retailing, 1994, 70(3): 283-294.

[86] FIORE A M, JIN H J, KIM J. For fun and profit: Hedonic value from image interactivity and responses toward an online store[J]. Psychology and Marketing, 2005, 22(8):669-694.

[87] HA Y, LENNON S J. Online visual merchandising (VMD) cues and consumer pleasure and arousal: Purchasing versus browsing situation[J]. Psychology & Marketing, 2010, 27(2): 141-165.

[88] 方超.电商网络主播特征对消费者态度影响研究[D].合肥:安徽大学,2018.

[89] FIELD A. Discovering statistics using IBM SPSS statistics[M]. Sage Publications Ltd., 2013.
[90] HUTCHESON G, SOFRONIOU N. The multivariate social scientist[M]. London: Sage, 1999.
[91] KAISER H F. The application of electronic computers to factor analysis [J]. Educational & Psychological Measurement, 1960, 20(1):141-151.
[92] HAYES A F. Process: a versatile computational tool for observed variable mediation, moderation, and conditional process modeling[EB/OL]. http://www.afhayes.com/public/process2012.pdf.
[93] KLINE R B. Principles and practice of structural equation modeling[M]. 2nd ed. New York: The Guilford Press, 2005.
[94] BENTLER P M. Comparative fit indexes in structural models[J]. Psychological Bulletin, 1990, 107(2): 238-246.
[95] BENTLER P M, Bonett D G. Significance tests and goodness of fit in the analysis of covariance structures[J]. Psychological Bulletin, 1980, 88(3): 588-606.
[96] BOLLEN K A. Structural equations with latent variables[J]. New York: John Wiley & Sons, 1989, 35(7): 289-308.
[97] J F HAIR, R L TATHAM, R E ANDERSON, et al. Multivariate data analysis [M]. 6th ed. Pearson Prentice Hall, Upper Saddle River, NJ, 2006.
[98] 吴明隆. 结构方程模型：AMOS 的操作与应用[M]. 重庆：重庆大学出版社,2009.

附录　网红电商直播调查问卷

您好！首先很感谢您参与本次的问卷调查。我是同济大学经济管理学院的在读学生，本项调研活动是我的毕业论文选题，涉及网红电商直播的相关内容。

问卷选项不存在正确错误之分，请您根据您的实际情况进行选择。本问卷收集的信息仅作为论文撰写的参考，且采取匿名的方式，决不会泄露您的个人隐私，数据会严格保密。

再次感谢您的积极配合！

1. 您的性别：[单选题]*
○男　　　　　　　　○女

2. 您的年龄段：[单选题]*
○18 岁以下　　　　　　○18～30 岁
○31～40 岁　　　　　　○41～50 岁
○51～60 岁　　　　　　○60 岁以上

3. 您的最高学历(包括在读)：[单选题]*
○高中及以下　　　　　○专科
○本科　　　　　　　　○硕士
○博士

4. 您目前的职业/身份为：[单选题]*
○在校学生
○党政机关工作人员
○国有企事业单位工作人员
○非公企业从业人员(外资、合资、私营、股份制、个体户等)
○自由职业
○离退休人员
○无业/失业人员
○其他：_____*

5. 您的每月平均可支配收入：[单选题]*
○1 000 元以下　　　　　○1 001～3 000 元
○3 001～5 000 元　　　　○5 001～7 000 元

○7 001～9 000 元　　　　　　○9 001～11 000 元
○11 001～15 000 元　　　　　○15 001～20 000 元
○20 000 元以上

6. 您是否观看过电商直播(直播带货)？[单选题]*
○是　　　　　　○否

7. 您观看电商直播的频率(直播带货)：[单选题]*
○几乎不看(平均每月 1 次以下)
○很少会看(平均每月 1～3 次)
○偶尔会看(平均每周 1～2 次)
○经常会看(平均每周 3 次及以上)

8. 请仔细阅读以下条目,判断各条目表述与您自身的感受是否相符：[矩阵量表题]*

	完全不符	比较不符	不确定	比较相符	完全相符
即使在非正式的聚会上,我也感到紧张	○	○	○	○	○
与一群不认识的人在一起,我感到不自在	○	○	○	○	○
在必须同老师或上司谈话时,我感到紧张	○	○	○	○	○
聚会常使我感到焦虑不自在	○	○	○	○	○
与不太熟悉的同性交谈时,我常感到紧张	○	○	○	○	○
在求职面试时,我是会紧张的	○	○	○	○	○
我希望自己在社交时信心更足一些	○	○	○	○	○
一般说来,我是个害羞的人	○	○	○	○	○
在与迷人的异性交谈时我会感到紧张	○	○	○	○	○
在给不太熟悉的人打电话时我会感到紧张	○	○	○	○	○

续　表

	完全不符	比较不符	不确定	比较相符	完全相符
我在与权威人士交谈时感到紧张	○	○	○	○	○

9. 请仔细阅读下面的条目,判断您是否经常有以下感受:[矩阵量表题]*

	从不	很少	有时	一直
我缺少伙伴	○	○	○	○
在我需要时,没有人帮助我	○	○	○	○
我感到被冷落	○	○	○	○
我感到和其他人疏离	○	○	○	○
我因自己不善交际而感到不快乐	○	○	○	○
周围有很多人,但他们并不关心我	○	○	○	○

请您回顾自己最近一次观看的网红电商直播,并根据当时的情况回答以下问题。

10. 我认为直播过程中,主播:[矩阵量表题]*

	完全不符	比较不符	不确定	比较相符	完全相符
全面地展示了商品	○	○	○	○	○
对商品的相关问题给出了专业的解答	○	○	○	○	○
能根据不同人群,提供个性化的购买建议	○	○	○	○	○
亲切、热情,能提供如同好友般的陪伴	○	○	○	○	○
了解并回应观众关注的问题	○	○	○	○	○
表达了对观众的关心	○	○	○	○	○
言语风趣幽默	○	○	○	○	○
除语言外,能以其他方式引人发笑(如肢体动作、表情)	○	○	○	○	○
通过某些形式(如唱歌、跳舞等)活跃气氛	○	○	○	○	○

11. 观看直播时,我感觉:[矩阵量表题]*

(横向为一题,共六题。选项为渐进式,如第一题选"2"代表有些平静。)

	1	2	3	4	5	
平静	○	○	○	○	○	兴奋
冷静	○	○	○	○	○	激动
困倦	○	○	○	○	○	清醒
烦闷	○	○	○	○	○	高兴
不快	○	○	○	○	○	快乐
沮丧	○	○	○	○	○	满意

12. 我认为:[矩阵量表题]*

	完全不符	比较不符	不确定	比较相符	完全相符
我愿意再次观看直播	○	○	○	○	○
未来一段时间,我将继续观看直播	○	○	○	○	○
我愿意推荐给他人观看直播	○	○	○	○	○

13. 观看直播后,我:[矩阵量表题]*

	完全不符	比较不符	不确定	比较相符	完全相符
全面地了解了产品	○	○	○	○	○
得到了足够的信息来作出购物决策	○	○	○	○	○
更有效率地作出了购物决策	○	○	○	○	○

14. 我愿意:[矩阵量表题]*

	完全不符	比较不符	不确定	比较相符	完全相符
购买此次直播中主播推荐的产品	○	○	○	○	○
之后继续观看该主播直播并考虑购买其推荐的商品	○	○	○	○	○
推荐朋友观看该主播直播或购买其商品	○	○	○	○	○

第五篇

Z 孵化器服务体系评价与优化研究

戎轶杰

摘 要

科技创新已成为我国战略规划的重点发展事业。作为科技创新重要的服务载体，企业孵化器急需在大众创业、万众创新的科创体制改革过程中提升自身的核心竞争力，有效地增强对科创企业的创新发展加速能力。在社会科创发展的时代要求下，如何完善自身服务体系，进一步夯实孵化器孵化服务的实效性，是需要深入分析探讨的重要课题。

本篇以国家级重点孵化器Z为主体，从孵化器的核心业务"孵化服务"出发，在创业生态系统、苗床、创新体系等科学理论的基础上，结合现有孵化器服务体系理论，构建了Z孵化器的服务体系。本篇通过介绍Z孵化器对Y公司为期两年的孵化过程，展现孵化器对在孵企业在服务资源聚集、产业技术支持、科创环境营造、创新协同发展这四个服务维度的具体孵化内容。论文进而构建指标，结合问卷调查对Z孵化器服务体系进行了后续评估，并在结果分析的基础上提出具有针对性的改进措施。本篇旨在对Z孵化器的服务体系进行详细展示，将其作为样板为全国其他孵化器提供参考。本篇希望通过此研究合理评价Z孵化器现有服务体系，并指出其未来的改进方向，为孵化行业不断创新优化、构筑适合自身发展和资源融合的在孵企业服务体系，提出切实有效的参考建议。

关键词：孵化器；服务体系；评价与优化

一、引言

(一) 研究背景与研究意义

1. 研究背景

随着国家"大众创业,万众创新"(简称"双创")的号召响彻全国,双创引领时代发展,科技创业孵化器如星火燎原,遍布大江南北。同时,2019年作为我国实施"十三五"规划的后半程,需要坚持自主创新发展,进一步提高发展质量和效益,在深化落实创新驱动发展理念,发挥科创在全面创新中的引领作用,将创新与创业作为源动力。现今,高新区、孵化器以及众创空间已成为培育地方科技创新产业的重要平台,它们对地方科技产业和创新发展的促进作用越来越大。而"孵化器"这个载体也在中国有30多年的"沉淀",据统计,2017年,我国纳入火炬统计的孵化器已达4 075家,其中国家级孵化器988家(图1-1),孵化器面积近12 000万平方米,从业人员超6万人,累计毕业企业数量超11.1万家,2018至2019年相关的孵化器和众创空间载体的增速预计更快。

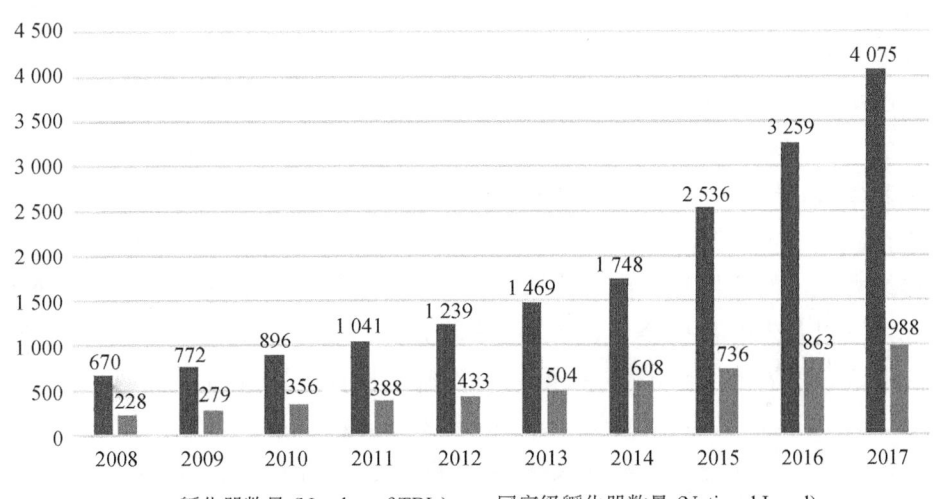

图1-1　全国科技企业孵化器数量(2008—2017)

注:数据源于《国家科技企业孵化器"十三五"发展规划》

在"孵化器"的"而立"之际,结合近期中美贸易摩擦、科技创新等社会背景,探讨孵化器如何成为真正科技创新企业高质量发展的载体,如何助力科创企业将技术转化为具有社会价值的成果等内容很有意义。对于当代背景下的孵化器而言，如何以科学而又与时俱进的方式向在孵企业及创业者提供服务是要面临和解决的普遍问题，构筑一个合理、高效、科学及符合企业发展需要的创业孵化服务体系，必将成为国家提高科创质量中的一个"必要条件"和"动力引擎"。

本篇从孵化服务体系构建与在孵企业实际发展成效出发，通过对紫竹国家高新区中新成立的国家级众创空间——Z孵化器的深入调研分析，系统总结国家级高新区设立的科创孵化器的战略发展、服务体系特点及存在的问题，并提出Z孵化器的服务体系构筑方案，为Z孵化器的服务体系优化和孵化行业的发展提出建议。

2. 研究意义

虽然国内孵化器已走入第3个十年，但绝大多数的孵化器或众创空间仍然停留在收场租、工位费、水电煤或政策申报抽成等"中低端"物业服务及中介服务阶段，甚至多园区、厂房因不堪自身经营问题，趁着科创热潮中的孵化器场地政策，将自己改造、定位成"孵化器"，以争取科技部孵化载体政策支持从而获得一部分营收，这种方式是非常不可持续的，但在行业内司空见惯。孵化载体的运作缺少服务模式，或者说是服务体系，常规的孵化器中大量创业培训、服务活动等基本是为了应对委办的政策申报或应对验收，并不可作为有针对性的活动或是服务体系中的模块。

Z孵化器作为紫竹国家高新区在双创号召下最新成立的孵化载体，在孵化器的"红海"环境下成长，但凭借其科创区位的特点，以及自身团队人员服务经验和模式，能够作为"高质量创业发展"的载体代表。同时Z孵化器摒弃许多孵化载体的"重资产"模式，通过自身所在高新区的优势背景，将房租、物业等传统意义上孵化器的主要成本降到最低，将主要的成本投入专业知识管理人才团队以及入孵科创企业的服务、培养方面。本篇将从位于高新区内的Z孵化器成长发展的实际出发，根据国内外孵化器理论以及当下科创企业各项需求，逐步构筑出Z孵化器的孵化服务体系，通过建设科学的孵化服务体系，在高新区载体下充分利用所涉及的各项优势资源，并有机组合、排列，以搭建Z孵化器的孵化服务平台，进一步提升在孵科创企业的发展动力及科技成果转化能力。

(二)国内外研究现状

1. 国外研究现状

1986年在美国出版的《企业孵化器：基于全国的调查》一书中首次对"孵化器"作出了明确的定义，自此"孵化器"在科技界和产业实践圈得到了高度重视。各国对孵化器的定义与标准虽各异，但基本形成一定的共识，即孵化器是为创业企业或有一定技术性的团队提供营运空间以及相关法律、金融、行政等服务，为创业团队的发展提供一定服务支持，提高创业企业的生存率，并加速其发展速度，为在孵企业提供增值的创业物理空间及配套服务体系。伴随着孵化服务概念的发展，Rice 在对于孵化器的定位研究中认为孵化器是提供实体工作空间和办公设备的形式，充当调配中心的服务，将各种创业者提出的建议和需求以及创业过程中需要的人力资源、资金资源等内容进行调配。Grimaldi R 等[1]在《企业孵化器与新企业风险：孵化模式评估》中通过实证分析的方法对意大利的8家孵化器进行了深度研究，将孵化器分为四个大类：企业创新中心、大学孵化器、独立私营孵化器和企业私营孵化器，并提出了两种孵化器服务模式和数个服务要素。

在孵化器对在孵企业服务和评估方面，Chan K F 等[2]在《评估技术科技园区孵化器项目》中通过实例结合当地区域内6家科技孵化企业的业务发展数据，通过评估框架得到不同发展阶段的企业所需要的服务资源不同的结论，并提议孵化器应先考虑基础服务和政策支持。Pena I[3]发表了《Basque 地区的商业孵化中心和在孵企业成长》，通过来自110多个孵化载体的服务数据，以回归分析法得到创始人的人力资本属性与公司的某些特征是孵化成功的关键因素，并建议孵化载体要注意孵化期内新老在孵企业的政策获得情况。Abduh M 等[4]在《对企业孵化器服务客户满意度进行的调查和分类》中，通过提出设计框架，根据孵化服务的重要性与孵化器管理在孵企业感知服务的有效性进行平均差值的计算，以及计算在孵企业的受服务满意程度。Bonaventura M 等[5]在《在全球创业网络进行有效预测》中构建并分析了创业企业之间的关系网络与节点，使用网络中心度的指标对初创企业的发展业绩进行评估，帮助投资机构、孵化器等载体进行投资的筛选以及服务的改善，还能使得创始人对自身创新发展的长期发展进行客观评价。

对于孵化器发展及服务重要因素方面，Warren L 等[6]在《支撑高新科技企业孵化过程的要素》中，以案例研究的方式通过对南安普顿大学高科技孵化器进行研究,总结出强化孵化服务过程的一些关键因素,如持续创新的想法、对创业的理解度、孵化器内外部网络资源的创建与维护,以及企业孵化毕业的适当策略等内容。Aerts K 等[7]在《欧洲企业孵化器的关键作用和筛选实践》中通过筛选实践和类比的方法,以孵化企业失败为量度标准,来研究发现在孵企业存活率与平衡的筛选及服务资源成正相关关系,并后续为该区域的主要孵化载体及相关利益者,以及政府机构提出了一定科学建议。Bruneel J 等[8]在《企业孵化器的变革:比较不同孵化器代之间的企业孵化器服务的需求和供应》中通过定性、定量研究以及标准化问卷的方法,针对商业孵化器(BIs)的相关在孵企业和创业者进行关键要素的研究,并得到商业孵化器需要持续更新自身服务组合,严格制定孵化标准,完善项目的引入和退出策略等内容,最后分析了孵化器管理层、企业层以及政策层的相互影响。Lyng H B 等[9]基于对挪威某创业孵化器 15 个创业案例的定性内容分析,构建了一种针对企业孵化的价值链模型,提出孵化器对自身业务和服务的是孵化器对于企业最重要的"产品"概念。

2. 国内研究状况

改革开放以后,我国也逐步加强了对企业创新能力的重视,不少学者也以此为研究方向作出了积极探索。吴林海[10]研究了创新能力特征与企业发展关系,基于创新主体、关联资源、核心技术等方面建立评价指标体系;刘萌芽[11]的研究率先指出,孵化器信息服务工作首先要准确了解、把握在孵企业的信息需求,其次要建立健全孵化器信息服务体系,最后要通过各种手段提供有效的具体服务。程郁等[12]提出孵化器、加速器的服务体系框架和运作机制的设想,通过构建起包括相关市场服务体系、产业技术支撑体系、融资服务体系、企业咨询服务体系、专精化服务体系等在内的系统性服务框架,提高国内孵化器与加速器的服务水准,实现在孵企业的创新成长。王婉等[13]认为孵化器的孵化服务是内部服务板块,而融资和网络资源服务是外部服务板块,孵化器的服务能力应整体考虑到内部与外部服务能力双层面。李慧颖等[14]通过上海地区企业孵化器服务能力的影响因素分析,以孵化器在整合资源、融资、创新等方面孵化服务能力的不足,探寻孵化器、在孵企业、各方资源以及政府之间的多方关系,分析建立了"孵化器服务能力影响因素模型",从孵化器的管理体制、服务内容、人才培育这三个维度进行优化和提升,对上海地区所在的孵化器服务体系建设提出了一定的对策建议。李荣静等[15]指出,孵化器之孵化能力由运营服务、发展服务和网络服务三部分组成,并以此构建孵化器孵化服务能力评价指标体系。肖磊[16]在数据汇总统计、半结构访谈方法基础上,以多元回归分析法得出孵化配套服务的完善程度对服务绩效有重要的影响。宋思远等[17]在《企业孵化生态系统基模及政策分析》中,以生态系统论为基础,解构了9种系统基模,为创业孵化生态的构建及治理提供了参考意见。

除孵化器服务体系的构建外,学者们对相关评价体系也展开了深入的研究。彭展声等[18]将孵化载体服务能力分为基础条件、服务水平和孵化绩效三大部分,并基于该三大部分再细分出15个具体指标,组成综合评价体系。肖永红等[19]探索了创新能力评价指标体系,具体指出该评价指标包括3个一级指标,如创新投入、孵化力、成果产出,且将这些一级指标分解为13个二级指标,得到创新区域的评价排序;欧光军等[20]也构建了独特的产业集群区域的能力指标体系。此体系涉及三大方面:科创环境、协同创新、绩效,由19个指标组成;方玉梅等[21]基于环境、资源投入与成果产出等三方面构建了区域创新能力评价指标体系;熊刚等[22]在《基于AHP模糊综合评价法的孵化器有效运作因素研究》中通过筛选孵化载体有效服务和运作因素,采用层次分析法对调查数据进行了计算,得到孵化器运作的各指标权重,并利用模糊综合分析法对筛选出的因素进行了有效判定。从上述研究得知,我国学者聚焦产业聚集区域的创新发展和服务能力展开了诸多研究。研究者基于不同要素构建出针对性的评价体系,为高新区内的孵化服务体系评价提供理论支撑。

现今,无论是各地政府还是各行各业,都越来越关注孵化载体创新发展,各城市、各机构响应国家双创号召,先后公布属于自己区域的创业孵化数据与服务政策。例如中关村与张江制定了非常多的科创特色服务政策,主要基于知识产权、创业场所、人才服务、投融资等方面,通过各自对孵化创业的理解,进行针对性的企业对接和申请。但总体来说还是有不足之处:对科技企业孵化器的服务体系建设未能系统化,没能很好地指出科技企业孵化器如何构筑适合于自身所在区域以及所扶持对象的服务体系。

(三)研究思路及方法

1. 研究思路

为对Z孵化器服务体系的构筑进行深入研究,本篇主要分为六部分。在引言部分,详细介绍了本文的背景、意义和国内外研究现状,明确本篇的意义。第二部分介绍了相关的理论与研究方法,为后续研究的开展提供基础。第三部分对 Z 孵化器目前的服务现状作了详细的介绍，并列举详细的孵化服务案例，对 Z 孵化器的服务体系进行说明。第四部分通过问卷调查法和熵值法对 Z 孵化器的服务体系作了详细评估，并由此在第五部分提出优化方案。第六部分对全篇作出总结，为进一步研究作出展望。详细研究思路如图 1-2 所示。

2. 研究方法

本篇使用多种研究方法开展具体分析、研究工作，以理论研究与实践经验相结合的方式，首先提出适用于 Z 孵化器的服务内容，随后系统分析 Z 孵化器所在高新区及相关孵化资源，全面构筑适合自身的孵化服务体系，再通过实证分析研究 Z 孵化器与在孵企业之间供需情况，评估、总结服务效果。

(1) 文献研究法。对科技孵化器、孵化服务体系、科技企业发展、技术创业理论的检索、收集，并以孵化相关理论为基础，从中获取构筑上海 Z 孵化器服务体系的初步启发和理论依据。

(2) 案例分析法。通过 Z 孵化器对 Y 项目的具体孵化案例来深入分析其孵化服务体系。通过案例分析法具体分析，有助于研究更具有说服力，更加贴合实际情况。

(3) 问卷调查法。问卷是指为统计和调查所用的、以设问的方式表述问题的表格。调研者通过问卷的形式向目标群体进行信息收集、征求意见或了解情况。本篇对 Z 孵化器的在孵企业进行问卷调查，依据实际情况分析评价 Z 孵化器服务体系。

(4) 熵值法。熵值法是指用来判断某个具体指标离散程度的数学方法。离散程度越大，则该指标对综合评价的影响越大。故可用熵值判断某个指标的离散和影响程度。本篇运用熵值法确定各个评价指标的权重，并以此为依据计算各指标得分，更为科学可靠[23]。

文献研究法为论文的研究提供了充足的理论依据，在经验总结的基础上结合案例分析法，让研究更加科学合理。利用问卷调查法和熵值法对研究主体作出定量评估，让研究结果更具说服力。本篇结合上述研究方法，以保证研究的科学性、合理性、可靠性。

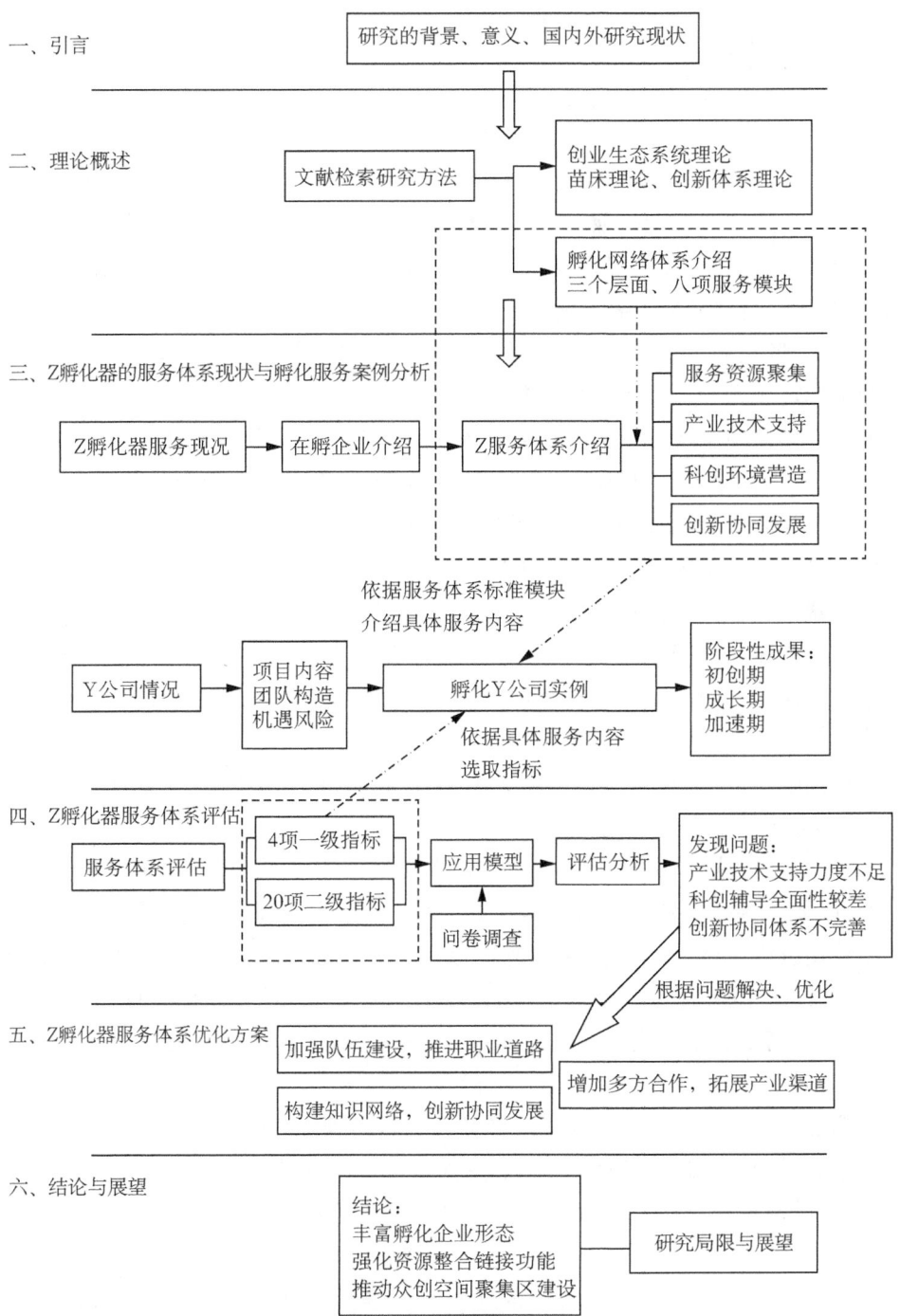

图 1-2 本篇的研究思路

二、理论概述

（一）孵化器含义与类型

第二次世界大战结束后，为满足社会经济与科技创新的需求，美国率先建立了一种集中孵化科技型企业、加快科技企业发展的机构，即"企业孵化器"。战后随着中小企业兴起，美国巴达维亚工业中心出现了首批孵化器，它们以较低的场租费和简易变更的办公格局快速吸引了一批中小企业加入。

自 20 世纪 80 年代中期以来，联合国开发计划署等国际组织牵头发起，将孵化器正式定义为一种小企业服务组织，在全球发展中国家和经济转型国家中进行推广。90 年代，孵化器开始倾向布局于特定产业或行业集聚地，如软件研发、集成电路、生物医药、新能源等产业相继规模化聚集在特定的孵化区域中，孵化器开始成为一个全球范围的现象级产业。随着孵化器在国际上尤其在美国硅谷的成功，1986 年科技部进行了有关中国孵化器的可行性研究，紧接着中国第一家孵化器"武汉东湖高新技术创业服务中心"正式成立并被科技部定位为培育科技中小企业和企业家的载体。科技部官方将孵化器定名为：科技企业孵化器（Technology Business Incubator，TBI）。在后续传播和实践中更多简称为"孵化器"。

在我国，孵化器已有 30 年的发展史，总体而言，我国的孵化器发展经历了 3 个发展阶段[2]。

第一阶段：从 1987 至 1996 年，社会经济发展与科技发展脱节落后的情况较为严重，通过科技企业孵化器的设立，推动民营企业健康发展，并推进科研成果产品转化进程。这一时期的科技企业孵化器发展、扩大完全以政府为主导。据统计，1996 年在政府的主导下，全国建设了约 100 家孵化器，总面积达 60 万平方米，孵化高新技术企业达 3 200 家左右，整体孵化载体在孵企业年度收入总值超 37 亿元。

第二阶段：从 1997 至 2010 年，该阶段科技企业孵化器被正式提升为企业进行科创成果转化的核心载体，承接科技创新以及高新技术企业的主要社会经济形式，是承担高校、企业、政府间产学研成果的重要组织，成为国家科技体系重要的一部分。这个阶段中的政府主导政策持续给予孵化器政策，如场地补贴、项目资金等，越来越多的社会资源、资本进入孵化器行业，孵化器的投资主体从原有的政府单位，开始扩大到企业、大学、研究所。2010 年，我国孵化器总量正式超过1 000家,以营利型孵化器与政府公益型孵化器并存的模式健康发展。

第三阶段:从2011年至今,按照国家的"十三五"规划,为进一步落实《国家创新驱动发展战略》等方针,科技部编制了《国家科技企业孵化器"十三五"发展规划》,深入推动科技企业孵化器及包括众创空间、加速器等在内的创业孵化载体,要求孵化器行业开拓创新,孵化体系日臻完善,并定义孵化器战略地位凸显,社会共识高度凝聚。短短数年间,孵化器通过场地、服务、形式、品牌等多元的发展,成为营造社会创新创业氛围,转变经济发展方式的时代符号,助推"双创"时代正式到来。据统计,至2015年年末,孵化器在孵企业数达10.2万家,是2010年的1.8倍,全国的孵化器于2017年超过4 000个,发展速度成倍增长。

表2-1 孵化器的分类

分类标准	主要类型
在孵企业技术领域	综合型孵化器、专业技术孵化器
营运性质	营利性孵化器、非营利性孵化器
机构机制	事业型孵化器、企业型孵化器、事业企业型孵化器
所有制关系	国有孵化器、民营孵化器、混合孵化器
是否有经营场地	实体孵化器、虚拟孵化器、实体虚拟结合载体

随着社会阶段不断发展,孵化载体也演变为多元的形式,从原有的综合型孵化器、专业技术孵化器再到双创时代下类似青年创业社区、创业咖啡馆等。刘艳莉[24]对企业孵化器的分类及主要类型作了一定划分,如表2-1所示。此外,还有学者从孵化对象、目标定位、投资主体等方面对国内科技企业孵化器进行了划分,如表2-2所示。

表2-2 国内科技企业孵化器细分类型

分类角度	孵化器类型	代表学者
目标定位	营利型孵化器	李岱松、王瑞丹、马欣
	非营利型孵化器	李涛
投资主体	政府/大学/研究所	邱宣
	企业	刘珂
投资主体	混合所有制	邱宣
	民营	刘珂

续　表

分类角度	孵化器类型	代表学者
孵化对象	综合型孵化器	黄涛 景俊海
	国际企业孵化器	
	海外留学生孵化器	
	专业孵化器	

(二)相关服务体系理论

1. 创业生态系统理论

创业生态系统概念源于生物学，Spilling 提出了创业生态系统概念，形象地描绘出当今创业活动状态。创业生态系统概念一经提出，学者便对创业生态系统进行诠释。Isenberg[25]指出，当创业者或创业企业拥有所需要的资金、人力、导师等服务资源，并处于一个得到政府政策支持与保障的环境中时，创业成功概率将明显提升，这可以认为是创业生态系统。

关于创业生态系统的理论，在 2013 年世界经济论坛(达沃斯论坛)发布过创业生态系统分别由创业团队、高校院所、文化因素、科研机构、专家导师等八大要素支撑。同时，创业生态系统六个领域模型以及从社会角度出发设计的创业生态系统评估模型等。赵贞等[26]将创业生态维度分成创业要素，包括资金、技术、人才信息；创业环境，包括政策、文化、金融、产业；创业主体，包括意愿、素质、能力，为本篇后续探讨、构筑服务体系给予了一定的启发，更明确了在创业生态体系中存在的元素之间是如何联动，互相产生有机作用，从而也为孵化器中的服务体系提供了一定依据。

2. 孵化器苗床理论

科技企业孵化器发展的苗床理论，即"孵化器理论"，最早由美国孵化器专家 Ruatam Lalkaka 提出。它是关于在新生产部门产生和发展的最初阶段所需要的地理条件的假说。苗床理论认为，企业孵化器是一种为培育新生企业而设计的受管理的平台环境，它存在的形式不仅限于大楼空间，更要有相应的培育服务支持。孵化器的功能是为快速增长的高新技术企业、处于变化中的各类成熟企业、跨国经营企业的地区总部、研究机构聚集提供苗床和孵化服务。根据该理论，大量聚集上述机构是孵化器发展的最佳选择，形象地说，孵化器是创新企业家产生的苗床。企业孵化器苗床作用的根源是知识管理服务和产业孵化服务。

因此，孵化器作为一种为培养新生企业而设计的管理、运维的服务平台，并不该局限于物理空间的服务支持。孵化器的苗床功能，是指为在孵企业进行创新管理服务以及产业孵化服务[3]。

本篇分析的 Z 孵化器，正处于苗床理论模型提到的四类代表型机构汇聚的高新区，高新区内普遍汇聚了科研组织、成熟企业、跨国总部以及高新技术企业，在具备一定的苗床基础后，Z 孵化器的服务体系将更有基础地去为各个受服务主体对象输出服务，而同时，科研组织、院校、优质企业、高新企业也将会输出科技人才到孵化器苗床进行技术交流甚至成立新生项目，双向的资源交互，促进孵化苗床与服务对象产生循环互助体系及增值效果，这对于整个产业聚集区和社会都是有正向作用的，直接实现了企业与社会效益的良性增长。

3. 孵化区域创新理论

创新体系理论中，与本篇紧密相关的是"区域创新体系"，指在一个区域范围内，将新型的经济发展要素及其可能的组合融入这个区域内，可以产生出一种效果更突出的资源组合形式，达到新的系统化功能效果，使得区域中各项资源获得有利的使用，提升区域中企业、经济主体的创新动力，进而推动社会产业结构调整或新兴产业升级，实现区域内的跨越式发展。

以创新体系理论的结构分析，区域创新体系涵盖：科技资源，包括与科创有关的人才数量、技术基础、研发设备等。创新资源及服务机构，是进行技术创新服务活动的主要要素。创业环境以及各项服务是促进或维持创新保障，作为政府或环境内的服务机构，需要构建有利于组织创新的激励政策、科创服务平台等环境，因区域创新体系具有开放性与共享性等特征，创新的产生或者重组就是不同类型的创新主体协同发展、有机合作的过程。

（三）服务体系网络

孵化器的最终目标是扶助科技初创、中小企业的设立并加速其发展。从 2003 年科技部发文《关于进一步提高科技企业运行质量的若干意见》，直到 2017 年发文《关于进一步加强创业孵化人才队伍培训工作的通知》，都指明了科技企业孵化器就是培育和扶持科技创新企业的服务载体，就是实现高新技术产业化的社会经济组织，要强化孵化服务的观念，为在孵企业在成长过程中提供一系列企业需求的服务，并不断提升孵化器自身人员的服务水准与专业素质。

目前，全球各地比较先进与成熟的科技服务体系构建模式各有不同。美国的科技服务体系实行联邦政府主导,也有地方市场化模式的市场化科技服务体系;日本的科技服务体系归于地方公益机构主导;我国台湾省是专业辅助机构主导;以色列则是因为错综复杂的国际局势,直接通过政府建立高效、灵活的科技服务体系为主。所以,作为科技创新大国,我国的科技服务体系建设也应该充分考虑每个科创区域特色,吸收别国的科技服务长处。科技创新以及双创环境下,不应短期逐利,更应该做好长期战略规划,在政府政策支持下,遵循市场导向及科技创业企业发展规律,再结合本地的企业、人才、资源等各方面状况,全面而科学地制定孵化服务体系,以及优化原有的科技服务架构。根据国内外已有的研究成果以及相关行业工作经验,结合近年处于长三角区域的孵化器服务体系,该架构由三个层面、八大模块组成,服务体系也成了接触、衔接、融通企业与孵化器及外部各组织的一个"系统网络"。

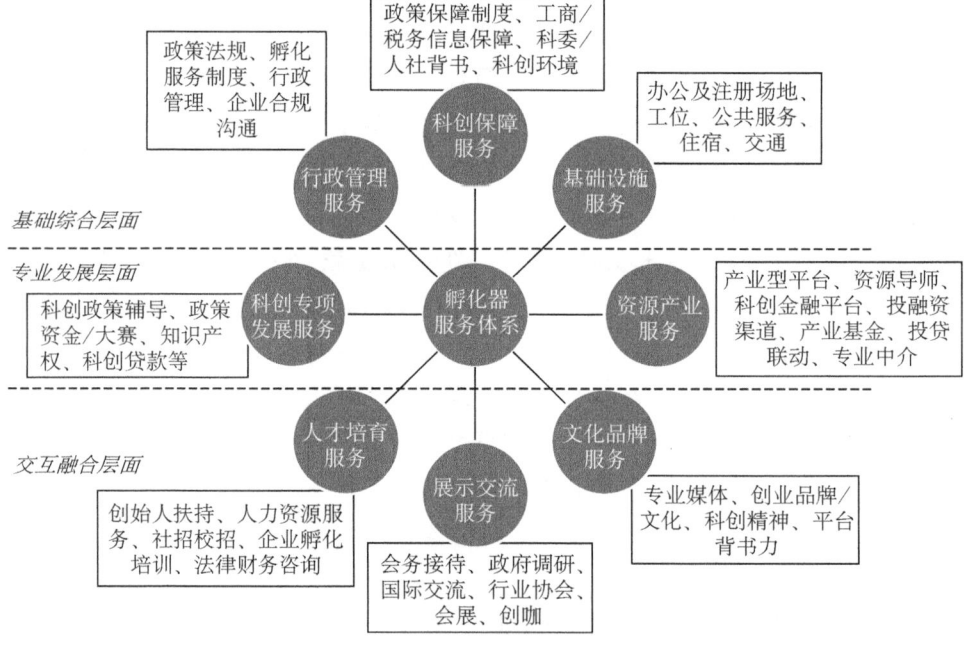

图 2-1 孵化器网络体系

根据图 2-1,并结合之前探讨的孵化器理论与特点,可将现代孵化器的服务体系构筑分为基础综合、专业发展、交互融合三个层面,并依次展开。具体包含:科创保障服务、基础设施服务、行政管理服务、资源产业服务、科技专项发展服务、人才培育服务、文化品牌服务、展示交流服务共八个服务模块内容。

(1) 孵化器服务的基础综合层面

基础综合层面服务是为在孵企业提供项目发展所必需的硬软件,为企业提供基本保障。其中包括了基础设施服务模块、科创保障服务模块和信息沟通服务模块。它们为孵化器在孵企业提供了良好的发展环境,如注册地、办公地、法规信息、工商信息、科创信息等具体服务内容,并为后续团队、企业科技研发、团队成长、业务发展奠定基础。

(2) 孵化器服务的专业发展层面

专业发展层面服务是指,针对在孵企业的特殊性提供专业性服务。这个服务层面为企业的科创发展、整合各方资源、产业化发展、获取政府政策提供服务助力,并需要以孵化器为服务核心帮助企业向政府部门、资源渠道、投资公司等机构进行信息沟通、寻求资源匹配。为在孵企业通过科技创新、产业发展进行专业化、结构化的资源整合,逐渐形成企业壁垒。

(3) 孵化器服务的交互融合层面

交互融合层面的服务是指有利于在孵企业与现有资源间的交互融合,从而更加快速发展的服务。孵化器有别于普通的商务楼宇,就是因为其具有孵化功能定位,需要培养科创企业与创业者,同时并且更加强调接受行业政策、技术人才、社会资源,孵化器内的企业也更希望将自身的产品、技术、服务、文化、主场展示给政府、社会以及公民,所以该层面服务是孵化服务较为创新的层面,但也是许多孵化器所忽略的。从该角度来看孵化器的话,其服务作用更像是一个企业的社交平台,或者说电商平台,将在孵企业的需要与外界的资源价值很好地对接起来,并撮合交互。

三个层面相互支持、有机组合,并没有重要与次要之分,在孵化器企业发展的不同阶段发挥着不同作用。

三、Z 孵化器的服务体系现状与孵化服务案例分析

(一) Z 孵化器概述及服务体系现状

1. 孵化器概述

Z 孵化器于 2015 年 8 月在上海注册成立,自 2016 年初正式投入运营,位于市内一家知名国家级高新区内,主要业务包括:科技创业企业项目的入驻、孵化培育以及负责政府部门要求的相关大赛、培训、服务活动以及组织社会创新创业需求的专业服务。其全资母公司紫竹国家高新技术产业开发区是国内独一的混

合所有制的国家级园区。Z孵化器经过不到4年的运营,已注册超过140家科创型企业,其中36家企业接近孵化"毕业期",有10家企业有望在1至2年通过资本市场或并购方式实现创业目标。由于Z孵化器所在高新区实行扁平化管理模式,Z孵化器工作人员仅10名左右,共有两个部门,分别为企业成长部和战略合作部。Z孵化器所在高新区产业基础雄厚,高新区六年内在全国排名持续上升,现位于全国高新区前13名。其中入驻的500强企业有17家,央企、市属和区属国有企业200余家,整体科技型企业超3 000家。据统计,2018年实现技工贸收入643.21亿元,比上年增长24.61%,总体税收超66亿元。研发基地有从业人员38 392人,其中研发人员13 275人。作为民营企业为主体的高新区,给当地科技创新、产业发展带来了活力,并荣获了国家知识产权局的"国家知识产权示范园区"(2017)等数十项国家级和上百项省部级资质与殊荣。

2. Z孵化器服务体系

良好的孵化服务体系有助于在孵企业的合理发展。在孵化服务体系构筑思路上,国内外有影响力的相关研究都关注对企业科技创新转化能力影响因素的服务效果分析、关注孵化器服务企业发展过程,侧重于孵化器对在孵企业创新培养、人员结构、研发创新以及企业经济发展等方面的服务效度。在服务体系设计上,目前大多体系模块都围绕创业政策、人力资源、场地支持、科创金融、市场渠道等来构建,重视孵化协同合作和创新驱动资源的权重。

如图3-1所示,本篇在梳理和研究相关创业生态系统理论和苗床理论内容的基础上,借鉴国内外服务体系评估评价的实践经验,同时参考科技部2018年12月发布的《科技企业孵化器管理办法》、2019年上海市闵行区政府颁发的《闵行区关于推进科技创新创业和成果转化的政策意见》等政策文件精神,结合Z孵化器实际发展情况,建立Z孵化器的服务体系。目前,可将孵化器影响企业的相关服务阶段分为三个阶段:创业投入—创新产出—成果转化。

(1) 服务资源集聚

服务资源集聚侧重于是Z孵化器基于高新区的孵化服务要素资源和发展的基础条件,包括了孵化服务投入的主要方面。这是孵化服务以及企业能接受到载体实质基础服务单元的差异体现,也集中反映了孵化载体对企业创新服务投入方面的具体成效。从前文提及的三个层面与八大模块的整体服务体系来看,影响该维度整体效度的主要是孵化器服务的基础综合服务层面中的基础设施服务、行政管理服务以及科创保障服务等模块内容。基础设施服务模块是孵化器、

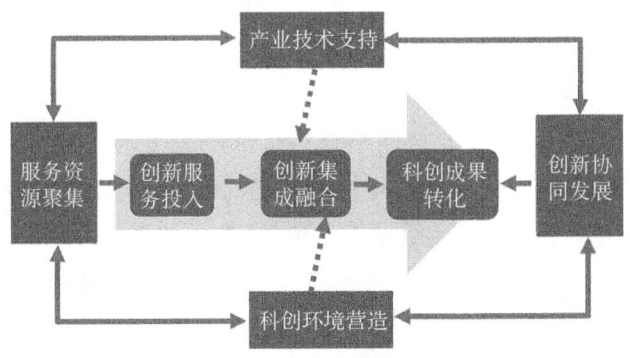

图 3-1　在孵企业服务体系

服务载体为入驻企业和团队运营提供办公、营运、餐饮、配套、物业等保障，保证孵化器入孵企业进行经营活动、注册落地的基础模块，若缺失该服务模块，孵化器将会面临无法承接项目，或无法通过孵化器合规考核。行政管理服务模块包含了孵化器管理体制、企业服务体制以及相应的助推在孵企业正常经营的行政政策及孵化制度。科创保障服务主要体现在孵化器这样的带有科技创新服务的载体中，主要为两个方面：一是对在孵企业提供科技创新方面的保障，其中又包括，当地区域政府对于孵化型的科创企业制定、引导、设计的为企业经营、发展而制定的科创政策。二是为在孵化器内企业提供的科创保障服务及营造孵化环境。此外，因为孵化器内较多企业成立时间短、经验不足等原因导致在公司合规性及公司的基本治理上普遍有所欠缺，服务资源聚集还需要具备一定的保障性。另外，企业的创新发展也依赖于所在区域、孵化器的创业环境及基础服务。

（2）科技创业环境营造

在孵化服务过程中，分析影响孵化效果的外部因素，侧重于孵化器的科技创业相关的整体创新政策环境、孵化服务环境、吸引创新服务要素、提升服务能力作用等方面的内容。科技创业环境优劣取决于整体服务过程中受服务主体共同感受和影响。孵化器在孵的主体，几乎90%以上都是科技型企业，其成长与产业化离不开技术研发、专利申请、集成设计、样本成型、规模量产等过程，在此一系列过程中，每个环节都少不了资金和人员的投入以及专业化的科创服务。在政府层面，以上海为例，针对企业的技术研发、专利申请等需要，为科技企业每年都给予"创新基金""科创券""高新企业入库培育"等政策，旨在缓解这个环节中企业研发投入成本过高而影响企业后续发展的情况。该模块之下可再细分为科创政策辅导、政策资金及大赛相关服务和培训、知识产权专利政策申请、科创贷款以及孵化载体特有的其他专项服务。

(3) 产业与技术支持

产业技术支持指的是创业企业结合内外部产业技术研发，从实现自身发展出发，需要考虑的在科技创业转化中能够获得的有效支撑力，包含自身知识产权数量、技术团队创新能力、联合研发技术资源、技术储备基础及外部可对接产业数量。从整体孵化服务模块来看，资源、产业服务是帮助在孵企业加速发展的引擎。该服务模块是由产业型平台、资源、专家导师、产业基金、投贷联动、专业中介等孵化器内外部相关产业、服务资源整合而成的服务模块，在企业孵化发展的中期，形成完整的服务链、载体链全面支撑企业运作与发展。在孵企业发展的不同阶段，需要有各项资源支持，如产业、政策、资金、人才等。以资金服务为例，一般孵化器内的企业通过技术研发到市场化再到成熟可能至少需要 3 至 5 年时间，其中也面临着种子轮、天使轮、Pre-A、A 轮及之后至少 5~6 次投融资对接服务，许多孵化器及科技园已经有自己的投贷联动的服务平台，同时引入政府引导资金以及外部相契合的投资公司，构成资金服务方面的体系。

(4) 创新协同发展

创新协同发展是服务、资源投入及创新资源集成融合后，孵化器助力在孵企业完成科创成果转化及产业化的重要服务维度。该维度依靠孵化载体在交互融合层面的服务，并通过人才培育服务、展示交流服务、文化品牌服务等方式进行创新协同服务的推进。从社会贡献度来说，孵化器更像是培育技术型创始人或团队的一个"学校"，由政府考量孵化器指标，针对企业创始人、主要股东、主要经营人员开展有关专业技术、创业管理、人力资源、法律法规、人才政策等方面的专业化培训和服务，从而进一步保障创新协同发展的人员素质基础以及创新能动性。孵化器现已成为结合商业谈判，展示交流、创业办公等综合功能的场所，也是各地区创新创业的"名片"。许多孵化器已经成为企业走访、政府调研、商务交流、商业探讨的最佳去处。许多科技企业通过展示交流服务，与越来越多的政府部门、行业协会、商业团体进行沟通、对接，也获得了更多外部的有效讯息、创新资源，促进企业与外部创新力量的协同发展。企业在孵化成熟阶段，需要依托自身的公司文化及品牌实现对市场、外界的技术、产品理念的输出，同时也要通过带有创新、科技概念的品牌感观，获得用户、受众以及合作伙伴的认可。此外，孵化载体为提升自身竞争力与影响力，不断重视塑造自身的文化和品牌特征，更好地区别于其他商业载体和同行业服务载体，成为吸引企业和技术人才的软实力，间接促进载体与企业以及外部资源的创新协同发展。

(二)在孵企业整体状况

按照科技部《科技企业孵化器认定和管理办法》(2010年11月)规定,Z孵化器企业在孵时间一般不超过42个月,部分特殊行业如集成电路/半导体设计、生物医药、农业等产业方向,在孵时间最多不超过60个月。对于孵化企业毕业的认定标准为:①拥有自主知识产权和技术专利;②在孵时期连续两年营收超过1 000万元;③被外部企业兼并、收购或在境内外资本市场上市。符合以上两条或以上条件就作为毕业企业,即孵化成功。可见,国家对于在孵化器内的在孵项目是有服务时间与成长规模的量化要求的,在孵化期限内达到要求的即成为"毕业企业",若孵化期已满,未达到要求的企业,则视为常规科技企业,无法作为科技部认定的"毕业企业"。毕业企业也将配套相应的购地、场租、税收等政策。孵化载体在"毕业企业"达到一定数量后,其在国家级孵化器的认定与常规考评方面都有一定利好,是故,培育尽可能多的"毕业企业"是大多孵化载体的共性目标。

在科技部门要求下,Z孵化器以"打造全球创业超级跑道"为目标,结合全球有影响力的科创中心建设,在高新区科创高地,结合科创资源、政府政策、产业优势塑造一条适合科创企业及产业发展的"高速跑道",以便在有限的孵化期限中,加速企业培育效果与孵化速度。除助力科技创业企业外,通过内外部资源与服务体系,加强跨区域、跨国的项目服务加速工作,每年打造具有全球影响力的科技创新企业2至3家,"毕业企业"要求数量达到5至10家;同时,促进传统企业通过技术创新、国际合作、战略合并等方式加速成功转型,提升行业竞争力持续发展。以现有企业数据为例,孵化器140家企业中,产业结构为人工智能42个、软件信息/大数据32个,智能制造19个,文化科技30个,大健康17个,如图3-2所示。其中符合"毕业企业"条件的项目12个。创业人员总数为500人,其中院士1人,教授18人,博士35人,硕士140人,学士286人;海归背景32人,具中高级以上职称者180人,如图3-3所示。

从在孵企业入驻及增长方面来看,Z孵化器2016年入孵企业44家,分别为:人工智能3家,软件信息15家,智能制造6家,文化科技15家,大健康及其他行业5家;2017年入驻企业46家,分别为:人工智能15家,软件信息6家,智能制造7家,文化科技11家,大健康及其他7家;2018年入孵企业50家,分别为:人工智能24家,软件信息12家,智能制造6家,文化科技3家,大健康及其他行业 5 家。如图 3-4 所示。从整体数据上来看，2016 年 Z 孵化器开创之年受社会环境以及高新区数字内容和信息科技主导产业影响，入驻企业以软件信息及文化科技类为主，但在随后的两年内，未有明显加速增量，文化科技类项目甚至因工商政策、资本环境限制，单年入孵数量开始缩减。智能制造及大健康等主要科技型行业 3 年内，单年入孵数量接近。而人工智能行业自 2015—2016 年以来，入孵数量有明显增加，并且在 2017 年中，较多软件信息类项目开始转型为人工智能类项目，以期获得更好的创新发展机会。同时，该行业之所以入孵数量增长，是与 Z 孵化器从成立开始就以人工智能为主要产业孵化对象，着重开始针对如人工智能方向以及军民融合产业相关偏重人力、技术、行业门槛的服务模式密不可分的。

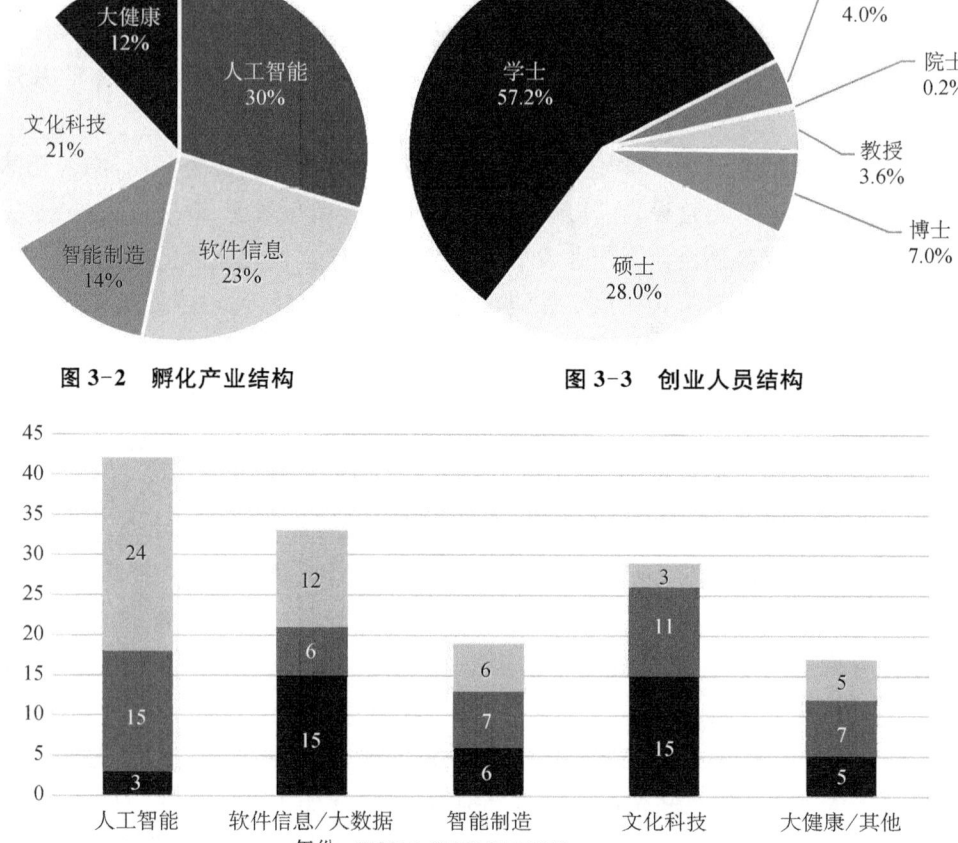

图 3-2　孵化产业结构　　　　图 3-3　创业人员结构

图 3-4　孵化器 3 年内入孵行业情况表

据统计，2018年全年Z孵化器在孵企业累计主营业务收入为9 624万元，纳税为490万元，累积知识产权206项，全年获得投融资7 705万元。2018年新增创业项目和企业52家（共140家），通过自身产业联合孵化合作项目累计95个，成功申请高新企业认定4家。在孵企业2018年新增就业岗位289个，入孵创业者达到559人次。在孵企业获得国家级、市级、区级荣誉以及优惠政策超50项。

（三）Z孵化器对Y创业项目服务案例分析

Z孵化器所接纳企业众多，针对每一个在孵企业，Z孵化器都会与之签订格式合同，提供具有差异又有一定共性的孵化服务。为更加详细介绍Z孵化器的服务体系，本篇选取具有典型特征的Y创业项目为具体案例进行分析。Y创业项目是由冯总作为创始人于2016年发起的，在2017年下半年正式成立公司，在Z孵化器注册、入孵。其具有较为完整的产品服务与团队构建，对Y创业项目的孵化服务完整地覆盖了Z孵化器的整个孵化体系，具有代表性。

1. Y创业项目简介

（1）项目简介

Y创业项目秉承"让购物更简单，让体验更有趣，让零售更高效"的理念，通过计算机视觉、机器学习和物联传感等科技创新技术，致力于为企业级用户提供全球领先的人工智能无界智慧新零售产品和相关解决方案。传统便利店在一二线城市中早已过剩，并且相关的经营成本、人力成本逐年增高，同时人们在购买过程中常会遇到排队、支付慢的情况。Y项目成功研发的无人零售系统让顾客在人流高峰时刻也能体验到即拿即走的便利。一次性投入装修后，能够为整体便利店省去90％的人工成本，并且使购买效率提高75％。营利模式主要是，与办公楼、机场、商场、高校、医院、街道等合作，开设无人零售店共同配套服务所在区域顾客，双方后期获利分成。Y项目还拥有品牌自营店，通过自己设点，承租一定场地，整体自我运营。自营店主要以品牌旗舰店为主，多以向顾客展示技术，吸引顾客为主要目的。同时，顾客也可以通过加盟或者直接采购整套无人便利店设备，自己永续经营。Y项目可以提供一定的配货、设备维护、系统升级等服务，通过收取加盟费或年服务费等方式盈利。Y项目技术相较于现今较多的RFID识别技术而言，具有极大的优势。Y项目所应用的"计算机视觉技术"具有的技术优势有：无人数限制，支持多人组团购物，支持错拿错放，识别正确率100％，可准确识别店内各种购物行为，解决相互遮挡情况，可秒级精准锁定单位商品和每位消费者，创新超高效的人工标注和深度学习能力。除这些技术优势外,从数据获得角度和营销角度来说,因为是利用前段接触手机及能够采集购物过程中的数据,所以其数据购买价值、消费洞察数据都非常具有价值,商业潜力巨大。

(2)团队成员

项目创始人冯总是归国创业者,一直从事人工智能、视觉识别、无感支付等技术的研究开发;项目创始团队拥有核心成员共 10 人,技术骨干均拥有国际国内名校硕士博士及以上学历,其中博士学历 4 人,硕士学历 6 人,且主要是来自阿里巴巴、谷歌、百度、英特尔、惠普、土豆优酷等国内外知名科技企业的资深科技精英。团队在构建时,已收到真格基金等天使投资约 1 000 万元。项目团队组织架构如图 3-5 所示。

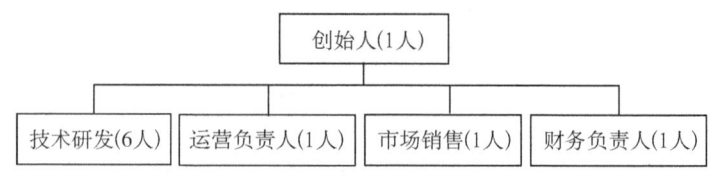

图 3-5　组织架构图

股权比例是标准的科技初创企业比例,冯总因为是绝对创始人以及核心技术人员,并且自筹部分附加技术无形资产,占据 75% 的股份,有绝对的控制权,并为今后资金介入做一定的准备防范股份与控制权的稀释。团队其他技术成员及市场、销售等职能的联合创始人占据近 10% 的股权,以保证团队核心成员的积极性,并承担较小部分的企业发展风险。初创期投资人主要以个人财务投资为主,占比在 15% 左右,在保障企业有一定启动资金的基础上,不过多干预科技企业前期的研发和发展。见图 3-6。

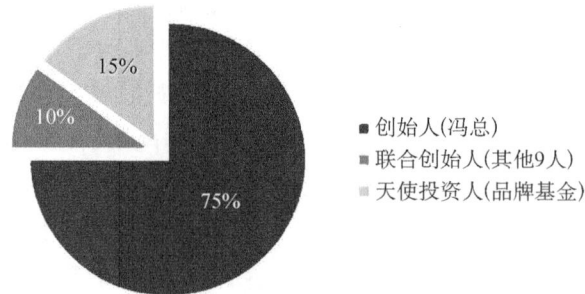

图 3-6　公司成立时股权架构如图

(3) 机遇与风险

2017年,我国发布《新一代人工智能产业三年行动计划(2018—2020)》以及"中国制造2025"要求,人工智能正式上升为国家战略产业,需要与实体经济深度融合。在2018年后,人工智能结合实体零售、先进制造、生物医药、物流、安防、交通等实体产业融合趋势也是越来越被政府支持社会鼓励,但又因为该方向技术壁垒极高,且皆为复合交叉学科技术创新,所以能够研发出实际人工智能结合实体产业的科创技术服务和产品的一般都能够被投资机构和行业所认可。2017年我国无人零售市场规模为197亿元,预计2020年我国无人零售市场规模将增至657亿元。见图3-7。

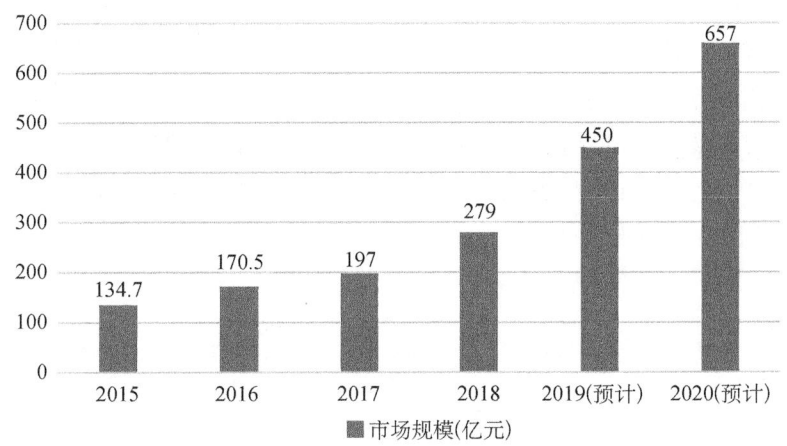

图3-7 2015—2020年我国无人零售行业市场规模及预测

Y公司的无人零售技术的研发成功,很好地契合了近期形势。但在产业整体发展的同时,人工智能行业也出现了许多虚幻的"风口"。与Y公司所研发项目名字相类似的"无人货柜"产业,各地无人货柜闲置情况过于严重,且无人购买、无人问津,使得许多相关创新企业就此退出历史舞台,较多投资机构对于人工智能结合实际零售场景也开始失去信心,且因为这类无人柜与共享单车、充电宝概念相似,也有押金、积分等模式,最后产生了退费难等情况,甚至产生了一定的负面社会效应。与此同时,Y创业项目整体发展也存在一定风险。其前期研发资金需求较高,团队在设计、优化无人零售系统产品的过程中需要大量的技术型人力资源作支撑,同时需要充足的实验场地。相比普通的科创型企业,如互联网目或者软件开发公司等,Y项目研发团队的人数约为常规项目人数的2.5倍,场地规模接近普通孵化企业的3倍,整体技术创新成本极高,若没有早期的投资介入,几乎难以顺利启动和维持。此外,公司管理制度不健全,项目处于初创阶段,各类运营体系及流程仍未完善,稍有不慎,就会导致公司发展启动期即出现巨大管理风险。同时,产品走向市场后能否被客户认可,怎样拓展销售渠道也是一大难题。创新项目所面临的发展道路困难重重,基于此,Y项目创始人冯总通过上海Z孵化器对启动项目后将面临的各类风险进行了翔实分析、识别及评估,并为其项目发展制定了一套完善的孵化服务内容,以期更好地为该项目的稳健发展保驾护航。

2. Z孵化器对Y创业项目的孵化服务

从企业注册至今,孵化器一直为企业提供持续的孵化服务。如图3-8所示,标注了从2017年7月至2019年7月Z孵化器对Y创业项目孵化中具有标志意义的重大事件。依据第三部分所介绍的服务体系具体内容,Z孵化器对Y创业项目的孵化服务可以从服务资源聚集、产业技术支持、科创环境营造和创新协同发展四个维度展开。其具体服务结合三大服务层面、八大具体服务模块进行,各维度都有全面的孵化内容,提供了适合于Y创业项目的标准化与差异化孵化服务,帮助Y创业项目顺利进行。

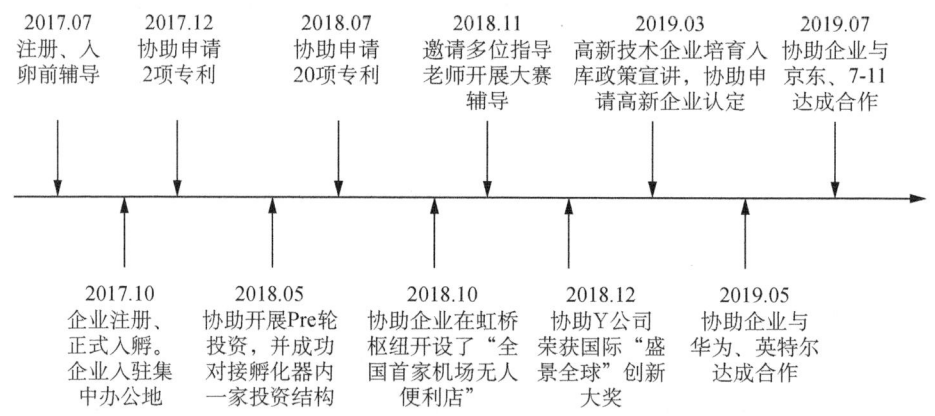

图3-8 Z孵化器对Y创业项目孵化标志事件

(1)服务资源聚集

服务资源聚集是所有孵化活动开展的第一步,为整个孵化服务聚集基础资源。通常服务资源聚集包括基础设施服务、行政管理服务和科创保障服务三大模块。这三个模块也是Z孵化器对绝大多数在孵企业的标准化服务。

完备的基础设施服务是孵化器所能提供的最为直接的服务,主要包括办公注册场地、公共服务、住宿以及交通等。Z孵化器可提供的办公场地形式多样,企业可根据实际情况选择实地注册或者虚拟注册。视企业自身的成长情况，企业也可选择迁移。考虑到前期Y企业需要进行较为密集的孵化服务，Z孵化器在初期让Y企业注册在集中登记地，在工位办公。经过前期发展，在Y企业需要办理相关"食品流通许可证"资质及进出口业务时，Z孵化器按照企业需求帮助其进行工商迁移，并以较优惠的价格提供了100平方米左右的办公空间。目前，其办公空间扩展至近600平方米，涵盖实验室、办公、会议场地，满足了企业阶段性成长的需求。同时，这样按需提供成长型企业注册地及办公场地的方式，也有利于缓解孵化器实际注册地址以及办公空间较紧缺的情况。提供配套的公共服务主要包括保障企业日常经营的水、电、网络以及相应的安保服务。随着孵化器的不断升级，Z孵化器可提供的公共服务内容不断丰富，如今还提供包括公共会议室、共享云服务器、共享实验室等各种服务项目。随着社会及创业需求的升级，公共服务的形式不断演变出新，许多公共服务本身也成为创新产业。公共服务的提供能够有效减少企业的前期投入，便于企业全心全意将资金用于核心业务。而配套提供的住宿交通、餐饮娱乐等服务是影响企业招人的重要因素。Z孵化器所在区域位于城郊，因毗邻两所高校，周边社区住宅资源及交通配套较为齐全，借助所在高新区拥有的地铁和班车，也较好地解决了Y公司员工的住宿、通勤问题。近期，依托高新区的配套升级，近万套科创人才公寓即将落成，地铁15号线也即将开通，进一步满足整体企业发展需求。

　　行政管理服务也是必不可少的。Y公司作为初创公司，人员较少，且都为核心人员，偏重技术与市场而对公司的规范性较为忽视。若不注意，这类公司常常会在行政事务上的失误而影响整个公司的发展。为了帮助企业尽快走上正轨，Z孵化器提供了专业的行政管理团队来配合企业的日常运营，其服务主要围绕政策法规、孵化服务制度、行政管理和企业合规沟通四个角度展开。国家对在孵企业制定了一系列基本的政策法规，而通常在孵企业都不甚了解。孵化器安排了专职人员对国家规定不断地进行整理补充，并及时传达给相关企业。其次，企业入孵时会与孵化器签订孵化协议，文件规定了企业所接受孵化服务的具体内容，以及自身所需要履行的义务和承担责任，如表3-1所示。孵化器内的行政管理主要是为协调好孵化器与企业之间的服务关系，如企业的项目申请、来访参观、会议室申请、物业报修等多方面工作。为提升工作效率，Z孵化器开通了微信服务号，效果提升显著。行政管理服务的重点在于企业合规沟通。其主要分为内部合规沟通与外部合规沟通，旨在让企业避免违反相关孵化管理规定，并帮助解决企业发展中的合规问题。内部合规沟通主要为企业违反相关孵化协议或者违反孵化器所在区域的规定,孵化服务人员将及时传达或者制止。外部合规沟通主要为,若企业违反了公司法、广告法等内容,由相关市场监督管理局或者其他有关部门通知孵化器或在孵企业的,孵化服务人员将及时沟通和传达。同时,孵化器也会派专人帮助企业及时解决合规问题。这一服务将有效避免企业在法律法规上出问题。

表 3-1 保障政策及行政制度内容

序号	保障政策及行政制度内容	备注
1	Z孵化器基础服务管理规定	与Y企业签署
2	企业(项目)入驻及毕业企业管理办法	与Y企业签署
3	Z孵化器孵化服务协议	与Y企业签署
4	在孵企业成长档案表	Y企业填报
5	Z孵化器项目评审管理办法	Y企业知悉
6	项目入驻企业需求表	Y企业填写
7	企业注册协议书、房屋租赁协议	与Y企业签署
8	科技企业产业立项申请表	与Y企业签署
9	Z孵化器公司章程	孵化器公示
10	Z孵化器管理办法、投资管理制度	Y企业知悉
11	Z孵化器孵化管理机构设置及职能	Y企业知悉
12	Z孵化器服务手册	Y企业使用
13	Z孵化器政策服务公众号	Y企业使用
14	Z孵化器微信服务信息群	Y企业使用

对于高新技术企业,科创发展是企业发展的基础。良好的科创保障服务是帮助企业快速成长不可或缺的孵化服务。Z孵化器通过人力资源保障、市场开拓保障和投融资及基金资助保障来确保在孵企业的科创活动的发展。通过提供相应的专业科创辅助人员、不同市场科创政策以及充足的资金保障。但由于Z孵化器所涉及企业的行业分布较广,因此科创保障只能满足在孵企业的基本需求,不同行业的保障力度存在一定的偏差。Y公司所在的人工智能行业科创保障较为完备,相应的专业人员与可用都较为充足。

（2）科创环境营造

科创环境营造是 Z 孵化器针对高新技术企业提供的专业发展层面的服务。科创是 Y 公司的重中之重，Z 孵化器主要从科创辅导、科创资金、大赛、知识产权等方面提供服务。科创辅导是科创环境营造的重点。由于现有科创政策内容较多，孵化企业常常会错失优惠政策。因此 Z 孵化器会派专员对各政策进行解读与遴选，保障政策对于企业的适配度，进而开展相关的政策辅导。目前 Z 孵化器每年进行的政策辅导约 15 次，大大提升了在孵企业申请成功率。除了有相应的政策优惠，孵化器还需要为企业提供一定的发展资金。通常企业可以通过参加相关比赛获得奖金与投资。2016 年后，随着双创热潮到来，越来越多政策资金从原来的依申请发放，转变为靠比赛颁发，简称"以赛代评"。一方面，这样能够更客观地评判申请项目的科创质量；另一方面，也提高了科创企业申请资金的门槛。Z 孵化器有多年的大赛辅导经验，在孵企业每年重点创业政策相关大赛的立项率高达 80% 以上。其辅导的 Y 公司成功获得 2018—2019 年创新创业大赛、市青年创业英才大赛等荣誉，总共荣获政府资金超 150 万元，这对企业的政府背书和资金方面作用显著。见表 3-2。

表 3-2　Y 公司部分孵化荣誉及政策

年份	荣誉、政策	级别	孵化器服务
2018 年度	高新区"科创之星"奖项	区级	辅导、申请
	创青春上海创新创业大赛二等奖	市级	辅导、推荐
	人工智能与大数据行业——上海站奖项	市级	辅导
	新零售大数据人工智能奖	全国	背书、推荐
	年度人工智能领域最具潜力创新公司 top10	全国	背书、推荐
	上海科技企业孵化 30 年新锐企业	市级	推荐、辅导
	"创业在上海"优秀项目	市级	推荐、辅导
	市青年创业英才 30 强	市级	推荐、辅导
2018 年度	区现代服务业专项政策资金	区级	推荐、辅导
	闵行领军人才	区级	推荐、辅导
2019 年度（已获得）	盛景全球创新大赛 20 强	国际	辅导、背书
	财富创新大赛 中国年度创新企业	全国	背书
	NTT DATA 2018 商业创新大赛冠军	国际	背书

续　表

年份	荣誉、政策	级别	孵化器服务
2019年度（已获得）	中国人工智能企业50强	全国	辅导、背书
	上海领军人才培养计划	市级	推荐、辅导
	闵行区新锐企业(14强)	区级	推荐、辅导
	FPGA智能创新国际大赛	国际	背书
	英特尔MRS计划入选	国际	推荐、辅导
	中国互联网最具投资价值公司50强(极客公园)	全国	推荐、背书
	Viva Tech China Pavilion, Top Innovation China	国际	推荐、辅导
	中国创新创业大赛 国赛入围	全国	辅导、背书

高新技术企业对知识产权较为重视。为保障在孵企业的知识产权，Z孵化器会对在孵企业进行相关的意识辅导，政策介绍以及通过产学研合作方式加快企业的知识产权的授权和转化。Z孵化器所在区域对国内外专利授权有800~20 000元不等的政策奖励，同时知识产权和专利也是科创企业后期申请"高新企业认定"以及上科创板等的条件。在Z孵化器的引导下，Y公司拥有相关发明专利、实用新型、外观专利、软件著作权等超过40项，并将于2019年申请高新企业认定。见表3-3。

表3-3　Y公司部分知识产权

年份	项目名称	专利类型	是否在孵化器服务体系下申请成功
2017年	进销存系统软件	软件著作权	是
	通信平台软件	软件著作权	是
2018年	监控和报警系统软件	软件著作权	是
	大数据系统软件	软件著作权	是
	权限系统软件	软件著作权	是
	陈列系统软件	软件著作权	是
	3D陈列系统软件	软件著作权	是
	智能新零售服务平台软件	软件著作权	是
	智能货架	实用新型	是

续 表

年份	项目名称	专利类型	是否在孵化器服务体系下申请成功
2018 年	智能悬挂式货架	实用新型	是
	可感知货架技术	实用新型	是
	悬挂式货架	外观专利	是
	智能可调节式托盘	外观专利	是
	无人收货系统	实用新型	是
2019 年（已获得）	一种智能货架	发明公布	是
	智能悬挂式货架	发明公布	是
	目标无定位系统及定位方法	发明公布	是
	基于影像检测的货品感知系统及货品感知方法	发明公布	是
	货品分类系统及货品分类方法	发明公布	是
	可感知货品的货架	发明公布	是
	无人收货系统及无人售货方法	发明公布	是
	货品监控系统及监控方法	发明公布	是

注：较多商标与次要知识产权信息未全写入，部分发明专利、外观专利、使用新型正在申请过程中，预计 2019 年 Y 公司知识产权新增数量将超过 40 项。

（3）产业技术支持

产业技术支持服务，是从专业发展层面出发，围绕在孵企业所在产业提供的孵化服务。不同产业不同企业之间具有一定的差异性。但总体来看，Z 孵化器主要从产业型平台，企业合作、企业间竞争和内部产业链各方面考虑。孵化器在企业发展阶段，不应只提供局限于孵化器内的服务，更应帮企业向外延伸，搭建外部的产业企业服务平台。Z 孵化器通过与英特尔、中航工业、东软等巨人企业和相关产业方进行联合孵化和战略合作，让有需求的在孵企业专业化的外部产业合作加速。Y 公司在成长过程中，获得相关英特尔技术及资金的产业支持，在后期携手英特尔世界 500 强企业作为公司合伙人共同布局未来发展。同时，孵化器会针对不同产业建立相应的导师专家库，并开展相关讲座活动来帮助企业更好地了解产业内信息。截至 2019 年 7 月份，Z 孵化器共举行了 12 场孵化活动来服务 Y 公司。具体孵化活动如表 3-4 所示。

表 3-4 孵化活动

时间	孵化服务及内容	备注
2019.1	"创业在上海"中国创新创业大赛赛前培训	赛前辅导
2019.2	市科委专家调研	产业调研
2019.3	创业在上海模拟路演辅导	赛前辅导
2019.3	高新技术企业培育入库政策宣讲	政策辅导
2019.3	诺贝尔奖获得者来访交流	导师交流
2019.4	人社局创业政策宣传月	政策辅导
2019.4	海归高校联盟职业嘉年华	招聘对接
2019.5	卡内基梅隆大学教授人工智能技术研讨会	科创交流
2019.6	"一带一路"国际友人商会调研 Y 公司	国际合作
2019.7	推选 Y 公司联合创始人成为区青年创业英才	政策荣誉
2019.7	辅导 Y 公司联合创始人申请领军人才	政策荣誉
2019.7	中小企业银行对接会	金融服务

然而，仅仅是简单的辅导可能难以满足企业的发展需求。Y 公司作为人工智能领域的产业，其发展需要与众多企业进行合作。Z 孵化器现在可以通过其内部渠道，为 Y 孵化器寻找上下游企业进行合作，或是直接与同业内的行业龙头企业进行接触学习。好的孵化器内部可以形成较为完备的产业链，有助于在孵企业的联动发展。但同时，相近在孵企业也可能存在内部资源的竞争。孵化器需要妥善地处理在孵企业之间的竞争关系，合理分配资源。

(4) 创新协同发展

创新协同发展为的是将各方资源整合起来，是 Z 孵化器为 Y 创业项目提供的交互融合层面的服务。其目标在于建立孵化器内部的信息交流网络，使孵化器内部的信息得到共享。Z 孵化器的创新协同发展服务起步较晚，2018 年初才开始建立内部在孵企业交流利用平台。通过将各企业核心成员聚集培训来拉近各在孵企业之间的联系。Z 孵化器在入口处设立了"创咖"并以高性价比、高品质的咖啡作为孵化配套之一，吸引着载体内外部人员实现内部信息共享。

为了便利获取外部行业信息，Z 孵化载体也做好了国内外交流的准备。Z

孵化器与科技企业联合会、国际商会、军民两用技术理事会、智能制造协会、创业投资行业协会等专业行业协会深度合作，推选科创行业项目，深度对接市场资源，推动企业市场化运作。在国际平台搭建上，Z 孵化器与世界经济论坛深度合作，建设国际杰青社区，推荐在孵企业在国际顶尖平台上进行交流，拓宽业务渠道。同时，孵化器可以借助媒体与科技企业实现"双赢"。Z 孵化器作为专业化的技术型孵化器，深耕科技类及社会化专业媒体，至今有超过 50 家媒体合作伙伴，并结合在孵科技企业的科技成果以及社会发展趋势，不断帮助企业和媒体建立合作、推陈出新，获得社会及行业关注。以 Y 公司首家机场无人零售店宣传为例，结合 2018 年首届进博会的时间点，Z 孵化器邀请上海电台记者，对全国首家"黑科技"无人超市的开业进行了报道，并上送到中央电视台财经频道做了时长两分钟的报道，为 Y 公司的技术扩大了市场影响，同期，相关的图文报道通过新华社、人民网、《上海科技报》《青年报》等媒体获得了超过 500 万人次的阅读关注。

3. 阶段性成果

结合图 3-9 来看，Z 孵化器对 Y 创业项目的孵化紧紧围绕孵化体系展开：服务资源的聚集是孵化的基础，是开展后续孵化活动的前提。所有孵化器都必须做到基础服务资源的聚集，才可成为孵化器；科创环境的营造是所有高新技术产业聚集区所必要的过程，通过提高技术的发展来推动企业的成长；产业技术支持更涉及孵化器的外部资源，是衡量一个孵化器好坏的重要标准。良好的产业技术支持能够帮助企业在行业内迅速寻求合作；创新协同发展是一个高端孵化器所必要的步骤，它针对孵化器内部的资源整合以及合作互助网络的构建，是孵化器实现自我升级的重要方式。图 3-9 所示是 Z 孵化器对 Y

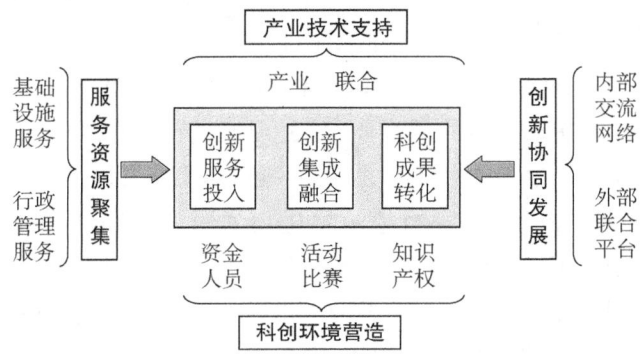

图 3-9　Z 孵化器对 Y 创业项目的孵化服务内容

创业项目的孵化服务内容框架总结。经过Z孵化器两年时间的孵化，Y创业项目于2017年7月成立并逐步壮大。其发展历程可分为三个阶段：

草创期阶段。自成立后到2017年12月，在该阶段Z孵化器为Y公司提供了相应基础保障与政策，并打破了一定的初创壁垒。在该阶段Z孵化器为初始团队提供了100平方米的研发、经营、办公的优惠场地，在高新区内的注册地申请以便于其注册，并建立了孵化企业档案，开始对其研发、业务、团队、保障政策等方面进行跟进。资源方面，Y公司团队成立前已有品牌天使基金支持，但基金服务主要在北京，孵化器同步也承担了部分投后跟进工作，每隔一到两周与项目负责人进行联络和需求对接。

成长期阶段。自2018年1至12月，Y公司发展非常迅速，结合自身的技术实力以及市场对人工智能行业的关注。资本资源方面，Y公司迅速开始了PreA轮的启动，相关的创业投资机构分别进驻Y公司，Z孵化器过程中也推荐了以高新区及自身孵化体系中的科创投资机构进行对接，并有Z孵化器推荐的1家品牌基金最终跟投成功；科创专项政策方面，Y公司通过自身的研发投入以及无人零售技术成果，结合Z孵化器的政策培训、对接，在2018年创业，并在上海大赛中顺利获得20万元的"创新基金"，且晋级国赛资格赛，这对于成立刚满一年的初创科技型企业是较为少见的，随后紧接着Z孵化器推荐参与到政府及委办组织的"人工智能专项政策征询会""区长科创企业见面会"，参与科创企业与政府政策供需对接时，获得了政府及委办一定关注，在相关街镇与园区进一步获得了一定数量的业务合作。该阶段，Y公司的办公面积逐渐扩大，从原来的100平方米，扩租到了近300平方米，人员从不到20人，增加到了60多人，并在Y孵化器的支持下，在高新区办公楼内建立了第一家无人零售实验室及体验店，为Y孵化器后续的技术验证、压力测试以及市场推广创造了条件。作为高新区而言，在商业性质配套合作方面与高校较相似，社会性的商业商店无法直接开设在高新区的办公区域，Y公司的"实验室＋体验店"的顺利开设，也看得出Z孵化器与高新区给予的支持。在该阶段的后半段，Y公司通过在高新区内的实验室及体验店的实践、优化，正式对外销售自身的"无人零售店方案"及"无人零售成品店"。

2018年10月，在上海市举行第一届进口博览会期间，在虹桥枢纽开设了"全国首家机场无人便利店"，启动仪式由Z孵化器大力协助，邀请来了上海电台、新华社等媒体，以及重要区内领导和上市公司高层共同启动机场首家店。随即，该机场店在进博会期间的启动报道，在中央电视台2套财经专栏黄金时段进行了两分钟的全面报道，Y公司在行业及社会的知名度得到了很大提升，同时，

Y公司在新华社、《上海科技报》等媒体的浏览量总数超过150万人次。2018年底,在孵化器的助推下,Y公司在中关村论坛上荣获了国际"盛景全球创新大奖",以及成功入选"上海市青年创业英才计划""闵行区领军人才"荣誉,并斩获"中国零售科技创新企业榜"等行业奖项,国内体验店在北京、上海、广州、大连等城市已铺设超30多家,形成了一定的数据积累,公司本年研发费用1 600万元,整体营收为1 200万元。

加速期阶段。自2019年1月至今,本阶段中,Y公司已正式和华为、英特尔、京东、7-11等行业顶尖企业进行科技战略转型合作,自身从国内业务延伸至国际市场,在Z孵化器的达沃斯社区的国际平台对接下,已经与加拿大埃德蒙顿机场、德国克雷菲尔德市、拉脱维亚以及相关"一带一路"等多个国际城市、机构开展合作,自身也与美国、新加坡、日本、韩国等多国进行了技术产品的推广与设店。并经过孵化器推选,参与法国"Viva Tech China Pavilion Shanghai",成为"2019闵行科技创业新锐企业"。在产品方面,与中国联通、英特尔一同携手打造全球5G智慧零售产品。在品牌方面,通过与"IP"深度结合,开设了全球首家"梵·高无人店",以艺术结合科技的方式,为用户带来新的体验。该阶段,孵化器相关的基础孵化服务以及保障政策,对企业加速作用度开始降低,相关的专业发展层面及交互融合层面的服务,成为加速阶段企业可以从孵化器方面获得的较有需求的服务,Z孵化器后续通过市、区两级经信委、金融办公室等政策和专家的对接,近期正为Y公司的上市工作进行服务。资本资源服务方面,在后期阶段孵化器通过自身的资金、导师,较难能够为估值超过5亿元以上的快速发展企业进行直接的资源服务对接,一般通过孵化平台搭载的连接,为科技瞪羚企业进行助推。Y公司预计今年营收将超过4 000万元,研发投入约为3 000万元,并在国内外开设相关无人零售店超120家。

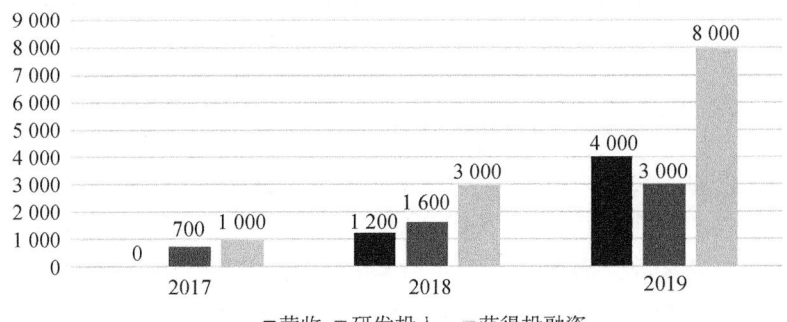

图3-10　Y公司三阶段营收、投入及投融资数据统计

在草创期,企业相关的办公、物业、场地、交通等基础服务以及信息、政策保障服务模块对企业成长作用占比较大。在成长阶段,孵化器为企业筛选、对接合适的科技专项政策、知识产权、人才荣誉等具有资金和背书的资源是企业较为需要的,同时结合资本市场的需要以及行业的趋势,孵化器在这个阶段对企业投融资的服务也是企业较为迫切的,但这方面服务较为专业,风险也较为不确定,可以根据孵化载体性质的不一样进行不同权重的对接,如:孵化器本身自带投资基金或引导基金,可以从专业角度净调、分析、投决,完成对一个自身在孵、跟进企业的投资服务,若孵化器主导以其他服务为主,可以通过投资导师和合作机构完成这个阶段的企业投融资服务,最终目的是将较合适的资源,注入有专业技术以及资源需求的企业中,帮助其度过该阶段,尽快实现研发投入和产品销售。在加速阶段,也即后孵化服务阶段,对于一些成长较快的企业,孵化器更需要注重和外部资源的对接,同时可以通过人才招聘、培育、政府展示、专业行业展会、品牌推广等方面为企业加速做好辅助工作,直接资源和政策性的对接可能相对作用较小,孵化器服务的投入和实际效果还有待判断。

四、Z 孵化器服务体系评估

Z 孵化器作为国家重点孵化基地,其服务水平在国内已处于领先。但综合来看,还是有一定的不足,需要进一步评估优化。由于单独针对 Y 项目的孵化服务评估难以代表 Z 孵化器的整体服务能力,因此本篇针对所有在孵企业对 Z 孵化器的服务体系作出评估。Z 孵化器成立于 2015 年 8 月,经过四年的发展,已经成功注册 120 家科创型企业。然而,Z 孵化器的服务能力并不完善,仍需要进一步地提升。本篇从在孵企业的实际需求出发,结合 Z 孵化器的实际情况,构建出评价 Z 孵化器服务能力的评价指标,并通过实际调研对其服务能力作出评价。

(一)服务体系评估指标

对科技企业孵化器的服务能力进行全面的分析评价,将有助于更好地把握在孵企业现状,使有限的创业资源实现更加科学合理的分配与使用,从而全面优化孵化器的服务水准。因此,需要设立严格的评估标准,制定科学的评估指标,全方位覆盖孵化器服务体系,从而科学全面地进行评估。同时,在进行指标的选取时,必须遵守一定的原则,以保证能够获得更加理想的分析和判定。本篇严格遵守了综合性原则、系统性原则、针对性原则及引导性原则，充分考虑实际情况选取评价指标。其中，综合性原则要求指标的选取要从多个角度来考量，已获得更加准确真实的分析评定结果。系统性原则要求指标具有内在的逻辑性，不能仅仅是简单的叠加，需要有一定的层次。针对性原则要求指标足够简洁有效，彼此之间存在着明显的差异化，并且不能够过于复杂，以确保分析评估可以有效展开。引导性原则要求指标的选取要能够在决策制定方向上有一定的引导作用，从而促进孵化载体各项孵化能力的不断提高。

依据上述原则，结合Z孵化器的实际情况，本篇在梳理了相关服务体系理论和创新成果的基础上，同步参考2017年科技部《高新技术企业认定创新能力评价体系》《在孵企业火炬统计信息表》等国内对于科创服务及成果评价标准，结合Z孵化器对于科创型项目的孵化过程，以及孵化器自身服务发展的需要，构建了指标体系，整体65%(13个)服务指标沿用科技部火炬中心对于孵化载体的服务要求内容，另有35%(7个)服务指标针对Z孵化器的企业特性、行业布局、创始人背景、载体特色进行了指标定制。指标主要从服务资源聚集、产业技术支持、科创环境营造、创新协同发展四个维度进行选取，并结合了本篇前半部分总结的多个模块与实际企业"创新服务投入、创新集成融合、科创成果转化"的发展成长过程中的关系。此次评估主要从在孵企业视角定性评价Z孵化器服务能力。涉及评价孵化载体和企业成果以及协同发展能力的定性数据。每一个维度选取了最具代表性的5项指标，共20项定性指标，构建了如表4-1所示的"Z孵化器对在孵企业服务指标体系"。

表4-1 Z孵化器对在孵企业服务指标体系

一级指标	二级指标
A 服务资源聚集	A1 基础设施完备程度 A2 政策服务完善性 A3 人力资源服务完善性 A4 市场开拓服务完善性 A5 投融资和基金资助服务完善性
B 产业技术支持	B1 上下游企业间合作程度 B2 与行业龙头企业合作程度 B3 在孵企业间竞争程度 B4 孵化器内部产业链完备程度 B5 产学研服务完善性

续　表

一级指标	二级指标
C 科创环境营造	C1 配套科创机构丰富度 C2 科创制度完备性 C3 科创比赛、资金支持度 C4 科创辅导丰富度 C5 科创导师引导性
D 创新协同发展	D1 在孵企业交流平台利用程度 D2 孵化器内部信息共享程度 D3 在孵企业人员交流程度 D4 产学研合作程度 D5 行业信息获取便利程度

服务资源聚集主要围绕基础服务层面的服务模块选取关键指标。其中，基础设施完备程度评估孵化器在硬件设施上对在孵企业提供的帮助；政策服务完善性评估孵化器相应配套政策对在孵企业的适配性；人力资源服务完善性评估孵化器相关工作人员的专业性；市场开拓服务完善性评估在孵企业在产业链上的基本资源状况；投融资和基金资助服务完善性评估孵化器的资金支持。五大指标涉及孵化器相应的硬软件基础配套服务，从人员、市场到资金全方位考量。

产业技术支持主要围绕专业服务层面的产业间关系展开选取关键指标。其中上下游企业间合作程度评估孵化器针对科创型在孵企业可提供的行业内资源；与行业龙头企业合作程度体现孵化器在行业内所能提供的资源质量；在孵企业间竞争程度评估在孵化器内部同类高新技术科创型企业间的竞争程度，体现其资源分配的情况；孵化器内部产业链完备程度评估孵化器自身资源的完备程度；产学研服务完善性评估孵化器内部对产业技术的支持力度。

科创环境营造从专业服务层面围绕科创环境展开选取关键指标。配套科创机构丰富度评估孵化器科创机构的数量及质量；科创制度完备性评估孵化器在促进科创上的制度完备性；科创比赛、资金支持度评估孵化器可提供的资金渠道；科创辅导丰富度评估孵化器科创活动开展的丰富度；科创导师引导性评估了孵化器创业导师的整体质量。

创新协同发展从交互融合层面展开选取关键指标。在孵企业交流平台利用程度评估孵化器在孵企业间的交流程度；孵化器内部信息共享程度评估孵化器内部知识网络的完善性;在孵企业人员交流程度评估孵化器内各人员之间的联系程度;产学研合作程度评估孵化器内部产学研活动的实际进展情况;行业信息获取便利程度评估孵化器内部信息沟通渠道便利程度。

(二)孵化服务评估

根据上节的评估指标,设计相应的调查问卷,向 Z 孵化器在孵企业展开实地调研。通过对问卷的收集和数据的整理,本篇从微观视角对 Z 孵化器的服务体系进行了一个整体的评价。

1. 问卷调查

向在 Z 孵化器孵化时间超过三个月的在孵企业发放问卷,每家企业发放 5 份问卷。调查在孵企业 116 家,共回收来自 100 家在孵企业的有效问卷 500 份。

(1)在孵企业产业分布

搜集到的 100 家在孵企业,涉及人工智能、软件信息/大数据、智能制造、文化科技和大健康五个行业。其中军民融合的项目为 21 个。具体行业分布如图 4-1 所示。

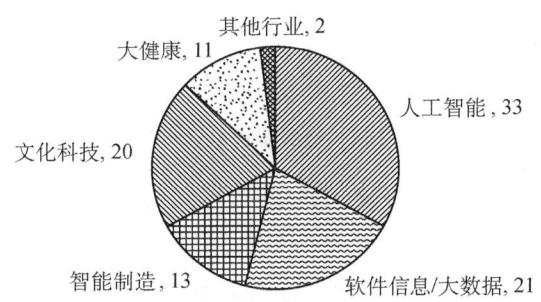

图 4-1 被调查在孵企业行业分布

(2)在孵企业孵化时间分布

在剔除掉孵化时间不足三个月的企业后,搜集到的 100 家在孵企业中,在孵的时长范围从 3 到 48 个月不等。可将其分为 12 个月及以内、13～18 个月、19～24 个月、25～30 个月、30 个月及以上五个时长段。具体孵化时长分布如图 4-2 所示。

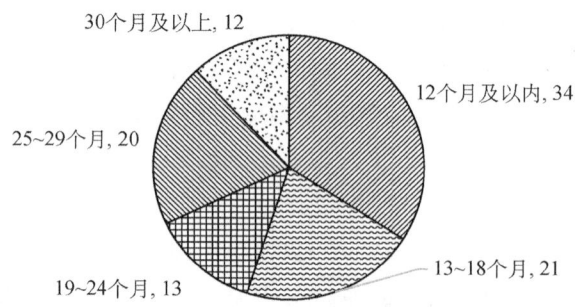

图 4-2　被调查在孵企业在孵时长分布

（3）在孵企业办公区分布

在孵企业的日常办公地影响到其对孵化器孵化服务的体验度。搜集到的 100 家在孵企业，大致可分为在孵化器内办公、注册在孵化器内但办公在高新区里，以及办公在高新区外三种。具体办公区分布如图 4-3 所示。

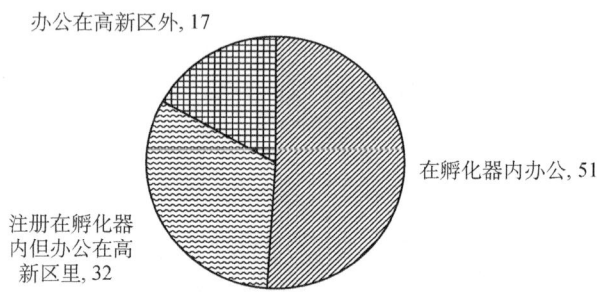

图 4-3　被调查办公区分布

本篇参考刘钻石等[27]的研究，对定性指标采用十分制进行评价，0 表示最不满意，10 表示最满意，打分为整数。可以简单认为 0～2 分表示不满意，3 分表示比较不满意，4～7 分表示一般，8 分表示比较满意，9～10 分表示非常满意。其中，"在孵企业间竞争程度"得分越低，代表因为在孵企业间的竞争对本公司所获资源的损害越严重。各指标均分如表 4-2 所示。

表 4-2　各评价指标均分

一级指标	二级指标	均分
A 服务资源聚集	A1 基础设施完备程度	8.6
	A2 政策服务完善性	7.8
	A3 人力资源服务完善性	7.9
	A4 市场开拓服务完善性	7.2
	A5 投融资和基金资助服务完善性	7.4

续 表

一级指标	二级指标	均分
B 产业技术支持	B1 上下游企业间合作程度	6.7
	B2 与行业龙头企业合作程度	6.5
	B3 在孵企业间竞争程度	8.4
	B4 孵化器内部产业链完备程度	6.2
	B5 产学研服务完善性	6.3
C 科创环境营造	C1 配套科创机构丰富度	7.6
	C2 科创制度完备性	7.4
	C3 科创比赛、资金支持度	7.7
	C4 科创辅导丰富度	7.9
	C5 科创导师引导性	8.8
D 创新协同发展	D1 在孵企业交流平台利用程度	4.6
	D2 孵化器内部信息共享程度	4.4
	D3 在孵企业人员交流程度	6.9
	D4 产学研合作程度	5.9
	D5 行业信息获取便利程度	6.2

2. 评估分析

参考李胜芬[28]、张卫民[29]等人的做法,本篇选取熵值法对 Z 孵化器服务体系进行评估。熵值法的基本思路为,根据各评价指标数据的信息量大小在总信息量中所占权重进行赋权的方法,应用熵值法可在一定程度上避免多指标变量间产生重复性的问题,也可排除因人为确定权重而造成的主观干扰,相对而言确保了计算的科学性和客观性。熵值法在确定指标的权重时,一般根据各项指标观测值提供的信息量的多少来进行判断。在信息论中,若指标提供的信息越少,其测算出的熵值就会越大。并且,熵值可以对指标的不确定性进行度量,由于信息量小而得到大的熵值,指标的不确定性也会随之增大。在熵值该特性的基础上,对方案的随机性进行测试,同步得到它的无序程度。此外,通过运算得出的熵值大小可进一步确定指标的离散程度。对综合评价的影响与指标的离散程度之间是正比例的关系。因此,若知道了各项指标的变异程度,就可以充分运用熵值来进行计算,求出指标的权重,对综合评价指标进行指导。

(1) 确认权重步骤

① 计算第 j 项指标下第 i 个样本占该指标的比重。已知有 500 个样本,20 个二级指标,A_{ij} 为第 i 个样本,第 j 项指标的数值。由于各指标数值皆为十进制的打分,含义与量级相同,因此无须进行同度量化,直接计算第 j 项指标下

第 i 个样本占该指标的比重。

$$B_{ij} = A_{ij} / \sum_{i=1}^{500} A_{ij} \tag{4-1}$$

② 计算第 j 项指标的信息熵值,得到服务能力指标的信息熵值 e_j。公式为:

$$e_j = -\frac{1}{\ln 500} \sum_{i=1}^{500} (B_{ij} \times \ln B_{ij}) \tag{4-2}$$

在该项指标数据中,信息的效用价值与信息熵值和 1 的差值相关度高,因此权重的大小也与其有关。指标数据中的信息效用与研究评价的重要性和权重为正比例关系,前者增大,后者也随之增大。效用价值的计算公式为:

$$d_j = 1 - e_j \tag{4-3}$$

③ 利用熵值法计算各指标的权重 W_i,即利用该指标数据的价值系数来计算,其价值系数越高,对评价的重要性越大,故权重越大,对于评价结果贡献越大,指标权重的计算公式如下:

$$W_i = d_j / \sum_{j=1}^{20} d_j \tag{4-4}$$

因 Z 孵化器服务能力指标体系含有两级指标体系,根据熵值计算的可加性,可将二级指标的效用值,按比例确定对应的一级指标的权重。计算多级指标效用值之和:

$$D_p = d_1 + d_2 + d_3 + d_4 + d_5 \tag{4-5}$$

全部指标效用值总和 D:

$$D = D_1 + D_2 + D_3 + D_4 \tag{4-6}$$

对应的一级指标权重为:

$$W_k = D_k / D \ (k=1, 2, 3, 4) \tag{4-7}$$

④ 计算各级指标综合评价得分

$$S = \sum_{j=1}^{n} W_j \times B_{ij} (n=1, 2, 3, \cdots, 20) \tag{4-8}$$

采用以上熵值计算,可得到各评价指标权重的最终得分,进一步对 Z 孵化器创新能力发展进行深入分析。

(2) 问卷调查结果

依据上述计算公式,对问卷数据利用 Excel 2017 进行处理。首先确定完成各指标权重,如表 4-3 所示。

表 4-3 Z 孵化器服务能力指标权重值

一级指标	二级指标	权重	权重合
A 服务资源聚集	A1 基础设施完备程度	0.052 8	0.196 5
	A2 政策服务完善性	0.029 9	
	A3 人力资源服务完善性	0.039 7	
	A4 市场开拓服务完善性	0.026 9	
	A5 投融资和基金资助服务完善性	0.047 2	
B 产业技术支持	B1 上下游企业间合作程度	0.074 7	0.291 5
	B2 与行业龙头企业合作程度	0.049 9	
	B3 在孵企业间竞争程度	0.032 9	
	B4 孵化器内部产业链完备程度	0.084 8	
	B5 产学研服务完善性	0.049 2	
C 科创环境营造	C1 配套科创机构丰富度	0.036 5	0.261 1
	C2 科创制度完备性	0.048 4	
	C3 科创比赛、资金支持度	0.057 5	
	C4 科创辅导丰富度	0.048 8	
	C5 科创导师引导性	0.069 9	
D 创新协同发展	D1 在孵企业交流平台利用程度	0.054 3	0.250 9
	D2 孵化器内部信息共享程度	0.067 2	
	D3 在孵企业人员交流程度	0.052 1	
	D4 产学研合作程度	0.041 1	
	D5 行业信息获取便利程度	0.036 2	

四项一级指标的权重分别为 0.196 5,0.291 5,0.261 1,0.250 9。其中产业技术支持最被在孵企业看重。而从二级指标整体来看,"上下游企业间合作程度""孵化器内部产业链完备程度""科创导师引导性""孵化器内部信息共享程度""基础设施完备程度"等指标更被重视。

结合问卷调查结果与 Z 孵化器服务能力评价指标体系权重值,可对 Z 孵化器的各项服务能力进行综合评估,具体得分如表 4-4 所示。

表 4-4　Z 孵化器服务指标综合评价

一级指标	二级指标	二级指标分值	一级指标分值
A 服务资源聚集	A1 基础设施完备程度	0.454 08	1.543 89
	A2 政策服务完善性	0.233 22	
	A3 人力资源服务完善性	0.313 63	
	A4 市场开拓服务完善性	0.193 68	
	A5 投融资和基金资助服务完善性	0.349 28	
B 产业技术支持	B1 上下游企业间合作程度	0.500 49	1.936 92
	B2 与行业龙头企业合作程度	0.324 35	
	B3 在孵企业间竞争程度	0.276 36	
	B4 孵化器内部产业链完备程度	0.525 76	
	B5 产学研服务完善性	0.309 96	
C 科创环境营造	C1 配套科创机构丰富度	0.277 4	2.078 95
	C2 科创制度完备性	0.358 16	
	C3 科创比赛、资金支持度	0.442 75	
	C4 科创辅导丰富度	0.385 52	
	C5 科创导师引导性	0.615 12	
D 创新协同发展	D1 在孵企业交流平台利用程度	0.249 78	1.371 88
	D2 孵化器内部信息共享程度	0.295 68	
	D3 在孵企业人员交流程度	0.359 49	
	D4 产学研合作程度	0.242 49	
	D5 行业信息获取便利程度	0.224 44	
总分		6.931 64	

由表 4-4 可知,Z 孵化器的服务能力综合得分为 6.931 64,表明在孵企业对 Z 孵化器的服务能力整体较为满意,但仍然有较大的进步空间。为了进一步评估每一项一级指标得分,本篇将上述二级指标权重进行换算,计算其占各一级指标比例,并进一步对其进行评估,具体得分如表 4-5 所示。

表 4-5 指标得分明细

一级指标	二级指标	二级指标分值	一级指标分值
A 服务资源聚集	A1 基础设施完备程度	2.310 8	7.856 9
	A2 政策服务完善性	1.186 9	
	A3 人力资源服务完善性	1.596 1	
	A4 市场开拓服务完善性	0.985 6	
	A5 投融资和基金资助服务完善性	1.777 5	
B 产业技术支持	B1 上下游企业间合作程度	1.716 9	6.644 7
	B2 与行业龙头企业合作程度	1.112 7	
	B3 在孵企业间竞争程度	0.948 1	
	B4 孵化器内部产业链完备程度	1.803 6	
	B5 产学研服务完善性	1.063 3	
C 科创环境营造	C1 配套科创机构丰富度	1.062 4	7.962 3
	C2 科创制度完备性	1.371 7	
	C3 科创比赛、资金支持度	1.695 7	
	C4 科创辅导丰富度	1.476 5	
	C5 科创导师引导性	2.355 9	
D 创新协同发展	D1 在孵企业交流平台利用程度	0.995 5	5.467 8
	D2 孵化器内部信息共享程度	1.178 5	
	D3 在孵企业人员交流程度	1.432 8	
	D4 产学研合作程度	0.966 5	
	D5 行业信息获取便利程度	0.894 5	

综合来看,"服务资源聚集"得分 7.856 9,"产业技术支持"得分 6.644 7,"科创环境营造"得分 7.962 3,"创新协同发展"得分 5.467 8。可知 Z 孵化器在基础服务与科创环境营造上服务能力较好,在孵企业对此较为满意。但在创新协同发展方面的表现不尽如人意,有待进一步提高。

为了更加深入地分析 Z 孵化器的服务能力,本篇进一步对在孵企业进行区分,探究了不同企业针对各一级指标给出的评分。首先按在孵企业产业分布进行区分,结果如表 4-6 所示。

表 4-6　按分产业分布分类评估明细

得分	服务资源聚集	产业技术支持	科创环境营造	创新协同发展	总分
人工智能	7.836 3	7.778 3	7.953 2	6.013 5	7.632 4
软件信息/大数据	7.928 4	8.093 4	8.027 3	6.293 2	8.034 2
智能制造	7.129 4	7.284 8	7.321 4	6.092 3	7.218 4
文化科技	7.098 2	6.138 2	7.221 1	5.994 1	6.398 2
大健康	7.192 3	6.489 1	7.153 2	5.058 3	6.882 7
其他行业	7.009 3	6.099 4	7.353 2	5.409 3	6.290 3

"软件信息/大数据""人工智能""智能制造"等行业的在孵企业对 Z 孵化器的服务能力评价更高,尤其在产业技术支持方面。由此可见,Z 孵化器内部存在着一定程度的资源倾斜。

将在孵企业按孵化时长分类,结果如表 4-7 所示。

表 4-7　按孵化时长分类评估明细

得分	服务资源聚集	产业技术支持	科创环境营造	创新协同发展	总分
12 个月及以内	7.603 8	6.638 4	7.894 8	5.198 7	6.992 3
13~18 个月	7.762 4	6.742 6	7.463 5	5.839 5	7.092 2
19~24 个月	7.834 9	6.839 3	7.774 5	5.444 5	6.928 1
25~30 个月	7.837 6	6.367 3	7.863 4	5.439 4	7.002 4
30 个月及以上	7.934 5	6.347 5	7.998 3	5.847 3	7.121 1

孵化时长对各个在孵企业对于 Z 孵化器服务体系的总体评价趋同,综合得分都在 7 分左右。

将在孵企业按办公地点分类,结果如表 4-8 所示。

表 4-8　按办公地点分类评估明细

得分	服务资源聚集	产业技术支持	科创环境营造	创新协同发展	总分
在孵化器内办公	7.987 3	6.764 3	8.094 4	5.668 3	7.109 34
注册在孵化器内但在高新区中办公	7.873 4	6.664 5	7.990 5	5.443 6	6.902 84
在高新区外办公	7.774 9	6.342 5	7.809 4	5.201 9	6.837 45

按办公地点对在孵企业进行分类后,各企业对 Z 孵化器服务体系的综合评价差异较大。其中,在孵化器内办公的企业综合评分最高,在高新区外办公的企业对服务体系评分最低。可见办公地点的选择会感受到孵化器的实际孵化效果不同。在孵化器内办公更便于享受孵化器内的各种公共资源,且与孵化器内人员接触更加紧密,因此满意度较高。而在高新区内办公虽然仍处在孵化器的管理范围内,但相对来说与孵化器内部人员接触较少,信息存在一定的滞后。当公司在高新区外办公时,很难直接享受到孵化器提供的各种便利,相应的满意度也就最低。孵化器应该根据在孵企业办公地的不同而对孵化服务作出适当的调整,以便提供更加多样的孵化服务。

(三)服务体系存在的问题

结合调查结果,可以发现在服务资源聚集、产业技术支持、科创环境营造和创新协同发展四个方面,在孵企业对 Z 孵化器在服务资源聚集和科创环境营造两方面所提供的服务较为满意,但对产业技术支持和创新协同发展两个方面的服务体系评价相较来说评分较低,尤其是在创新协同发展方面。同时结合调查评价以及相关数据可以了解到现有 Z 孵化器在体内,不同产业、不同孵化时长和不同办公地点的在孵企业对 Z 孵化器的服务体系评价之间也存在较大的差异。综合来看,可将 Z 孵化器的服务体系缺陷总结为以下三点:

(1)产业技术支持力度不足。从载体企业外部发展角度而言,在孵企业从事的是不同行业,孵化器难以确保每个企业都能够获得足够的技术支持,如 Z 孵化器对于人工智能、软件信息与其他行业相比较的产业技术支持力度有相对的不充足现象。在孵化时长方面,对于超过 24 个月的企业 Z 孵化器产业技术支持力度无法像对在孵第一、第二年内的在孵企业那么充足。此外,从企业内部角度来说,科创企业技术的支持涉及上下游企业、行业龙头企业等多个方面,企业间合作较为复杂。同时由于在孵企业可能处于同一行业,二者之间很可能出现相互竞争,甚至出现同一孵化体内的企业争抢客户或业务的情形,也较时常发生非法窃取相关知识专利、技术创新点的情况,急需多元化的产业支持、技术支撑去给在孵企业提供充分的发展空间和渠道,通过加强各行业方向上的产业技术支持力度缓解企业间技术、产业化、人才、空间等资源竞争尤为重要。目前 Z 孵化器在人工智能、软件信息和智能制造行业的内部产业链较为完备,但针对文化科技和大健康等行业可提供的产业技术支持力度较弱,仍需进一步改善,可以考虑产业融合,如大健康与先进制造企业,文化科技与人工智能企业间进行相互的产业补充、有机结合,通过产业融通、互相主力等方式进行相关产业化及技术创新的支持。

(2)科创辅导全面性较差。Z孵化器为在孵企业提供了较为丰富的科创辅导服务。但由于在孵企业的行业分布较多,因此针对性的科创比赛、资金支持、科创辅导和科创导师在各个行业间差异较大。目前孵化器内的科创服务更偏重人工智能、大数据和智能制造等行业,因Z孵化载体本身是先进制造及人工智能的科创大赛比赛场所,故对于相关行业的参与、申报、培训更为重视。而随着近几年来文化科技和大健康等新兴在孵企业的不断加入,孵化器需要尽快调整完整孵化服务,提供更加具有针对性的专业孵化服务。应以原有的优势行业的科创辅导内容及经验作为基础,通过筛选、积累科创企业在科创政策、大赛中的共性问题进行编辑、优化,开展更标准化、通用化的科创企业辅导课程、培训活动,让更多的其他行业企业及新兴企业参与进来。若孵化器载体企业在科创辅导服务方面体现出"边缘化"现象时,将进一步提升自己创业的机会成本,同时产生消极创业、被动创业,并弱化其创新投入的意愿,这对于科创新企业有较大的反面作用,Z孵化器应进一步提升在体内科创辅导的全面性,让所有企业积极主动投身于各个行业协会、政府委办的科创政策与活动中来。

(3)创新协同体系不完善。良好的创新协同能力有助于促进孵化载体精细化服务企业,企业间便利地交流与共享知识,从而更好地实现产学研一体化,进一步将科创技术、创新经验从信息转化为知识,扩展企业自身与外部的链接,同时让企业寻找出适合自身创新发展的"方法论"与路径。因科技型企业本身企业定位、风格更偏于研发和内部交流,在外部协同创新、平台化社交方面,相对于其他行业,如纯互联网行业、新零售业、餐饮业等,则更弱化,而目前Z孵化器在这一方面并未找到直接有效的服务模式去直接打通企业的创新协同阻碍问题。在载体内部,因擅长相关信息化建设以及社交流程设计的技术人员较少,载体内部缺少可让在孵企业及时交流、互通的有效平台,内部协同创新信息无法有效共享、转化,在孵企业人员本身的孵化服务信息交流也受到阻碍,有时会出现多个项目负责人同时服务一个项目,产生信息重复现象;也曾出现部分新入孵项目,因信息不对称问题,产生了无直接孵化服务人员跟进等问题。创新协同体系不完善,将导致载体孵化服务低效、无法定制化精细化地服务企业,企业间无法有机协同创新、政府科创政策无法渗透传播至相关企业等不良情况,需进一步提升创新协同体系及搭建平台,通过一系列专业服务工作加以解决。

作为国家重点孵化基地,Z孵化器需要不断提升自身的服务能力,为整个孵化行业提供可以效仿的范例。

五、Z 孵化器服务体系优化方案

Z 孵化器的服务体系建设较为科学，但在实际执行过程中仍然有很多的不足。经过对 Z 孵化器服务体系的评估，发现其在"服务资源聚集"与"科创环境营造"两个方面所提供的孵化服务较为充足，但在"产业技术支持"和"创新协同发展"两个方面不完善，造成相关产业技术支持力度不足、科创辅导全面性较差、创新协同体系不完善这三方面主要问题，亟待 Z 孵化器进行优化及改善。

（一）增强多方合作，拓展产业渠道

Z 孵化器在产业技术支持方面孵化能力较弱。结合整体创新创业环境的未来发展趋势，未来的创新创业活动将更加复杂化，单个孵化器将难有较大的作为。孵化器必须利用自身的优势，有效地吸纳、协调、整合资源，为创业者提供尽可能多的服务。从提供单一服务到提供全要素生态孵化服务，将大大提高创业孵化效率和效益。因此，由政府带头，加强区域孵化器的协作网络，将能够使孵化器发挥更大的作用。目前，Z 孵化器产业技术支持力度不足，为尽快实现产业服务的纵向延伸，孵化器应该与其他孵化器、行业内协会与企业，以及高校及科研机构建立更多更好的合作关系，实现创新协同内外部同步发展，加快知识、技术在产业、学校及市场之间的转化速率。

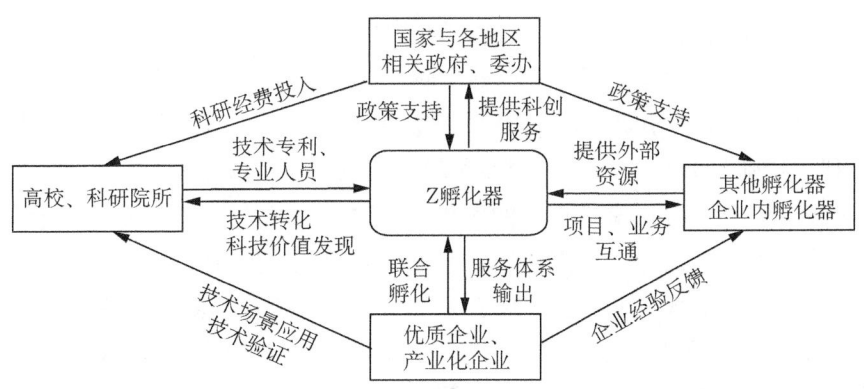

图 5-1　多方合作模式

如图 5-1 所示，Z 孵化器可利用政府、其他孵化器、企业、高校和科研院所展开多方合作，促进自我发展。实际情况是，各孵化器之间尚处于竞争关系，因此彼此之间缺乏合作，资源不互通。上海有着众多的企业孵化器，但规划相似，彼此之间难免出现抢夺资源的现象。从严格意义上来讲，孵化器尚处于政府管控状态，由政府短期内建设一个可为全行业企业提供孵化服务的孵化器的成本较高。因此，可以通过政府调节，与同区孵化器建立合作关系，分化孵化行业，互换合作资源，从而提升孵化器在单一产业上的专精度。目前，Z 孵化器主要与紫竹高新区内的企业建立合作关系，因此孵化器内的企业大多集中在信息技术领域，文化类、医疗类的企业较少。因此企业应该进一步扩展合作网络，和不同行业的企业开展多方合作，增强自身实力。同时，Z 孵化器分别与上海交通大学和华东师范大学相邻，应进一步利用此优势，加强与两校专业人才的合作，建立自身的合作网络。

作为位于高新区，毗邻政府部门、科技企业、研发机构、高校、载体集群的 Z 孵化器，应该逐步找准在整个创新创业生态中的定位，将自身的后续服务体系优化方向精确定位，作为整合多方资源、产业的平台角色，同步为载体内项目拓展可获取或借鉴的产业发展方向，在技术、业务、政策、资金等方面能够有更多的"接触点"，为今后企业发展、转型、升级进行更精准的匹配。该载体优化方案有利于为企业战略发展以及产生实际经营需要时，提升企业的发展成功概率，降低企业发展风险。

(二) 加强队伍建设，推进职业道路

针对"产业技术支持"以及"科创环境营造中"中由于 Z 孵化器资源集中于信息技术行业而导致的孵化服务全面性不够，对行业覆盖性不强的问题，本篇建议 Z 孵化器通过丰富产学研关键机构以及专业导师、中介等资源进行服务体系的改善，利用导师与专家的社会经验和资源，让在孵企业与行业龙头企业有更多的合作和参与机会。随着国家双创的积极推进，"众创空间—孵化器—加速器"创业孵化链条的不断完善，"创业导师＋创业辅导师"制度和职业化管理服务队伍的建设需求不断加大，而且进一步专业化、实用化发展，许多专业导师直接与孵化载体深入合作，通过评审、辅导、投资、合作等方式，与孵化项目紧密合作，甚至后期与项目携手共赢。国家正在积极深化落实"中国火炬创业导师行动"，支持类孵化器组织各行各业的企业家、著名学者以及天使投资人等担任创业导师，形成专业化的导师队伍。Z 孵化器应该积极参与国家的人才建设事业，从而整体提高孵化器的服务专业性。Z孵化器可和各人才培养基地相互合作,参与人才培养项目,并建立第三方培训效果评估机制。

孵化器的创业导师不仅仅要有培训能力,自身也要有足够的创业知识和科创资源。因此,Z孵化器需要依据创业导师的个人工作经验和专业领域选出更有效于创业指导的导师"教练"团队。现在较为科学的遴选方法,是创业导师的团队要以"1+X"模式为标准。其中,"1"代表成功的创业者,"X"代表在各领域有建树的专家,常见的有技术专家、财务专家和法学专家等。将上述两者科学结合的创业导师人选才更具有高效服务创业者的属性[30],如图5-2所示。同时,Z孵化器可通过更有效的导师管理、合作制度,来确保专业导师的服务水准和积极度,以解决现有孵化载体中导师虽然数量多,但良莠不齐,无法融入孵化服务体系的问题。并且建议导师团队可设立有效的遴选机制,从在孵企业需求出发,细分专项业务,丰富服务结构,提升孵化效率和成功率[5]。

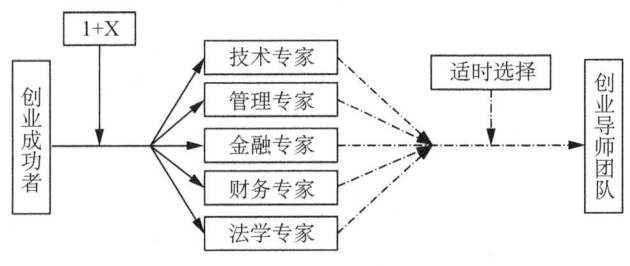

图 5-2　导师团队选择

该方案的优化,对于孵化器最重要的外部"智库"力量——导师,进行了明确的责任分工和专业要求。Z孵化器从原有200多位存量导师中可进行直接资料筛选,同时启动导师委员机制,以导师沟通会、项目评审会、企业私董会、项目巡诊走访等方式直接检测导师的专业水准、积极活跃度、双创认可度等内容,从而进一步遴选自身载体平台可以沿用或重用的导师负责人。此外,通过之前整合多方资源与渠道的优化方案,可以从政府、企业、高校、科研机构、专业载体等平台持续发掘符合Z孵化器要求的"候选"导师,并且通过上述筛选机制以及"导师团选择图"的板块内容,进一步真正帮助企业发展,优化提升孵化器导师水准的人选。高质量的外部服务队伍,是孵化载体重要赋能模块。其对内帮助载体提升服务质量,加强企业发展水平;对外,则是载体实力和品牌的最好"代言者"与意见领袖,提升整体孵化器对外的形象,更能够吸引相关行业的新企业入孵,并同步获得整体社会的认可。

(三)构建知识网络,创新协同发展

为进一步实现企业之间的创新协同发展,在孵化器内部构建基于孵化器整体的知识服务共享网络是最优的解决途径。通常,孵化器的知识服务体系是从自身的知识服务出发,利用信息处理技术,采用信息采集、语义加工、高校存储和智能推送等方式来实现服务的有效、动态化,实现系统的智能更新和优化学习,最终目的是为企业的健康成长提供帮助。孵化器的知识服务体系并不是封闭的,它与外部的知识信息资源紧密相连,是双向传递系统,利于知识网络体系获得更多的外部资源,并且控制企业在孵化期间,由于技术研发、市场销售、政策融资、组织架构等问题产生的相关内耗、互相抄袭或者互相影响发展的情况。其基本构成如图5-3所示。

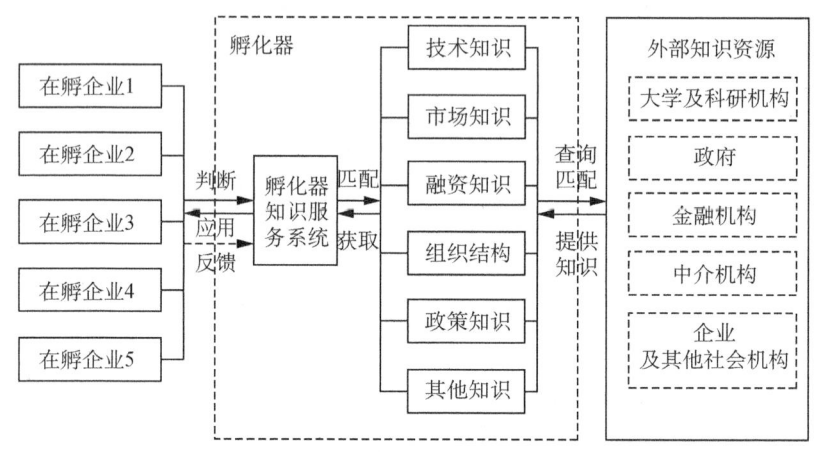

图 5-3　知识信息服务体系网络图

孵化器知识信息服务系统运行过程包括如下几个步骤:首先,孵化载体需依据自己的实际情况设立标准,并对孵化器内在孵企业的各项指标进行有效、详细的分析,具体了解企业当前所处的发展阶段,进而分析出其知识诉求。此后,孵化器要利用在孵企业的各类知识信息,主要集中于后者从外部获得的信息经验。其次,在拥有内外部知识资源的情况下,孵化器要根据自身需求,对已有的知识信息进行总结、整合和创新,构建全新的符合企业需求的知识体系。最后,孵化器还需采取精准的方式,将知识体系提供给各在孵企业,并要注意其使用的反馈信息,从而对知识体系进行进一步改建,逐步完善与壮大企业的知识网络体系。有效的知识服务体系能够更好地帮助企业获取有关技术研发、市场营销及科创

政策方面知识,从而进一步实践,为企业发展拓展新的机遇,同时增加企业自主创新的能力与意识,使孵化载体内的企业能够更多元化地创新发展。

可以将企业所需的知识诉求按专业方向分为五类:技术、融资、市场、组织结构和政策。其中,技术转化知识是指为企业提供科技研究和技术转化的有效知识。技术转化知识包含了待转化技术信息库,技术评估机构和技术需求方信息库,以及各项展示技术的专业展会信息库。融资知识包括可获得资金的种类,资金的渠道和获得的具体申请手续及文本材料。市场知识是帮助企业了解关于市场的识别、开发,产品的营销、供应网络的建设以及政府要求的市场准入条件等内容。组织结构知识主要是包括涉及会计、法律、技术、管理等专业知识、具体流程和相关机构信息的知识体系,它涉及企业所有的成长过程。而政策知识主要就是对行业相关政府政策的了解及其获取渠道。

结合孵化器的知识网络及知识库,孵化器可以选择智能服务式,自助服务式和专家咨询服务式三种服务模式。首先,智能服务模式是利用间接的活动进行交互。孵化器可依据在孵企业的各项使用反馈与建议,对知识服务网络不断进行改进,从而增加知识服务的具体内容,提高服务的质量,加强服务的针对性与适应性,从而能够更好地满足在孵企业的需求。而在自助服务式中,各方的交流互动程度较低,孵化器难以了解在孵企业对知识网络的满意度,从而需要建立独立的反馈渠道。在专家咨询服务模式中,孵化器除去提供智能式和自助式的服务外,仍然设立了专职的顾问或辅导团队,形成了对在孵企业的知识需求从分析开始到实现为止全面参与的局面,这种当面的直接交流,也有利于在孵企业的成长。

该方案的优化,前期需要 Z 孵化器进行整体协同服务系统的架构设计,并深度了解载体内企业的行业方向、技术专利、信息转化、存储格式、协同交互等各方面的需求,并让具有一定相关信息技术处理和优化的人员和科技企业进行该协同系统(平台)的设计。鉴于 Z 孵化器本身在孵较多 Saas 项目以及可以咨询较多信息化、人工智能等行业的创始人和导师,方案可行性较高,一旦设计及应用成功后可以作为该区域的双创协同服务系统的典型案例。Z 孵化器同步将该服务内容向相关科委、经信委、人才办公室等机构进行汇报,并争取到一定"载体升级"专项方面的政府配套资金,早日保证该方案的落地,惠及企业和孵化载体。

本篇构建了适合 Z 企业的孵化器的知识网络体系,有助于提高孵化企业的知识绩效和自主创新意识。企业孵化器可以根据在孵企业的实际情况选择适当的知识服务模式,建立健全内部信息共享网络,增进在孵企业人员之间的交流,促进整个孵化器服务能力的提升。孵化载体在创新协同发展的同时，可让企业通过自身知识体系的构建、创新意识的培养，让在孵企业获得更多外部机遇，缩小竞争差距，同步增加企业间合作共赢的机会。

六、结论与展望

（一）研究结论

本篇针对孵化器对在孵企业服务体系及相关指标进行研究，并将位于国家高新区内的 Z 孵化器作为研究对象，构建适用于具有高新区、高校、企业的"产学研"区位优势的孵化器对于科技创新型企业的服务体系，并进一步通过对具有科创代表性的 Y 企业的孵化服务效果以及成长进行评估，采用熵值法对整体 Z 孵化器的服务体系构筑记性实证与优化研究，分析孵化体系对于在孵企业的各成长阶段以及不同服务维度上的作用以及存在问题。通过分析提出优化策略，进一步完善 Z 孵化器针对在孵企业发展服务上面临的结构性难点，并为国内具有同样服务体系构筑需求的孵化载体提供参考建议。

在我国，孵化行业普遍具有政府背景，因此整个行业的发展受政府和市场的双重影响。为了更好地建设我国孵化行业用以扶持创业，孵化行业需要注重以下三点：

（1）丰富孵化企业形态。随着创业企业的不断增加，对孵化器的专业性要求也越来越高。原有单一的孵化器形态已经不再适合现代企业的发展进程。孵化器的服务对象将分出若干的细分市场来，需要有不同的孵化器形态来适应不同的行业与市场，针对不同行业和市场的特点，为企业提供更加适合、便利又综合的全要素开放式服务。今后，孵化服务的对象将不再囿于初创企业，在新的细分市场和有重大突破的市场，孵化企业都应该能够提供可以覆盖整个产业链的精细化孵化服务。

（2）强化孵化生态资源的整合。逐步完善合创新各类创新创业要素和主体的对接机制，同时加强和各个第三方机构的合作联系，形成构建"孵化器＋"的资源网络。孵化生态要在原有基础上加强与各科研机构、高校院所和大型企业研究部门的对接，从而实现从源头挖掘人才和技术资源，并推动科技成果的转化转移。同时，孵化企业还需加强孵化器与各行业的龙头企业的合作，围绕其主营业务方向和实际的行业创新发展需求，展开不同层面的长久合作，从而达到多方共赢的目的。以此为契机，也可鼓励以孵化器为平台，引入市场化机制，整合第三方服务资源实现创业教育和培训服务。利用自身需求来挑选合作机构,设立培训课程,可以更加适合孵化器的发展。此外,还要注重与各类媒体的合作,加大对自身相关的政策、活动等的宣传,从而搭建资源链接的桥梁。

(3) 建设众创空间聚集区。目前各类创新创业园区较多,但相对来说仍较分散。为了适应未来社会的需求,政府可以通过试点示范的方式来引导建立众创空间聚集区。通过在创新资源丰富、大众创业活跃的区域建设创业街区、创业社区、创业小镇等众创空间聚集区,有助于成立以聚集区为核心的相关产业联盟、创新创业服务机构,从而能够吸引大量的创新创业人才、创业团队,以及各类投资人聚集,进而带来丰富的创新创业活动,有利于营造自由的创新创业氛围,实现思想交流的碰撞。聚集区能够利用自身的集群优势,推出具有系统性的培育孵化服务。

(二) 展望

限于作者的研究水平和实践经验,本篇论述尚存在待提升之处。本篇针对Z孵化器对在孵企业服务进行了研究,选取了多个维度一级指标以及二级指标构筑了孵化服务体系的雏形,但在适用性上还有待优化,如近期较多的大型企业专业孵化器,因其资源、产业以及体制较为特殊,不能确定是否可匹配该形式孵化载体的服务体系内容。此外,由于篇幅限制,本篇服务体系的构筑内容未能更多地采集国内其他地区的孵化服务体系评估结果的对比分析,如能进行对比分析和得出实际效果数据,就可以进一步完善研究过程中的指标数据,有利于强化研究结果的客观性。希望今后对以上问题开展实证研究和案例研究,结合整体孵化载体的发展趋势,得出更完善的研究结论。

参考文献

[1] GRIMALDI R, GRANDI A. Business incubators and new venture creation: An assessment of incubating models[J]. Technovation, 2005, 25(2): 111-121.
[2] CHAN K F, LAU T. Assessing technology incubator programs in the science park: The good, the bad and the ugly[J]. Tech novation, 2005, 25(10): 1-1228.
[3] PENA I. Business incubation centers and new firm growth in the Basque country [J]. Small Business Economics, 2004, 22(3-4): 223-236.
[4] ABDUH M, D SOUZA C, QUAZI A, et al. Investigating and classifying clients' satisfaction with business incubator services[J]. Journal of Service Theory &

Practice,2007.
[5] BONAVENTURA M,CIOTTI V,PANZARASA P,et al. Predicting success in the worldwide start-up network[J]. Scientific Reports,2020,10(1). DOI:10.1038/s41598-019-57209-w.
[6] WARREN L,PATTON D,BREAM D. Knowledge acquisition processes during the incubation of new high technology firms[J]. International Entrepreneurship and Management Journal,2009(5):481-495.
[7] AERTS K,MATTHYSSENS P,VANDENBEMPT K. Critical role and screening practices of European business incubators[J]. Technovation:The International Journal of Technological Innovation,Entrepreneurship and Technology Management,2007(5):27.
[8] JOHAN,BRUNEEL,TIAGO,et al. The evolution of business incubators:Comparing demand and supply of business incubation services across different incubator generations [J]. Technovation,2012(32):110-121.
[9] LYNG H B,BRUN E C. Knowledge transition:a conceptual model of knowledge transfer for cross-industry innovation[J]. International Journal of Innovation and Technology Management,2018,15(5):1-23.
[10] 吴林海.中国科技园区域创新能力研究[D].南京:南京农业大学.
[11] 刘萌芽.论孵化器的信息服务及信息服务体系建设[J].情报科学,2005,23(2):4.
[12] 程郁,王胜光.从"孵化器"到"加速器" 培育成长型企业的创新服务体系[J].中国科技论坛,2009(3):6.
[13] 王婉,陈智高.基于知识结构的企业孵化器服务能力分析[J].科技进步与对策,2009,26(18):4.
[14] 李慧颖,唐振宇,王智生.上海地区企业孵化器服务能力的影响因素分析及对策探讨[J].科技进步与对策,2009,26(19):5.
[15] 李荣静,陈颉.孵化器服务能力评价指标体系构建[J].科技管理研究,2011,31(6):5.
[16] 肖磊.基于国家综合性科技企业孵化器孵化服务功能的孵化绩效实证研究[J].管理现代化,2014(3):3.
[17] 宋思远,贾梦宇,张宝建,等.企业孵化生态的系统基模及政策分析[J].中国科技论坛,2019(1):9.
[18] 彭展声,李荣钧.科技企业孵化器孵化能力模糊综合评价模型[J].改革与战略,2006(2):4.
[19] 肖永红,张新伟,王其文.基于层次分析法的我国高新区创新能力评价研究[J].经济问题,2012(1):4.
[20] 欧光军,刘思云,蒋环云,等.产业集群视角下高新区协同创新能力评价与实证研究[J].科技进步与对策,2013,30(7):7.
[21] 方玉梅,刘凤朝.我国国家高新区创新能力评价研究[J].大连理工大学学报(社会科学版),2014,35(4):7.
[22] 熊刚,张星佳丽,商秀芹,等.基于AHP模糊综合评价法的孵化器有效运作因素研

究[J].软件,2017(38):9.
[23] 黄亚芬,全华.不同评价指标体系下的城市旅游竞争力评价研究——以环北部湾城市群为例[J].中南林业科技大学学报(社会科学版),2019(1):96-102.
[24] 刘艳莉,吕彦昭.企业孵化器的概念、分类与运行模式[J].商业经济,2012(5):34-35.
[25] ISENBERG D J. How to start an entrepreneurial revolution[J]. Harvard Business Review,2010,88(6):40-50.
[26] 赵贞,李华晶.返乡创业生态系统实施框架研究——基于国家返乡创业试点地区的调研[J].企业经济,2017(8):134-141.
[27] 刘钻石,耿秀丽.面向顾客满意度的服务供应商评价[J].上海理工大学学报,2016,38(6):568-575.
[28] 李胜芬.基于熵值法的城市商业游憩区功能满意度评判[J].统计与决策,2010(19):73-76.
[29] 张卫民.基于熵值法的城市可持续发展评价模型[J].厦门大学学报(哲学社会科学版),2004(2):109-115.
[30] 董弘毅.试论众创空间创业导师团队的"1+X"建设模式[J].山西科技,2016(5):1-4.

附录　Z 孵化器服务体系满意度调查问卷

您好！衷心感谢您参与"Z 孵化器服务体系满意度调查"。您的参与配合是本次研究的重要环节，请您根据实际孵化服务和效果作出严谨且客观的评判，以便后续载体服务更好提升和优化。我们精心设计本调查问卷，完成问卷可能会占用您几分钟宝贵时间。本问卷不记名，您的个人信息可以得到绝对保密，请放心填写。为保证问卷的客观性和参考价值，还请您如实回答。

1. 您所属在孵企业名称：

2. 您所属在孵企业所属行业：
   A. 人工智能　　　　　　　　　　B. 软件信息/大数据
   C. 智能制造　　　　　　　　　　D. 文化科技
   E. 大健康　　　　　　　　　　　F. 其他_____（请填写）

3. 您所属在孵企业在 Z 孵化器孵化时长：
   A. 12 个月及以内　　B. 13～18 个月　　C. 19～24 个月
   D. 25～30 个月　　　E. 30 个月及以上

4. 您所属在孵企业的办公地点：
   A. 在孵化器内办公
   B. 注册在孵化器内但办公在高新区中
   C. 办公在高新区外

5. 请对下述表格中的 20 项指标分别进行打分。评价表示您对 Z 孵化器目前所提供的孵化服务的满意度。采用十分制进行评价，1 表示最不满意，10 表示最满意。我们可以认为 1～2 分表示不满意，3 分表示比较不满意，4～7 分表示一般，8 分表示比较满意，9～10 分表示非常满意。其中，"在孵企业竞争程度"得分越低，代表在孵企业间的竞争对您公司所获资源的损害程度越严重。

序号	评价指标	计分等级					评分
		9~10分	8分	4~7分	3分	1~2分	
1	基础设施完备程度	非常高	较高	一般	较低	很低	
2	政策服务完善性	非常完善	较完善	一般	较差	很低	
3	人力资源服务完善性	非常完善	较完善	一般	较差	很低	
4	市场开拓服务完善性	非常完善	较完善	一般	较差	很低	
5	投融资和基金资助服务完善性	非常完善	较完善	一般	较差	很低	
6	上下游企业间合作程度	非常高	较高	一般	较低	很低	
7	与行业龙头企业合作程度	非常高	较高	一般	较低	很低	
8	在孵企业间竞争程度	非竞争	微有竞争	一般	竞争激烈	非常激烈	
9	孵化器内部产业链完备程度	非常高	较高	一般	较低	很低	
10	产学研服务完善性	非常完善	较完善	一般	较差	很差	
11	配套科创机构丰富度	非常丰富	较丰富	一般	较差	很差	
12	科创制度完备性	非常完备	较完备	一般	较差	很差	
13	科创比赛、资金支持度	非常高	较高	一般	较低	很差	
14	科创辅导丰富度	非常丰富	较丰富	一般	较差	很差	
15	科创导师引导性	非常好	较好	一般	不好	非常不好	
16	在孵企业交流平台利用程度	非常高	较高	一般	较低	很低	
17	孵化器内部信息共享程度	非常高	较高	一般	较低	很低	
18	在孵企业人员交流程度	非常高	较高	一般	较低	很低	
19	产学研合作程度	非常高	较高	一般	较低	很低	
20	行业信息获取便利程度	非常高	较高	一般	较低	很低	

注：本问卷只能由孵化器内在孵企业的核心股东或法人填写，若非以上人员填写，本问卷无效。

第六篇

政企关系与我国建筑企业绩效的关系研究

郑 冕

摘 要

建筑业是我国国民经济的支柱产业和重要的实体经济,建筑企业也是我国"走出去"的主力军,然而我国的建筑企业却长期面临着经济效益低下、科技创新水平不高、质量安全形势严峻等问题。作为传统产业之一,建筑业市场还存在一些计划经济时代的遗留问题,政府手中掌握了大量核心资源的支配权,在建筑业市场的资源配置中占据了主导地位,对企业经济活动的干预程度较高。在这样的背景下,建筑企业与政府之间的关系对企业的生存和发展就至关重要,研究政企关系对建筑企业绩效的影响有着深刻的现实意义。

本篇关注建筑企业的政企关系对企业财务绩效和项目绩效的影响,并考虑了制度环境和所有权性质的调节效应。首先对国内外相关研究进行了文献综述,基于社会资本理论、寻租理论、委托-代理理论和社会责任理论,提出了政企关系对建筑企业绩效影响的理论模型。运用STATA 15.1软件,以2008—2016年沪深两市A股建筑业上市公司为样本进行了实证分析。

本篇的研究结论如下:(1)总体而言,我国建筑企业的政企关系与财务绩效成负相关关系,与项目绩效成正相关关系。(2)制度环境能够显著调节建筑企业的政企关系对财务绩效的影响。制度环境越好的地区,政企关系对财务绩效的负面影响越小,当制度环境达到一定水平后,政企关系与财务绩效间开始成正相关关系。制度环境对政企关系和项目绩效间的关系没有显著的调节作用。(3)所有权性质能够显著调节建筑企业的政企关系对企业财务绩效和项目绩效的影响。在国有企业中,政企关系与财务绩效负相关,与项目绩效正相关,在非国有企业中则相反。

基于上述结论,国有建筑企业应深化产权制度改革,建立现代企业制度,完善内部控制体系,强化高管人员的激励和约束机制。非国有企业应当合理建立和利用政企关系,避免依赖政企关系带来的短期利益,着力培养企业核心竞争力。政府应当积极优化制度环境,提高建筑市场的市场化程度,为我国建筑企业的发展创造良好的条件。

关键词:建筑企业绩效;政企关系;制度环境;所有权性质

一、绪论

(一) 研究背景

党的十九大报告指出,我国经济已由高速增长阶段转入高质量发展阶段,建筑业作为我国国民经济的支柱性产业,也需要进一步转型升级,由"粗放型发展"向"集约型发展"转变,提升建筑业的发展质量。然而,我国的建筑企业却长期面临着经济效益低下、科技创新水平不高、质量安全形势严峻等问题。根据国家统计局数据,2017年全国具有资质等级的总承包和专业承包建筑企业实现利润7 661亿元,产值利润率为3.58%,远低于中国工业企业的平均水平(6.46%),应属利润率最低的第二产业;建筑企业的研发投入不足,在基础研究领域的投入更加欠缺;工程质量安全领域仍存在一些深层次的问题没有解决,建筑工程多年来的质量通病没有得到根治。在这样的背景下,建筑企业绩效的影响因素和限制因素就应当引起我们的关注和思考。

建筑行业的特殊性之一即在于每一个工程项目都涉及多个利益相关方,不仅包括业主、设计单位、施工单位、监理单位等多家企业,还包括政府、社会以及自然环境等。建筑企业的产品及其生产过程具有高度的外部性,同时也受到外部其他利益相关方的高度影响。正因如此,除了正式的契约关系,建筑企业与其他利益相关者还普遍存在着非正式的联系,企业通过这种联系获取发展所需要的关键资源,这就形成了企业的社会资本。社会资本对建筑企业而言有着不可替代的重要作用。政府是建筑企业最重要的利益相关者之一。我国正处于经济转型期,政府在促进经济增长、实施宏观调控、培育市场机制等方面都发挥了引领作用。在建筑业这个掌握国民经济命脉的行业中,我国长期以来实行的都是政府主导型发展模式,大量的资源由政府控制和支配,因此政企关系对建筑企业有着特殊的意义,对企业发展的重要性不言而喻。例如,政企关系紧密的企业更容易享受到政府补贴、融资便利和税收优惠等,也能在政府工程选择承包商时获得青睐;当政企关系十分紧密时,政府会高度关注企业所承接项目的进度、质量和成本状况,并给予相应的支持,从而保障企业的项目绩效。但是,政企关系也会给企业带来负面影响,比如寻租成本、政策性负担、政治关联高管的激励和约束不足等问题,都可能成为企业的包袱。因此,政企关系对建筑企业而言是一把"双刃剑",其对建筑企业绩效的影响效果和影响机理仍需要深入研究。

在研究建筑企业的政企关系和企业绩效的交互作用之时,制度环境也是必须考虑的因素。制度环境是指一系列用来建立生产、交换与分配基础的政治、社会和法律基础规则。在不同的制度环境下，企业对政府的依赖程度也会发生变化。例如我国部分地区的建筑业市场还存在严重的地方保护主义，这会导致企业在当地的发展受到政企关系的严重制约，受到压制；而当制度环境相对完善时，信息交换机制更加健全，交易更加公开、透明、自由，市场成为配置资源的决定性手段，政府的作用弱化，市场化的竞争和合作战略能够对企业绩效起到更重要的作用。此外，基于我国的实际情况，国有企业和非国有企业的政企关系通常有着本质性的区别，其政企关系的建立方式不同，例如国有企业的政企关系主要基于政府对企业的直接管辖以及高管具有政府任职背景，而非国有企业的政企关系主要是基于管理者拥有人大代表、政协委员等政治身份。这种差异决定了政企关系在不同所有权性质的企业中，对企业绩效的影响路径和影响效果也不可能完全相同。

因此，有必要深入研究在不同的制度环境和所有权性质的约束下，政企关系究竟如何影响建筑企业绩效，进而为建筑企业选择发展路径、提高企业绩效提供指导。建筑企业需要综合分析内部治理环境及外部制度环境，合理经营政企关系，科学选择发展战略，全面提升企业绩效。这有利于实现我国建筑业的高质量发展，实现产业的转型升级。

（二）研究目的与意义

1. 研究目的

（1）全面梳理文献，梳理政企关系、制度环境、所有权性质和建筑企业绩效之间的相互关系和作用机理，并从理论视角（社会资本理论、寻租理论、委托-代理理论、社会责任理论等）对各要素之间的内在作用机理进行阐释。

（2）结合相关理论分析建筑业的行业背景和实际情况，提出政企关系和建筑企业的财务绩效与项目绩效之间分别如何相互作用的假设，以及制度环境和所有权性质如何调节政企关系对企业绩效的影响的假设，基于假设构建模型。

（3）进一步查阅文献和数据库，结合必要的调研，获取相应数据，通过回归分析，对模型关系进行实证检验，并对回归结果给出合理解释，从实证视角探讨政企关系、制度环境和所有权性质如何影响建筑企业的企业绩效。

（4）根据研究结果，提出提升建筑企业绩效的管理建议和有利于建筑业行业整体发展的政策建议。

2. 研究意义

(1) 理论意义

第一,已有的企业绩效研究很少涉及建筑企业,本篇拟聚焦建筑企业绩效,从财务绩效和项目绩效两个方面进行研究,弥补该领域的研究空白,可为以后更加深入的建筑企业绩效研究提供参考和借鉴。

第二,丰富政企关系资本对企业绩效的作用机理的相关研究。政企关系对企业绩效的影响是多元化的,学术界也并未得到统一的结论。本篇将建筑企业的政企关系、制度环境、所有权性质和企业绩效置于同一框架下,明确了在不同制度环境、不同所有权性质的条件下,政企关系对企业财务绩效和项目绩效的影响效果,丰富和完善前人的研究成果。

(2) 现实意义

第一,通过分析政企关系、制度环境、所有权性质和企业绩效之间的关系,帮助建筑企业认识提升企业绩效的关键或瓶颈,为建筑企业选择发展路径、提高绩效提供指导。建筑企业需要综合分析内部治理环境及外部制度环境,合理经营政企关系,科学选择发展战略,全面提升企业绩效。

第二,通过分析制度环境和所有权性质的调节效应,为政府进一步深化建筑业改革,推动建立公平、有序的建筑市场,激发各种所有权性质的建筑企业的活力,提升建筑业整体绩效和发展质量提供参考和依据。

(三) 研究内容与方法

1. 研究主要内容

本篇以2008~2016年建筑业上市公司为研究对象,在总结国内外相关研究成果的基础上,联系建筑业行业的具体特点,对政企关系和企业绩效的关系以及制度环境和所有权性质的调节作用进行研究。全篇共分为六个部分,简述如下。

第一部分,绪论。结合学术界现有研究成果以及当前行业实际现状,提出本篇的研究背景、研究目的、理论及现实意义,界定研究主要内容与方法,提出研究技术路线,为研究的展开做好铺垫,具有统领全篇的作用。

第二部分,国内外研究综述。对本篇涉及的政企关系、制度环境、所有权性质以及建筑企业绩效的国内外研究成果进行梳理与评价,提出目前研究存在的局限,为本篇奠定基础,进而确定本篇的思路和方向。

第三部分,理论与假设。首先,从理论角度挖掘政企关系对企业绩效作用的内在机理,理论基础包括了社会资本理论、寻租理论、委托-代理理论、社会责任理论等。其次,根据基础理论和文献,对建筑企业的政企关系、制度环境、所有权性质和企业绩效之间的相互关系及作用机制提出假设,建立相应的理论模型。本篇提出的假设包括:政企关系对建筑企业财务绩效的负面影响,政企关系对建筑企业项目绩效的正面影响,制度环境在上述两种影响关系中的调节效应,以及所有权性质在上述两种影响关系中的调节效应。

第四部分,实证分析。以2008~2016年我国沪深两市A股建筑业上市公司为样本,利用CSMAR数据库、住建部官方网站、中国建筑业协会官方网站、中国招投标网、国家和地方统计年鉴等,结合本篇研究目的,挖掘和观测年度内建筑业上市公司的政企关系、财务绩效、项目绩效、制度环境和所有权性质相关数据,设计计量模型。验证模型,检验假设,并对结果进行分析与讨论。

第五部分,管理建议与政策启示。根据理论分析和实证分析结果,提出建筑企业绩效的管理建议,以及政府对建筑业行业的管理建议。

第六部分,结论与展望。分析本篇的局限性,展望未来的研究方向。

2. 研究方法

(1) 文献研究法

充分利用中文数据库(包括但不限于CNKI、知网、万方期刊等)和英文数据库(包括但不限于Springer Link、Web of Science等),查阅国内外有关政企关系、制度环境、所有权性质和建筑企业绩效的研究文献,了解并分析该领域的研究现状和研究空缺,为本篇提供指引。同时,为本篇的假设提出、模型构建和变量选择提供理论来源。

(2) 理论分析法

结合政企关系、制度环境、所有权性质和建筑企业绩效的有关理论,在总结前人研究的基础上展开理论分析,揭示变量之间的相互影响及作用机理。

(3) 实证研究法

在文献研究和理论分析的基础上提出本篇的研究假设,构建政企关系、制度环境、所有权性质和建筑企业绩效之间关系的理论模型,并设计实证研究对假设进行检验。在实证设计的基础上,本篇运用STATA软件,采用描述性统计分析、Spearman相关性检验及回归分析等方法,实证检验各变量之间的关系,并得出相应的结论。

(4) 图表分析法

通过图表的形式,对研究对象和研究结果进行更加清晰直观的描述与诠释。

3. 研究技术路线

本篇研究技术路线如图 1-1 所示。

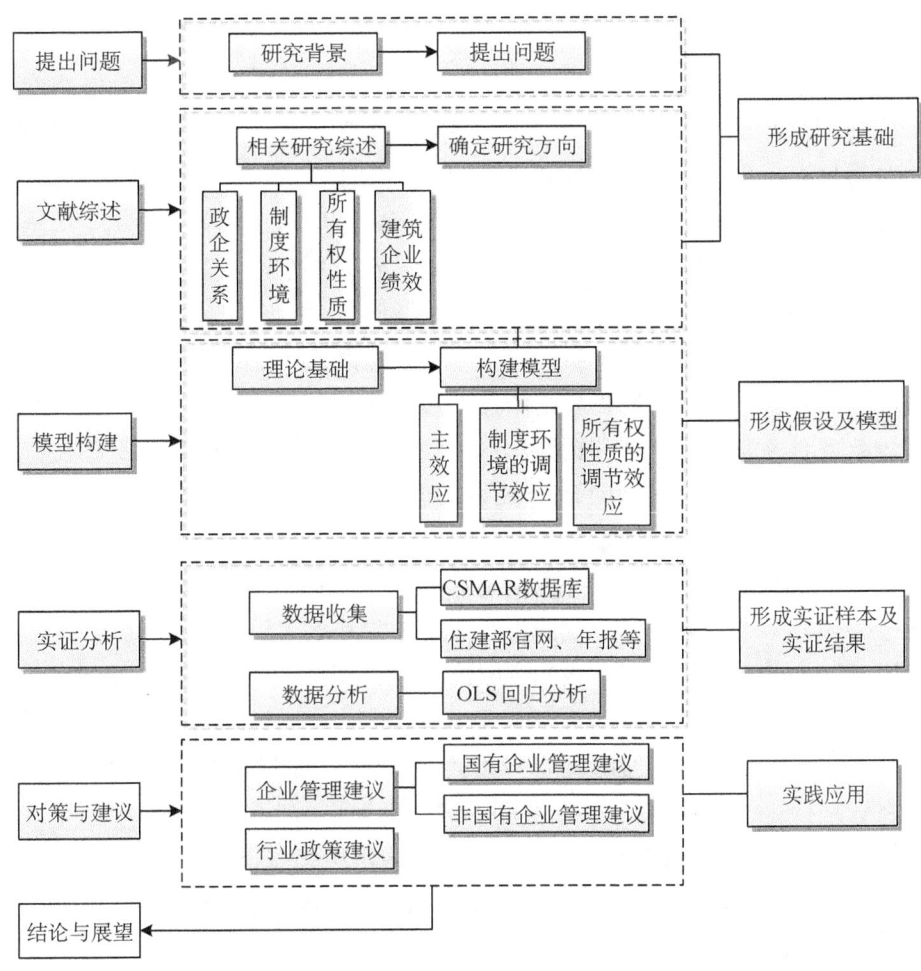

图 1-1　本篇技术路线图

二、国内外研究综述

本部分对政企关系、制度环境、所有权性质和建筑企业绩效的国内外相关研究进行回顾和总结,在归纳现有研究成果的基础上指出目前研究存在的局限,进而确定全篇的思路和方向,为后文理论模型构建、实证分析以及提出对策建议奠定基础。

(一) 政企关系相关研究

1. 政企关系的内涵

企业的生存和发展处于社会的大环境中,企业与政府的关系势必对企业的生产经营和发展具有重要的影响,政企关系也是学术界一直以来的研究热点。政企关系是指企业与政府之间的联系,这种联系可以是正式或非正式的,也多被称为"政治关联"(Political Connection)。Faccio[1]以42个国家为样本,从全球视角出发研究了政企关系,发现企业建立政企关系的情况在各个国家都十分普遍。政企关系与国家的政治、经济制度等因素密切相关,因此政企关系在不同的国家有不同的表现形式。青木昌彦等[2]将不同国家的政企关系分为三种基本类型:权威关系型、关系依存型和规则依存型,其特征分别表现为政府高度集权、政府通过政策对企业进行管理,以及政府依据法律规则行使管理权力,不存在行政性的直接干预。国内外学者对政企关系的度量方式也各不相同。Fisman[3]是较早研究政治关联的经济学家之一,在其研究中以印尼企业与执政者苏哈托家族的关系密切程度来反映企业的政企关系。在市场经济制度较为完善的发达国家或地区,多数学者认为企业的实际控制人或者高级管理人员正在或曾在议会、政府部门工作,即可视为企业具有政治关联,这也是国外文献中衡量政企关系最为普遍的方法[4-5]。

政企关系紧密的企业通常具有一些共性,例如企业规模较大、杠杆较高等,并且在管制行业中,企业具有政治关联的情况更加集中[6];由于政治中心城市的政治人物较为集中,如果企业的地理位置处于政治中心城市,企业更容易建立政治关联[7]。在腐败程度越高、司法体系效率和独立性越差、开放程度越低的国家或地区,企业建立政企关系的动机就越强[1,5,7]。

在我国,政企关系的模式随着经济体制和环境的变化经历了三个阶段的演进[8]。在计划经济时代,政府通过计划指令对企业实施直接管理,政企关系模式为直接管制型,这一模式是特定时代背景下的产物,但有着明显的弊端,例如造成资源浪费、行政效率低下和经济效益低下等;改革开放以来,随着市场经济体制的逐步确立,政企关系模式转变为间接引导型,政府对经济活动的干预主要通过宏观调控(制定宏观经济政策)和公共管理(制定调节微观领域经济活动的公共政策,例如反垄断政策等)进行;进入经济全球化时代,我国的政企关系模式进一步演化为协作互助型,政府与企业间的联系跨越了上下级的管制与被管制,建立起更多的协作关系[8-9]。

目前国内学者在衡量政企关系时，一般从企业实际控制人或者高管的政治背景出发。吴文锋等[10]指出，在中国，如果企业的董事长或者CEO现在或以前受雇于政府、军队等部门，则该企业被认定为具有政治关联。在王庆文等[11]、罗党论等[12]的研究中，如果董事会成员中有人具有政府背景，则认为该企业存在政治关联。邓建平等[13]以公司高层领导中具有人大代表或政协委员资格、具有政府工作背景的高管占公司高管总和的比率对政治关联程度进行界定，比率越高则政治关联程度越高，政企关系越强。Chen等[14]认为政治关联界定范围还应考虑企业家的亲朋好友等人脉资源。总体来说，在我国目前特定的政治经济环境下，政企关系主要表现为以下两种形式：第一，具有政府任职背景（曾任或现任）的官员被任命为企业的管理者，或自行"下海"到企业，因而和政府具有联系；第二，企业的股东、董事、高管等具有人大代表、政协委员等政治身份。

2. 政企关系与企业绩效的关系

Krueger[15]最早提出了政企关系和企业绩效之间可能的关系，他认为所有市场经济体都有一些导致产生"租金"的限制，因此企业为了获利必然会产生寻租行为，即企业家花费时间和资源来寻求与政府之间建立关联，进而提升企业效益。之后，众多学者开始关注政企关系与企业绩效之间的关系，并有许多学者得出二者之间显著正相关的结论。政企关系紧密的企业通常更容易获得融资便利、税收优惠和更强的市场支配力等收益[1,10,16,17]。Li等[17]和Goldman等[18]研究发现，企业的政治关联越强、与政府的关系处理得越好，企业绩效就越能够得到提升。罗党论等[19]研究了民营企业的政治关系对企业价值的作用效果，发现政治关系可以帮助民营企业获得企业成长和发展所需要的资源，政治关系对企业价值有显著的正面影响。杜兴强等[20]把民营上市公司的政治联系层级划分成关键高管、非关键高管与独立董事三个层级，分别研究了三个不同层级的政治联系对企业真实业绩的影响，发现关键高管的政治联系能够促进企业真实业绩的提高。陈爱娟等[21]研究发现，政企关系资本丰富的企业中，企业高管更容易获取优质社会资本，从而促进企业绩效的提升。高冰和王延章[22]研究发现，上市公司高管的政治关联与企业绩效之间互为积极促进的关系。赵德志等[23]的研究指出，政企关系资本的关系维度与企业盈利能力显著正相关，关系、信任和规范三个维度均与企业发展能力显著正相关，表明企业与政府之间建立的规范和信任不能显著提升短期绩效，但有利于企业的长期发展。钱红光等[24]的研究同样验证了政治关联与民营企业绩效的正相关关系，并且指出政治关联可以增强内部控制对企业绩效的促进作用。此外,除了学术界研究较为普遍的以财务指标为代表的企业财务绩效之外,也有少量研究验证了政府支持对企业项目绩效的正向影响[25,26]。

尽管政企关系的价值得到了诸多学者的肯定,但也有许多学者的研究认为政治关联对企业绩效产生明显的负效应。为了建立和维护与政府的良好关系,公司需要支付寻租的代价。政府可以向关系紧密的企业分配更多的社会责任。同时,政治关联很容易导致高管人员缺乏足够的监督和激励,造成委托-代理问题更加严重,企业的交易成本增加。这些都不利于改善企业的绩效。Fan等[27]针对中国790家上市企业的研究发现,CEO有政治关联(由现任或前任政府官员担任)的企业财务绩效要差于非政治关联的企业,原因在于前者的董事会及高管成员更可能由前任或者现任的政府官员构成,他们缺乏企业经营的专业才能,企业的运作更容易受到政府的干预。王庆文等[11]认为国有企业的政企关系紧密会负面影响企业绩效。邓建平等[13]发现民营企业的政治关联程度越高,经营绩效越差。杜兴强等[28]研究发现,民营上市公司的政治联系会降低企业的会计稳健性和企业的真实业绩。连军等[29]从资本投资视角探讨民营企业构建和维持政治联系所付出的隐性代价,发现在市场化程度较低的地区,有政治联系的民营企业资本投资效率较低,并且不利于企业研发投资。张会荣等[30]基于面板数据分析,得到我国中小上市公司政治关联与企业的财务绩效和市场绩效均成显著负相关关系。嵇尚洲等[31]以政府官员担任独立董事来衡量企业的政治关联,发现政治关联的减少有利于企业绩效提升。严若森等[32]从研发投入与研发产出两个方面实证检验了政治关联对家族企业创新绩效的影响,结果表明政治关联对企业创新绩效具有显著的抑制作用,而好的制度环境则能够削弱这种抑制作用。

总的来说,关于政企关系对企业绩效的影响是正向还是负向的,国内外学术界并无共识。持正向影响观点的学者通常认为,政企关系是不完善的制度环境的有效替代机制,并且政企关系紧密的企业更容易获得各种补贴和资源等支持,政府在企业发展过程中扮演的是"扶持之手(Helping Hand)"。持负向影响观点的学者则认为由于和政府的紧密联系,企业需要付出额外的成本,政企关系是政府干预企业正常经济活动的一种手段,这种干预会降低企业绩效,政府扮演了"掠夺之手(Grabbing Hand)"的角色。

3. 建筑企业的政企关系

作为影响国计民生的重要基础性行业,政府对建筑企业的影响和限制体现在方方面面,建筑企业的政企关系对企业的生存和发展有着举足轻重的作用。根据刘文锋等[33]的研究分析,我国建筑业的政府职能主要可以归纳为建立市场机制、完善市场法治和提供公共服务三个方面。

首先,政府要建立和维护建筑业市场环境、保障市场秩序。政府是市场准入机制、招投标机制、建设程序机制、工程质量和安全监管机制等各类市场机制的建立者,正是这些机制决定了建筑业市场中企业的活动。根据李亚红[34]的研究,当特定的建筑企业和政府之间存在密切关系时,政府在建立市场机制时就容易偏向特定企业的利益,建筑业普遍存在的地方保护主义就是此类问题的写照,地方政府可能以各种方式限制和排斥本地方、本系统以外的企业参与工程投标。

其次,政府要制定法律法规、完善市场法治环境。建筑业法律法规包括《建筑法》《合同法》等法律、各类工程管理条例、工程建设标准强制性条文、技术法规体系以及产业政策,尤其是各类产业政策需要因地制宜、因时制宜,具有相对的弹性,更易受到政企关系的左右。

最后,政府要提供高效、优质的政府公共服务。在培育和发展建筑市场生产要素、推动科技创新进步、社会信息公开、行业协会和中介组织的培育等方面,政府应不遗余力地投入和支持。政府公共服务作为一种稀缺资源,其分配也会受到政企关系的影响,许多学者的研究已经证实政企关系紧密的企业更容易获得政府的补贴[1,35]。

(二)制度环境相关研究

在新制度经济学中,制度被定义为一组正式和非正式的规则,以及规则的执行安排——它们是用来决定在一些场合谁有资格作出决策,什么行为是允许的或受限制的,可以采用什么样的规则,应该遵循什么样的程序,必须或者不必提供什么信息,应该如何根据个人的绩效制定支付条件,等等——所有的规则包含禁止、允许或者要求某种行为或结果等一些条件[36]。对制度的定义强调了外在的规则体系对社会中的各类行动主体,尤其是从事经济行为的主体的激励及制约作用。

可以说,制度环境就是一个没有参与者的游戏规则,而每一名参与者都必须遵循规则而行动。卢现祥[37]将制度环境定义为由正式制度和非正式制度构成的会对经济形成影响的要素的总和,它是在有关政治、社会、法律规则的基础上,在生产、分配和交换过程中形成的一系列成文及非成文的规则,是由影响社会生活中文化、经济及政治等各方面的条件和氛围的种种制度构成的。具体来说,制度环境的要素包括了政府管理体制和法制水平、市场竞争和产权保护制度、信用体系,以及隐性的契约文化等规则[38]。因此,制度环境是典型的基于多重衡量指标的模型构成的综合变量。

结合新制度经济学中制度的定义和前人的研究,制度环境对企业绩效会产生重要影响[38]。市场化程度、金融发展水平和法律环境的改善能够促进企业绩效提升,而政府干预则对企业绩效起到抑制作用[40]。谢清[41]指出,市场化程度提高能够抑制企业的过度投资倾向,提升企业的投资效率,这是因为更高的市场化程度决定了更高的金融自由化程度和更低的公司代理成本。货币政策和经济政策也会影响企业绩效,例如,不同的货币政策工具对企业融资和绩效的影响存在差异[42];经济政策不确定性上升虽然对企业短期经营具有负向冲击,但是却激励企业长期绩效的增长[43]。

从嵌入视角来看,企业是嵌入在特定的制度环境当中的,任何企业的行为都将受到其运作所在的制度框架的限制和影响。从本质上讲,政企关系是企业行为在不同制度环境下的最终表现。政企关系对企业绩效所发挥的作用往往会因为企业所处制度环境的差异而有所不同,无论这种作用是正向的[1,17,44],还是负向的[13,29,30,32]。例如,Faccio[1]认为,在腐败程度高、产权保护程度低、政府干预程度高的国家中,政企关系所带来的融资便利、税收优惠等收益通常会更大;罗党论等[44]研究中国制造业的上市公司发现,在外部制度环境差的地区,增进政企关系对提升企业绩效有更明显的作用;余汉等[45]研究发现,民营企业家的政府工作背景能正向影响企业财务绩效,在法制水平低、政府干预多、金融市场不发达的地区,正向影响的作用更明显。邓建平等[13]指出,企业的政治联系对财务绩效的负面影响会随着政府干预程度的减弱和法律保护制度的改善而减轻。张会荣等[30]以中小企业为研究对象却得到了相反的结论,即在市场化程度越低、政府支配资源越多和法治水平越差的地区,政治关联对中小企业绩效的负向效应越强。

(三)所有权性质相关研究

哈耶克(1944)在其《通往奴役之路》一书中强烈批评了国有经济的效率低下。他认为,计划经济体制下的计划者永远无法获取足够的信息和知识以正确地配置资源,这种计划经济最终将会导致经济短缺乃至崩溃。此后,许多学者就企业所有权性质所导致的绩效差异展开了研究。多数学者认为,国有企业的绩效要差于民营企业(私有企业),后者在生产效率和盈利能力方面的表现都更为出色[46-49]。导致这种差异的原因可能有:国有企业的激励不足[50],政府对私有企业实施干预所需付出的成本明显大于对国有企业实施干预的付出[51],监督、合约和接管等公司治理机制的差异等[52]。国内学者的相关研究中,徐晓东等[53]以 508 个上市公司在 1997—2000 年间的观察值为样本,研究发现非国有企业具有更高的公司价值和经营灵活性、更强的盈利能力和更有效的公司治理,其高级管理层受到更多来自公司内外部的监督和激励。李增泉等[54]的研究表明,在国有企业控制的上市公司中,控股股东的"掏空"行为更严重,表现为控股股东占用的资金量更大。王凤荣等[55]对工业企业进行研究,发现无论是上市公司还是非上市公司,非国有工业企业的绩效都要优于国有工业企业。张天舒等[56]考察了金融危机背景下不同所有权性质企业的绩效表现,发现国有企业绩效比私有企业差,并认为这种差距主要源自无效率投资和冗员问题。此外,还有一些学者认为国有股比例和企业绩效之间存在负相关关系[57-58]。

然而,也有一些学者持不同的观点。部分国外学者提出,由于国有企业承担更多社会责任、更加注重诸如就业、平等和地区发展等社会福利,在考虑企业绩效时不应只关注生产效率、盈利能力等方面,也应考虑其社会效益;在考虑增加的社会福利之后,国有企业的绩效表现要优于私有企业[59-60]。国有企业在可接受的效率损失范围内,提高了产品质量,减少了收入不平等[61]。洪怡恬[62]认为,相比于非国有企业,国有企业的政治特性使其更容易获得政府的资金和政策支持,受到的融资约束程度更低。李政等[63]通过研究中国制造业上市公司,发现国有企业的创新绩效要显著优于民营企业。

由此可见,所有权性质对企业绩效的影响机制是复杂的,不能一概而论,需要综合其他各类因素加以考虑。诸多学者的研究已经证明,不同所有权性质的企业在不同的内部或外部环境下,其绩效也会有不同的表现。李善民等[64]研究发现,非国有企业相比于国有企业,公司治理对企业绩效的影响程度更大。徐浩萍等[65]认为,政府干预程度对企业权益资本成本的影响受到企业所有权性质的影响,国有企业中两者的相关性并不显著,但在非国有企业中,政府干预程度的降低能够显著减少企业权益资本成本。孙维峰[66]研究了不同所有权性质企业中研发支出与企业绩效间的关系,发现仅在非国有企业中研发支出显著促进企业绩效,国有企业中两者不存在显著关系。洪怡恬[62]指出,由于国有企业天然具有较紧密的政企关系,政企关系的进一步增强对企业融资约束的缓解作用有限,而对非国有企业而言,政企关系能够显著降低融资约束程度。沈小燕等[67]研究发现,股权激励计划对企业绩效的促进作用在国有企业中更加显著。

(四)建筑企业绩效相关研究

对于我国建筑业的绩效研究,大多是基于产业组织理论,以行业整体市场绩效为对象展开的。陈德强等[68]认为,通过提高产业集中度、加强企业技术装备力量、调整建筑业所有制结构,能够提高建筑业的产业绩效,其中所有制结构是决定性因素之一,国有企业产权不明、权责不清等弊端不利于建筑业产业绩效的提高。廖玉平等[69]的研究也得出了相似的结论,认为建筑业市场绩效与市场集中度正相关,与公有制经济所占比重负相关,且两者通过影响企业行为进而作用于市场绩效。范建亭[70]在市场结构的基础上考虑了建筑业的区域性产业特征,发现本地市场开放度对当地建筑业市场绩效具有显著的正面影响。

李建峰等[71]基于柯布-道格拉斯生产函数对1996—2008年我国建筑业绩效进行了计量分析,得到资本要素和劳动力要素对总产值的平均贡献率分别为61%和38%,全要素生产率平均贡献仅1%,建筑企业应注重提高投资效率和劳动力素质,加快技术创新和结构调整。

孙继德等[72]结合发展过程与发展结果、投入要素和产出要素,提出了新时代建筑业高质量发展的内涵:建筑业发展满足使用者需要并满足经济、社会持续发展及环境可持续发展的需要的能力或程度,并对2007—2016年的建筑业发展质量进行了评价,认为建筑业在企业经济效益、产业结构、科技创新水平和人员素质提升、绿色、安全质量等方面都还存在较大的提升空间。

鉴于建筑业的行业特性,对于建筑企业绩效的评价也与行业整体绩效评价类似,除了较为传统的效率和利润率等财务指标,还需要更多地结合业务流程、可持续发展和利益相关者需求等方面来考虑。目前在建筑企业绩效评价中应用较为普遍的方法有平衡记分卡(BSC)和关键绩效指标(KPIs)。BSC从财务、客户、内部运营、学习与成长四个角度对企业绩效进行考核。Yu等[73]开发了一套基于BSC的建筑企业绩效评价指标体系,并应用于韩国的34家建筑企业。Isik等[74]在研究建筑企业绩效与其项目管理能力、关系强度、战略和组织决策之间的关系时也采用了BSC的绩效评价方法。KPIs由英国CBPP组织(U. K. Construction Best Practice Program)提出,最早包含了10个评价指标,而后经历数次扩充,于2004年将38个指标分为七个类别:工期、成本、质量、客户满意度、变更、业务绩效、健康和安全。可以看出,KPIs对绩效的评价集中于项目绩效,而较少涉及企业的其他方面。El-Mashaleh等[75]提出的建筑企业绩效评价体系包括进度绩效、成本绩效、安全绩效、客户满意度和利润率五个维度。Elyamany 等[76]以埃及建筑企业为样本,建立了公司绩效得分、经济绩效得分、产业绩效得分、绩效指数和绩效等级五个不同的企业绩效评估模型,分别考虑了宏观经济、行业相关因素以及公司规模对绩效评估的影响。

国内学者的研究倾向于从财务绩效和非财务绩效两个方面对建筑企业的绩效进行评价。赵富强等[77]从利益相关者满意度的视角,提出了一个包括财务、市场、合作、流程、成长和社会等维度的企业绩效评价指标体系。张晨等[78]选取的财务指标包括主营业务利润率、总资产报酬率和经济增加值,非财务指标包括市场占有率、客户满意度、员工劳动生产率和技术创新投入。王幼松等[79]用反映财务绩效的总资产报酬率和净资产收益率,以及反映非财务绩效的研发费用占比和职工教育经费对建筑企业绩效进行测量。

建筑业是项目导向型的行业,因此在对建筑企业绩效进行评价时,需要合理考虑企业绩效和项目绩效之间的关系。在评价项目绩效时,随着利益相关者理论的发展,不仅需要考虑工程项目的三大目标(质量、进度和成本),更需要满足所有利益相关者的要求[80]。Mwita[81]认为,重大项目绩效应包含行为、产出和结果三个因素。Patanakul 等[82]关注大型政府项目的非营利性目标效益、长期效用、利益相关者、复杂性、政治环境和正式流程。胡芳[83]对大型公共工程项目的绩效评估指标进行了定性分析,确定了项目管理、项目治理、管理者素质、风险分配和外部环境五大关键因素。梁姝钰[84]提出,重大项目绩效评价指标体系包含了项目决策绩效、项目过程绩效和项目成果绩效三个维度,具体下设信息公开程度、资金利用率、组织机构部门完备性、工程优良率、产值利润率、政府满意度、公众满意度、项目可持续发展性等 50 个细分指标。Büyüközkan 等[85]从可持续发展视角出发,针对能源项目建立了环境、社会、经济三维度的绩效评价指标体系。

许多学者的研究已经证实,建筑企业与政府的关系、企业所处的制度环境以及企业的所有权性质会对企业绩效产生影响。雷鸿君等[86]研究比较了 1996—1998 年建筑业不同所有制企业的绩效水平,发现国有企业的产值生产率和利润率均低于私有企业,国有企业的利润率仅为全行业平均水平的 24%;企业规模、地区分布和隶属关系(隶属中央或隶属地方)也是建筑企业生产率和盈利能力的影响因素。李永奎等[87]从项目合作视角出发,通过实证得出了企业市场竞争力受网络位置的影响,在不完全竞争条件下,企业充分利用政府资源关系能够提高自身在建筑市场上的竞争力。党小博[88]分析了智力资本对建筑企业绩效的影响,发现人力资本、创新资本、流程资本和关系资本对建筑企业的盈利绩效、运营绩效和发展绩效均会产生正向影响。

(五)本章小结

本章主要梳理了政企关系、制度环境、所有权性质和建筑企业绩效的有关文献。可以看出,政企关系、制度环境和所有权性质都与企业绩效有着千丝万缕的联系,建筑企业也不例外。尽管研究成果已经比较丰富,但因为各个国家的政治环境、制度环境、产权制度等各不相同,目前的研究仍存在以下几个缺陷:

(1)政企关系对企业绩效的影响效果尚不明确。政企关系可能是一把"双刃剑",关于政企关系究竟对企业绩效产生正向还是负向影响,学术界尚未得到明确结论,存在"扶持之手"和"掠夺之手"两种相反的观点,也有研究认为,两者之间并不存在显著的相关性。

(2)制度环境和所有权性质对政企关系与企业绩效间关系的调节效果尚不明确。许多研究已经表明制度环境和所有权性质的变化会影响政企关系对企业绩效的作用,即存在调节关系,但调节的方向和机理均尚未明确,针对不同对象所得到的研究结论也大相径庭,研究成果对建筑企业的适用性仍有待考证。

(3)聚焦于建筑行业的有关研究较少,缺乏系统性和完整性,未能深入揭示政企关系与我国建筑企业绩效的关系。当前对我国建筑业的绩效研究大多仍然以产业整体绩效为对象,尽管此类研究能够为宏观政策制定和改革方向提供一定参考,但对于市场微观主体的建筑企业的必要研究仍然比较缺乏,对于建筑企业应该采取哪些战略和行动来提升企业绩效和核心竞争力,仍然缺少理论研究。

基于对现有文献的梳理,结合建筑企业的特征,有必要进一步深入研究建筑企业的政企关系与企业绩效间关系的影响因素和作用机理,同时考虑制度环境和所有权性质的影响。

三、政企关系与建筑企业绩效的关系:理论与假设

本章对政企关系与建筑企业绩效的关系进行理论分析,提出政企关系对建筑企业财务绩效和项目绩效具有不同影响的假设,并提出制度环境负向调

节政企关系对企业绩效的影响,所有权性质正向调节政企关系对企业绩效的影响,最后对理论与假设进行总结,并归纳为理论模型,为后续实证分析提供支撑。

(一) 理论基础

1. 社会资本理论

20世纪70年代,法国学者布尔迪厄首次提出了社会资本(Social Capital)的概念[89]。随后,各个学科都开始关注这一概念。科尔曼对社会资本做了较为系统的分析,提出社会资本是个人拥有的社会资源结构,是行动者为了实现自身利益,相互进行各种交换形成的持续存在的社会关系[90]。这也是社会资本的概念在美国社会学界首次被明确使用。自布尔迪厄和科尔曼以后,社会资本更具代表性的概念是指个人通过社会联系获得稀缺资源(包括权力、资金、信息等),并从中受益的能力,行动者可以通过参与社会群体和组织以获得稳定的社会联系,或者通过人际社会网络形成社会联系。根据这一定义,边燕杰等[91]提出了企业社会资本的概念,即企业通过这些联系而获取稀缺资源的能力。就中国而言,企业与上级领导机关和地方政府部门之间的联系是企业最重要的纽带之一,这种向上的纵向联系可以帮助企业达到从"上面"获得信息,占用稀缺资源的目的。

按照社会网络理论,政府与企业都是嵌入在社会中的组织,作为社会网络上的重要节点,它们之间必然会相互作用[92]。由于政府掌握了大量稀缺性和不可替代性强的资源,负责制定市场运行的规则和制度,提供多种不同表现形式的社会资本,因此政府在社会网络中处于控制各种利益链接的拐点,即伯特[93]提出的结构洞位置。各个节点在社会结构中的位置是由其所控制的资源决定的,因而政府在社会结构中的位置要高于企业。根据社会资本理论,处于较低位置的行动者在与处于较高位置的行动者互动时,前者更容易获取自己所需要的资源[94]。因此,建筑企业有很强的动机建立政企关系,旨在从政府处获得资源和好处。

2. 寻租理论

寻租的思想最早出现在美国经济学家戈登·塔洛克1967年发表的经典论文《关税、垄断和偷窃的福利成本》中[95]。塔洛克明确指出,从表面上看,偷窃似乎是一种纯粹的财富转移,然而,偷窃行为却产生了社会成本,它的直接后果之一就是会在全社会促使人们投入各种资源用于进行反偷窃,构成了偷窃的成本。这些活动支出的稀缺资源就构成了偷窃的总福利成本,并且从成本的变化趋势来看,它还会随着偷窃行为的发生而不断上涨。尽管没有使用"寻租"这一词语,但塔洛克开创了对寻租领域的分析,为寻租理论的研究做出了巨大的贡献。

寻租理论的另一名创企人安妮·克鲁格于1974年最早提出了"寻租(Rent-Seeking)"一词,并将寻租定义为"那种利用资源通过政治过程获得特权,从而构成对他人利益的损害大于租金获得者收益的行为"[96]。克鲁格假设市场是一个连续体,一端是没有任何限制的自由系统,另一端是受到完全限制的系统。在没有任何限制的情况下,企业家将寻求通过采用新技术、正确预测市场变化等来获得收益。在受到完全限制的情况下,法律和规制无处不在,寻租将是唯一的获利途径。尽管这两种极端类型的市场都不存在,但可以想象在现实中往往存在一些问题使得市场不能完全履行其资源配置的职能,这就是寻租活动的社会成本。克鲁格认为,任何形式的经济体中都有促成寻租的限制(Rent-Generating Restrictions)。

Murphy等[97]将寻租阻碍经济增长的原因归纳为两点:第一,寻租有自然增长的性质,会吸引生产领域的资源转移到非生产领域;第二,寻租行为及其寻租结果会抑制企业的创新活动,对经济增长造成长远的不利影响。寻租活动对政府政策的有效性和效率也会产生重大影响。Chakraborty等[98]研究了在产权保护薄弱的情况下寻租活动对经济绩效的影响,结果表明,在产权保护越差时,寻租活动相比于生产性活动就越具有吸引力。

Mcchesney[99]提出了"政治创租"的概念,特质官员利用行政权力干预使企业不得不寻租的行为,并指出在公共权力主导的国家和地区,这种"政治创租"或"榨租"的行为较为普遍。Ngo[100]研究了国内广泛的寻租活动的根源,发现创租与租金分配已成为各级政府实施产业计划和争夺发展机会的主要政策工具。在我国,主管部门手握大量资源,在发放"市场准入许可"时,一定会选择在自身网络中存在"关系"的企业,这便形成了一种微观租金机制。

建筑企业建立和维持政企关系是寻租的重要手段和表现形式,其寻租成本包括了:①企业为建立和维持政企关系付出的金钱和精力;②企业为了迎合政府的政治目标而在具体经营活动上受到的政治干预;③政治关联寻租导致的社会福利损失;④企业的政治关联造成了稀缺资源分配方式的改变,在另一种情形下,这些资源可以被投入技术创新、提高生产效率等领域。由于寻租成本的存在,尽管政治关联使企业更易获取各种稀缺资源和竞争优势,但财务表现却可能次于非关联企业。

3. 委托-代理理论

委托-代理关系是人们在经济活动中的一种契约关系,在这种契约关系下,委托人要求代理人为委托人的利益活动。委托-代理理论源于"理性人"假说,即委托人和代理人双方都是以实现自身利益最大化为目标的理性人。因此,在委托-代理关系当中,双方的目标函数很难达到完全一致,最优契约仅仅在理论上存在,现实中的委托-代理结果充满不确定性,从而不可避免地产生了委托-代理问题(Agency Problem)。委托人为了防止代理问题所导致的自身利益受损,需要付出相应的监督成本,用以对代理人的绩效进行监督和约束。西方委托-代理关系中已经形成了一套被证明比较有效的激励约束机制,包括报酬机制、委托人监督机制和代理人市场竞争机制等。这套激励约束机制使代理人的经营绩效同其报酬息息相关,代理人在享有剩余索取权的同时需要承担企业的经营风险;委托人运用各种手段从代理人市场上挑选合适的代理人,并对其绩效进行严格的监督,绩效表现不佳的代理人面临着随时可能被解聘和代替的风险,因此能够对代理人形成强有力的激励和约束。

企业中的高级管理人员是企业所有者的代理人。作为理性人的高管在进行是否构建政治关联的决策时,主要考虑的是其自身的利益最大化,当企业绩效与高管个人利益相关程度不高时,即使会对企业绩效造成负面影响,高管仍然可能会积极构建政治关联以实现个人目标。Bartels 等[101]研究发现,企业家的政治关联可以使自己的产权和利益得到有效的保护,尤其是在制度环境较差的情况下。Yuan[102]指出,政治关联能够降低公司首席执行官的变更对业绩的敏感性,也就是说,政治关联企业的首席执行官不太可能因业绩不佳而被迫离职。游家兴等[103]的研究也得到了类似的结论,发现我国上市公司高管政治上的关联越密切,其由于绩效差而被解雇的可能性就越低,这意味着高管人员的政治联系可以起到保护其职位的作用。因此,政治关联的存在使公司治理和内部控制对高管应有的约束机制被弱化,从而加剧了委托-代理问题。

4. 社会责任理论

20 世纪初,英国学者 Sheldon[104]基于美国企业管理的考察情况,在其《管理的哲学》一书中最早提出了企业社会责任(Corporate Social Responsibility)的概念。谢尔顿指出,企业不仅仅是为了股东的利益而存在,企业的责任还在于其员工、顾客、其他利益相关者,甚至整个社会。随后,企业社会责任这一概念在学术界引起了各国学者广泛的关注。企业社会责任协会、世界银行、欧盟、经济合作发展组织(OECD)和国际化标准组织(ISO)等组织也都陆续提出了企业社会责任的相关标准和定义。企业履行社会责任已然成为世界各国企业发展的重要趋势。

闫邹先等[105]提出了政企关系对企业社会责任的两种传导途径：一种是通过政府的行政命令和法律法规进行规定，例如 2007 年发布的《国有企业社会责任指导意见》和《中央企业社会责任绩效指导意见》；另一种是通过地方政府的积极推动、指导和规范，同时逐渐建立市场激励机制，完善相应的监督和服务机制，促进企业履行社会责任。

在现阶段，我国政府在建筑业市场上仍然处于相对强势的地位，政府的监管职能起着重要作用。政府可以通过工程招标、项目各流程的审批、减税和补贴等手段影响和控制企业的经济行为，在资源配置中占据了主导地位。按照"理性人"的假设，履行社会责任有益于企业增进和维护与政府的关系，从政府处获取更多资源。同时，相较普通企业，具有政治关联的企业受到更多来自政府部门、媒体和行业组织的关注和监督，带来履行社会责任的压力；来之不易的"政治荣誉"则是政治关联企业履行社会责任的自律机制的源泉和内在动力。由此可见，政企关系紧密的企业往往面对着更多社会责任的压力与动力，会更积极地承担和履行社会责任。对于建筑企业而言，履行社会责任通常意味着企业要更重视项目的质量绩效，但同时也可能产生履行社会责任的财务成本。

（二）政企关系对建筑企业绩效的影响

1. 政企关系与财务绩效

纵观我国建筑业的发展历程，近年来建筑产业市场化竞争程度不断提高，建筑市场的透明度也进一步提高。然而，建筑市场的完善与发育并不平衡，企业对政府资源和政府庇护的依赖程度高。我国建筑业有大量资源掌控在政府手中，建筑企业的经营也存在着较多的政府干预。首先，在市场准入制度上，实行以企业资质等级制度为主，个人执业资格必须隶属于市场准入的企业才管用。在管理方式上基本采用静态管理模式，低资质企业升级困难，高资质企业缺乏压力。企业在市场上的位置并不是由市场竞争决定，而是在很大程度上取决于企业的资质等级，资质等级高的企业能够在市场中占据有利位置。其次，在审批制度上，涉及建设项目的行政审批环节烦琐、流程复杂，仍然存在"重审批，轻监管"的现象。项目的审批周期会影响项目的工期，对建筑企业的经营效率产生影响。最后，建筑业还存在比较明显的地方保护主义，许多地方政府在准入手续、招投标限制、资格预审条件等方面排斥或限制外部企业进入，增加外地企业的经营成本,进而削弱外地施工企业在本地的市场竞争力。

建筑企业为了获取政府的支持愿意投入精力和资源,以绕过政治规制,换取垄断性资源和额外收益。为了获取更高的企业资质、更多的项目机会,企业有可能忽视生产效率和利润率,而不重视提高自身的管理和技术水平,一味追求与政府建立并维持密切关系,常常将资源投入于无益于企业经济效益提升的活动。一些建筑企业甚至还能以收取挂靠费用的形式获利,增加了企业的惰性。

行业市场机制的不完善也导致建筑企业中往往存在比较严重的代理问题,尤其是在政治关联程度高的企业中,具有政治关联的委托人在选择代理人时,可能也倾向于从具有政治背景的人选中选择,看重其政治资源和个人从政能力,而忽视其公司治理能力,不能对其经营绩效和业绩进行严格的审核和监督。即使在公司经营不善时,具有政治背景的代理人也更不容易被解雇,即此类代理人人选产生过程中市场竞争不充分,从而对企业的财务绩效产生不利影响。具有政治背景的高管更可能为追求个人目标利益而牺牲企业利益,如盲目扩张规模、不必要的重组并购、产生大量非效率投资、出现转包与倒包现象等。同时,由于具有和政府之间的紧密关系,这些损害企业财务绩效的行为还可能得到政府的包庇和保护,产生更加不利的影响。

基于上述分析,本篇提出第一个假设:

H1:建筑企业的政企关系与财务绩效负相关。

2. 政企关系与项目绩效

我国目前还处于基础设施投资和建设高速发展的阶段,政府手中有大量的工程项目,可以说是我国建筑市场中最为强势的业主。从社会资本理论的角度,在同等条件下,政企关系紧密的企业更加容易从政府手中获取优质项目资源。由于政府项目具有公共属性,能否高质量完成政府项目,对企业的声誉将产生重要影响,也会影响政府与企业的后续合作。政府在选择承包商时,往往尤为看重承包商过往的项目绩效。因此,为了维护与政府之间的联系,建筑企业可能给予项目绩效更多的关注并投入更多的资源,甚至以损失企业短期的财务效益为代价,保证所承接工程的项目绩效,进而保护企业的社会资本,即,能够持续从政府部门获取稀缺资源的能力。

可以看出,我国建筑企业生存的许多关键资源掌握在政府手中。随着近年来社会责任越来越成为政府的关注重点,相应地,建筑企业履行社会责任因而也成为维持政治形象、维护政企关系的重要战略之一。同时,政企关系紧密的企业自然而然更容易受到政府的影响,迫于政府压力需要更积极地履行社会责任。

从建设工程项目的固有属性来看,其建设过程和建设结果都具有很强的社会属性,因为涉及社会公众的切身利益。因此,提高工艺技术标准、加强对项目质量和安全目标的把控,是建筑企业履行社会责任的重要途径。政企关系紧密的企业为了更好地履行社会责任,往往会在其承接的项目中采用相比于现行有效的规范标准更为严格的要求进行全过程工程建设,核心指标优于同类型工程。除了项目本身的质量要求,企业还会着重于在项目的绿色、创新、人文等方面投入,争取实现更大的社会效益。因此,政企关系所带来的履行社会责任的压力与动力能够对建筑企业的项目绩效产生促进作用。

基于上述分析,本篇提出第二个假设:

H2:建筑企业的政企关系与项目绩效正相关。

(三)制度环境的调节效应

企业的政企关系对企业绩效的影响程度与其所处地区的制度环境息息相关。我国的疆域辽阔,资源禀赋、地理位置、历史和政策等因素决定了各地区的制度环境有着很大的差异,经济发展水平和市场化发展程度十分不均衡。制度环境差的地区,市场经济条件不成熟,私有产权保护不发达,地方保护主义泛滥,政府对企业经济活动的直接干预程度高,而且存在政府工作人员滥用职权向企业寻租、乱收费、乱摊派等侵害权利现象,给企业造成额外的负担。制度环境好的地区,市场在资源配置中占主导地位,政府的主要职能由行政管理向服务转变,其作用是建立公平、有效的建筑市场,以提升行业产品和服务的质量、促进建筑生产活动的安全和健康为目标,从而推动整个行业的健康发展。

一方面,根据社会资本理论,在制度越落后的地区,企业就越难从市场上获得发展所需的资源以及产权保护,政企关系作为一种关系资本的重要性就越强,因此,企业对政企关系的依赖程度就越高,企业绩效与政企关系之间的相关性也更强;根据制度替代理论,在转型发展的经济体中,政治关联能够形成对尚不完善的制度环境的补充或替代机制,减少企业发展所面临的不确定性,在制度环境越落后的地区,这种替代效果就越强。另一方面,根据寻租理论,企业建立政治关联是一种纵容政府寻租的行为,可能是为了以钱权交换的形式,让企业从政府处获取不合规的偏袒和庇护,例如通过贿赂政府官员使政府实施有利于自身的政策法规。制度越落后的地区,由于市场的不发达,就有越多的权力掌握在地方政府手中,包括土地开发权、项目审批权、融资和税收政策等,政府官员"政治创租"和企业通过政治关联获益的动机也越强;根据委托-代理理论,在制度环境越落后的地区,由于市场竞争不充分、法律体系不完善、资本市场不发达,资本价格不能真实反映代理人的经营能力,而政治关联可以对代理人的职位起到较强的保护作用,导致代理人所受到的激励和约束不足,缺乏市场压力和风险意识,因此政企关系导致的代理问题也就越严重。

基于上述分析,本篇提出第三个假设,并分为两个子假设:

H3:制度环境能够调节建筑企业的政企关系对企业绩效的影响。

H3a:制度环境越好的地区,建筑企业的政企关系对财务绩效的负面影响越小。

H3b:制度环境越好的地区,建筑企业的政企关系对项目绩效的正面影响越小。

(四)所有权性质的调节效应

我国企业按照所有权性质可以分为国有企业和非国有企业,所有权性质的不同决定了这两类企业的政治关联具有差异性。在我国,国有经济在国民经济中占据主导作用。许多国有企业都脱胎于计划经济时代政府部门下属的生产单位,即使改制后,国有企业与政府之间也存在天然的"脐带"。政治关联越强的国有企业,这种"脐带"的联系也就越紧密。例如,央企的董事长就由国务院国资委直接任命,总经理由国资委提名,提名后不被任命的情况鲜有发生;国有企业的各级领导按照规定享有相应的行政级别。这种天然的政治联系使得企业与政府的沟通更顺畅、获取政府掌握的稀缺资源和信息更便利,但同时也决定了此类企业很难完全以营利为目标,而是需要承担大量不以营利为目的的政治任务和社会责任。从国有企业建立政治关联的动机来看,动机也相对复杂,并非完全是为了提升企业的效益,也有可能是为了实现区域发展或某种社会职能,甚至管理者可能出于提高自身行政职位的目的而建立政治关联。尽管有行政级别认同的背景,但国有企业领导者与同级政府官员在社会影响力等方面存在巨大差异,国有企业负责人若转任到行政部门,自身经济和政治待遇都能得到提升,这导致国有企业领导者存在强烈的置换职务身份的热情,难免在其日常经营中带有政治因素的考虑[106]。

相较于国有企业,非国有企业建立政治联系的动机主要是为了取得企业的合法性,争取政府的支持,可以说是以获取资源为核心的企业经济利益目标导向。非国有企业建立政治关联的途径主要是企业的董事、高管等人员担任人大代表或政协委员,参与具有政治地位的社会团体,或者是基于与政府官员之间的私人关系。贺小刚等[107]指出,非国有企业的政企关系会随着企业家的政治身份、政府官员的变更等原因发生改变,具有较高的脆弱性和不确定性,而国有企业的政治关联更加稳固。

从委托-代理关系的角度,学者徐传谌等[108]指出国有企业存在更为严重的委托-代理问题。首先,国有企业存在所有者缺位的问题,国家把国有企业的管理委托给各级政府及政府授权机构,实际运行中由各级国有资产管理部门来履行出资人职责。根据"理性人"的假设,代理行使出资人职责的机构并不是国有企业的真正所有者,其效用函数与企业真正所有者不同,因此并不会和关注自己的切身利益一样关注企业的经营绩效,可能因为追求自身的效益最大化而损害国有企业财产。其次,比起真正意义上的企业家,国有企业代理人更像是"政治人"的身份,国有企业高管并不像非国有企业那样通过市场选拔和聘用,而是由政府部门享有任免或建议任免权,在任免时更多关注政治目标和党性标准,导致国有企业的高管不一定是具有企业经营管理才能的企业家。最后,由于国有企业在社会发展中承担了大量社会性和政策性负担,经营结果的不确定程度高,企业代理人有把经营性亏损归入政策性负担的机会,因此,国有企业政治关联高管的薪酬业绩敏感性通常较低,而非国有企业中的政治关联高管利用其政治资源为公司创造价值更偏向于是一种个人行为,有明确的责任归属,故而,公司将提高其薪酬与业绩的相关性,以激励高管利用其政治资源[109]。

因此,国有建筑企业相较于非国有建筑企业,更强的政治关联意味着企业需要承担更多的政治和社会目标,导致了更为严重的代理问题,对财务绩效产生的负面影响更大,且这种负面影响由于国企政治关联的稳固性更不容易被消除。但对于项目绩效而言,由于许多项目本身就带有政治和社会属性,国企政治关联的增强往往有利于项目绩效的提升。项目绩效往往会被看作是管理者在任期内的"政绩",为谋求政治升迁的国有企业管理者提供台阶。在非国有企业中,政企关系对财务绩效和项目绩效的影响不如国有企业明显。

基于上述分析,本篇提出第四个假设,并分为两个子假设:

H4:所有权性质能够调节建筑企业的政企关系对企业绩效的影响。

H4a:国有建筑企业的政企关系对其财务绩效的负面影响比非国有建筑企业大。

H4b:国有建筑企业的政企关系对其项目绩效的正面影响比非国有建筑企业大。

(五) 本章小结

基于社会资本理论、寻租理论、委托-代理理论和社会责任理论,结合建筑业的行业特性,建筑企业的政企关系会对企业财务绩效和项目绩效产生不同的影响。建筑企业寻求建立和维护政企关系会导致寻租成本的上升和代理问题的加剧,对企业的财务绩效产生不利影响;政企关系能给企业带来更多更优质的项目资源,企业也会更积极履行政府所要求的社会责任,进而对项目绩效产生正面影响。

我国的市场化改革尚未完成,市场体制仍不完善,不同地区的制度环境发展很不均衡。根据现有理论,在制度环境越差的地区,政府在资源配置中起到的主导作用越强,因此企业建立政企关系的动机更强,政企关系对企业绩效的影响也越大。由于国有企业与非国有企业政治关联的异质性,所有权性质也会对政企关系和企业绩效的关系起到调节作用。民营企业的政治关联往往以企业经济利益为目的而建立,而国有企业的政治关联在带来更多社会责任的同时也会引发更严重的代理问题。因此,国有建筑企业的政企关系对企业绩效的影响比民营建筑企业要大。

根据上述假设,本章构建出的政企关系对建筑企业绩效影响的理论模型,如图 3-1 所示。

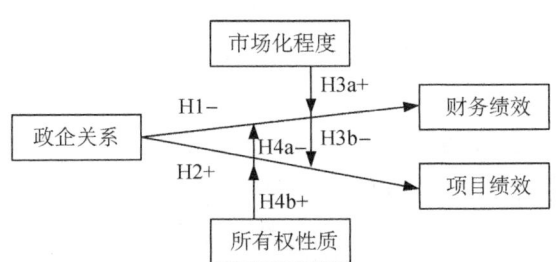

图 3-1 政企关系对建筑企业绩效影响的理论模型

四、实证分析

基于文献综述和理论假设,本部分内容以 2008—2016 年我国沪深两市 A 股建筑业上市公司为样本,选取关键变量并设计计量模型,对政企关系、制度环境、所有权性质和企业绩效间的相互关系进行实证研究。在完成样本筛选和数据处理后,首先进行描述性统计和相关性检验,再依次对主效应和调节效应进行分析和解释,最后进行稳健性检验并得出结论,为后文提出对策建议提供依据。

(一)关键变量选择与计量模型设计

1. 关键变量选择

(1)被解释变量

财务绩效(FIN):财务绩效是反映企业生产经营过程和成果的经济指标。在以往的实证研究中,对财务绩效的测量通常使用短期财务绩效指标或长期财务绩效指标。短期财务绩效指标包括总资产收益率(Return On Total Assets, ROA)和净资产收益率(Return On Equity, ROE);长期财务绩效指标主要是托宾Q值(Tobin Q)。托宾Q值的计算方法是企业市价除以企业的重置成本,由于中国资本市场中的非流通股没有市场价格,只能以近似值替代其市场价值进行计算,托宾Q值的准确性有待商榷,因此本篇选择短期财务绩效指标。净资产收益率(ROE)的计算方法是净利润除以股东权益余额,体现公司运用自有资本获得收益的能力,负债的增加通常会导致净资产收益率的上升。从行业角度来看,建筑企业整体长期处于较高的资产负债率水平,建筑业央企的资产负债率长期在80%左右的红线附近震荡[110],净资产收益率较难客观体现建筑企业的真实盈利能力。因此,本篇最终选择总资产收益率(ROA)作为财务绩效的衡量指标。总资产收益率的计算方法是净利润除以总资产余额,是分析企业盈利能力时非常有用的一个比率,其高低直接反映了公司的竞争实力和发展能力。

项目绩效(PRO):项目绩效是反映建筑企业项目能力的指标。对项目绩效的评价通常需要考虑多个维度,包括工期、成本、质量、客户满意、安全等。由于项目的盈利能力已经包含在企业的财务绩效中予以反映,为了与财务绩效相区分,本篇在选择项目绩效衡量指标时重点考虑项目的质量绩效。对于建筑业而言,工程质量是项目建设的永恒主题——"百年大计,质量第一",工程质量直接关系到人民群众的生命财产安全,影响到国民社会经济的发展,质量绩效在很大程度上代表了项目绩效中非营利性质的部分。中国建设工程鲁班奖(China Construction Engineering Luban Prize),简称鲁班奖,设立于1987年,是一项由中华人民共和国住房和城乡建设部指导、中国建筑业协会实施评选的奖项,是中国建筑行业工程质量的最高荣誉奖。鲁班奖评选工程为我国境内已经建成并投入使用的各类新(扩)建工程,同时工程质量应达到中国国内领先水平,获奖单位为获奖工程的主要承建单位、参建单位。作为行业最高荣誉奖项之一，除了聚焦于项目质量，鲁班奖在评选时也必然考虑到了项目的安全和客户满意度，具有较强的综合性和代表性。因此，本篇最终选择鲁班奖获奖次数作为项目绩效的衡量指标。

(2) 解释变量

政企关系(REL)：根据我国的实际情况，对政企关系的衡量通常可能采用三种方法，第一种是比例法，第二种是虚拟变量法，第三种是层级赋值法。

比例法的计算方式是企业所有的董事会成员和高级管理人员中具有政治背景的人数占总人数的比例，具有政治背景意即曾经或现在以下机构任职：中国共产党中央委员会、中华人民共和国国务院、全国人民代表大会、中国人民政治协商会议、党的各级代表大会、地方各级人民政府、机构部门（包括中央直属机构、国务院机构以及地方机构）、民主党派、社会团体、高等院校、中国共产党各级地方委员会。比例法计算得到的人数占比越高，则企业的政企关系越好。

虚拟变量法将政企关系定义为有或无，企业有政企关系即赋值为1，无政企关系即赋值为0。判断有无政企关系的标准主要包括：企业的董事会成员和高管团队中是否有人具有政治背景；企业的实际控制者是否具有政治背景；等等。这种方法的局限性是无法衡量政企关系的强弱程度。

层级赋值法是考虑到政治背景存在等级之分，对政治背景按照等级高低依次进行赋值，国家级的政治关联高于地方级的政治关联[111]。例如，实际控制者是全国人大代表、全国政协委员或国家级职务，则企业的政企关系赋值为4；实际控制者是省人大代表、省政协委员或省部级职务，则企业的政企关系赋值为3；实际控制者是市人大代表、市政协委员或厅局级职务，则企业的政企关系赋值为2；实际控制者是县人大代表、县政协委员或县处级职务，则企业的政企关系赋值为1；其他政治关联情形的政治资源最少，赋值为0。

总体而言，国有企业的政企关系比民营企业更加紧密，且国有企业与各级政府之间往往存在天然的联系，因此虚拟变量法和层级赋值法不能很好地体现不同国有企业之间政企关系的差异，这两种方法更经常被用于样本为民营企业的研究当中。在我国建筑企业中，国有企业占据了很高的比例和重要的地位，因此本篇选择比例法作为建筑企业政企关系的衡量方法，即将建筑企业的政企关系定义为企业所有的董事会成员和高级管理人员中具有政治背景的人数占总人数的比例，该数值能够比较全面地衡量企业的政企关系。

（3）调节变量

制度环境（INS）：本篇对制度环境的衡量采用学者王小鲁、樊纲和胡李鹏2018年制定的中国市场化指数，企业所处的制度环境由企业所在地的市场化指数决定。中国市场化指数由五个方面的指数组成，分别反映市场化的某个特定方面。它们是：政府与市场的关系、非国有经济的发展、产品市场的发育程度、要素市场的发育程度、市场中介组织的发育和法治环境。市场化指数反映的是省份与省份之间市场化进程的相对情况，较高的评分反映相对较高的市场化程度，即较好的制度环境。

所有权性质（OWN）：企业的所有权性质按照实际控制人性质划分为国有企业和非国有企业，为虚拟变量。若企业实际控制人为国有企业、国有机构或各级政府，则定义为国有企业，所有权性质赋值为1；若企业实际控制人为其他组织类型，则定义为非国有企业，所有权性质赋值为0。

（4）控制变量

为控制其他可能对建筑企业财务绩效及项目绩效产生影响的因素，参考前人研究，从公司特征和公司治理两个层面设置控制变量，并设置年度虚拟变量以控制年份的影响。公司特征层面的控制变量包括：企业规模、负债比率和企业年龄。公司治理层面的控制变量包括：控股股东持股比例、管理层持股比例和董事会规模。

企业规模（SIZE）：以企业总资产的自然对数衡量。企业的资产规模通常会对企业绩效产生影响，承包商能否承接项目也直接与企业规模挂钩。

负债比率（DEBT）：以企业的资产负债率（总负债除以总资产）衡量。在企业自有资本有限的情况下，资产负债率越高，企业绩效越有可能得到提升，但负债比率的提高也带来了更高的财务风险，可能对企业绩效产生负面影响。

企业年龄（AGE）：以观测年度和企业成立年度相减得到的年数差值衡量。企业年龄是指企业自成立之日起所经历的时间，企业的年龄大小通常会影响公司的发展战略，也对企业绩效有所影响。

控股股东持股比例（LS）：以控股股东持股数占总股数的比率衡量。股权结构是公司治理结构的基础，决定了企业的治理结构，进而影响企业的行为和绩效。

管理层持股比例（MNG）：以董事、监事及高级管理人员持股数（有兼任情况时不重复计算持股数量）占总股数的比率衡量。管理层持股是完善公司治理结构的重要举措和对管理人员的重要激励机制，能够对企业绩效产生影响。

董事会规模(BOR):以董事人数(含董事长)衡量。董事会是公司治理的重点,其结构对公司治理的效果有很大影响。

年度虚拟变量(Year):不同年度的宏观经济环境可能对企业绩效产生影响,因此引入年度虚拟变量进行控制。

表 4-1 变量定义表

变量类型	变量名称	符号	变量定义
被解释变量	财务绩效	FIN	总资产收益率,净利润除以总资产余额
	项目绩效	PRO	观测年度内获得鲁班奖的次数
解释变量	政企关系	REL	企业所有的董事会成员和高级管理人员中具有政治背景的人数占总人数的比例
调节变量	制度环境	INS	企业所在地的市场化总指数,来自王小鲁、樊纲和胡李鹏(2019)编写的《中国分省份市场化指数报告》
	所有权性质	OWN	企业是国企取值为1,否则取值为0
控制变量	企业规模	SIZE	企业总资产的对数
	负债比率	DEBT	企业总负债除以总资产
	企业年龄	AGE	企业成立的年数
	控股股东持股比例	LS	控股股东持股数占总股数的比率
	管理层持股比例	MNG	管理层持股数占总股数的比率
	董事会规模	BOR	董事人数
	年度虚拟变量	Year	年度的虚拟变量,控制年度宏观经济影响

2. 计量模型设计

在控制相关变量的基础上,本篇采用混合 OLS 回归方法检验各个假设(F 检验结果表明不同样本的个体效应可忽略,应采用混合回归)。结合前文的变量设定,构建模型如下:

$$FIN = \alpha_0 + \alpha_1 REL + \alpha_2 SIZE + \alpha_3 DEBT + \alpha_4 AGE + \alpha_5 LS + \alpha_6 MNG + \alpha_7 BOR + \sum_{I=1}^{8} \alpha_7 + iyear + \varepsilon_1$$

(4-1)

$$PRO = \lambda_0 + \lambda_1 REL + \lambda_2 SIZE + \lambda_3 DEBT + \lambda_4 AGE + \lambda_5 LS +$$
$$\lambda_6 MNG + \lambda_7 BOR + \sum_{I=1}^{8} \lambda_7 + iyear + \varepsilon_2$$
(4-2)

$$FIN = \beta_0 + \beta_1 REL + \beta_2 INS + \beta_3 REL \times INS + \beta_4 SIZE + \beta_5 DEBT +$$
$$\beta_6 AGE + \beta_7 LS + \beta_8 MNG + \beta_9 BOR + \sum_{I=1}^{8} \beta_9 + iyear + \varepsilon_3$$
(4-3)

$$PRO = \mu_0 + \mu_1 REL + \mu_2 INS + \mu_3 REL \times INS + \mu_4 SIZE + \mu_5 DEBT +$$
$$\mu_6 AGE + \mu_7 LS + \mu_8 MNG + \mu_9 BOR + \sum_{I=1}^{8} \mu_9 + iyear + \varepsilon_4$$
(4-4)

$$FIN = \gamma_0 + \gamma_1 REL + \gamma_2 OWN + \gamma_3 REL \times OWN + \gamma_4 SIZE + \gamma_5 DEBT +$$
$$\gamma_6 AGE + \gamma_7 LS + \gamma_8 MNG + \gamma_9 BOR + \sum_{I=1}^{8} \gamma_9 + iyear + \varepsilon_5$$
(4-5)

$$PRO = \nu_0 + \nu_1 REL + \nu_2 OWN + \nu_3 REL \times OWN + \nu_4 SIZE + \nu_5 DEBT +$$
$$\nu_6 AGE + \nu_7 LS + \nu_8 MNG + \nu_9 BOR + \sum_{I=1}^{8} \nu_9 + iyear + \varepsilon_6$$
(4-6)

模型 4-1 用于检验建筑企业的政企关系对财务绩效的影响，对应本文的假设 H1，若假设 H1 成立，则 REL 的回归系数 α_1 预期显著为负。

模型 4-2 用于检验建筑企业的政企关系对项目绩效的影响，对应本文的假设 H2，若假设 H2 成立，则 REL 的回归系数 λ_1 预期显著为正。

模型 4-3 用于检验制度环境对建筑企业的政企关系和财务绩效关系的影响，对应本篇的假设 H3a，若假设 H3a 成立，则交互项 REL×INS 的回归系数 β_3 预期显著。

模型 4-4 用于检验制度环境对建筑企业的政企关系和项目绩效关系的影响，对应本篇的假设 H3b，若假设 H3b 成立，则交互项 REL×INS 的回归系数 μ_3 预期显著。

模型 4-5 用于检验所有权性质对建筑企业的政企关系和财务绩效关系的影

响,对应本篇的假设 H4a,若假设 H4a 成立,则交互项 REL×OWN 的回归系数 γ_3 预期显著。

模型 4-6 用于检验所有权性质对建筑企业的政企关系和项目绩效关系的影响,对应本篇的假设 H4b,若假设 H4b 成立,则交互项 REL×OWN 的回归系数 ν_3 预期显著。

(二)数据来源与描述性统计分析

1. 样本选取和数据来源

本篇选取 2008—2016 年我国沪深两市 A 股上市公司中的建筑企业为研究对象,行业分类以证监会 2012 版行业分类为准,建筑业门类包含了房屋建筑业、土木工程建筑业、建筑装饰和其他建筑业四个大类。为保证研究结论的可靠性,对数据按照以下标准进行相关筛选:①剔除 ST、*ST 的上市公司样本;②剔除变量数据披露不完整导致变量数据缺失的样本;③剔除变量数据存在极端值和异常值的样本。经过筛选,本篇共获取了 506 个观测数。

本篇中所采用的所有政企关系、财务绩效、公司特征和公司治理数据均来自 CSMAR 数据库,并通过与公司年报、招股说明书等公开披露资料比对以核实数据的可靠性。项目绩效数据源于中国建筑业协会官方网站公布的历年中国建设工程鲁班奖(国家优质工程)获奖工程名单,通过国家企业信息信用公示系统(http://www.gsxt.gov.cn/index.html)和天眼查系统(https://www.tianyancha.com/)查询确定获奖企业的股权结构与实际控制人,与上市公司相对应。2010 年起,鲁班奖的评选由每年一次改为每两年一次,每次评选的获奖工程数量也由约 100 项改为约 200 项,可以推测每年获奖工程数量的分布比较均衡。因此,为保持项目绩效数据在不同观测年度的可比性,2010—2017 年八年间,企业每年的鲁班奖获奖次数用涵盖观测年度的评选期内获奖工程数量除以 2 计算得到(如 2017 年鲁班奖获奖次数为 2016—2017 年度获奖工程数量除以 2)。制度环境数据来自王小鲁、樊纲和胡李鹏 2019 年编写的《中国分省份市场化指数报告》。

2. 描述性统计分析

表 4-2 样本的描述性统计

变量	均值	标准差	最小值	最大值
FIN	0.027	0.043	−0.194	0.500

续　表

变量	均值	标准差	最小值	最大值
PRO	1.267	3.327	0.000	29.000
REL	0.165	0.121	0.000	0.790
SIZE	22.758	1.830	16.185	27.962
DEBT	0.653	0.186	0.028	1.890
AGE	14.014	6.034	1.000	32.000
LS	43.827	16.316	2.360	87.980
MNG	11.994	18.986	0.000	74.850
BOR	8.706	1.678	5.000	15.000
INS	8.192	1.417	2.640	9.950
OWN	0.557	0.497	0.000	1.000

表 4-2 列示了变量的描述性统计结果。剔除极端值后，样本建筑企业财务绩效 FIN 的均值为 0.027，标准差为 0.043，项目绩效 PRO 的均值为 1.267，标准差为 3.327，表明各企业之间财务绩效的分布较为均衡，平均总资产收益率达到 2.7%，与根据公开信息计算得到的行业整体利润率比较接近；项目绩效的差异相对较大，很多企业在观测期内没有获得过鲁班奖，而项目绩效最好的企业在一年内获得了 29 次鲁班奖。政企关系 REL 的均值为 0.165，表明样本中政治关联董事和高管人数平均占比 16.5%，进一步将政企关系转换为虚拟变量分析可知，具有政治关联的样本占比高达 91.5%，仅不足 9% 的样本没有政治关联，可见建筑企业具有政治关联的情况非常普遍。制度环境 INS 的均值为 8.192，接近最大值 9.950，表明建筑业上市公司大部分来自制度环境较好的省份，与实际情况相符。所有权性质 OWN 的均值为 0.557，说明样本中有 55.7% 是国有企业，将样本总体按照所有权性质进一步划分为两个子样本，变量的描述性统计结果分别如表 4-3 和表 4-4 所示。

表 4-3　国有样本的描述性统计

变量	均值	标准差	最小值	最大值
FIN	0.018	0.047	−0.194	0.502

续 表

变量	均值	标准差	最小值	最大值
PRO	1.613	4.157	0.000	29.000
REL	0.170	0.133	0.000	0.786
SIZE	23.343	2.055	18.160	27.962
DEBT	0.735	0.138	0.282	1.890
AGE	13.716	6.109	1.000	32.000
LS	43.843	17.018	2.360	86.030
MNG	0.644	3.439	0.000	32.270
BOR	8.986	1.875	5.000	15.000
INS	7.860	1.542	2.870	9.950
OWN	1.000	0.000	1.000	1.000

表 4-4 非国有样本的描述性统计

变量	均值	标准差	最小值	最大值
FIN	0.038	0.034	−0.112	0.023
PRO	0.083	1.717	0.000	10.000
REL	0.160	0.104	0.000	0.474
SIZE	22.023	1.137	16.185	24.035
DEBT	0.549	0.187	0.028	0.851
AGE	14.388	5.932	2.000	29.000
LS	43.808	15.424	11.010	87.980
MNG	26.283	20.818	0.000	74.850
BOR	8.353	1.311	5.000	12.000
INS	8.610	1.113	2.640	9.950
OWN	0.000	0.000	0.000	0.000

对比表 4-3 和表 4-4 可知，样本中国有企业和非国有企业相比，政企关系的均值相近，但国有企业的财务绩效整体明显劣于非国有企业，项目绩效整体明显

优于非国有企业,在某种程度上验证了国企的代理成本更高、社会责任更大、项目资源能力更强,说明所有权性质的不同可能会影响解释变量对被解释变量的作用效果。在控制变量方面,国有样本和非国有样本在资产负债率和管理层持股比例方面有明显的差异。国有企业的平均资产负债率更高,说明国企可能有更强的债务融资能力。国有企业的管理层持股比例均值仅0.644,而非国有企业中这一数值达到26.283,两者差异巨大,这也印证了国有企业中可能存在高管激励不足的问题。

(三) 假设检验与结果分析

1. 相关性检验

为分析各变量之间的相关性,本篇对各主要变量进行了Spearman相关性检验。表4-5列示了各主要变量的Spearman相关系数矩阵。从中可以看出,在不控制其他影响因素的情况下,政企关系和财务绩效成负相关关系,并在10%水平下显著,政企关系和项目绩效成正相关关系,并在1%水平下显著,与本篇的假设相符。此外,政企关系和企业规模、债务结构在1%水平下显著正相关,和企业年龄、制度环境在1%水平下显著负相关,说明政企关系紧密的企业通常资产规模更大、资产负债率更高、企业年龄更小,且位于制度环境相对较差的地区。制度环境与财务绩效和项目绩效均成正相关关系且高度显著,与政企关系负相关且高度显著,表明制度环境好的地区企业绩效通常更好,且相对充分的市场竞争使得企业对政府的依赖程度更低。所有权性质与财务绩效显著负相关,与项目绩效和政企关系的相关性并不显著。

根据Spearman相关性检验的结果还可判断模型是否存在多重共线性问题。除企业规模和债务结构的相关系数为0.607之外,其他变量之间的相关系数均没有超过0.5,因此,可初步判断各变量之间不存在显著的多重共线性问题。为进一步排除多重共线性对后续回归可能造成的干扰,本篇将在后续回归过程中辅之以方差膨胀因子诊断,以确保分析结果的可靠性。

表 4-5 Spearman 相关性检验

	FIN	PRO	REL	INS	OWN	SIZE	DEBT	AGE	LS	MNG	BOR
FIN	1										
PRO	0.026	1									
REL	−0.080*	0.199***	1								
INS	0.100**	0.221***	−0.171***	1							
OWN	−0.294***	−0.014	−0.003	−0.260***	1						
SIZE	−0.103**	0.475***	0.201***	0.240***	0.347***	1					
DEBT	−0.421***	0.246***	0.208***	−0.132***	0.513***	0.607***	1				
AGE	−0.154***	−0.325***	−0.259***	0.196***	−0.055 0	−0.210***	−0.028 3	1			
LS	0.340***	0.302***	0.055	0.055	0.014 8	0.234***	0.082 9*	−0.392***	1		
MNG	0.299***	0.004	−0.056	0.195***	−0.700***	−0.179***	−0.350***	−0.027 0	0.043 0	1	
BOR	−0.182***	−0.073*	−0.077*	−0.186***	0.147***	−0.010 2	0.117***	−0.029 0	−0.208***	−0.084 3*	1

注：***、**、* 表示检验分别在 1%、5%、10% 的水平下显著（双尾检验）。

2. 主效应分析

表4-6列示了建筑企业政企关系与财务绩效和项目绩效之间关系的OLS回归结果。

表4-6 政企关系与财务绩效和项目绩效关系的回归结果

变量	FIN	PRO
REL	−0.761** (−2.064)	3.255*** (2.916)
SIZE	0.001 (0.032)	1.033*** (10.596)
DEBT	−1.569*** (−5.355)	−3.081*** (−3.530)
AGE	−0.009 (−1.068)	−0.037 (−1.401)
LS	0.014*** (5.245)	0.004 (0.531)
MNG	0.006** (2.538)	−0.014* (−1.886)
BOR	−0.049* (−1.878)	−0.265*** (−3.467)
Year	控制	控制
Constant	−2.998*** (−4.026)	−17.356*** (−7.571)
F	11.13	20.54
Adj-R^2	0.245	0.367
样本数	506	506

注：① ***、**、*表示检验分别在1%、5%、10%的水平下显著(双尾检验)。②括号内为t值。③限于篇幅，年度虚拟变量的回归结果不作详细报告。④方差膨胀因子诊断结果显示，方差膨胀因子均远小于10，确认模型不存在多重共线性。

可以看出，建筑企业的政企关系REL与财务绩效FIN成显著的负相关关系，回归系数为−0.761，在5%的水平下显著，说明企业的政企关系越紧密，企业的财务绩效越差，验证了本文的假设H1。政企关系REL与项目绩效PRO成显著的正相关关系，回归系数为3.255，在1%的水平下显著，说明企业的政企关系越紧密，企业的项目绩效越好，假设H2同样得到了验证。结果表明，在其他条件相同的情况下，政治关联程度高的建筑企业相比于政治关联程度低的企业，有着较好的项目绩效的同时有着较差的财务绩效。政治关联使企业承担了更多的社会责任,在提升项目质量上进行了更多的投入,并且在项目的获取和实施过程中能获得更多政府垄断资源和政府支持,进而促进了企业的项目绩效,但也牺牲了企业的一部分经济效益和盈利能力。

控制变量方面,以财务绩效 FIN 为因变量的回归结果中,企业的资产规模 SIZE 与财务绩效的相关系数为 0.001,未通过显著性检验,说明资产规模与财务绩效之间不存在显著的关系。负债比率 DEBT 与财务绩效成显著的负相关关系,影响系数为 -1.569,在 1% 的水平下显著,这表明资产负债率越高的企业财务绩效越差,也反映了盈利能力强的建筑业上市公司对负债融资的依赖程度低。企业年龄 AGE 与财务绩效的相关系数为 -0.009,未通过显著性检验,说明企业年龄与财务绩效之间也不存在显著的关系。控股股东持股比例 LS 和管理层持股比例 MNG 与财务绩效均成显著的正相关关系,影响系数为 0.014 和 0.006,分别在 1% 和 5% 的水平下显著,即控股股东持股比例和管理层持股比例高的企业财务绩效更好。董事会规模 BOR 与财务绩效成显著的负相关关系,影响系数为 -0.049,在 10% 的水平下显著,这表明董事会规模小的建筑业上市公司治理效率更高,通常有更好的财务绩效。

以项目绩效 PRO 为因变量的回归结果中,企业规模 SIZE 与项目绩效成显著的正相关关系,影响系数为 1.033,在 1% 的水平下显著,表明规模越大的企业项目绩效越好。负债比率 DEBT 与项目绩效成显著的负相关关系,影响系数为 -3.081,在 1% 的水平下显著,表明负债比率越低的企业项目绩效越好。管理层持股比例 MNG 和董事会规模 BOR 与项目绩效均成显著的负相关关系,影响系数为 -0.014 和 -0.265,分别在 10% 和 1% 的水平下显著,表明管理层持股比例的增加和董事会规模的扩大会导致企业的项目绩效下降。企业年龄 AGE 和控股股东持股比例 LS 与项目绩效之间不存在显著的关系。

对比分别以财务绩效 FIN 和项目绩效 PRO 为因变量的两个模型的回归结果,可以发现,解释变量政企关系 REL 以及控制变量管理层持股比例 MNG 在两个模型中的回归系数符号是相反的,并且都通过了显著性检验。管理层的政治关联程度越高,表明管理层作为"政治人"的身份属性更突出,由于寻租成本和代理问题的存在以及社会责任的压力,企业就越有可能为了追求项目绩效而牺牲财务绩效;而管理层持股比例越高,则表明管理层在企业中作为"经济人"的属性更加突出,企业的经济利益与管理层的个人利益直接挂钩,企业通常会以财务绩效为优先考虑。这从公司治理的角度解释了建筑企业普遍存在着财务绩效和项目绩效相互矛盾、难以兼得的问题。

3. 制度环境的调节效应分析

为分析制度环境对政企关系、财务绩效和项目绩效的影响，本篇构建了政企关系与制度环境的交互效应项 REL×INS，加入回归方程进行分析。同时，为了使回归方程的各项系数更具有解释意义，本篇在构建交互效应项时对自变量 REL 和调节变量 INS 进行了中心化处理。回归结果如表 4-7 所示。

表 4-7 制度环境、政企关系与财务绩效和项目绩效关系的回归结果

变量	FIN	PRO
REL	−5.573***	3.489***
	(−2.985)	(3.017)
INS	0.068	0.152
	(1.462)	(1.508)
REL×INS	0.609***	0.524
	(2.604)	(0.723)
SIZE	−0.041	0.997***
	(−1.284)	(9.961)
DEBT	−1.239***	−2.787***
	(−4.244)	(−3.111)
AGE	−0.010	−0.037
	(−1.212)	(−1.397)
LS	0.014***	0.004
	(5.225)	(0.486)
MNG	0.006**	−0.014*
	(2.379)	(−1.943)
BOR	−0.044*	−0.260***
	(−1.695)	(−3.388)
year	控制	控制
constant	−2.715***	−17.915***
	(−3.451)	(−7.713)
F	12.29	18.29
Adj-R^2	0.2904	0.3679
样本数	506	506

注：① ***、**、* 表示检验分别在 1%、5%、10% 的水平下显著（双尾检验）。②括号内为 t 值。③限于篇幅，年度虚拟变量的回归结果不作详细报告。

可以看出，制度环境 INS 对政企关系和财务绩效间的关系有显著的调节作用，即制度环境越好的地区，政企关系对财务绩效的负面影响越小，本篇的假设

H3a 成立。制度环境 INS 对政企关系和项目绩效间的关系没有显著的调节作用,本篇的假设 H3b 不成立。

在以财务绩效 FIN 为因变量的模型回归结果中,政企关系 REL 的系数为 -5.573 且在 1% 的水平下显著,说明在控制了制度环境与政企关系的交互影响后,企业的政企关系与财务绩效整体上依然存在负相关关系。政企关系与制度环境的交互项 REL×INS 的系数为 0.609 且在 1% 的水平下显著,表明随着企业所在地市场化程度的提高,企业的政企关系对财务绩效的负面影响在减轻。进一步绘制调节效应图(图 4-1)进行分析,可以看出,在制度环境好的地区,企业的财务绩效普遍优于制度环境差的地区,并且制度环境的改变会影响政企关系对财务绩效的影响方向和影响程度。当制度环境差,即市场化指数取值较低时(Low INS),企业的政企关系与财务绩效负相关,并且随着政企关系的增强,政企关系对财务绩效的负面影响呈明显增加趋势;而当制度环境好,即市场化指数取值较高时(High INS),企业的政企关系与财务绩效成正相关,并且随着政企关系的增强,政企关系对财务绩效的正面影响呈轻微增加趋势。

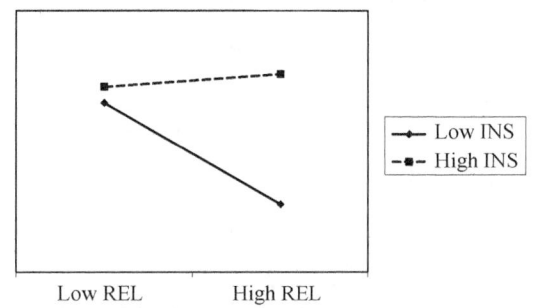

图 4-1 制度环境对政企关系与财务绩效关系的调节效应图

图 4-1 的结果表明,在制度环境差的地区,由于市场经济发育程度较低,政府在资源配置中依然占据主导甚至垄断地位,对企业的干预程度高;建筑业法治环境不完善,存在有法不依、执法不严,甚至违规违法现象,造成建筑企业面临市场不规范、无序竞争的状况。因此,在制度环境差的区域,建筑企业的寻租现象盛行,企业可能会千方百计打通政府关系,违规违法争夺工程,将大量成本投入政企关系的建立和维护,严重影响了企业自身的生产效率和经济利益。制度环境的不完善也弱化了公司治理对高管的约束,在制度环境差的地区,具有政治关联的高管更有可能为了实现自身的政治目标而损害企业的财务绩效,因为政府能在很大程度上干预企业的经营活动,而高管的政治关联决定了其行为受到较

少的监管和制约,并且面临较低的解雇风险。政企关系扮演了"掠夺之手"的角色。在制度环境好的地区,由于市场在资源配置中发挥了主导作用,无论企业的政企关系如何,都需要从市场竞争中脱颖而出才能更好地生存和发展,企业的政企关系更多是作为一种附加的资源,在其他条件相同的情况下使企业在竞争中具有一定的优势,政企关系扮演的是"扶持之手"的角色。因此在良好的制度环境下,政企关系对企业财务绩效的负面影响大大减弱,当制度环境发达到一定程度以后,两者之间成正相关关系。

在以项目绩效 PRO 为因变量的模型回归结果中,政企关系 REL 的系数为 -3.489 且在 1% 的水平下显著,说明在控制了制度环境与政企关系的交互影响后,企业的政企关系与项目绩效依然显著正相关。政企关系与制度环境的交互项 REL×INS 的系数为 0.524,但没有通过显著性检验。制度环境 INS 的系数为 0.152,同样没有通过显著性检验。尽管本篇的假设认为制度环境能够负向调节建筑企业的政企关系对项目绩效的正面影响,但回归结果表明并不存在显著的调节作用,对此,笔者提出三个可能的原因:

第一,政企关系对项目绩效的正面影响一部分是源自政企关系所带来的社会责任,这并不会因为企业所处的制度环境而改变——制度环境优越的地区通常是区域内的政治或经济中心,承担了更多的区域发展的社会责任,履行社会责任是政治关联企业竞争和发展的重要战略;而制度环境差的地区,政府的干预程度高,相比于没有政治关联的企业,地方政府会赋予政治关联企业更多的政策性负担,企业必然需要履行更多社会责任。因此,无论企业所处的制度环境如何,政企关系紧密的企业都会因履行社会责任的压力和动力而提升项目绩效。

第二,建筑行业的上市公司通常是同一区域内实力较为强劲的企业,由于建筑行业具有极强的地域化和流动性特征,上市公司普遍会采取全国化发展的战略,在全国的各个省份发展业务和承接项目,而项目绩效更多是受到项目所在地而非企业注册所在地的政府和制度的约束,这就导致了企业注册所在地的制度环境对政企关系和项目绩效的影响不显著。

第三,本篇对项目绩效的衡量指标采用的是鲁班奖获奖次数,根据建协〔2017〕2 号文《关于印发〈中国建设工程鲁班奖(国家优质工程)评选办法(2017年修订)〉的通知》,由中国建筑业协会根据历年实际情况和当年调研摸底情况按年度提出各省(自治区、直辖市)、有关行业和有关单位当年申报鲁班奖工程的建议数量,地方建筑企业通过所在省、自治区、直辖市建筑业协会申报,受理协会审查、签署意见,并征求省级建设行政主管部门或行业主管部门的意见后,正式行文向中国建筑业协会推荐。可见,鲁班奖的评选考虑了各省份和区域的获奖工程数量的平衡,采用鲁班奖获奖次数衡量项目绩效并不足以充分体现不同地区的制度环境的影响。

4. 所有权性质的调节效应分析

为分析所有权性质对政企关系、财务绩效和项目绩效的影响,本篇构建了政企关系与所有权性质的交互效应项 REL×OWN,加入回归方程进行分析。回归结果如表 4-8 所示。

表 4-8 所有权性质、政企关系与财务绩效和项目绩效关系的回归结果

变量	FIN	PRO
REL	0.310 (0.481)	−3.436* (−1.770)
OWN	0.195 (1.034)	−2.387*** (−4.307)
REL×OWN	−1.711** (−2.296)	8.636*** (3.901)
SIZE	0.013 (0.415)	1.055*** (10.798)
DEBT	−1.545*** (−5.229)	−2.579*** (−2.954)
AGE	−0.008 (−0.920)	−0.048* (−1.829)
LS	0.015*** (5.505)	−0.000 (−0.041)
MNG	0.006* (1.942)	−0.033*** (−3.612)
BOR	−0.589** (−2.210)	−0.208*** (−2.737)
Year	控制	控制
Constant	−3.380*** (−4.475)	−16.489*** (−7.200)
F	10.33	19.89
$Adj\text{-}R^2$	0.2527	0.3888
样本数	506	506

注:① ***、**、* 表示检验分别在 1%、5%、10% 的水平下显著(双尾检验)。② 括号内为 t 值。③ 限于篇幅,年度虚拟变量的回归结果不作详细报告。

可以看出，所有权性质OWN对政企关系和财务绩效间的关系有显著的调节作用，即国有建筑企业的政企关系对其财务绩效的负面影响比民营建筑企业大，本篇的假设H4a成立。所有权性质OWN对政企关系和项目绩效间的关系也有显著的调节作用，即国有建筑企业的政企关系对其项目绩效的正面影响比民营建筑企业大，本篇的假设H4b成立。

在以财务绩效FIN为因变量的模型回归结果中，政企关系与所有权性质的交互项REL×OWN的系数为−1.711且在5%的水平下显著，说明所有权性质对政企关系与财务绩效关系的调节作用显著。结合调节效应图（图4-2）进行分析，可以看出，在国有企业和非国有企业中，政企关系对企业绩效的影响方向相反，影响程度也有所不同。在控制其他条件的情况下，除了政企关系水平特别低的情况以外，非国有企业的财务绩效均要好于国有企业，且两者之间的差距随着政企关系的增强而扩大。在国有企业中（OWN=1），政企关系与财务绩效负相关，在非国有企业中（OWN=0），政企关系与财务绩效正相关，图中的斜率表明，在国有企业中政企关系对财务绩效的负面影响效果更强。

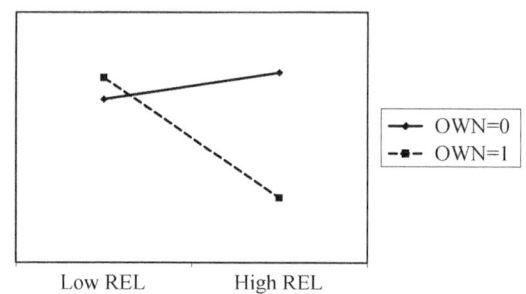

图4-2 所有权性质对政企关系与财务绩效关系的调节效应

该结果主要是由于国有企业和非国有企业的政治关联性质的不同所决定的。国有企业与政府有天然的"脐带"联系，国有企业中高管的政治关联有很高比例是政府自上而下建立的，如高管存在政府直接任命或提名的情况，享有行政级别的待遇。国有企业的政企关系主要是政府干预企业的一种手段，使国有企业扮演了行政代理的角色。政企关系越是紧密的国有企业，就承担了越多的政策性负担，企业行动时通常考虑政治目标高于盈利目标。可以想象，当国有企业的董事会成员和高管团队绝大部分都具有政治关联时，企业的盈利能力会在很大程度上被弱化。例如，样本中REL的最大值来自2009年的成都高新发展股份有限公司（股票代码：000628），达到79%，该企业在观测期内的REL平均值也高达48％,是所有样本企业中最高的,但其ROA的平均值仅0.3％,且在多个年份净利润为亏损状态。"高新发展"是成都高新区下属唯一的国有上市公司,主要承担成都高新区起步区的建设,进一步分析其政企关系构成情况,可以发现其政治关联主要都来自高管的政府机构部门任职背景。根据年报信息,公司成立以来因各种原因逐渐形成了业务非相关多元化、主业不突出、盈利能力低下、资金紧张、财务风险高企、历史遗留问题等经营包袱沉重的经营困局。笔者认为,造成"高新发展"经营困局的原因之一就是"政企不分"的历史遗留问题,公司治理体系和内控体系不健全,职业经理人团队不完善,也未形成市场化的、体现激励与约束的薪酬体系,导致企业面临严重的委托-代理问题,损害了企业的财务绩效。

对于非国有企业而言,企业建立政治关联是一种主动行为,是以获取资源为核心的经济利益目标导向,很少有行政代理的成分。由于建筑行业的特殊性,政府掌握了大量稀缺资源,而这些资源会天然地向国企倾斜,因此,非国有企业需要积极提升政治地位,为企业在政府资源的竞争中赢得优势。对样本中非国有企业的政企关系进一步分析可知,相比于国有企业的政治关联绝大部分来自政府机构部门,非国有企业董事和高管的政治关联普遍建立在参与人民代表大会、中国人民政治协商会议和各社会团体的基础上,且多为现任状态。以非国有样本中观测期内平均REL值最高的精工钢构(股票代码:600496)和宁波建工(股票代码:601789)为例,两者的平均REL值分别为38％和30％,企业的董事长、副董事长和多名高管是人大代表、政协委员、社会团体成员,但较少有政府机构任职背景。这表明企业家通过积极参政议政、参与社会活动,为企业争取更多的话语权,创造更好的发展条件。因此,非国有企业政企关系的增强能够促进企业绩效的提升,但这种促进效果也必然会受到寻租成本、代理成本和社会责任成本的削弱,因此促进效果并不十分明显。

为进一步研究确定国有企业与非国有企业中政企关系对企业财务绩效影响的差异,本篇参照温忠麟等[112]提出的调节效应分析方法,对自变量进行分组回归,回归结果如表4-9所示。在国有样本中,政企关系REL的回归系数为-1.753,在1％的水平下显著,在非国有样本中,政企关系REL的回归系数为0.593且不显著,两者的回归系数有明显的差异,说明政企关系能显著抑制国有企业的财务绩效提升,对非国有企业的财务绩效则没有显著影响,这一结果也验证了所有权性质的调节效应。

表 4-9　政企关系与财务绩效关系的分组回归结果

变量 所有权性质	FIN OWN=1	FIN OWN=0
REL	−1.753*** (−3.562)	0.593 (0.909)
SIZE	0.030 (0.703)	−0.012 (−0.172)
DEBT	−1.679*** (−3.619)	−1.476*** (−3.607)
AGE	−0.002 (−0.151)	−0.007 (−0.690)
LS	0.009** (2.103)	0.022*** (6.094)
MNG	−0.002 (−0.085)	0.006** (2.119)
BOR	−0.148*** (−4.018)	0.058 (1.282)
year	控制	控制
constant	−2.278** (−2.123)	−4.334*** (−3.345)
F	4.22	6.67
$Adj\text{-}R^2$	0.158 9	0.286 4
样本数	282	224

注：① ***、**、* 表示检验分别在 1%、5%、10% 的水平下显著（双尾检验）。② 括号内为 t 值。③ 限于篇幅，年度虚拟变量的回归结果不作详细报告。

在以项目绩效 PRO 为因变量的模型回归结果中，政企关系与所有权性质的交互项 REL×OWN 的系数为 8.636 且在 1% 的水平下显著，说明所有权性质对政企关系与项目绩效关系的调节作用显著。结合调节效应图（图 4-3）进行分析，可以看出和财务绩效类似，在国有企业和非国有企业中，政企关系对项目绩效的影响方向也是相反的。在国有企业中（OWN=1），政企关系与项目绩效正相关，在非国有企业中（OWN=0），政企关系与项目绩效负相关。当企业的政企关系水平较低时，非国有企业的项目绩效要好于国有企业，而当企业的政企关系达到较高值时，国有企业的项目绩效要好于非国有企业。

在区分企业所有权性质后，发现主效应中政企关系对项目绩效的正向作用仅存在于国有企业中且高度显著，深入分析其原因，可能有以下三点：第一，国有

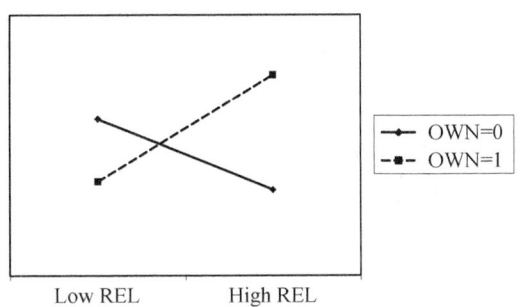

图 4-3　所有权性质对政企关系与项目绩效关系的调节效应图

企业的政治关联主要来自政府机构部门的任职背景,和政府有种种显性或隐性的联系,因此政治关联程度高的国有企业相对更容易承接政府工程。此类工程通常是具有很强社会属性的公共项目,关乎社会公众利益和区域总体发展,承担了更高的社会期望,相对其他工程有着更高的质量要求和技术标准,但并不以营利为目标。政府作为业主方,对项目的质量安全绩效关注程度高于财务方面的绩效。因此,国有企业在此类项目的实施过程中很大程度上受到的是"软预算约束",即使企业遇到财务上的困境,也能得到政府的援助以保证项目达到预期质量要求,其预算不存在硬性的上限,从而确保了企业的项目绩效。第二,由于国有企业中的政治关联高管通常是"政治人"的角色,远远不是人人都是具备充分的企业管理知识和技能的企业家。建筑业是项目导向型的行业,承接重大典型项目并取得行业工程质量的最高荣誉鲁班奖,相比于提升企业的财务绩效,更能够提升企业声誉和知名度,也更能代表高管在任期间的成就。因此,政治关联程度高的国企往往更有动力争取知名度高的重大公共项目和鲁班奖,不惜以付出一定的经济利益为代价,追求更优异的项目绩效。第三,鲁班奖评选的范围包括四类工程:住宅工程、公共建筑工程、工业交通水利工程和市政园林工程。其中,工业交通水利工程具有较高的行业壁垒,基本以国家投资为主,涉及国家利益和国民经济命脉的铁路、公路、水利、能源等工程的总承包基本由中铁建、中铁、中冶、电建、交建等央企垄断。此类央企也差不多包揽了工业交通水利工程类别的鲁班奖,而其本身又具有十分紧密的政企关系,从而在总体上增强了国有企业的政企关系与项目绩效的正相关性。

对于非国有企业而言,图 4-3 表明政治关联程度的提高反而抑制了企业的项目绩效,政治关联弱的非国有企业在项目绩效上表现更好。这一结果的主要原因可能在于政治关联弱的企业寻租行为相对较少,通常将资源集中投入于生产领域,提高了自身的技术装备力量等"硬实力",以实实在在的项目成绩证明企业实力,为企业赢得更高的声誉,增强企业在建筑市场上的核心竞争力。政治关联强的企业由于能从寻租中获得经济利益,反而可能抑制了企业在项目质量绩效上的投入,最终抑制了项目绩效。由于非国有企业高管的政治关联主要来自人大、政协和各类社会团体,在竞争重大政府工程时不具有国有企业拥有政府背景的天然优势,仍然需要依靠企业自身的"硬实力"和过往业绩从竞争中脱颖而出,因此,政治关联弱但实力强劲的非国有企业在竞争中更有优势,获得鲁班奖的次数更多。

对自变量进行分组回归,结果如表 4-10 所示。在国有样本中,政企关系 REL 的回归系数为 5.029,在 1% 的水平下显著,在非国有样本中,政企关系 REL 的回归系数为 -2.915,在 5% 的水平下显著。两者的回归系数有明显的差异,说明政企关系能显著促进国有企业的项目绩效提升,显著抑制非国有企业的项目绩效提升,进一步验证了所有权性质对项目绩效的调节效应。

表 4-10 政企关系与项目绩效关系的分组回归结果

变量 所有权性质	PRO OWN=1	PRO OWN=0
REL	5.029*** (2.992)	-2.915** (-2.330)
SIZE	1.098*** (7.287)	0.681*** (5.024)
DEBT	-2.894* (-1.830)	-1.517* (-1.925)
AGE	-0.094* (-1.954)	-0.004 (-0.170)
LS	-0.023 (-1.563)	0.025*** (3.621)
MNG	-0.010 (-0.166)	-0.032*** (-5.611)
BOR	-0.246** (-2.045)	0.004 (0.043)
year	控制	控制
constant	-17.811*** (-4.670)	-12.364*** (-4.909)
F	13.89	5.39

续　表

变量 所有权性质	PRO OWN=1	PRO OWN=0
$Adj\text{-}R^2$	0.407 6	0.227 9
样本数	282	224

注：① ***、**、* 表示检验分别在1％、5％、10％的水平下显著（双尾检验）。②括号内为t值。③限于篇幅，年度虚拟变量的回归结果不作详细报告。

5. 稳健性检验

本篇进行了如下稳健性检验：①以净资产收益率代替总资产收益率作为解释变量，依次代入文中模型进行回归；②以虚拟变量法和层级赋值法代替比例法来衡量企业的政企关系，依次代入文中模型进行回归；③变更制度环境变量的选择，分别以市场化总指数的各个分指数代替制度环境变量，代入模型进行回归；④将国有企业样本进一步分类为中央国有企业和地方国有企业，分别进行回归。与前文的回归结果相比，以上稳健性检验的回归结果仅个别变量的显著性水平发生变化，与本篇的研究结论并没有实质性差异。

（四）本章小结

本章选取2008～2016年我国沪深两市A股上市公司中的建筑企业为研究对象，采用最小二乘法回归实证检验了政企关系、制度环境、所有权性质和企业绩效的相互关系与影响机制，研究得到以下结论：

（1）在不区分制度环境和所有权性质时，建筑企业的政企关系与财务绩效成负相关关系，与项目绩效成正相关关系。

（2）制度环境能够显著调节建筑企业的政企关系对财务绩效的影响，制度环境越好的地区，政企关系对财务绩效的负面影响越小，当制度环境达到一定水平后，政企关系与财务绩效间开始成正相关关系。制度环境对政企关系和项目绩效间的关系没有显著的调节作用。

（3）所有权性质能够显著调节建筑企业的政企关系对企业绩效的影响，在区分所有权性质后发现，政企关系对国有企业和非国有企业的绩效影响方向相反。在国有企业中，政企关系与财务绩效负相关，与项目绩效正相关；在非国有企业中，政企关系与财务绩效正相关，与项目绩效负相关。

五、管理建议与政策启示

政企关系对建筑企业的财务绩效和项目绩效都会产生影响,且影响的方向和程度会随着制度环境和所有权性质的不同而发生改变。基于理论分析和上述研究结果,本部分的内容从建筑企业管理和行业政策两个角度提出了对策和建议,供参考借鉴。

(一)国有建筑企业管理建议

1. 深化产权制度改革

国家统计局数据显示,2016年国有建筑企业产值利润率仅2.6%,远低于当年建筑行业平均水平3.6%。从本篇样本数据来看,国有样本的总资产收益率均值为1.8%,远低于非国有样本的3.8%,我国国有建筑企业的盈利能力堪忧。本篇的研究结论表明,国有建筑企业的政企关系是导致其利润率长期低下的原因之一,尤其是在制度环境较差的地区,国有企业在很大程度上还依赖于与政府的"关系",缺乏生产和管理技术,严重依靠中央和地方政府的基础建设投资。计划经济时代所遗留下来的企业办社会、人员冗余等问题也成为企业绩效提升的沉重包袱。建立"产权清晰、权责明确、政企分开、管理科学"的现代企业制度是建筑业国企改革的方向。

一方面,积极推进产权主体多元化。国有企业应根据所处行业及自身特点选择合理的产权结构,对于少数涉及国家安全的行业(如铁路、军事、能源等基础设施)和个别特大型中央直属企业,应实行国有绝对控股,保证国有经济在关键领域的支配地位;对于绝大多数市场化竞争领域的国有企业,在对产权作出合理清晰界定的基础上,可以充分吸引民营资本和外资的加入,鼓励管理层和员工持股,使得多方主体共同参与企业改制,推动产权合理有序流动,逐步实现国有资本的置换。实现产权主体多元化、分散化和股权的多样化,充分利用股权的可分解性、流动性和灵活性,确立市场化的资源配置机制,形成社会上的多元化主体关心企业价值、经营绩效和资产利用效率的监督激励机制。

另一方面,合理确定企业边界。国有企业应加快实现企业职能与社会职能的剥离、生产性资产与非生产性资产的剥离。政府加快实现从管企业向管资本转变,在强化监管、防止流失的前提下,把更多的精力放在增强企业活力、激发企业家创业动力上来,而不应在国有企业中安排过多以政治目标为行为导向的政府官员，对企业的正常经营活动造成行政干预。政府及其所属的各级国有资产管理机构与企业之间的关系不应再是一种行政隶属关系，而应是以资本为纽带建立起来的出资关系，减轻企业对"软预算约束"的依赖，使国有企业实现自负盈亏，真正成为市场化主体。

2. 完善内部控制体系

本篇的研究结果表明，国有建筑企业中的政治关联高管绝大部分都拥有政府工作背景，实质上仍然是政府官员而非真正的企业家，企业的内部控制体系未能对其形成有效的激励和约束机制。因此，在产权制度改革的基础上，还需要完善内部控制体系，建立健全现代企业制度，使国有企业管理者的切身利益与企业利益息息相关，才能依法规范股东、董事会和管理层的关系，使企业内控制度发挥其应有的效果。

首先，完善高管人员报酬机制。国有企业高管的薪酬业绩敏感性低，薪酬支付通常是固定的工资、奖金和年薪制，导致高管个人效益函数与企业效益函数明显脱钩，即使公司的利益受损，国有企业的高管也不会受到明显的损失。对于具有政治关联的高管更是如此，国有企业的所有人缺位使得政府代理行使了委托人的职能，而与"委托人"之间的密切关系就使得政治关联高管的权力和利益受到隐性的保护，即使经营业绩不佳，有政治关联的高管也只面临较低的解雇风险，甚至不影响其获取的报酬。因此，对于国有上市公司而言，应当转变现有的薪酬体系，由原先固定的支付制度，转变为固定和浮动相结合的薪酬支付制度，采用股权激励等多样化的激励模式，将高管的个人收益与企业收益相联系，提高激励效果。

其次，建立健全绩效监督和考核机制。国有企业高管的薪酬模式在很大程度上仍然延续了计划经济时代"论资排辈""平均主义"的特点，各级管理层享有相应的行政级别，薪酬也按照级别、岗位、行业平均值等要素来确定，实际绩效考核对薪酬的影响程度很低。由于行业宏观环境和种种历史遗留问题，建筑业国有企业许多都面临着财务绩效长期低下的现状，若将高管薪酬与财务绩效直接挂钩，可能导致其薪酬水平的不确定性，上升或者大幅度下降，造成了对国有企业高管的绩效考核机制流于形式、激励和约束不足的困局。国有企业应结合企业的实际情况，综合考虑行业、地区、市场等各方面因素，制定能够充分体现高管人员职业道德、管理技能和尽职程度的绩效监督与考核体系，形成科学、合理、符合市场化要求的利益分配机制。

(二) 非国有建筑企业管理建议

1. 理性利用政企关系

根据本篇的研究结果，政企关系能够促进非国有建筑企业的财务绩效，但是抑制了非国有建筑企业的项目绩效。这验证了非国有企业的政企关系是以企业的经济利益为导向而建立的，在构成企业重要社会资本的同时也是一种寻租行为，会产生一定的寻租成本。在现实中，由于信息不对称等因素，寻租成本通常很难量化，企业难以准确衡量比较寻租带来的收益和为此付出的成本。因此，非国有企业应当理性利用政企关系，避免短视行为造成寻租成本超过寻租收益，让政企关系这把"双刃剑"能够为企业带来正向的效益。

目前，我国的建筑业市场化机制尚不健全，各地区的制度环境发展不平衡，建筑市场仍处于较强的政府干预和管制当中。在这样的转型经济环境下，政企关系对建筑业非国有企业而言仍然是一种极具价值的社会资本。非国有企业应当与政府建立良好的关系，以获得更多生存和发展所需的稀缺资源，并且在一定程度上规避风险，促进企业的绩效提升。非国有企业可以适度地鼓励管理者通过担任人大代表、政协委员、参与社会团体等形式积极参与政治生活，或者聘任具有人大代表、政协委员等政治身份的高管以建立起政治关联，为企业的发展争取和创造良好的条件。同时，非国有企业也应当警惕政治关联所带来的寻租成本，尽管政治关联带来的稀缺资源和商业机会可能使企业在市场中获得短期超额利润，但也可能会牺牲企业的长远利益，企业应避免掉入短视的寻租陷阱。结合前文的理论分析和实证检验结果可以推断，随着我国制度环境的改善和政府职能的转变，建筑业市场逐步规范，市场化程度逐步提高，政治关联作为转型经济体制下的一种替代机制的优势将会逐渐缩小，非国有企业若过于依赖政治关联而疏于创新研发、培养核心能力，最终将丧失市场竞争力，被市场淘汰。

综上所述，非国有建筑企业应当适度建立并利用好政企关系，以维护企业的合法权益，但需要合理权衡在政企关系上投入的成本和取得的收益。从长远的角度考虑，企业家要避免满足于通过政企关系"走捷径"获得的短期利益，应充分发扬企业家精神，完善公司治理机制，通过提升生产要素的质量来提高生产和管理效率，培养企业在建筑市场上的核心竞争力，使企业实现可持续、高质量发展。

2. 加大科技创新投入

本篇的实证结果表明，尽管政企关系强的非国有企业在财务绩效上有微弱的优势，但在项目绩效上的表现要明显差于政企关系弱的非国有企业。可见，政企关系能够为非国有企业带来额外的经济利益,但无助于企业自身项目实力的提升。对于建筑企业而言,项目能力是企业的核心竞争力,加强技术装备力量、提高项目质量安全水平,是企业在激烈的市场竞争中立于不败之地的必要条件。

首先,坚持推进创新驱动战略,加强科技研发和创新投入。非国有建筑企业应将技术创新、自主研发作为企业持续发展的核心竞争力,积极开展行业新技术、新工艺的创新研究,推动BIM、VR、装配式建筑等行业关键技术的发展。培养精简高效的科研团队,建立贴合企业生产实际科研工作流程制度,与各类高校和研究机构开展广泛而深入的科研合作,着力完善产、学、研相结合的科技创新体系。同时,也要关注技术创新成果的实用性,重视成果的推广和应用及知识产权保护,努力构建起以创新为导向的竞争优势壁垒。在本篇研究的样本企业中,项目绩效出色(年均鲁班奖获奖次数大于1次)的非国有企业包括金螳螂(股票代码:002081)、东南网架(股票代码:002135)、洪涛股份(股票代码:002325)、亚厦股份(股票代码:002375)和江河集团(股票代码:601886),这些企业均为国家认定的高新技术企业。

其次,提高项目管理效率和质量。企业应在打造过硬的施工管理体系的基础上,融合质量、环境、职业安全健康等管理体系,推行全方位、高效的标准化项目管理模式,使分散在各地的项目部都能按照公司统一的管理模式来控制工程的质量、安全、进度和成本,贯彻"项项是精品"的精品理念,实现工程管理水平全方位的提高。利用互联网、物联网、工业4.0、3D打印和BIM等先进技术,实现管理的精细化、标准化,在提高工程质量的同时降低运营成本。

(三)行业管理政策启示

1. 构建良好的制度环境

我国建筑业发展的许多问题与宏观制度环境是分不开的,本篇的实证研究结果也证明了制度环境深刻影响着我国建筑企业的发展。在建筑市场准入制度、工程建设组织模式、市场信用约束机制等方面,政府都需要进行有针对性的改革和创新,同时完善配套的法制,为我国建筑企业的发展营造良好的制度环境,改变建筑企业的财务绩效和项目绩效相互矛盾的现状,使两者相辅相成。

在建筑市场准入制度方面,短期内应坚持弱化企业资质、强化个人执业资格的方向,长远看应尽早取消企业资质,以经济手段和信用机制制衡建筑市场主体。第一,减少资质类别,给企业平等竞争的机会和更大的发展空间,减少市场自由竞争的内部阻碍。第二,完善资质标准,在标准中适当突出对企业科技进步和专业技术人员的要求,突出对建筑企业的技术水平和管理水平的考核,而不是拘泥于企业规模和业绩,这将有助于促进企业的科技投入和技术进步,带动企业提升市场竞争力。第三,逐步建立和完善工程担保体系,从"动态"角度考量建筑企业的能力,利用担保体系而不是资质来调节企业层次,对建立统一开放、公平交易、竞争有序的建筑市场运行机制具有十分重要的意义。

在工程建设组织模式方面,政府有关部门应合理而非强制地推行工程总承包,疏通工程总承包的体制、法制和机制障碍,做好配套工作(如报批报建、招投标等),对适合采用工程总承包的项目加以适当引导和鼓励。对于工程建设组织模式的多样性,每个工程建设项目所适用的组织模式都可能是不同的,无论是平行发包、施工总承包、施工总承包管理还是工程总承包,抑或是BOT和PPP等模式,都有其自身的优势和劣势,政府不应进行过多的限制和干涉,而应当真正让市场在资源配置中发挥决定性作用。

此外,政府还应加快建设建筑业市场信用约束机制,完善建筑业配套的法制建设等,发挥好弥补市场失灵的宏观调控职能,为建筑业市场实现公平、规范、有序的竞争提供制度保障。

2. 加快建设服务型政府

政府的主要职能是建立公平、有效的建筑市场,以提升行业产品和服务的质量、促进建筑生产活动的安全和健康为目标,从而推动整个行业的健康和良性发展,而不是对企业的具体经营和生产活动施加过多的干预。政府应从对建筑业参与者的直接管理中逐渐淡化和退出,将资源配置和管理职能赋予市场、法律、行业自律、专业组织等角色来辅助实现。

一方面,政府要减少对企业经济活动的直接干预。政府减少干预是企业释放活力的基本条件。同时,加快完善信用体系、工程担保等市场机制,突破传统的限制。例如,在资质尚未取消的当下,只要企业的技术、管理、信用和担保等条件满足要求,可以以试点的方式,允许突破资质要求的企业参与项目竞标。如此一来,企业不再是一切都"围着资质转",而是转变为市场竞争下的优胜劣汰。政企关系不再是企业的核心资源,只有良好的市场信誉、强大的技术实力和管理水平才能使企业实质性地获得利益。过去依赖于向政府寻租而不注重提升自身实力的企业将在市场上寸步难行。

另一方面,政府的职能应重点转移到解决市场失灵中的外在性问题,即加强对市场的监管。对建筑企业的市场竞争行为进行规范,加强市场监督,严禁无证设计、无证施工、转包挂靠、以包代管等。继续加大全国工程质量安全监督执法检查的力度,强化质量安全监督管理。同时,各级建设主管部门的监管信息应该公开透明,向社会公众公开,对市场主体透明。应及时而准确、客观地发布监管信息,接受群众监督,并让市场去维护守法和履约正义,监督、制约甚至抛弃违法与违约主体,充分利用市场力量维护市场秩序,而不能以"维稳"等名义对公众进行信息封锁。

此外,针对建筑业存在的地方保护主义问题,政府应尽可能切断地方政府与企业之间的利益关系,改变我国建筑市场分裂、封闭的格局,为形成统一开放的全国性建筑市场创造条件。各地政府也不宜通过排斥或限制外部企业来"扶持"本地企业发展,而是应当帮助本地企业适应市场竞争,获得能够走出地方市场、走向全国市场的核心竞争力。

(四)本章小结

基于理论分析和实证研究结果,本章分别从国有建筑企业管理、非国有企业管理和行业管理政策三个方面提出了相应的建议。

对于国有建筑企业而言,由于其财务绩效受到政企关系的严重抑制,项目绩效又高度依赖政企关系,因此要深化产权制度改革,建立现代企业制度,积极推进产权主体多元化,合理确定企业边界,并在此基础上完善内部控制体系,通过完善高管人员报酬机制、建立健全绩效监督考核机制等方式使国有企业管理者的切身利益与企业利益相关,加强激励和约束效果。

对于非国有建筑企业而言,政企关系能在一定程度上促进其财务绩效,但严重抑制了其项目绩效。因此,非国有企业应当合理建立和利用政企关系,充分权衡在政企关系上投入的成本和取得的收益,避免拘泥于政企关系的短期利益,而应当加强科技研发和创新投入、提高项目管理效率和质量,提高企业的项目"硬实力",培养企业在建筑市场上的核心竞争力,使企业能够在激烈的市场竞争中立于不败之地。

政府作为制度环境的主要构建者,要针对建筑业市场目前存在的管理体制问题进行有针对性的改革和创新,并完善配套的法制机制,建立有效、公平的建筑市场,为我国建筑企业的发展构建良好的制度环境。同时,加快构建服务型政府,把为建筑业发展而服务作为政府工作的指导思想,减少对企业经济活动的直接干预,加强对建筑市场的监管,切断地方政府与企业之间的利益关系。

六、结论与展望

(一) 研究结论

本篇研究政企关系对建筑企业财务绩效和项目绩效的影响,并考虑了制度环境和所有权性质的调节效应。本篇首先对国内外相关研究进行了文献综述,基于社会资本理论、寻租理论、委托-代理理论和社会责任理论,提出了政企关系对建筑企业绩效影响的理论模型。运用 STATA15.1 软件,以 2008—2016 年我国沪深两市 A 股建筑业上市公司为样本进行实证分析,以检验政企关系对企业绩效的影响效果、制度环境和所有权性质的调节效果,并据此提出了建筑企业管理建议和行业政策建议。

(1) 总体而言,我国建筑企业的政企关系与财务绩效成负相关关系,与项目绩效成正相关关系。尽管政企关系是一种重要的社会资本,但政企关系的增强往往也增加了企业的寻租成本,最终反而抑制了企业的财务绩效,造成企业经济利益受损。项目绩效方面,我国政企关系强的建筑企业项目绩效总体上要优于政企关系弱的建筑企业,特大型中央直属企业的项目绩效极为突出。由于调节效应的存在,建筑企业的政企关系与财务绩效和项目绩效之间的关系不能一概而论,还需结合制度环境和所有权性质进行探讨。

(2) 制度环境能够显著调节建筑企业的政企关系对财务绩效的影响。制度环境越好的地区,政企关系对财务绩效的负面影响越小,当制度环境达到一定水平后,政企关系与财务绩效间开始成正相关关系。在制度环境差的地区,计划经济时代"政企不分"的历史遗留问题仍然普遍存在,建筑业市场化机制不完善,政府对企业的干预程度高,企业寻租行为盛行,生产力和创造力却被严重压制,政企关系在这样的制度环境下更是加剧了委托-代理问题,严重抑制了建筑企业财务绩效的提升。因此,政府要着力构建良好的制度环境,加快建设服务型政府。

(3) 所有权性质能够显著调节建筑企业的政企关系对企业财务绩效和项目绩效的影响。在区分所有权性质后发现,政企关系对国有企业和非国有企业的财务绩效和项目绩效的影响方向相反。在国有企业中,政企关系与财务绩效负相关,与项目绩效正相关。国有建筑企业与政府存在天然的"血缘"纽带,其政企关系主要来自企业管理者的政府任职背景,因而国有企业的政企关系越紧密,就意味着承担了越多的政治目标、社会目标和政策性负担,同时委托-代理问题就越严重,管理者受到的激励和约束不足,财务绩效就越差;但由于社会责任的压力、软预算约束的存在,以及特大型央企在铁路、公路、能源工程等领域的垄断,政企关系紧密的国有企业的项目绩效更好。在非国有企业中,政企关系与财务绩效正相关,与项目绩效负相关。非国有企业的政企关系主要基于企业管理者的人大代表、政协委员和各类社会团体成员的身份,是以企业经济利益为导向而建立的。政企关系紧密的非国有企业能从政府处获得关键稀缺性资源,从而在一定程度上促进企业财务绩效的提升,但其促进程度必然受到寻租成本的削弱,这种寻租行为还导致了企业项目绩效的下降。因此,非国有企业应当理性利用政企关系,避免过度依赖政企关系的短期收益而忽视了自身核心竞争力的构建。

（二）研究展望

虽然本篇研究取得了一定的成果,但受限于笔者的能力,研究尚存许多不足,有待未来研究进一步深入和完善。

(1) 本篇以建筑业上市公司为样本,共涉及七十余家企业,样本规模比较小,对结果的普适性可能有一定的影响。除上市公司以外,全国各地还有大量的非上市建筑企业,有着与上市公司不完全相同的特点。限于笔者的能力,也由于非上市公司数据难于获得,故而本篇未能考虑建筑业的非上市公司,在今后的研究中应增加样本企业的多元性,将非上市公司也纳入研究范围。

(2) 本篇采用鲁班奖获奖次数来衡量建筑企业项目绩效,这一指标的全面性有所不足。鲁班奖主要考虑了项目的质量工艺水平,并非充分考虑了项目的工期、成本、安全、客户满意等各方面表现的综合性评价指标。鲁班奖的评选针对各省份、各工程类型的入选要求做出了一定的平衡,即,不同省份、不同工程类型的获奖工程的项目绩效不一定相同。鲁班奖以企业自行申报为基础评选,企业未获奖可能是因为未申报奖项,未必说明其项目绩效不佳。并且,除鲁班奖外,本篇没有将其他国家级的奖项,以及各地方的省市级奖励(如上海白玉兰奖)纳入考虑范围。因此,对建筑企业项目绩效的量化评价指标有待完善和挖掘。类似地,本篇对财务绩效的衡量采用了总资产收益率这一指标,主要是反映企业的短期财务绩效。在未来的研究中,可以考虑结合行业高质量发展的趋势,进一步构建综合性的建筑企业绩效评价体系。

(3) 深入探讨不同制度环境、所有权性质下,政企关系对建筑企业绩效影响路径的差异。本篇的实证分析结果发现,制度环境对政企关系和财务绩效关系有显著的调节作用,所有权性质对政企关系和财务绩效、项目绩效关系均有显著的调节作用,但是对以上结论的解释主要是通过理论推导,并未对其影响路径的差异进行深入研究和实证检验。我国各区域制度环境发展不平衡,转型经济体制下的企业所有权性质也存在复杂性,对于制度环境和所有权性质究竟通过何种路径影响了政企关系与企业绩效的关系,是未来研究的方向之一。

(4)本篇在分析所有权性质的调节效应时,以虚拟变量和分组回归的形式区分了国有企业和非国有企业,但未对所有权性质进一步细分。我国的国有企业还可以分为中央国有企业和地方国有企业。并且,建筑行业存在一些特大型央企,主导了国家投资的基础设施建设,这些央企与国家的发展兴盛、国际形象密切相关,其政企关系和企业绩效可能存在特殊性,在未来也可以进行区别研究。

(5)在政企关系对企业绩效的影响机理和影响路径上,未来还可以选取更多的调节变量或中介变量进行研究。我国的宏观经济环境和建筑业的行业特性决定了建筑业的政企关系对企业绩效有着深远的影响,势必会通过多个中间变量发挥作用。本篇关注两者间的作用机理,但限于时间、篇幅和数据的可获得性等原因,仅选取了制度环境和所有权性质两个调节变量进行了检验分析。从计量经济学的角度,这两个变量对企业绩效而言均为外生性变量,在将来的研究中可以考虑从内生的视角分析政企关系对企业绩效的影响机理,例如研究高管特征、创新投入、企业战略等内生性因素如何影响政企关系和企业绩效间的关系。

参考文献

[1] FACCIO M. Politically connected firms[J]. American Economic Review, 2006, 96(1): 369-386.

[2] 青木昌彦,金滢基,奥野-藤原正宽. 政府在东亚经济发展中的作用——比较制度分析[M]. 北京:中国经济出版社,1998.

[3] FISMAN, RAYMOND. Estimating the value of political connections[J]. American Economic Review, 2001, 91(4): 1095-1102.

[4] AGRAWAL ANUP, KNOEBER CHARLES R. Do some outside directors play a political role?[J]. Social Science Electronic Publishing, 2001, 44(1): 179-198.

[5] JOHNSON S, MITTON T. Cronyism and capital controls: evidence from Malaysia[J]. Journal of Financial Economics, 2001, 67(2): 351-382.

[6] SAFFAR W. The political economy of share issue privatization: international evidence[J]. Journal of Multinational Financial Management, 2013, 24(1): 1-18.

[7] BOUBAKRI N, COSSET J C, SAFFAR W. Political connections of newly privatized firms[J]. Journal of Corporate Finance, 2008, 14(5): 654-673.

[8] 傅金鹏,方敏.政企关系模式的演进[J].兰州学刊,2004(1):27-28.
[9] 王珺.政企关系演变的实证逻辑——我国政企分开的三阶段假说[J].经济研究,1999(11):69-76.
[10] 吴文锋,吴冲锋,芮萌.中国上市公司高管的政府背景与税收优惠[J].管理世界,2009(3):141-149.
[11] 王庆文,吴世农.政治关系对公司业绩的影响——基于中国上市公司政治影响力指数的研究[C]//中国实证会计国际研讨会,2008.
[12] 罗党论,刘晓龙.政治关系、进入壁垒与企业绩效——来自中国民营上市公司的经验证据[J].管理世界,2009(5):104-113.
[13] 邓建平,曾勇.政治关联能改善民营企业的经营绩效吗[J].中国工业经济,2009(2):100-110.
[14] CHEN C J P, LI Z, SU X, et al. Rent-seeking incentives, corporate political connections, and the control structure of private firms: Chinese evidence[J]. Journal of Corporate Finance, 2011, 17(2): 1-243.
[15] KRUEGER A O. The political economy of the rent-seeking society[J]. American Economic Review, 1974, 64(3): 291-303.
[16] CLAESSENS S, FEIJEN E, LAEVEN L. Political connections and preferential access to finance: The role of campaign contributions[J]. Journal of Financial Economics, 2008, 88(3): 554-580.
[17] LI H, MENG L, WANG Q, et al. Political connections, financing and firm performance: Evidence from Chinese private firms [J]. Journal of Development Economics, 2008, 87(2): 1-299.
[18] GOLDMAN E, ROCHOLL J, SO J. Do politically connected boards affect firm value? [J]. Review of Financial Studies, 2009, 22(6): 2331-2360.
[19] 罗党论,黄琼宇.民营企业的政治关系与企业价值[J].管理科学,2008,21(6):21-28.
[20] 杜兴强,周泽将.政治联系层级与中国民营上市公司真实业绩[J].经济与管理研究,2009(8):39-45+51.
[21] 陈爱娟,常花,王小翠.企业家社会资本对企业绩效的实证研究——以浙江民营企业为例[J].软科学,2010,24(8):113-116,126.
[22] 高冰,王延章.管理者政治关联与企业绩效相互影响的实证研究[J].技术经济,2015,34(2):101-106.
[23] 赵德志,白楠楠.社会资本视角下企业社会责任与企业绩效关系研究[J].沈阳工业大学学报:社会科学版,2016,9(5):385-390.
[24] 钱红光,吴晓莹.政治关联、内部控制与企业绩效关系的实证分析[J].统计与决策,2018(13).
[25] CAERTELING J S, HALMAN J I M, SONG M, et al. Impact of government and corporate strategy on the performance of technology projects in road construction [J]. Journal of Construction Engineering & Management, 2009, 135(11): 1211-1221.

[26] PATANAKUL P, KWAK Y H, ZWIKAEL O, et al. What impacts the performance of large-scale government projects?[J]. International Journal of Project Management, 2016, 34(3): 452-466.

[27] FAN J P H, WONG T J, ZHANG T. Politically connected CEOs, corporate governance, and Post-IPO performance of China's newly partially privatized firms [J]. Journal of Corporate Finance, 2008, 14(5): 654-673.

[28] 杜兴强, 雷宇, 郭剑花. 政治联系、政治联系方式与民营上市公司的会计稳健性[J]. 中国工业经济, 2009(7): 89-99.

[29] 连军, 刘星, 连翠珍. 民营企业政治联系的背后: 扶持之手与掠夺之手——基于资本投资视角的经验研究[J]. 财经研究, 2011(6): 133-144.

[30] 张会荣, 张玉明. 转轨制度背景下政治关联与中小企业绩效关系分析[J]. 经济经纬, 2013(5): 101-105.

[31] 嵇尚洲, 田思婷. 政治关联、董事会治理对企业业绩影响的实证检验[J]. 统计与决策, 2019(6): 178-181.

[32] 严若森, 肖莎. 政治关联、制度环境与家族企业创新绩效——社会情感财富理论视角的解释[J]. 科技进步与对策, 2019, 36(6): 75-84.

[33] 刘文锋, 黄卫珍. 论WTO背景下建筑业政府职能[J]. 建筑经济, 2003(7): 18-23.

[34] 李亚红. 浅谈建筑工程招投标工作中存在的问题与应对策略[J]. 时代金融(中旬), 2016(11).

[35] 李传宪, 干胜道. 政治关联、补贴收入与上市公司研发创新[J]. 科技进步与对策, 2013, 30(13): 102-105.

[36] OSTROM E, CALVERT R, EGGERTSSON T. Governing the commons: the evolution of institutions for collective action[J]. American Political Science Review, 1993, 86(1): 279-249.

[37] 卢现祥. 新制度经济学能统一社会科学吗?[J]. 中南财经政法大学学报, 2005(1): 20-27+143.

[38] 李延喜, 陈克兢, 姚宏, 刘伶. 基于地区差异视角的外部治理环境与盈余管理关系研究——兼论公司治理的替代保护作用[J]. 南开管理评论, 2012, 15(4): 89-100.

[39] PENG M W, SUN S L, PINKHAM B, et al. The institution-based view as a third leg for a strategy tripod [J]. The Academy of Management Perspectives, 2009, 23(3): 63-81.

[40] 苏坤. 制度环境、产权性质与公司绩效[J]. 云南财经大学学报, 2012(4): 131-140.

[41] 谢清. 政企关系、市场化程度与上市公司融资约束研究[D]. 南昌: 江西财经大学, 2018.

[42] 齐杨, 江雯倩, 王浩宇. 不同货币政策工具对企业融资约束及绩效的影响研究[J]. 宏观经济研究, 2017(8): 44-58.

[43] 邓美薇. 经济政策不确定性对企业绩效的影响——来自中国非金融类上市公司的经验证据[J]. 工业技术经济, 2019, 38(2): 97-106.

[44] 罗党论, 应千伟. 政企关系、官员视察与企业绩效——来自中国制造业上市企业的经验

证据[J]. 南开管理评论, 2012, 15(5): 74-83.

[45] 余汉, 蒲勇健, 宋增基. 企业家隐性政治资本、制度环境与企业绩效——来自中国民营上市公司的经验证据[J]. 经济经纬, 2017(02): 111-116.

[46] BOARDMAN A E, VINING A R. Defining your business using product — customer matrices[J]. Long Range Planning, 1996, 29(1): 38-48.

[47] EHRLICH I, GALLAIS-HAMONNO G, LUTTER L R. Productivity growth and firm ownership: An analytical and empirical investigation[J]. Journal of Political Economy, 1994, 102(5): 1006-1038.

[48] MAJUMDAR S K. Assessing comparative efficiency of the state-owned mixed and private sectors in Indian Industry[J]. Public Choice, 1998, 96(1-2): 1-24.

[49] MEGGINSON W L, NETTER J M. From state to market: a survey of empirical studies on privatization[J]. Journal of Economic Literature, 2001, 39(2): 321-389.

[50] ALCHIAN A A. The basis of some recent advances in the theory of management of the firm[J]. The Journal of Industrial Economics, 1965, 14(1): 30-41.

[51] STIGLITZ S J E. Privatization: theory and practice ‖ Privatization, information and incentives[J]. Journal of Policy Analysis and Management, 1987, 6(4): 567-582.

[52] SHIRLEY M M, WALSH P. Public vs private ownership: The current state of the debate[M]. Social Science Electronic Publishing. 2001.

[53] 徐晓东, 陈小悦. 第一大股东对公司治理、企业业绩的影响分析[J]. 经济研究, 2003(2): 64-74.

[54] 李增泉, 孙铮, 王志伟. "掏空"与所有权安排——来自我国上市公司大股东资金占用的经验证据[J]. 会计研究, 2004(12): 2-12+96.

[55] 王凤荣, 罗光扬. 产权所有制与公司绩效的实证研究[J]. 山东大学学报(哲学社会科学版), 2006(5): 84-91.

[56] 张天舒, 黄俊. 金融危机下产权性质与企业绩效的研究[J]. 浙江社会科学, 2016(8): 48-59.

[57] 许小年. 有效资本市场和中国经济改革[J]. 经济社会体制比较, 2000(5): 14-19.

[58] 董梅生, 李致平. 股权结构与公司绩效关系的实证研究[J]. 安徽工业大学学报(自科版), 2005, 22(1): 7-15.

[59] TURVEY, RALPH. Peak-load pricing[J]. Journal of Political Economy, 1968, 76(1): 101-113.

[60] WINTROBE R. The efficiency of public vs private organisations[D]. Working Paper, 1985.

[61] WILLNER J. "Social objectives, market rule and public policy", in competitiveness, subsidiarity and industrial Policy, ed. by Devine P, Katsoulacas Y, and Sugden R, Routledge[D]. Working Paper, 1996.

[62] 洪怡恬. 银企和政企关系、企业所有权性质与融资约束[J]. 宏观经济研究, 2014(9): 115-126.

[63] 李政,陆寅宏.国有企业真的缺乏创新能力吗——基于上市公司所有权性质与创新绩效的实证分析与比较[J].经济理论与经济管理,2014,V34(2):27-38.

[64] 李善民,周木堂,余鹏翼,等.最终所有权性质、治理机制对企业绩效的影响研究[J].管理科学,2006,19(5):9-16.

[65] 徐浩萍,吕长江.政府角色、所有权性质与权益资本成本[J].会计研究,2007(6):63-69+98.

[66] 孙维峰.所有权性质、研发支出与企业绩效之相关关系[J].现代财经:天津财经学院学报,2012(8):82-90.

[67] 沈小燕,王跃堂.股权激励、产权性质与公司绩效[J].东南大学学报(哲学社会科学版),2015(01):73-81.

[68] 陈德强,刘佳,赵彦辉.基于 VAR 模型的建筑业产业组织与产业绩效实证研究——以江苏省为例[J].科技管理研究,2009(12):286-289.

[69] 廖玉平,姚兵,刘伊生.基于 SCP 的转轨时期我国建筑业市场绩效研究[J].土木工程学报,2011(4):142-146.

[70] 范建亭.建筑业跨地区承包对区域市场结构和绩效的影响——基于省际面板数据的实证分析[J].上海财经大学学报,2013(3):85-92.

[71] 李建峰,赵健.我国建筑业绩效的计量分析与研究——基于 Cobb-Douglas 生产函数[J].商业文化,2010(4):157-158.

[72] 孙继德,郑冕,傅家雯.新时代建筑业高质量发展的内涵与政策建议[J].建筑经济,2019,40(5):5-9.

[73] YU I, KIM K, JUNG Y, et al. Comparable performance measurement system for construction companies[J]. Journal of Management in Engineering, 2007, 23(3): 131-139.

[74] ISIK Z, ARDITI D, DIKMEN I, et al. Impact of resources and strategies on construction company performance[J]. Journal of Management in Engineering, 2010, 26(1): 9-18.

[75] EL-MASHALEH M, WILLIAM J O'BRIEN, MINCHIN R E. Firm performance and information technology utilization in the construction industry[J]. Journal of Construction Engineering and Management, 2006, 132(5): 499-507.

[76] ELYAMANY A H M. Developing a rational approach for contractor selection based on history of construction quality and long-term performance[J]. Dissertations & Theses — Gradworks, 2010.

[77] 赵富强,陈耘,靳龙.基于利益相关者满意度的企业绩效评价体系构建[J].开发研究,2013(3).

[78] 张晨,吴伟容.建筑企业绩效评价的影响因素研究——低碳经济背景下[J].当代经济,2014(21).

[79] 王幼松,王南京,李弘扬,等.社会资本对建筑企业绩效影响的实证研究[J].工程管理学报,2018,32(5):145-149.

[80] 王业球,周晓宏,凌利.工程项目绩效评价研究综述[J].标准科学,2011(5):59-62.

[81] MWITA J I. Performance management model: A systems—based approach to public service quality[J]. International Journal of Public Sector Management, 2000, 13(1): 19-37.

[82] PATANAKUL P, MILOSEVIC D. A competency model for effectiveness in managing multiple projects[J]. The Journal of High Technology Management Research, 2008, 18 (2): 0-131.

[83] 胡芳. 大型公共工程项目绩效评价研究[D]. 湖南大学, 2012.

[84] 梁姝钰. 政府重大投资工程项目绩效评价指标体系研究[D]. 济南: 山东大学, 2014.

[85] BÜYÜKÖZKAN G, KARABULUT Y, GÜLER M. Strategic renewable energy source selection for Turkey with hesitant fuzzy MCDM Method[J]. 2018.

[86] 雷鸿君, 武普照. 建筑企业绩效评估及其若干影响因素研究[J]. 昆明理工大学学报(自然科学版), 2003, 28(1): 112-116.

[87] 李永奎, 崇丹, 何清华, 等. 建筑企业社会网络关系及对市场竞争力的影响: 基于项目合作视角[J]. 运筹与管理, 2013, 22(1): 237-243.

[88] 党小博. 智力资本对建筑企业绩效的影响研究[D]. 北京: 北京交通大学, 2015.

[89] BOURDIEU P. Le capital social: notes provisoires[J]. Actes Recherche Science Social, 1980, 31: 2-3.

[90] COLEMAN J S. Social capital in the creation of human capital[J]. American Journal of Sociology, 1988, 94: 95-120.

[91] 边燕杰, 丘海雄. 企业的社会资本及其功效[J]. 中国社会科学, 2000(2): 87-99.

[92] GRANOVETTER M. Economic action and social structure: The problem of embeddedness[J]. American Journal of Sociology, 1985, 91(3): 481-510.

[93] BURT R S. Structural holes: The social structure of competition [M]. Harvard University Press, 2010.

[94] GRANOVETTER M. The strength of weak ties[J]. American Journal of Sociology, 1973, 78(6): 1360-1380.

[95] TULLOCK G. The welfare costs of tariffs, monopolies and theft[J]. Economic Inquiry, 1967, 5(3): 224-232.

[96] KRUEGER A O. The political economy of the rent-seeking society[J]. American Economic Review, 1974, 64(3): 291-303.

[97] MURPHY K M, SHLEIFER A, VISHNY R W. Why is rent-seeking so costly to growth? [J]. American Economic Review, 1993, 83(2): 409-414.

[98] CHAKRABORTY S, DABLA-NORRIS E. The quality of public investment[J]. IMF Working Papers, 2009, 11(1): 1-29.

[99] MCCHESNEY F S. Rent extraction and rent creation in the economic theory of regulation[J]. The Journal of Legal Studies, 1987, 16(1): 101-118.

[100] NGO T W. Rent-seeking and economic governance in the structural nexus of corruption in China[J]. Crime Law & Social Change, 2008, 49(1): 27-44.

[101] BARTELS L M, BRADY H E. Economic behavior in political context[J]. American Economic Review, 2003, 93(2): 156-161.

[102] YUAN Q. Public governance, political connectedness, and CEO turnover: Evidence from Chinese state-owned enterprises[R]. SSRN Working Paper Series, 2011.

[103] 游家兴,徐盼盼,陈淑敏.政治关联、职位壕沟与高管变更——来自中国财务困境上市公司的经验证据[J].金融研究,2010(4):128-143.

[104] SHELDON O. The social responsibility of management[M]. London: Sir Isaac Pitman and Sons Ltd, 1924.

[105] 闫邹先,朱吉和.政企关系、内部控制与企业社会责任——一项基于我国上市公司的实证研究[J].当代会计,2015(3):66-69.

[106] 刘静.国有企业政治关联及对企业价值的影响分析[J].生产力研究,2012(10):206-207+217.

[107] 贺小刚,张远飞,连燕玲,等.政治关联与企业价值——民营企业与国有企业的比较分析[J].中国工业经济,2013(1):103-115.

[108] 徐传谌,闫俊伍.国有企业委托代理问题研究[J].经济纵横,2011(1):98-101.

[109] 刘慧龙,张敏,王亚平,等.政治关联、薪酬激励与员工配置效率[J].经济研究,2010(9):134-138.

[110] 2018年中国建筑行业央企资产负债率及施工业务毛利率分析[EB/OL]. http://jingzheng.chinabaogao.com/fangchan/03133243642018.html, 2018-03-13.

[111] 胡旭阳.民营企业家的政治身份与民营企业的融资便利——以浙江省民营百强企业为例[J].管理世界,2006(5):107-113.

[112] 温忠麟,侯应泰,张雷.调节效应与中介效应的比较和应用[J].心理学报,2005,37(2):268-274.